Laponie

LE PAYS DES LUMIÈRES

Découvrir la Laponie, c'est embrasser des étendues sauvages et désertes à perte de vue. Des terres qui se devinent en Norvège, Suède, Finlande et Russie, mais dont les frontières restent encore mystérieuses et où la nature règne en maître. On y rencontre un peuple originel, les Sames, dont l'héritage et les traditions restent importants, et qui aujourd'hui encore lutte pour défendre et représenter ses intérêts dans la société actuelle. Ours, gloutons, rennes, aigles, ou autres baleines et saumons évoluent dans les paysages divers du Grand-Nord, entre plaines, forêts, toundra, fjords, falaises et lacs. Tant de paysages variés qui font la beauté de la Laponie, terre de contes et de légendes où se rencontrent trolls et père Noël. La Laponie, ce sont aussi des saisons très marquées et un horizon très changeant au fil des mois. L'hiver, un épais manteau blanc s'étend à perte de vue, l'occasion de s'essayer à des activités hors du commun. Alors que le soleil disparaît pendant plusieurs semaines, il laisse place au ballet fantastique des aurores boréales ! Le printemps devient vite l'été, et l'astre qui s'est à peine montré en hiver refuse alors de se coucher. Le soleil de minuit remplace les aurores boréales, et les journées sans fin offrent d'infinies possibilités. Les sentiers de randonnée deviennent le paradis des marcheurs qui profitent sans limites des beaux jours. Suivez le guide dans cette aventure au bout du monde et explorez les secrets de ces terres de contrastes. Bienvenue en Laponie !

SOMMAIRE

Village traditionnel de pêcheurs dans les îles Lofoten. © JACQUESVANDINTEREN

Parc national de Lemmenjoki. © ADAM MAJOR - SHUTTERSTOCK.COM

6 INSPIRER

Faites le plein d'idées et partez à l'aventure ! Grace à nos idées de séjour et à nos conseils pratiques, découvrez le meilleur de ce que la Laponie a à offrir.

33 DÉCOUVRIR

S'évader, s'extasier, laisser son regard se perdre dans l'immensité des plaines de Laponie... Des côtes escarpées aux forêts boréales, laissez-vous surprendre.

81 NORVÈGE

La Norvège n'a pas fini de vous surprendre, parcourez le plateau désertique du Finnmark et traversez les villages côtiers sortis tout droit d'un autre temps.

Aurore boréale à Abisko. © WANDERLUSTER - ISTOCKPHOTO.COM

Randonnée en Laponie Suédoise. © SCHLENZ - ISTOCKPHOTO.COM

Laponie finlandaise. © SARA_WINTER - ISTOCKPHOTO.COM

Rennes dans la neige de Laponie. © DMITRY_CHULOV

50 KM
Mer de Norvège
Loppa
Hansnes
Karlsøy
Skjervøy
TROMSØ
NORDREISA
Lyngseidet
Senjahopen
Skibotn
ANDENES
Finnsnes
Nordkjosbotn
Brøstadbotn
Åse
KILPISJÄRVI
Myre
Setermoen
Harstad
Straume
Sortland
Evenskjær
Kungsleden
GIMSØYA
AUSTVÅGØYA
NARVIK
ABISKO
VESTVÅGØYA
SVOLVÆR
VIKTEN
HENNINGSVÆR
NUSFJORD
FLAKSTADØYA
Innhavet
MOSKENESØYA
KIRUNA
Jukkasjärvi
Myklebostad
NIKKALUOKTA
MOSKENES
Vittangi
Svappavaara
RØST
Kjerringøy
Røsvik
Bodø
Fauske
Sulitjelma
Gällivare
Inndyr
Moldjord
Porjus
Ørnes
Røkland
Vågaholmen
SUÈDE
JOKKMOKK
Mo I Rana
Vuollerim
Stavseng
Nesna
ARJEPLOG
Mosjøen
Moskosel
Hemavan
Hattfjelldal
Tärnaby
ARVIDSJAUR
Brønnøysund
Sorsele
Piteå
Vik
Glommersträsk
Majavatn
Storuman
Kristineberg
Byske
Norsjö
Foldereid
Røyrvik
Skellefteå
Bastuträsk
Vilhelmina
Skelleftehamn
Gäddede

KAMØYVÆR
HONNINGSVÅG
GAMVIK
Berlevåg
HAMMERFEST
Lebesby
Båtsfjord
Vardø
Kiberg
Indre Billefjord
Tana Bru
Nuorgam
Nesseby
Vadsø
Lakselv
Bugøyfjord
Utsjoki
Kirkenes
Zemlyanoe
Tsypnavolok
Pechenga
KARASJOK
Nikel'
Zaozyorsk
Titovka
Gadzhievo
INARI
Rayakoski
Prirechniy
MOURMANSK
KOLA
LEMMENJOKI
Törmänen
Svetliy
Verkhnetulomskiy
Taybola
Hetta
Saariselkä
Kutskol'
Olenegorsk
FINLANDE
Vuotso
RUSSIE
Muonio
LEVI
Kittilä
Tepsa
Kovdor
KIROVSK
APATITY
Martti
Sodankylä
Rikolatva
Unari
LUOSTO
Savukoski
Kandalaksha
Alakurtti
Salla
Zelenoborskiy
SIRKKA - LEVI
Zarechensk
Kovda
KEMIJÄRVI
Hautajärvi
Tedino
ROVANIEMI
Zasheek
Chupa
Posio
Tervola
Loukhi
Kuusamo
Sosnoviy
Ranua
KEMI
Pyaozerskiy
Tungozero
Taivalkoski
Kurenalus
Iin Hamina
Kuusiniemi
Krivoy Porog
Kepa
Oulu
Ämmänsaari
Voknavolok
Puolanka
Liminka
Hyrynsalmi
Raahe
Utajärvi

QUAND Y ALLER

JANVIER

-14° / -6°

FESTIVAL INTERNATIONAL DU FILM
(TROMSØ)
C'est le plus grand festival de cinéma du pays. La programmation est centrée autour de courts-métrages et de films documentaires.

MARATHON POLAIRE DE TROMSØ
Au cœur de l'hiver, les coureurs s'élancent pour une course entre 5 et 42 km dans le noir, au départ du centre de Tromsø.

$$$

FÉVRIER

-13° / -7°

MARCHÉ SÂME DE JOKKMOKK
(JOKKMOKK)
C'est le plus grand festival sâme du monde. Un grand nombre de talentueux artisans s'y rassemblent pour exposer leur savoir-faire.

SEMAINE SÂME DE TROMSØ
Des animations atypiques qui mettent toute la ville à la fête, comme les championnats norvégiens de course de renne et de lasso !

$$$

MARS

-9° / -2°

PÂQUES SÂMES
(KAUTOKEINO)
Dix jours de fêtes rythmés par de nombreuses manifestations culturelles. Courses de rennes, Grand Prix Sami, et bien plus encore.

VINTERFESTUKA
(NARVIK)
Chaque année un festival de 10 jours, au milieu du mois de février. La culture est à l'honneur pour toute la durée de l'événement.

$$$

JUILLET

11° / 20°

TREVAFEST
(HENNINGSVÆR)
Le temps d'un week-end ce charmant village de pêcheur se transforme en un festival de musique au décor absolument merveilleux.

$$

AOÛT

9° / 17°

SEMAINE MUSICALE DU NORDLAND - MUSIKKFESTUKA
(BODØ)
Ce festival est plus qu'un rendez-vous local, les concerts ont lieu partout dans la ville, une visite guidée assez sympathique.

FESTIVAL DE JAZZ DE VADSØ
Le plus grand festival de jazz de Norvège a lieu près du Cap Nord. Pendant 4 jours, ce petit village semble hors du temps.

$$

SEPTEMBRE

4° / 11°

GRAND MARCHÉ INTERNATIONAL
(ROVANIEMI)
C'est toute la ville qui profite de cette dynamique et qui entre en fête pour célébrer les cultures et les saveurs venues d'ailleurs.

$$

Les mois de mai à août permettent de profiter de toutes les activités en extérieur (beaucoup sont impossibles avant la mi-mai). Juillet est le mois le plus chaud pendant lequel le soleil brille le plus longtemps. De décembre à mars-avril, c'est la période des sports d'hiver, de neige, des saunas ! En automne, vous ramasserez les champignons et les baies. Les mois d'octobre-novembre sont un peu tristes, avant la tombée des premiers flocons, et le printemps au moment du dégel.

AVRIL

-4° / 4°

MARATHON DE SKI DE FOND

(ENONTEKIÖ)

Très populaire, ce marathon est une véritable tradition dans la région. 90, 60, ou 30 kilomètres, choisissez votre course !

SEMAINE DE LA PÊCHE SUR GLACE

(ENONTEKIÖ)

Assistez à une quinzaine de concours de pêche sur glace, une technique toujours très populaire en Finlande.

$ $

MAI

2° / 10°

FESTIVAL INTERNATIONAL DE THÉÂTRE DE STAMSUND

C'est un événement culturel important où théâtre, musique, conférences et bien d'autres performances s'invitent sur l'archipel.

JOUR DE LA CONSTITUTION

Dix-sept mai, le jour de la fête nationale, l'esprit est à l fête. Certainement le jour le plus important dans toute la Norvège.

$ $

JUIN

8° / 17°

FESTIVAL DU CINÉMA DE MINUIT

(SODANKYLÄ)

Cinq jours et cinq nuits, sous un chapiteau, à découvrir ou redécouvrir des films cultes ou des nouveautés, au cœur de la Laponie.

FESTIVAL D'ART DE LA NORVÈGE DU NORD

Ce festival est l'une des plus grandes manifestations culturelles de la région. Au programme : musique, théâtre et danse.

$ $

OCTOBRE

-2° / 3°

FOOD FESTIVAL

(LEKNES)

© ANDREY ARMYAGOV - SHUTTERSTOCK.COM

Pendant une semaine, rendez-vous à Leknes et à plusieurs autres spots des îles Lofoten pour goûter aux spécialités locales.

$ $

NOVEMBRE

-8° / 3°

LOFOTEN YOGA FESTIVAL

(SVOLVÆR)

© ELIZABETE ANDERSONE-SHUTTERSTOCK.COM

Pendant 4 jours à la mi-novembre, le port de Svolvær s'illumine pour accueillir le superbe festival de yoga des Lofoten.

$ $

DÉCEMBRE

-11° / -5°

NOËL

(ROVANIEMI)

© ROMAN BABAKIN - SHUTTERSTOCK.COM

Rien de tel que fêter Noël dans le sanctuaire du vieux barbu. Au village du Père et de la Mère Noël, dur de ne pas s'émerveiller.

$ $ $

LES BONNES RAISONS D'Y ALLER

© RKANKARO - ISTOCKPHOTO.COM

RETROUVER LA NATURE, LA VRAIE !

... dans le dernier espace sauvage d'Europe, les espaces infinis et une multitude de paysages.

PRENDRE LE TEMPS DE VIVRE,

d'apprécier le calme et le silence. Profitez d'une jolie vue, d'un bon repas, d'une balade.

© SERTS - ISTOCKPHOTO.COM

© BLUEORANGE STUDIO - SHUTTERSTOCK.COM

ESSAYER LE TRAÎNEAU À CHIEN

... et s'improviser musher ! Impensable de ne pas s'offrir une balade avec nos amis à 4 pattes.

TENTER LE COMBO SAUNA ET BAIN GLACÉ

... pour faire les choses bien. Pliez-vous aux règles et découvrez les bienfaits du chaud-froid !

VISITER LES CONTRÉES DU PÈRE NOËL

... et pourquoi pas se faire prendre en photo à côté du vieux barbu et de son fidèle Rodolphe !

APERCEVOIR DES RENNES ET DES ÉLANS

...dans leur milieu naturel. Qui ne rêve pas de rencontrer ces animaux emblématiques ?

CHASSER LES AURORES BORÉALES...

... au cœur de l'hiver. Empilez les couches de vêtements et partez pour une balade nocturne.

LES BONNES RAISONS D'Y ALLER

ATTEINDRE LE BOUT DU CONTINENT

C'est une sensation bien réelle de bout du monde à la pointe de la péninsule.

© ANIBAL TREJO - SHUTTERSTOCK.COM

© ANIBAL TREJO - SHUTTERSTOCK.COM

ATTENDRE UN COUCHER DE SOLEIL QUI NE VIENT JAMAIS

Un phénomène fascinant à observer de préférence perché sur une colline.

© LUKAS JUOCAS - SHUTTERSTOCK.COM

TESTER DES ACTIVITÉS EN PAGAILLE

... sur terre, en mer ou dans les airs ! En toutes saisons, c'est dehors que tout se passe.

LES 12 MOTS-CLÉS

#CERCLE POLAIRE

Le cercle polaire arctique traverse nos quatre pays ainsi que l'Islande, le Groenland, le Canada et l'Alaska à 66' 32° de latitude Nord. Au nord du cercle polaire se produisent des phénomènes fascinants. Lors du soleil de minuit, le soleil reste à l'horizon pendant 24 h. A l'inverse, lors de la nuit polaire, le soleil ne dépasse jamais l'horizon.

#FJORD

Vallée glaciaire que l'on trouve en Norvège, très profonde et étroite. Ses eaux intérieures, très peu salées et issues des torrents et de la fonte des glaciers, comptent parmi les plus profondes du monde. Dans le nord, les fjords sont nombreux. Des excursions en bateau sont proposées le long de la côte, moyen le plus pratique pour les apprécier.

© JAKUB JERABEK - SHUTTERSTOCK.COM

#FRONTIÈRES

Si beaucoup pensent à la Finlande lorsque la Laponie est évoquée, cette région aux frontières floues et non officielles s'étale en réalité sur 4 pays : Norvège, Suède, Finlande et Russie, au-dessus du cercle polaire arctique. Berceau du peuple sâme, c'est une terre naturellement riche qui est considérée comme le dernier espace sauvage d'Europe.

#LAKKA

Ou *hjotron, multer*, c'est la baie polaire qui pousse en Laponie. Elle ressemble à une framboise jaune et au goût très particulier, ne laisse pas indifférent : on adore ou on déteste ! Lors des bonnes récoltes, les prix baissent sensiblement. On la déguste fraîche, nature ou avec de la chantilly, en confiture, en bonbon, en glace et même en sirop.

#MOUSTIQUES

Ces petits insectes ptérygotes sont très virulents en Laponie, principalement dans les endroits proches de l'eau. Leurs piqûres sont beaucoup plus fortes que celles des moustiques habituels et peuvent réellement vous gâcher une promenade. Alors, on n'oubliera pas de s'équiper ! Achetez de l'anti-moustique sur place, et pensez à la moustiquaire...

© LUKAS JUOCAS - SHUTTERSTOCK.COM

#NUIT POLAIRE

La nuit polaire est la période de l'année durant laquelle le soleil ne se lève pas, de fin novembre à mi-janvier. Ce phénomène s'observe uniquement au-delà du cercle polaire. Même pendant cette période il ne fait pas nuit noire car l'éclat de la neige et le soleil créent un éclairage en demi-teinte et une luminosité particulière. Magique !

#RENNE

Impressionnant, puissant et téméraire, c'est un véritable symbole de la Laponie. La langue sâme compte environ 400 mots pour le désigner ! On le croise sur les routes, surtout en été. L'animal est assez imprévisible, alors mieux vaut ralentir, ou même arrêter le véhicule pour le laisser traverser. Une bonne occasion de l'observer de plus près.

© LIGHTPIX - ISTOCKPHOTO.COM

#RORBU

Rorbuer au pluriel. Le mot signifie « petite maison à vivre » et désigne ces cabanes de pêcheur que l'on trouve sur les côtes norvégiennes, principalement sur les îles Lofoten. Réel symbole de la culture des côtes, elles sont construites en bois et sur pilotis, on les reconnaît grâce à leur peinture le plus souvent rouge et à leurs liserés blancs.

#SÂMES

C'est ainsi que l'on nomme le peuple indigène de Laponie, ou Sápmi. C'est un des plus grands groupes indigènes en Europe, et aussi l'un des plus menacés. Ils parlent différents dialectes du sâme, une langue finno-ougrienne. Également présents en Suède, en Finlande et en Russie, les plus grands groupes se trouvent sur le territoire norvégien.

#SOLEIL DE MINUIT

Ce phénomène apparaît dès le mois de mai et dure jusqu'en juillet. On l'observe uniquement au-dessus du cercle polaire : le soleil ne se couche jamais, il frôle l'horizon avant de remonter dans le ciel pour la journée suivante. Un phénomène perturbant mais d'une beauté infinie. Ce soleil éternel offre une sensation de liberté incroyable.

#STUGA, HYTTE, MÖKKI

Stuga en suédois, *hytte* en norvégien, *mökki* en finnois. Rares sont les personnes qui n'ont pas leur petit chalet en pleine nature, près d'un lac, d'une rivière ou sur la côte. On y va le week-end, pendant les vacances, pour se ressourcer en pleine nature. Ces cabanes sont plus ou moins rudimentaires, souvent sans eau courante ni électricité.

#TROLLS

Petits êtres de la mythologie nordique au long nez crochu, les trolls vivaient en Norvège, il y a très longtemps. Ils ne sortaient que la nuit, et l'on ne pouvait les voir que les soirs de pleine lune. L'exposition au soleil pouvait les changer en pierre, et c'est ainsi qu'aujourd'hui, on peut voir des rochers en forme de troll !

© DIMBAR76 - SHUTTERSTOCK.COM

VOUS ÊTES D'ICI, SI…

- Vous chérissez profondément la nature et les terres que vous habitez.
- Vous attachez une grande importance à l'eau, que ce soit les rivières, les lacs ou à la mer pour les habitants de la côte.
- Vous passez énormément de temps en extérieur et y pratiquez de nombreuses activités, peu importe la saison.
- Vous pensez qu'il n'y a pas de mauvais temps, seulement de mauvais vêtements !
- Vous admettrez qu'il fait froid à partir de -10°C et qu'il fait chaud à de 10°C.
- … les températures hivernales entre 20 et 40 degrés en dessous de 0, comme les nuits polaires, ne sont pas un problème pour vous, et que vous n'avais aucun problème à fermer l'œil lorsqu'il fait jours pendant 24h.
- Vous n'êtes plus surpris de voir des rennes ou des élans.
- La motoneige, le traîneau à chiens et le bateau sont pour vous des moyens de transport ordinaires et presque quotidien.
- Vous passez de nombreuses heures dans le sauna et que le barbecue sauvage fait partie de vos activités favorites.

MA LAPONIE

avec Anaïs EYRAUD, auteure du guide

Interview

Anaïs Eyraud, l'auteure de cette édition du guide Laponie et de la dernière édition du City Trip Oslo, est une jeune Ardéchoise qui depuis toujours est fascinée par les paysages et les cultures du nord. Elle a étudié les langues nordiques et germaniques, ainsi que le tourisme durable à l'université. Elle est aujourd'hui traductrice et chargée de production pour une agence de voyage.

DISTANCES

TEMPS DE TRAJET

	ABISKO	INARI	IVALO	JOKKMOKK	KAUTOKEIN
ABISKO		553 KM 🚗 7h15 🚌 1j23h	619 KM 🚗 8h 🚌 1j3h	305 KM 🚗 3h45 🚌 6h15	415 KM 🚗 5h
INARI	553 KM 🚗 7h15 🚌 1j23h		39 KM 🚗 30mn 🚌 30mn	533 KM 🚗 6h45 🚌 1j5h	244 KM 🚗 3h15 🚌 1j2h
IVALO	619 KM 🚗 8h 🚌 1j3h	39 KM 🚗 30mn 🚌 30mn		582 KM 🚗 7h 🚌 23h	283 KM 🚗 3h45 🚌 1j2h
JOKKMOKK	305 KM 🚗 3h45 🚌 6h15	533 KM 🚗 6h45 🚌 1j5h	582 KM 🚗 7h 🚌 23h		441 KM 🚗 5h30
KAUTOKEINO	415 KM 🚗 5h	244 KM 🚗 3h15 🚌 1j2h	283 KM 🚗 3h45 🚌 1j2h	441 KM 🚗 5h30	
KARASJOK	543 KM 🚗 6h45	117 KM 🚗 1h30 🚌 16h	155 KM 🚗 2h 🚌 17h	569 KM 🚗 7h 🚌 1j15h	128 KM 🚗 1h45 🚌 2h15
KIRKENES	750 KM 🚗 10h	199 KM 🚗 2h45	237 KM 🚗 3h15	731 KM 🚗 9h30	393 KM 🚗 5h15 🚌 13h
KIRUNA	93 KM 🚗 1h 🚌 1h30	462 KM 🚗 6h15 🚌 1j5h	528 KM 🚗 6h45 🚌 22h30	214 KM 🚗 2h30 🚌 3h45	324 KM 🚗 4h
LULEÅ	435 KM 🚗 5h 🚌 6h	511 KM 🚗 6h30 🚌 23h	540 KM 🚗 6h30 🚌 12h	170 KM 🚗 2h15 🚌 3h	477 KM 🚗 6h
NORDKAPP	779 KM 🚗 10h15	382 KM 🚗 5h30	421 KM 🚗 6h	805 KM 🚗 10h45	364 KM 🚗 5h30 🚌 8h15
ROVANIEMI	431 KM 🚗 5h30 🚌 22h	326 KM 🚗 3h45 🚌 5h	288 KM 🚗 3h15 🚌 5h	353 KM 🚗 4h30 🚌 17h	385 KM 🚗 4h30
TROMSO	297 KM 🚗 4h15	590 KM 🚗 8h	629 KM 🚗 8h30	567 KM 🚗 7h30	414 KM 🚗 5h30

La Laponie est une vaste région qui court sur quatre pays. Les distances sont longues et les habitants sont habitués à ces étendues vides entre deux villes ou villages. L'idée d'avaler des kilomètres ne doit donc pas effrayer le touriste. Sur la route, veillez à respecter les limitations de vitesse et à imiter le comportement des locaux : adoptez une conduite calme et cédez systématiquement la priorité aux piétons. Attention aux rennes ! Il est bien entendu interdit de boire au volant, les règles sont strictes et on n'hésitera pas à vous retirer votre permis sur le champ.

KARASJOK	KIRKENES	KIRUNA	LULEÅ	NORDKAPP	ROVANIEMI	TROMSO
543 KM 🚗 6h45	750 KM 🚗 10h	93 KM 🚗 1h 🚌 1h30	435 KM 🚗 5h 🚌 6h	779 KM 🚗 10h15	431 KM 🚗 5h30 🚌 22h	297 KM 🚗 4h15
117 KM 🚗 1h30 🚌 16h	199 KM 🚗 2h45	462 KM 🚗 6h15 🚌 1j5h	511 KM 🚗 6h30 🚌 23h	382 KM 🚗 5h30	326 KM 🚗 3h45 🚌 5h	590 KM 🚗 8h
155 KM 🚗 2h 🚌 17h	237 KM 🚗 3h15	528 KM 🚗 6h45 🚌 22h30	540 KM 🚗 6h30 🚌 12h	421 KM 🚗 6h	288 KM 🚗 3h15 🚌 5h	629 KM 🚗 8h30
569 KM 🚗 7h 🚌 1j15h	731 KM 🚗 9h30	214 KM 🚗 2h30 🚌 3h45	170 KM 🚗 2h15 🚌 3h	805 KM 🚗 10h45	353 KM 🚗 4h30 🚌 17h	567 KM 🚗 7h30
128 KM 🚗 1h45 🚌 2h15	393 KM 🚗 5h15 🚌 13h	324 KM 🚗 4h	477 KM 🚗 6h	364 KM 🚗 5h30 🚌 8h15	385 KM 🚗 4h30	414 KM 🚗 5h30
	265 KM 🚗 3h30 🚌 5h30	452 KM 🚗 6h	605 KM 🚗 7h30	265 KM 🚗 4h 🚌 6h	443 KM 🚗 5h30	542 KM 🚗 7h15
265 KM 🚗 3h30 🚌 5h30		659 KM 🚗 8h45	708 KM 🚗 9h	531 KM 🚗 7h30 🚌 1j6h	525 KM 🚗 6h30	788 KM 🚗 10h30
452 KM 🚗 6h	659 KM 🚗 8h45		343 KM 🚗 4h 🚌 4h30	688 KM 🚗 9h15	340 KM 🚗 4h30 🚌 17h15	390 KM 🚗 5h30
605 KM 🚗 7h30	708 KM 🚗 9h	343 KM 🚗 4h 🚌 4h30		841 KM 🚗 11h	253 KM 🚗 3h30 🚌 23h30	678 KM 🚗 8h45
265 KM 🚗 4h 🚌 6h	531 KM 🚗 7h30 🚌 1j6h	688 KM 🚗 9h15	841 KM 🚗 11h		708 KM 🚗 9h15	616 KM 🚗 9h
443 KM 🚗 5h30	525 KM 🚗 6h30	340 KM 🚗 4h30 🚌 17h15	253 KM 🚗 3h30 🚌 23h30	708 KM 🚗 9h15		586 KM 🚗 7h15
542 KM 🚗 7h15	788 KM 🚗 10h30	390 KM 🚗 5h30	678 KM 🚗 8h45	616 KM 🚗 9h	586 KM 🚗 7h15	

IDÉES DE SÉJOUR

Puisque les distances en Laponie peuvent être longues, très longues, voici quelques idées de séjour pour éviter de passer par des endroits qui ne méritent pas de longs détours et pour se rendre directement sur les lieux qui méritent réellement d'être découverts. Pour faire court, en Norvège, c'est le Cap Nord, Kautokeino, Karasjok et Tromsø qu'il ne faut pas rater. En Suède, c'est l'Abisko National Park, Jokkmokk, Kiruna et Luleå. Enfin, en Finlande, Rovaniemi, Ylläs – Levi, Kilpisjarvi et Inari sont les immanquables de la région. Bien sûr, on ne vient pas en Laponie pour se limiter à ces petites villes, mais pour vivre la sensation d'infini procurée par la nature sauvage entre celles-ci.

La Laponie a ceci de magique qu'elle n'est pas rattachée à un seul pays. Il est donc possible de traverser les frontières et de se consacrer à l'essentiel. Nous donnerons différentes possibilités de séjours, courts ou plus longs.

ESCAPADE D'UNE SEMAINE EN LAPONIE NORVÉGIENNE

En Norvège, les coups de cœur sont le Cap Nord (p.139), pour sa localisation et ses paysages uniques, lunaires et envoûtants. Ceux qui veulent jouer les touristes iront au North Cape Hall tandis que les plus courageux feront de grandes randonnées à la recherche de tranquillité. À faire en été pour le soleil de minuit. N'oublions pas Tromsø ★★★★ (p.121), une grande ville active et animée, un bon point de départ pour des activités telles que safaris de baleines, croisières et découverte des îles et des fjords.

› Départ de France jusqu'à Bodø (avec escale à Copenhague et/ou Olso).

nouveau texte

› Bodø

Visite de Bodø, ville de transit où les trains terminent leur trajet, et où les bateaux partent en direction des îles Lofoten. Ayant été presque entièrement rasée durant la Seconde Guerre mondiale, l'animation de la ville repose aujourd'hui sur son importante université, et ses festivals de jazz et rock en été. À visiter : le Norsk Luftfartsmuseum (musée de l'aviation), retraçant l'histoire et les légendes du monde de l'aviation de manière ludique. Prendre le ferry au départ de Bodø en direction de Moskenes ★★ (p.102), au sud des îles Lofoten. Compter environ 3 heures 15 de traversée.

› Îles Lofoten

Prendre l'E10 et remonter l'île de Moskenes ★★ (p.102) en passant par Reine ★★★ (p.104), réputé comme étant le plus beau village de Norvège, puis Hamnøy et son fjord paradisiaque. Continuer sur Flakstad et sa plage de sable blanc. Toujours en suivant l'E10, rouler au milieu des plaines jusqu'à Leknes ★ (p.107), qui sera l'étape ravitaillement (puis fuyez, le village ne présente aucun intérêt !). Sur l'île d'Austvågøy, deux routes sont possibles : l'E10 à travers les terres, ou la route 815 qui longe le littoral. Une fois sur l'île, faire un détour par Kalle pour ses rorbuer, son fjord, et son calme. Halte également à Kabelvåg, petit village de pêcheurs, abritant une église de Vågan, bâtie au XIXe siècle sur l'ordre du roi Øystein. Rejoindre enfin Svolvær et prendre la route jusqu'à Narvik ★★★ (p.118).

› Départ de Narvik pour rejoindre Tromsø

En suivant la route qui traverse les fjords et lacs, on en profitera pour faire un détour par l'île de Senja, à laquelle on accède par un pont à partir de Finnsnes. Peu fréquentée par les touristes, elle est parfaite pour se perdre tranquillement parmi les fjords, les marais, les plages de sable blanc. Aller jusqu'au minuscule port de Hamn, voir le Senjatrollet (le plus grand troll du monde) ! Puis s'équiper de bonnes chaussures de marche pour se balader dans le parc national d'Ånderdalen. Reprendre la route pour arriver à Tromsø, ancienne capitale de la pêche à la baleine. Visite du Tromsø Museum, retraçant l'histoire des peuples du Nord, et du Polar Museet, musée des Expéditions de chasse vers le Grand Nord à partir de la fin du XVIIIe siècle.

› En route pour Alta

Halte à l'Øksfjordjøkelen, environ 90 km avant Alta ★★ (p.130). Glacier culminant à plus de 1 100 m, il voit malheureusement sa partie inférieure réduire sous l'effet du réchauffement climatique. Possibilité de faire une excursion en bateau. À 30 km au sud d'Alta, on chausse à nouveau ses chaussures de marche pour se

© VADIM NEFEDOFF - SHUTTERSTOCK.COM

Leknes.

balader dans le canyon d'Alta. Rejoindre ensuite Alta, dernière ville avant le Cap Nord. Si la ville en elle-même n'est pas très intéressante, on s'arrêtera tout de fois sur son musée, évoquant la vie quotidienne des Sâmes à travers le temps. Et lorsque c'est la saison, on peut également y voir le soleil de minuit depuis la colline de Komsa.

› Départ pour le Cap Nord

Arrivé sur l'île de Magerøya, l'île du Cap Nord, on pourra faire une dernière halte à Honningsvåg, petit village au port rempli de bateaux touristiques, ou à Skarsvåg, village de pêcheurs, avant de filer sur les derniers kilomètres pour rejoindre le point le plus haut.

› Retour sur Tromsø ou Bodø pour prendre son vol de retour.

nouveau texte

DÉCOUVERTE DE LA LAPONIE FINLANDAISE

Laponie, pays du Père Noël. Pour effectuer de longues randonnées, il est conseillé de partir en été. Cependant, les paysages d'hiver sont magiques et de nombreuses activités sont possibles. Parmi elles : chiens de traîneau, ski de fond, raquettes, ski, motoneige et bien d'autres.

› Arrivée en Laponie

Départ de la France, transfert par Helsinki, puis arrivée à **Rovaniemi** ★★★★ (p.219).

› Visite de Rovaniemi

Les plus réfractaires aux attractions enverront une carte postale depuis la maison du père Noël, les autres iront s'amuser avec les lutins !

› Randonnée au mont Levi

Remontée vers Ylläs et ses environs, balade et découverte de la nature jusqu'au mont **Levi** ★★ (p.239), où l'on passera la nuit dans l'un des hôtels du village.

› Activités diverses

C'est le moment d'apprécier la nature et les grandes étendues désertes, avec la possibilité d'effectuer des activités proposées par les petites agences locales, comme la motoneige ou le chien de traîneau.

› On continue vers le nord

Prendre la route qui part du mont **Levi** ★★ (p.239) jusqu'à **Inari** ★★★ (p.248) et le **parc naturel de Lemmenjoki** (p.251). Visite du **musée sâme Siida** (p.249).

› Petit trek au cœur de la nature

Randonnée à travers le parc naturel.

› Dernier jour en Laponie

Retour jusqu'à **Rovaniemi** ★★★★ (p.219) (350 km depuis **Inari** ★★★ (p.248) ; 39 km depuis **Ivalo** ★ (p.246)).

ESCAPADE D'UNE SEMAINE EN LAPONIE SUÉDOISE

› Départ de France vers Luleå, avec une escale à Stockholm.

› Visite de Luleå

En été, balade en bateau jusqu'aux îles qui entourent la ville, en hiver, la visite se fera en ski, motoneige ou même en voiture sur les routes aménagées sur la mer, qui, entre-temps a gelé ! Visite ensuite de **Gammelstad** ★★ (p.173), village médiéval à 15 km.

› Jokkmokk et ses environs

Visite de Jokkmokk ★★★ (p.183) et des environs, notamment arrêt possible dans le charmant village de Vuollerim (p.177) pour découvrir son musée archéologique. À Jokkmokk, on ne peut pas passer à côté de son musée Ajtte.

› Jokkmokk et ses environs

Jokkmokk, bordée de rivières et de lacs, donne l'occasion de réaliser de belles randonnées à travers la forêt, de pêcher en été comme en hiver, et de se laisser tenter par une excursion traîneau à chiens ou par la découverte du soleil de minuit aux alentours du mois de juin et juillet.

› Haparanda - Kiruna - Abisko

Avec un détour vers Haparanda ★ (p.176) du côté de la frontière finlandaise, ou une remontée vers Kiruna ★★★ (p.190) et Abisko ★★ (p.197). Kiruna n'a d'autre intérêt que la visite de sa mine, et en hiver, la possibilité de skier non loin du centre. C'est une halte bienvenue sur la route qui mène à Abisko.

› Abisko

La station touristique d'Abisko, perdue en montagne, offre plein de possibilités pour les amoureux de la nature. Départ pour la fameuse piste royale à faire en ski ou à pied, téléphérique ouvert toute l'année. On y vient pour le soleil de minuit, les aurores boréales, la nature et encore la nature !

› Retour à Stockholm pour un départ vers la France.

SÉJOUR LONG EN LAPONIE

On peut envisager un circuit ayant pour départ et arrivée Luleå, en Laponie suédoise. L'idée serait de traverser la Laponie suédoise en direction des îles Lofoten en Norvège, puis de prendre la direction du Cap Nord. Visiter ensuite la Laponie des fjords, le long de la mer de Barents, avant de redescendre vers le sud, en traversant la Laponie finlandaise. Ce circuit, très long, demande donc une certaine indépendance au niveau des transports (impossible de le faire uniquement en transports en commun). Pour aller plus vite, en Norvège, il peut être intéressant d'avancer grâce au ferry côtier.

› Au départ de Luleå, en Suède.

On traversera la Laponie suédoise, depuis les rives du golfe de Botnie en allant vers le nord, par Gammelstad ★★ (p.173) (village médiéval classé au patrimoine mondial de l'Unesco), Boden (p.175) et la visite de ses forts, avant d'emprunter la route 97 jusqu'à Vuollerim (p.177), avec une halte à son musée archéologique. On continue sur Jokkmokk ★★★ (p.183), Kiruna ★★★ (p.190) (pour y apprécier son soleil de minuit en été), un possible détour par le petit village de Jukkasjärvi, et les forêts montagneuses d'Abisko ★★ (p.197), pour enfin arriver à Narvik ★★★ (p.118) en Norvège.

› Depuis Narvik.

Partir à la découverte des îles Lofoten pour quelques jours, en louant un *rorbu*, et profiter des paysages. Faire un circuit du nord au sud, jusqu'à Moskenes ★★ (p.102), puis revenir à Narvik ★★★ (p.118), ou prendre l'Express Côtier à Stamsund ★ (p.109) ou Svolvær, pour remonter en direction du Cap Nord, avec des escales à Tromsø ★★★★ (p.121) et Alta ★★ (p.130).

› Cap Nord.

Se lancer sur la route des fjords. Descendre à Svarsvåg, village de pêcheurs. Prévoir 6 heures de route pour rejoindre Gamvik ★★ (p.141), à l'est, et un peu plus au sud du niveau du Cap Nord. Haut lieu de la pêche, ce village sur les rives de la mer de Barents propose des excursions en traîneau ou en bateau pour découvrir la région. Traverser les paysages désertiques remplis de glaciers pour gagner Kongsfjord ★, puis prendre la nationale RV890 vers Berlevåg, en traversant des paysages sauvages, mêlant falaises et fjords.

› Finlande.

Avec un premier arrêt à la frontière à Utsjoki ★ (p.252), puis Kevo. Destination idéale pour les amoureux de la nature, qui pourront profiter des parcours de randonnée à travers la réserve naturelle. On continue vers la Laponie des lacs, afin de gagner Inari ★★★ (p.248) et Ivalo ★ (p.246). Inari pourrait détenir la clef de la culture sâme avec un centre culturel lui étant consacré. Près du lac Inari se trouve également le sanctuaire païen des anciens Sâmes. L'été, on peut visiter une ferme de rennes, pour se pencher de plus près sur la mascotte locale. La route continue ensuite vers Sodankylä, au cœur de la Laponie finlandaise. Ancien carrefour pour les communautés sâmes, on peut aujourd'hui profiter de sa nature. Rejoindre ensuite Rovaniemi ★★★★ (p.219), capitale de la Laponie finlandaise, et ville du père Noël. Au-delà de la visite du très touristique Santa Claus Village (p.174), on peut également s'attarder sur la maison de Noël, le Joulukka ou d'autres activités autour du célèbre personnage. Se diriger ensuite vers Kemi ★★ (p.231), et son fameux château de glace, avant de rejoindre Tornio ★ (p.233) sur les côtes du Golfe de Botnie, puis Luleå pour la fin du voyage.

DE L'AÉROPORT AU CENTRE-VILLE

Finlande. Le réseau intérieur de la compagnie aérienne finlandaise Finnair dessert les 21 aéroports du pays. Pour rejoindre Rovaniemi en Laponie à 900 km d'Helsinki, c'est naturellement le moyen de transport le plus rapide. Des navettes publiques et privées sont mises en place pour chaque départ / arrivée.

Norvège. Il y a de nombreuses compagnies qui assurent des liaisons de la France jusqu'aux capitales et ensuite dans différentes villes du nord. Les vols directs sont plus rares voire inexistants. En été, la compagnie Wideroe qui appartient à SAS propose entre fin juin et fin août un «Explore Norway Ticket», pour voyager pendant deux semaines de manière illimitée et cela ne vaut guère plus qu'un billet simple. Renseignements : www.wideroe.no. La compagnie Flybussen est en charge des navette vers les aéroports du nord. (www.flybussen.no)

Suède. Le pays est très bien desservi par SAS et Skyways mais des low-cost comme Ryanair propose également des vols entre la France et la Suède. Les aéroports principaux de Laponie suédoise sont Kiruna, Gällivare et Luleå. Des navettes publiques et privées sont misent en place pour chaque vol.

ARRIVÉE EN TRAIN

De décembre à mars, empruntez les Arctic routes en train, les plus beaux itinéraires de Laponie. Elles desservent Narvik, Troso, Lyngen, Alta, Levi, Rovaniemi et Luleå (www.thearcticroute.com)

Finlande. Le réseau des chemins de fer de Finlande couvre quelque 6 000 km. En Laponie, le réseau ne dépasse pas Rovaniemi, Kemijärvi et Kolari. Les trains sont opérés par la compagnie VR. (vr.fi)

Norvège. Il y a quatre grandes lignes principales. Notez que le train est peu fréquent dans les fjords et qu'il ne va pas jusqu'au cap Nord. Il s'arrête à Bodø, ville à deux tiers de la distance totale vers le nord. Ils sont opérés par la compagnie Vy (vy.no)

Suède. Plusieurs compagnies se partagent le marché suédois, essentiellement selon des critères géographiques. SJ et Norrtåg (norrtag.se ; sj.se). Les trains de nuits entre Stockholm et Narvik, qui desservent les villes de la côte suédoise en passant par Kiruna et Abisko seront opérés par la compagnie norvégienne Vy dès 2021 (vy.se) Entre juin et août la ligne Inlandsbanan (ligne intérieure) traverse la Suède par les terres de Kristinehamn à Gällivare. Les paysages sont splendides et le train dessert de nombreux petits villages tout le long de sa route, et s'arrête entre autres à Jokkmokk. L'hiver le train circule depuis Östersund vers Jokkmokk à l'occasion du célèbre marché same. (res.inlandsbanan.se)

ARRIVÉE EN BATEAU

En Norvège, c'est presque l'étape obligée si l'on voyage dans les fjords. Les bacs ou ferries sont généralement chers, surtout si l'on est en voiture. Seul le conducteur ne paie pas de ticket (il paye seulement pour le véhicule) mais tous les passagers qui l'accompagnent y sont contraints. Cela permet de couper certains tronçons de route et de profiter de la vue magnifique des fjords. L'organisation est généralement bonne, renseignements et horaires dans les OT car différentes sociétés se partagent le réseau. En dehors des bacs, la Norvège est connue pour sa croisière à bord de l'Express côtier (Hurtigruten) qui relie Bergen au sud à Kirkenes au nord en longeant les côtes et en effectuant pas moins de 34 arrêts. L'Express côtier transporte passagers, fret et courrier. Initialement prévus pour desservir la population locale dans les départements éloignés, ces bateaux attirent pendant l'été un nombre de plus en plus grand de touristes, qui peuvent ainsi découvrir l'un des paysages côtiers les plus fascinants du monde. Il est possible d'utiliser l'Hurtigruten comme une sorte de taxi maritime entre deux ports pour gagner du temps. Vous n'êtes pas obligé de réserver une cabine sur les courts trajets, mais si vous espérer pourvoir dormir un peu, il est indispensable de réserver à l'avance, parfois plusieurs mois ! Tous les navires prennent des voitures. (www.hurtigruten.no)

TRANSPORTS EN COMMUN

Finlande. Il y a des liaisons quotidiennes pour l'ensemble des villes du pays, même pour les destinations les plus éloignées. L'accès aux petites villes est plus aisé en car qu'en train. Près de 90 % du réseau routier est emprunté par les lignes régulières de cars. La société Matkahuolto gère les 470 gares routières. Vous trouverez tous les renseignements sur les itinéraires et tarifs sur www.matkahuolto.fi/passengers. Les compagnies Onnibus (https://new.onnibus.com/) et Lapin Linjat Bus (www.eskelisen.fi/en) desservent également le nord du pays, et même la Norvège et la Suède. A noter que les trains ne circulent pas au-delà de Rovaniemi en Laponie.

Norvège. Le train s'arrête à Fauske et Bodø, le bus est donc un moyen de transport incontournable. Le réseau est assez étendu, il relie certaines villes que le train ne relie pas et leur fréquence est bonne. Il existe des compagnies privées et des compagnies locales fonctionnant géographiquement. Cette concurrence permet d'obtenir des tarifs parfois compétitifs. Il y a moins de bus le week-end qu'en semaine. Reisnordland (reisnordland.no) pour la région de Nordland, propose un Travel Pass à 1 000 NOK environ et qui permet de voyager de manière illimité dans la région pendant 7 jours. Tromskortet pour la région de Troms (tromskortet.no) et Snelandia pour la région du Finnmark (snelandia.no).

Suède. Le moyen de transport le moins cher est ici le bus, également très pratique pour atteindre toutes les villes et même des coins perdus en pleine nature : consultez le site de Länstrafiken Norrbotten (ltnbd.se).

VÉLO, TROTTINETTE & CO

Finlande. Les offices de tourismes et les hébergements proposent souvent la location de vélo. De nombreux prestataires *outdoor* sont plus achalandés et proposent même leur service de guide.

Norvège. Il est possible de faire un voyage en vélo même si c'est assez sportif car le pays est loin d'être plat. Beaucoup d'ailleurs utilisent ce moyen de transport pour rejoindre notamment le Cap Nord. Les routes sont bonnes et des pistes cyclables sont aménagées. Il est possible également d'emprunter les tunnels à péage gratuitement, toutefois certains refusent l'accès aux vélos et souvent il n'y a pas d'autres chemins possibles ce qui peut s'avérer problématique ! La compagnie Widerøe propose la location de vélo pour un supplément. Un vélo vous attendra à votre aéroport d'arrivée : www.wideroe.no/en/home/fly-with-us/fly-and-bike

© WMASTER890 - ISTOCKPHOTO.COM

Suède. Le vélo est un moyen de déplacement très réputé dans un relief relativement plat. Là encore, les offices de tourismes, les hébergements et de nombreux prestataires *outdoor* proposent souvent la location de vélo.

AVEC UN CHAUFFEUR

Le niveau de vie est élevé en Norvège comme en Finlande et Suède et les prix des taxis s'en ressentent. Les transports en commun ne sont cependant pas présents de partout, et leur fréquence n'est pas toujours idéale, alors il ne sera jamais difficile de trouver une compagnie de taxi où que vous soyez. La plupart des hébergements, des gares et des aéroports vous permettrons de réserver avec la compagnie locale. Pensez toutefois à réserver bien à l'avance. Ils n'ont pas de couleur particulière et ne sont donc pas spécialement reconnaissable, mis à part le signe « taxi » sur le toit. Pour ce qui est des détours inutiles, pas d'inquiétudes, il n'y a bien souvent qu'un seul itinéraire possible. Les VTC tels qu'Uber ne sont pas une option.

EN VOITURE

Les routes de Laponie sont infinies mais essentielles. La voiture est le moyen le plus simple de se déplacer et c'est aussi le seul moyen d'accéder à certains endroits, qui émerveilleront même les plus grands voyageurs. Les routes sont entretenues en toutes saisons et reste praticables malgré les températures négatives et les fortes chutes de neige. S'il n'y a rien de compliqué à conduire sur les route de Laponie en été, les conditions sont toutes autres lorsque la neige et la glace arrivent. Il est possible de se déplacer en voiture même en plein cœur de l'hiver, en restant tout de même conscient du danger que cela représente de s'aventure dans ses terres désertiques parfois inhabitées sur des dizaines de kilomètres, dans des conditions extrêmes. Voici quelques conseils pour profiter des paysages les plus splendides que la Laponie a à offrir, tout en restant en sécurité :

Louer une voiture :

• Les loueurs de voiture sont nombreux et ils sont présents à tous les points d'arrivés et de départ. Les principaux sont Avis, Budget, Europcar, Sixt, Hertz.

• Ne faites pas l'économie d'une bonne voiture ! Il doit être adapté à la conduite hivernale, idéalement un modèle surélevé voir 4x4 selon les coins où vous pensez vous aventurer.

• Attention certaines compagnies de location de voiture acceptent seulement les cartes de crédit, et non pas celles de débit. Pensez à vérifier avant de réserver, car même si la réservation est effectuée sur internet avec une carte de débit, il vous sera demandé une carte de crédit lors de la remise des clés. Cela pourrait vous jouer de mauvais tours.

Conseils et sécurité :

• Ayez toujours dans la voiture de quoi dégivrer le pare-brise, et une brosse. Suivant les températures lors de votre voyage, un câble pour brancher la voiture sur le chauffe-moteur est indispensable ! Tout cela vous est normalement fourni par l'agence de location. En hiver, la voiture sera automatiquement équipée de pneus clous, c'est obligatoire, même si vous roulez avec votre véhicule.

• Il est impératif de regarder la météo la veille et le jour du départ ! Ne vous aventurez pas sur les routes si le vent est trop fort, car il fera tourbillonner la neige et gâchera la visibilité au point de vous empêcher de rouler. Jouez la sécurité ! Pensez que lorsque les températures remontent au dessus de zéro, la glace sur les routes commence à fondre et rend les routes extrêmement glissantes, il vous faudra redoubler de vigilance !

• Si le temps est trop exécrable, certaines routes peuvent être fermées par des barrières. Ne forcez surtout pas le passage ! Dans certains cas, et surtout en Norvège, des convois de voitures appelés « Kolonnekjøring » sont organisés, encadrés par deux chasses neige chargés de mener tout le monde à bon port. En file indiennes, les voitures suivent les feux de la voiture de devant, souvent avec une visibilité nulle. C'est très peu recommandé. Les locaux sont habitués, connaissent les routes et n'hésitent pas à appuyer sur le champignon. Pour des conducteurs non initiés, l'expérience n'est pas très rassurante. Préférez un départ différé si possible. Consultez le site www.yr.no pour votre sécurité.

• Même si aucune tempête n'est annoncée, le temps peut changer très vite. Peu importe où vous pensez vous rendre, et à plus fortes raisons si vous empruntez des routes isolées et difficiles d'accès, ayez toujours avec vous des habits chauds, voire un duvet, et de quoi manger et boire ! Les températures peuvent descendre très subitement et il n'est jamais facile de prédire la fin de ce genre d'épisode climatique.

• En hiver, dites vous bien que votre GPS ne vous donne qu'une estimation d'une temps de route. Il vous faudra rajouter parfois plusieurs heures en fonction de la météo.

• Le réseau est une chose rare dans les contrées égarées de Laponie, pensez à planifier vos déplacements avant de quitter la civilisation et il est même bon d'avoir avec soi une carte papier pour ne parcourir des kilomètres et des kilomètres dans la mauvaise direction. De quoi charger votre téléphone dans la voiture peut aussi être une bonne idée. Gardez toujours sous la main un numéro d'urgence de votre agence de location de voiture.

• Les distances sont infiniment longues et il est impératif de toujours garder un œil sur la jauge d'essence. Repérez à l'avance les endroits où vous pouvez faire le plein et ne faites pas d'impasse !

• En hiver, les animaux ne sont pas absents des routes. Il faut rester vigilant et guetter les abords des routes. N'ignorez pas les panneaux qui vous signalent des traversées d'élans et animaux sauvages. N'ignorez pas non plus les panneaux qui vous indiquent les voies de passage des scooter des neiges ! Ils sont nombreux en hiver et dans la pénombre tous les usagers des routes comme des pistes doivent faire attention les uns aux autres.

• Roulez de préférence aux heures les plus lumineuses, en plein hiver entre 9h au sud, 10h au nord, et 13h au sud, 12h au nord. S'il ne fait pas complètement jour, vous vous fatiguerez déjà un peu moins. En dehors de ces heures là, soignez vigilants et faites des pauses si vous pensez parcourir de longues distances.

• L'été, les animaux constituent le seul réel danger. Elans et rennes traversent sans prévenir et causent de nombreux accidents. Prudence !

Deux axes traversent la Laponie : **La route E8-21,** la « route des Quatre Vents » (d'après le nom du bonnet same), longe le cours du Torniojoki et la frontière de la Laponie suédoise pour aboutir à Kilpisjärvi à la frontière norvégienne (457 km). **La route E75-4,** appelée Route arctique, relie Kemi (au nord de la côte du golfe de Botnie) à Rovaniemi avant de s'enfoncer en direction du nord-est pour atteindre Utsjoki à la frontière norvégienne (540 km). Nos itinéraires préférés :

En Suède :

• La route qui longe la vallée de la rivière Torne, entre Vittangi et Haparanda. Route 395 puis 99.

• L'unique route qui travers le Parc National de Stora Sjöfallet, entre Porjus et Ritsem. Un cadre grandiose, au cœur de la nature !

En Finlande :

• La route entre Muonio et Kautokeino dans des paysages désertiques à couper le souffle. Routes E8 et 93.

• La route entre Ivalo et Utsjoki, qui vous fera longer de nombreux lac et travers les parcs Kevo et Kaldoaivi. Route E75.

• La route entre Ylläsjärvi à Pallastunturi, au cœur des collines sauvages de Finlande. Routes 9401, 940, 79, 957.

En Norvège :

• La route touristique qui longe la côte, au plus près de la mer des Barents, entre Varangerbotn et Vardø, sur la côte. Route E75.

• La route entre Tana et Kjollefjord par Ifjord. Un axe spectaculaire, surtout en hiver lorsque les grandes étendues sont recouvertes de neige et reflètent les couleurs de l'horizon. Tanafjordveien, 888 puis 894.

• La route entre Olderfjord et le Cap Nord, des paysages incroyables entre mer et montagne, au bout du continent européen. Route E69.

• La route E10 entre Kiruna et Å dans les îles Lofoten. Un itinéraire réputé et incontournable, du désert des terres lapones aux fjords turquoises des Lofoten.

• La route 816 qui mène au village mythique d'Henningsvær dans les Lofoten. Un tronçon à ne pas manquer si vous passez dans les Lofoten !

ACCESSIBILITÉ

Une grande majorité, pour ne pas dire la totalité des moyens de transports, les trottoirs, les établissements publics ou privés sont accessibles aux personnes à mobilité réduite et aux poussettes et ce dans les trois pays, même dans des contrées aussi reculées !

HORAIRES

En semaine les musées, offices de tourisme et centres visiteurs sont pour la plupart ouverts entre 10h et 17h. Attention, les horaires varient selon le pays, la taille de la localité, et la période de l'année. Pensez à toujours consulter les horaires d'ouverture si vous n'êtes pas déjà sur place car vous risqueriez de vous déplacer pour rien. L'amplitude des horaires d'ouverture est plus grande entre décembre et mars, puis entre juin et août.

A RÉSERVER

Si vous visitez la Laponie en haute saison hivernale, il est indispensable de réserver toutes vos activités à l'avance. Cela est aussi valable pour les transports, ferroviaires comme maritimes. Vous n'aurez pas de mal à louer une voiture en hiver. La destination est prisée et la plupart des villages et villes sont prises d'assaut par les touristes. En été la région reste fréquentée mais la plupart des activités se font en autonomie. Si vous pensez visiter les fjords, saluer les baleines, louer une voiture ou partir en croisière avec l'Hurtigruten, alors la réservation reste indispensable.

LES ÉVÉNEMENTS

Les fêtes traditionnelles sont les plus célébrées et les plus authentiques. En Suède, ne manquez pas la Sainte-Lucie en décembre, le marché sâme de Jokkmokk en février, et la Crayfish party en août/septembre. En Finlande, le jour de Saint-Mary à Hetta en mars est un concentré de culture et de traditions sâmes, et la semaine de Noël à Rovaniemi a une saveur toute particulière. En Norvège, les Pâques sâmes de Kautokeino sont à ne pas manquer, tout comme la Vinterfestuka à Narvik en mars/avril, deux fêtes riches en costumes et en traditions. Partout en Laponie on célèbre la Saint-Jean, le jour le plus long de l'année ! Un moment de chant et de partage autour d'un grand feu, mais surtout un moment de franche rigolade.

VISITES GUIDÉES

Les prestataires proposant des visites ou activités guidées sont très nombreux et ils sont bien souvent connus des offices de tourisme. Les activités phares en hiver sont le traîneau à chien, la chasse aux aurores boréales, les tours en motoneige, en ski ou en raquette, l'escalade sur glace, les sessions de sauna traditionnel, la rencontre avec les rennes, la visite des fjords en bateau, et l'observation des baleines. En été, le kayak, la randonnée, le vélo, le glamping et la pêche sont très populaires.

HORAIRES

En Laponie, et dans les pays nordiques de manière générale, on mange tôt. Dans la plupart des restaurant le service commence à 11h et le service du soir se termine rarement pus tard que 21h30, même en été. Ne vous laissez pas piéger. Sauf en ville le week-end, il n'est pas nécessaire de réserver. La plupart des établissements sont fermés un jour dans la semaine, le plus souvent le dimanche ou le lundi.

BUDGET / BONS PLANS

Il sera difficile de manger pour moins de 10 euros même dans un fast-food, comptez plutôt 17 euros pour déjeuner au restaurant, et 20 euros pour dîner. Si vous ne voulez pas vous arrêter dans un café ou dans un restaurant pour manger, les stations essence font office de *fast-food* : toutes sorte de hot-dogs, parfois même des burgers et des salades. C'est souvent un peu moins cher qu'ailleurs, et le service est ultra rapide. Été comme hiver, le barbecue est très commun ! Il existe des barbecues à usage unique que l'on trouve en supermarché et qui se présente sous la forme d'une grande barquette d'aluminium, avec à l'intérieur du charbon, une grille et de quoi faire prendre le charbon. Pensez à toujours avoir avec vous un peu de papier au cas où le feu ne prendrait pas, et bien sûr un briquet, voire plutôt des allumettes/une pierre à feu en hiver. L'été, respectez strictement les interdictions de faire du feu. En 2018, plusieurs hectares de forêt sont déjà partis en fumée en Laponie.

EN SUPPLÉMENT

On vous servira rarement de l'eau et encore plus rarement du pain. L'eau peut être payante comme gratuite. Le pain sera forcément payant. Il n'est pas obligatoire de laisser des pourboires.

C'EST TRÈS LOCAL

Pour les non-végétariens, il vous faudra à tout prix goûter le *suovas*, une spécialité à base de viande de renne, le plus souvent servie dans les fast-food ou food trucks ! Les viandes d'élan et de renne sous toutes leur forme sont à tester. Le poisson, tout particulièrement en Norvège, est aussi très commun. La morue, le crabe et les crevettes sont des incontournables, mais le choix est très large.

FUMEURS

La cigarette, même électronique, est strictement interdite à l'intérieur des restaurants comme en terrasse. Les pays nordiques sont extrêmement sensibles à la santé publique et la cigarette n'est absolument pas populaire.

FAIRE UNE PAUSE

HORAIRES

Les cafés sont ouverts en journée jusqu'à 17h et les cafés-bars entre 11h et minuit, parfois plus longtemps le week-end. Les cafés des pays scandinaves sont réputés pour leur ambiance cosy et tamisée, mais ce n'est pas forcément vrai en Laponie. Il n'y a souvent pas beaucoup de choix en terme de lieux. On trouve cependant quelques endroits incontournables dans chaque région. Dans les pays nordiques on parle plutôt d'After Work que d'Happy Hour, car il est illégal de faire des réductions sur l'alcool.

A PARTIR DE QUEL ÂGE

Il est possible de consommer de l'alcool à partir de 18 ans. Toutefois en Suède, Finlande et Norvège, il faut avoir 20 ans pour pouvoir acheter de l'alcool dans les magasins prévus à cet effet (Respectivement dans les Systembolaget, Alko et Vinmonopolet).

C'EST TRÈS LOCAL

En Suède, le Fika, une sorte de pause sucrée dans la matinée ou dans l'après-midi, est une véritable institution. On boit du café et on s'offre une sucrerie, souvent des brioches à la cannelle, des Semlor si l'on approche mardi gras, ou des Lussekatter, de délicieuses brioches au safran, en décembre.

FUMEURS

La cigarette, même électronique, est strictement interdite à l'intérieur des restaurants, bars, cafés et clubs. Dans les bars ou les clubs, il vous faudra trouver un terrasse ou un endroit spécifié pour pouvoir fumer. Les pays nordiques sont extrêmement sensibles à la santé publique et la cigarette n'est pas populaire. Bien qu'ils utilisent le *snus*, du tabac à chiquer, ce qui n'est pas forcément mieux.

(SE) FAIRE PLAISIR

HORAIRES

Les horaires sont assez similaires à chez nous dans les villes. En semaine les boutiques sont généralement ouvertes entre 10h et 17h, le week-end, y compris le dimanche pour la plupart, entre 10h et 15h. En revanche les horaires d'ouvertures sont beaucoup plus restreints dans les villages, hameaux. Comptez sur une ouverture du mardi au samedi entre 10h et 15h, parfois 17h. La plupart des boutiques sont fermées le dimanche. Les magasins d'alimentation dans les villes sont souvent ouverts entre 9h et 21h la semaine, et entre 8h et 18h le week-end. Attention, les supérettes de village ont des horaires très variables et ne sont souvent pas ouvertes le dimanche. Il est toujours possible d'acheter de quoi manger ou grignoter dans les stations essence qui elles, sont ouvertes tous les jours. Encore une fois, attention, elles ne courent pas les rues non plus en Laponie…

BUDGET / BONS PLANS

La vie est chère dans les pays nordiques, et pas moins en Laponie. Les friperies sont assez répandues, vous en trouverez dans les plus grands villages ou les villes de Laponie. Elles permettent souvent de trouver des objets et des vêtements plus traditionnels à des prix plus corrects. Les magasins de souvenirs sont dans l'ensemble chers, mais plus abordables sur certains produits que les boutiques artisanales. Attention cependant à la qualité. Les produits typiques s'achètent de préférence en boutiques sâmes ou dans les musées. La carte bleue est très largement acceptées en Suède, Norvège et Finlande et il n'y a pas de minimum. Ayez tout de même toujours du liquide sur vous si vous pensez vous arrêter dans de petites boutiques ou cafés. Les établissements sont parfois fermés mais ils laissent à disposition des gâteaux et du café à régler en espèces dans une petite boîte.

C'EST TRÈS LOCAL

L'artisanat sâme est très prisé. Les souvenirs les plus populaires sont les vêtements comme les gants et chaussettes, faits de laine ou de cuir et souvent ornés des couleurs traditionnelles sâmes. On trouve aussi le traditionnel bonnet « des quatre vents », avec ces quatre pointes, ou les chapkas en fourrure et cuir le plus souvent couleur cuivre, blanche ou gris noir. De même pour les chaussures traditionnelles à la pointe recourbée, faites en peau. Les peaux et les bois de rennes se vendent aussi à l'unité. Les couteaux et les bijoux sâmes sont absolument magnifiques. Moins spécifiques à la Laponie mais tout aussi populaires, les incontournables figurines de trolls et autres maquettes de drakkars. Typiquement norvégien, vous trouverez le jacquard sous toutes les formes, et des peluches d'animaux en pagaille. Attention, on ne marchande pas.

BUDGET / BONS PLANS

En Laponie, la nature est partout et même les parcs nationaux ou les réserves naturelles sont accessibles gratuitement. Il vous suffira d'un peu d'équipement pour partir en trek, en trail, à vélo, en bivouac ou même en ski de fond ou raquette ! L'été, de drôles de patins à roulettes permettent aux amateurs de ski de fond de s'entraîner sur les routes pour la saison prochaine. La Laponie est un terrain de jeu fabuleux pour les amateurs de sports et d'activités en extérieur.

C'EST TRÈS LOCAL

En hiver, le traîneau à chien ou le ski joëring, la motoneige, le ski de fond et de randonnée, et la pêche au trou sont les activités principales des locaux. Certains pratiquent le kayak de mer et le surf sur la côte, même en hiver. L'été, la randonnée, le vélo, le trek et le trail sont au menu ! En Laponie, on compte énormément de fermes de rennes, de spas, de saunas et d'hôtels de glace. Les quatre sont à expérimenter ! En saison estivale, partez en excursion en bateau le long des côtes à la rencontre des baleines !

VOS PAPIERS SVP

Il vous faudra être en possession de vos papiers d'identité et de votre permis de conduire pour pouvoir conduire un quad, une motoneige, une moto… Pensez-y, c'est obligatoire. Pour la pêche, pensez tout de même à vous procurer un permis. Renseignez-vous à l'office de tourisme de la région.

A RÉSERVER

Si vous partez en haute saison hivernale ou estivale, il est vivement conseillé de réserver l'ensemble des activités que vous prévoyez de faire en avance. Les prix ne diminuent pas et les places partent vite.

LES ÉVÉNEMENTS

Ne ratez pas les concours de lancer de lasso en hiver. Plusieurs sont organisés, ils ont lieu lors des fêtes traditionnelles sames. Rendez-vous également à la course très particulière de natation hivernale ! Un événement qui vous fera claquer des dents. La Finnmarksløpet est la course de chien de traîneau la plus septentrionale au monde. Elle a lieu début mars chaque année, arrivée à Alta.

HORAIRES
Dans les pays nordiques, on sort tôt et on rentre tôt. La soirée peut parfois commencer à 18h et se termine souvent à 2h ou 3h du matin, si les établissements du coin ont la permission de fermer aussi tard. En semaine rien ne ferme après 1h, parfois minuit.

BUDGET / BONS PLANS
L'alcool est parmi ce qu'il y a de plus cher dans les pays nordiques et c'est un problème incontournable. Attendez-vous au même prix qu'à Paris, voire pire. L'entrée au club est souvent autour de 150 NOK.

A RÉSERVER
Il est conseillé de réserver une table au bar ou au club si vous souhaitez sortir à Tromsø par exemple ou lors d'un évènement particulier.

TRANSPORTS NOCTURNES
Oubliez les transports nocturnes. Votre seule solution est d'appeler un taxi.

A PARTIR DE QUEL ÂGE
Il est possible de consommer de l'alcool à partir de 18 ans. Toutefois en Suède, Finlande et Norvège, il faut avoir 20 ans pour pouvoir acheter de l'alcool dans les magasins prévus à cet effet (respectivement Systembolaget, Alko, Vinmonopolet). Pour rentrer dans les bars ou dans les clubs, il est impératif d'avoir avec soi sa carte d'identité. La plupart des établissements n'acceptent pas les personnes en dessous de 23 ans, voire 25 ans, et rares sont ceux qui acceptent les moins de 20 ans.

C'EST TRÈS LOCAL
Dans les pays nordiques, on ne sort pas ou très peu en semaine. Il est mal vu de faire une soirée autre qu'un vendredi ou un samedi. C'est donc le week-end que tout le monde se lâche, un peu trop souvent, ce qui peut donner lieu à des scènes surréalistes. Tout le monde aura oublié le lendemain. Puisqu'on ne sort pas souvent, et que l'on doit attendre toute la semaine, le dress code s'en ressent souvent un peu. Pour sortir en club, une tenir légèrement chic, voire chic, peut être de mise selon les établissements et l'occasion.

FUMEURS
La cigarette, même électronique, est strictement interdite à l'intérieur des restaurants, bars, cafés et clubs. Dans les bars ou les clubs, il vous faudra trouver un terrasse ou un endroit spécifié pour pouvoir fumer. Les pays nordiques sont extrêmement sensibles à la santé publique et la cigarette n'est pas populaire. Bien qu'ils soient très nombreux à utilisent le *snus*, du tabac à chiquer, ce qui n'est pas forcément plus sain...

PRATIQUE

SE LOGER

BUDGET / BONS PLANS

Le bivouac est autorisé partout (sauf cas spéciaux dans les Parcs nationaux) sur l'ensemble de la Norvège, Finlande, Suède. Un moyen de se loger partout, et gratuitement ! D'autant que le bivouac est très populaire en Laponie. Attention aux moustiques tout de même ! Les campings proposent souvent des tarifs tout à fait corrects aux campeurs. Une autre option peu coûteuse.

A RÉSERVER

En haute saison, surtout hivernale, il est impératif de réserver son logement bien en avance ! 2 à 3 mois minimum. Le risques est de se retrouver à payer le triple du prix normal car la demande est forte mais l'offre limitée voire très limitée à certains endroits.

C'EST TRÈS LOCAL

- Les *rorbuer* en Norvège, cabanes de pêcheurs que l'on trouve le long de la côte, essentiellement dans les Lofoten.
- Le *lavvu* dans les terres, des tentes sâmes !
- Les hôtels de glace que l'on trouve un peu partout, l'original étant à Jukkasjärvi en Suède.
- Les dômes vitrées, qui permettent de regarder les aurores boréales depuis son lit.
- Les igloos, une expérience unique !
- Des chambres perchées dans les arbres à Luleå en Suède.

FUMEURS

Tous les hébergements, même privés, sont non-fumeurs. La cigarette, même électronique, n'a pas la cote.

VIE QUOTIDIENNE

ALLO ?

Comment téléphoner ?

• Finlande

Finlande vers France : 00 + 33 + numéro du correspondant à 9 chiffres (sans le 0 initial).
France vers Finlande : 00 + 358 + indicatif de la zone + numéro du correspondant. Attention : pour ce type d'appel, on ne compose pas le 0 de l'indicatif de zone.
Pour un appel d'une province à l'autre, composer l'indicatif de zone (0 suivi de 1 ou 2 chiffres) puis le numéro du correspondant.

• Norvège

Pour appeler la Norvège depuis la France, il faut composer le 00 puis le 47 et le numéro de votre correspondant. Il n'existe pas de préfixe de ville ou de région en Norvège.
Pour appeler la France depuis la Norvège : 00 + 33 + numéro du correspondant à 9 chiffres (sans le 0 initial).

• Suède

Pour appeler la Suède depuis la France : l'indicatif international de la Suède est le 00 46. Les numéros de téléphone locaux peuvent être composés d'un nombre variable de chiffres (de 8 à 10). Vous devez composer le 00 46 (ou + 46), suivi de l'indicatif de la ville et du numéro du correspondant.
Pour appeler la France depuis la Suède : 00 + 33 + numéro du correspondant à 9 chiffres (sans le 0 initial).

Téléphone mobile et internet

Si vous souhaitez garder votre forfait français, il faudra avant de partir, activer l'option internationale (généralement gratuite) en appelant le service clients de votre opérateur. Qui paie quoi ? La règle est la même chez tous les opérateurs. Lorsque vous utilisez votre téléphone français à l'étranger, vous payez la communication, que vous émettiez l'appel ou que vous le receviez. Dans le cas d'un appel reçu, votre correspondant paie lui aussi, mais seulement le prix d'une communication locale. Tous les appels passés depuis ou vers l'étranger sont hors forfait, y compris ceux vers la boîte vocale.
La wifi est disponible dans la majorité des hébergement, bar et cafés. En Suède, Finlande et Norvège, il n'y a plus de frais de data roaming. Utilisez votre forfait internet comme d'habitude. En Russie, l'accès internet est moins évident.

ACCESSIBILITÉ

Les personnes âgées, à mobilité réduite ou les parents avec poussettes ne rencontrerons que de très rares difficultés. Les bâtiments publics, musées, magasins, les hébergements et restaurants sont accessibles à tous. La circulations dans les villes et villages se fait aussi très bien. Beaucoup de promenades sont également aménagées. Les transports en commun sont tous équipés pour accueillir l'ensemble de la population. En cas de difficulté, n'hésitez pas à demander de l'aide.

Rorbuer sur les îles Lofoten.

© RORBUER SUR LES ÎLES LOFOTEN © HARVEPINO - ISTOCKPHOTO.COM

Boites aux lettres en Norvège.

SANTÉ

Eau. Il est tout à fait possible de boire l'eau du robinet, sa qualité est très bonne, on peut même, la plupart du temps, boire l'eau des rivières en se servant, bien entendu, là où l'eau ne stagne pas. Il est également possible de purifier l'eau avec divers comprimés désinfectants ou des filtres.

Piqûres et morsures. En été, en juin et juillet surtout, les moustiques infestent la région. L'eau (lacs, marécages) et les espaces ombragés (forêts) sont leurs habitats favoris ; il ne vous reste plus qu'à laisser le moins de peau possible à la portée de leur appétit vorace. La nuit, la meilleure protection reste la moustiquaire, que vous pouvez également vaporiser d'un spray anti-moustique. Il est également conseillé d'acheter des produits anti-moustiques sur place, un peu plus adaptés. Enfin, il existe également une sorte de chapeau-filet qui permet de rester dans certains lieux, immobile, comme près des rivières. Ces chapeaux sont d'ailleurs très souvent utilisés par les pêcheurs. Pour les autres cas de piqûres, morsures (tiques ou araignées) ou coupures, il n'existe pas vraiment de moyens préventifs, il faut donc rester attentif à l'environnement : secouer vêtements et chaussures avant de les enfiler, soulever les draps du lit plutôt que de sauter à pieds joints dessus !

En cas de maladie ou de problème grave durant votre voyage, consultez rapidement un pharmacien puis un médecin. Contactez si besoin le consulat de France qui se chargera de vous aider, de vous accompagner et vous fournira la liste des médecins francophones. En cas de problème grave, c'est aussi lui qui prévient la famille et qui décide du rapatriement. Pour connaître les urgences et établissements aux standards internationaux : consulter les sites www.diplomatie.gouv.fr et www.pasteur.fr

URGENCES SUR PLACE

En Norvège. Urgences et ambulances : 113
Pompiers : 110
Police : 112

En Suède. Urgences : 112. Ce numéro vous permet de joindre un médecin, une ambulance, les pompiers et la police.

En Finlande. Urgences et ambulances : 112
Service de médecins : 100 23 (24h/24)
Police : 100 22

SÉCURITÉ

Le seul danger éventuel tient plus à l'omniprésence de la nature. Prudence élémentaire donc lors d'une randonnée en zone désertique. Avertissez les points d'information de votre passage en signant les registres touristiques. La neige peut tomber dès octobre.

LGBTQ

Aucune crainte relative à la sécurité ou à l'accueil à avoir pour la communauté LGBTQ. Les sociétés nordiques sont relativement ouvertes, même jusqu'en Laponie. En Russie toutefois, pays plus conservateur, soyez plus vigilants.

AMBASSADE ET CONSULATS

- Ambassade de France en Norvège
Drammensveien 69
N-0244 Oslo
+47 23 28 46 00

- Ambasse de France en Suède
Kommendörsgatan 13
102 47 Stockholm
+46 8 45 95 300

- Ambassade de France en Finlande
Itäinen Puistotie 13
00140 Helsinki
358 9 618 780

POSTE

En Finlande et en Norvège, vous n'aurez aucun mal à poster votre courrier pour la France et d'autres pays du monde. En Suède, une grosse restructuration des postes a eu lieu dans tout le pays il y a une dizaine d'années, ce qui fait qu'il est difficile de trouver un bureau de poste classique. Les postes principales (envoi des colis) ont été transférées dans les magasins et supermarchés (ICA, Konsum..) mais il est aussi possible d'acheter des timbres ou enveloppes dans les bureaux de tabac ou certaines stations-service. Les bureaux de poste se reconnaissent à leur enseigne : un cor de chasse jaune sur fond bleu. Ils respectent généralement les mêmes heures d'ouverture que les magasins où ils se trouvent, c'est-à-dire de 9h à 18h en semaine, et de 10h à 13h le samedi. Les boites aux lettres sont jaunes. Le prix est de 17 NOK pour une lettre de 20g en dessous de 2 cm d'épaisseur en Norvège, 11 SEK pour une lettre jusqu'à 50 grammes en Suède, 1,70 euros en Finlande, et 37 RUB en Russie.

MÉDIAS LOCAUX

- **Suède :** la presse écrite en est dominé par *Aftonbladet, Expressen* et *Dagens Nyheter*. SVT est la chaîne de télévision natinonale, Sveriges Radio est la radio nationale.

- **Norvège :** *Aftenposten* et *Dagbladet* sont les deux journaux les plus lus. NRK est la chaîne de télévision et de radio nationale.

- **Finlande :** *Helsingin Sanomat* est le journal le plus populaire. Yle est la chaîne de télévision nationale, et Yleisradio la radio nationale.

La Laponie fascine depuis toujours et encore aujourd'hui, ses visiteurs ont du mal à décrire ce sentiment si spécial qui les accompagne tout au long de leur séjour. Terre des Sâmes à cheval sur quatre pays, elle est aussi la région la plus septentrionale d'Europe. Cette surface immense abrite nombre de cultures et de richesses naturelles. Au-delà des frontières, ses habitants partagent un art de vivre simple et en harmonie avec l'environnement. On vient s'y ressourcer, se reconnecter avec les plaisirs simples et y découvrir d'autres normes. Les rennes et les élans sont des animaux du quotidien, et se déplacer en chien de traîneau ou en bateau est une évidence. On y contemple des phénomènes exceptionnels : nuits polaires, aurores boréales et soleil de minuit, qui nourrissent l'imaginaire et transportent au-delà du rationnel, au cœur des contes et légendes sâmes. La Laponie, c'est une terre où démesure et simplicité vivent en harmonie.

LES AURORES BORÉALES

En Laponie chaque hiver, un ballet de lumière magique envahit le ciel. Cette danse frénétique et surréaliste si dure à décrire, transporte ses spectateurs dans un univers presque irréel, dans lequel d'immenses flammes vertes, bleues, pourpres, blanches et même parfois rouges traversent le firmament et viennent illuminer le paysage blanc des terres polaires. On voudrait que cela ne s'arrête jamais, mais c'est bien la nature éphémère de ce phénomène qui nous fascine tant. Le premier ruban apparaît et le spectacle commence. Le voile s'étend, s'étire, zig-zag et tourbillonne sous les yeux ébahis des milliers de touristes venus chasser l'aurore boréale. Si le phénomène est fréquent, l'intensité elle, varie énormément. Toujours imprévisible, l'aurore boréale a toujours fasciné les populations, qui ont toutes su trouver une explication. Une chose ne change pas, que l'on en soit à sa première ou à sa 100e, impossible de ne pas lever les yeux !

Les aurores boréales, qu'est-ce que c'est ?

Plus spécifiquement appelées aurores boréales (dans l'hémisphère nord) et australes (dans l'hémisphère sud), ce phénomène de phosphorescence qui traverse le ciel s'explique par l'entrée de particules solaires dans l'atmosphère, qui libèrent leur énergie en contact avec les champs magnétiques polaires. Elles se forment avec les éruptions à la surface du soleil et quand le vent solaire heurte la terre quelques heures plus tard. Véritables décharges électriques, ces aurores boréales surgissent à la faveur des gaz ionisés à des altitudes allant de 80 à 1 000 km, qui influent également sur la couleur du phénomène. Les aurores s'agitent ensuite mollement sous l'effet du vent, ondulant et se repliant sur elles-mêmes. Un véritable feu d'artifice naturel.

L'aurore boréale commence en général par une petite lueur diffuse dans la direction du pôle. Puis une bande verdâtre apparaît au-dessus de l'horizon, ondule et scintille, en évolution constante vers le zénith. D'autres arcs suivent pour se déformer en des bandes mouvantes constituant de grandes draperies. Les aurores rouges sont les plus rares et signifient que le phénomène a lieu à une centaine de kilomètres seulement. Le vert est la couleur la plus commune. Dans l'hémisphère sud, il est plus difficile de les observer car il n'y a pas de terre sous les latitudes où les aurores sont les plus fréquentes. Il est le plus souvent nécessaire d'être en mer pour les observer.

Où et quand peut-on les voir ?

C'est dans le ciel de la zone aurorale (située entre 65° et 72° de latitude), c'est-à-dire dans des régions proches du cercle polaire, que se forment les aurores boréales. La Laponie est donc un lieu de prédilection ! Ces manifestations naturelles imprévisibles s'observent par temps clair, entre août et mars. Leur apparition reste tout de même plus fréquente au cœur de l'hiver, entre 23h et 4h du matin. Le festival de couleurs dure environ 20 minutes et cet éclairage naturel peut être si puissant qu'il permet de lire le journal ! Pour pourvoir observer les aurores boréales et profiter au maximum de leur danse, pensez qu'il est indispensable de s'éloigner de toute pollution lumineuse. Et quoi de plus saisissant que d'admirer ce spectacle en pleine nature ?

▸ **Parmi les meilleurs endroits pour profiter du phénomène** se trouvent la ville de Tromsø, en Norvège, et l'Aurora Sky Station à Abisko, en Suède. Située en pleine Laponie suédoise dans le Parc national d'Abisko, la station est perchée sur la montagne Nuolja, sous une latitude extrêmement favorable à l'apparition d'aurores boréales. Le petit village d'Abisko qui, nous pouvons le dire, est un lieu si excentré que l'on aurait aucun mal à se croire seul au monde, a une pollution lumineuse très faible. Il est entouré de montagnes qui bloquent une grande partie des nuages de passage, et profite souvent d'un temps clair. De plus, une fois en haut de Nuolja, le village se trouve caché par le relief. Bref, vous l'aurez compris, toutes les conditions sont réunies. Dans cette station vous trouverez aussi un café et un restaurant qui vous permettront d'attendre, au chaud et le ventre plein, l'apparition de la très convoitée aurore.

▸ **Aujourd'hui de nombreux prestataires aux quatre coins de la Laponie** proposent des circuits divers et variés de chasse à l'aurore boréale. On vous emmène à travers bois et forêts à la recherche du phénomène, que ce soit en traîneau à chien, en moto-neige, en ski ou en raquettes. Si on ne peut pas vous garantir l'apparition d'une aurore boréale, cela reste quand même l'occasion d'une belle balade.

Aurore boréale sur le lac de Tornetrask à Abisko.

© PARILOV - SHUTTERSTOCK.COM

L'utilisation du trépied est indispensable pour avoir des photos nettes.

My Aurora, l'application indispensable

Mère nature est imprévisible et il est impossible de garantir l'apparition d'une aurore boréale. Mais pour apercevoir les belles de nuit, un petit tour préalable sur le site de la « météo des aurores » peut s'avérer intéressant : www.aurora-service.eu/aurora-forecast. Vous pouvez également télécharger l'application My Aurora Forecast sur votre téléphone.

Les aurores boréales : mythes et légendes

En Laponie, les aurores boréales sont l'objet de nombreux mythes et légendes. Si l'explication scientifique ne vous parle pas, libre à vous d'adopter l'un de ces récits beaucoup plus imagés !

Les peuples indigènes qui vivent sous des latitudes proches du cercle polaire, les Sâmes, les Inuits et les Amérindiens par exemple, ont en commun le respect et la crainte de ces phénomènes lumineux. On pensait que les aurores boréales représentaient le royaume des morts, mais seulement ceux qui avaient connu une mort prématurée ou brutale pouvaient y accéder. Siffler était un moyen d'attirer les aurores, mais il est très dangereux de s'y essayer. Certains interdisaient aux enfants de sortir leurs enfants les soirs d'activité, alors que d'autres leur imposaient de porter un bonnet pour que l'aurore ne leur brûle pas les cheveux. Beaucoup d'anciens racontent qu'on leur a appris enfant à bien se comporter devant lorsque apparaissaient des aurores boréales.

Les Sâmes, eux, pensaient que le phénomène était lié à la météo et que l'on pouvait utiliser la magie des aurores et ainsi influencer la météo ! Si la forme et la couleur des aurores avaient plusieurs significations dans les différents groupes sâmes, ils étaient en revanche tous d'accord pour dire qu'une aurore boréale dansante indiquait que la météo allait changer. Dans le Sud, si le ciel s'illuminait, c'était à cause des Sâmes qui, avec leurs torches, cherchaient leurs rennes dans les montagnes. En Finlande, une légende très poétique nous raconte que les aurores boréales ne sont rien d'autre que des étincelles produites par des renards de feu lorsqu'ils courent dans les montagnes. L'aurore boréale, rare et spectaculaire sous les latitudes méditerranéennes, a toujours effrayé les populations du Sud. Au cours des campagnes d'Alexandre le Grand en Macédoine, Aristote dépeint « des déchirures du ciel nocturne derrière lesquelles on voit des flammes » et Sénèque renchérit : « C'est un gouffre par lequel le ciel entrouvert semble vomir des flammes. » Fascinantes depuis toujours, elles n'ont été étudiées scientifiquement qu'à partir du XVIIe siècle.

Comment les photographier

Aujourd'hui n'importe quel téléphone équipé d'un bon appareil photo peut suffire à immortaliser une aurore boréale. Un appareil photo, même compact, peut aussi faire l'affaire. Il vous suffit d'effectuer les bons réglages. Réglez l'ISO sur 800 minimum. Plus l'appareil est récent, plus vous pourrez vous permettre d'augmenter l'ISO. Réglez ensuite l'ouverture entre 2.0 et 4.0. et le temps d'exposition entre 5 et 60 secondes. Ce dernier peut varier selon l'intensité de l'aurore boréale et la luminosité alentour. Faites un premier essai, et baissez ou augmentez l'exposition en fonction du résultat. Pour faire une photo nette, il est indispensable de poser l'appareil sur un trépied, ou sur un support stable. Gardez en tête que les aurores boréales ne sont là que pour quelques minutes, voire quelques secondes, alors ne perdez pas trop de temps à régler votre appareil et profitez plutôt du show !

Psst ! Sachez que votre appareil photo/téléphone peut voir ce que vous ne voyez pas à l'œil nu ! Les aurores boréales sont bien souvent présentes dans le ciel sans être assez puissantes pour que nous puissions les observer. Pour les curieux, utilisez les même réglages un soir sans aurores et vous découvrirez peut-être que le ciel au-dessus de vous est tout en flammes vertes ! Si c'est le cas, peut-être que cela vaut la peine de rentrer enfiler un pull de plus et de s'installer dehors quelques instants...

EN AVANT, MUSH !

Mode de transport traditionnel et millénaire des autochtones du Grand Nord, le traîneau à chien est devenu l'une des activités hivernales les plus populaires de Laponie. S'il était à l'origine indispensable aux populations du Nord pour se déplacer à travers des territoires autrement inaccessibles, le traîneau à chien est aujourd'hui utilisé pour explorer les décors féeriques des terres polaires, où le silence est seulement rompu par le halètement de la meute. Et dans cette immensité, les occasions de partir à l'aventure ne manquent pas ! Que l'on ait envie de se blottir confortablement dans le traîneau ou, au contraire, de tenter l'expérience du *musher* d'un jour à la tête de son attelage, les possibilités sont infinies. Lors de cette aventure se crée une vraie complicité entre l'homme et ces magnifiques bêtes nordiques qui loin d'être forcées, se font un plaisir d'accomplir leur tâche. N'hésitez pas, tentez l'aventure !

Une invention des peuples du Nord

Bien que ce ne soit pas officiellement prouvé, il semblerait que les peuples autochtones du Nord utilisaient déjà les chiens d'attelage pour se déplacer aux alentours de 6 000 ans avant J.-C. Il suffit de s'imaginer les conditions extrêmes des régions nordiques, avec leurs épaisses couches de neige, parfois durcies par le froid, et l'absence de chemins ou de pistes, pour saisir l'intérêt capital de ce moyen de transport. Les premiers explorateurs et trappeurs européens adoptèrent également le traîneau à chien, un moyen des plus efficaces pour transporter hommes, denrées alimentaires et marchandises sur de grandes distances dans un territoire sauvage entièrement recouvert par la poudreuse et des lacs et rivières gelés. Les traîneaux à chien sont encore utilisés à des fins professionnelles aujourd'hui, et ils se sont montrés utiles à de nombreuses reprises au cours de l'histoire, comme par exemple à la fin du XIXe siècle au anada. À l'époque où la ruée vers l'or battait son plein dans la région du Klondike, au nord-ouest du Canada, les chercheurs d'or se servaient des chiens pour transporter leurs effets personnels, leur mobilier et les vivres. Aujourd'hui le traîneau à chien comme moyen de transport a été largement remplacé par la moto-neige, mais il reste indispensable pour certains *mushers* habitant des zones isolées et difficile d'accès, car beaucoup plus fiables dans des conditions extrêmes.

Races de chiens et composition de l'attelage

Élevés par les peuples autochtones du Nord, les chiens de traîneau sont les descendants des loups domestiqués à des fins de transport et de chasse. Parmi les plus anciennes races de chiens de traîneau, on retrouve le malamute d'Alaska qui garde encore de nos jours sa grande cote de popularité. C'est un chien puissant, reconnu pour sa force et son endurance.

© HENRIK A. JONSSON - SHUTTERSTOCK.COM

Husky alaskain.

Avec l'avènement des courses de traîneaux à chiens au XXe siècle, un nouveau critère de sélection est entré en ligne de compte : la vitesse. Aujourd'hui il existe plusieurs races de chiens de traîneau reconnues, parmi lesquels le Husky sibérien, le Samoyède, le Groenlandais, l'Esquimau canadien et le Laika de Yakoutie.

La composition de l'attelage est tout aussi importante que la sélection des chiens et est divisée en quatre catégories. On retrouve toujours un ou deux chiens de tête, placés tout à l'avant et qui dirigent et guident l'attelage. Viennent ensuite les chiens de pointe qui servent essentiellement à encourager les chiens de tête. Les chiens qui obtiennent cette position sont très souvent de futurs chiens de tête en formation. La paire de l'attelage qui se trouve juste devant le traîneau est la plus puissante, celle dont la mission consiste à maintenir le traîneau sur la piste : ce sont les chiens de barre. Tous les autres chiens positionnés entre ceux de tête et ceux de barre sont les chiens du centre. Si certaines paires fonctionnent mieux que d'autres, il est parfois bon d'habituer les chiens à d'autres compagnons de courses pour les sociabiliser.

Les chiens de tête sont dirigés à la voix par le conducteur, appelé *musher*. Selon le parcours et les conditions météo, il peut se trouver à l'arrière sur le traîneau, à marcher devant l'attelage ou bien à courir à l'arrière. Lorsque la neige est fraîche par exemple, les chiens ont tout autant de mal que nous à courir en monter. Le musher aide alors ses chiens en courant derrière le traîneau. Il doit aussi veiller à la stabilité du traîneau en faisant contrepoids en fonction de l'inclinaison du terrain. On l'aura compris, diriger un traîneau est loin d'être reposant !

Les courses de traîneau à chien

Devenu un loisir d'hiver hyper populaire, le traîneau à chien a atteint le statut de discipline sportive. Elle se pratique dans de nombreux pays en dehors de la Laponie, comme en Amérique du Nord, au Groenland, en Russie et en France. Si certaines courses visent davantage le divertissement, d'autres au contraire font partie d'un circuit professionnel où les gagnants empochent divers prix en plus d'accumuler des points au classement. Ces compétitions peuvent prendre la forme de *sprints*, c'est-à-dire des courses sur de courtes distances, ou alors carrément d'épreuves d'endurance s'étalant sur plusieurs jours durant lesquels les *mushers*, vedettes locales et concurrents internationaux, parcourent des centaines de kilomètres chaque jour. Pour un repos bien mérité, voire obligatoire, le circuit des courses d'endurance est ponctué des fameux « checkpoints », lieux où l'on s'assure de la bonne santé de tous, chiens comme humains, et où l'on échange conseils et histoires de course. La course la plus célèbre en Laponie est la Finnmarksløpet, qui se déroule en Norvège. Cette course d'un peu plus de 1 000 km à travers le Finnmark est la plus septentrionale au monde et aussi l'une des plus longues ! À l'international, il y a également la Iditarod Trail Sled Dog Race en Alaska, la Yukon Quest entre l'Alaska et le Canada, et La Grande Odyssée en France et en Suisse, parmi tant d'autres.Le ski joering est une forme de ski de fond, tiré par un chien, qui se pratique énormément dans les pays nordiques. Le bikejoring, qui consiste à se faire tirer à vélo, et le canicross, qui rejoint la pratique du trail, se pratiquent hors saison, en partie pour continuer à entraîner les chiens. De plus en plus populaires, ces activités se pratiquent aujourd'hui en compétition.

Le plus dur, c'est de choisir !

Il est temps maintenant de passer à la pratique. Pour ce faire, la Laponie met à disposition un large éventail de possibilités, allant de la balade d'une heure ou deux à l'expédition de plusieurs jours avec nuitées en tipi, en tente, en refuge ou en chalet. Peu importe l'option choisie, la visite du chenil est généralement incluse et il est possible de prêter main forte au moment d'atteler les chiens ou encore de participer au service de leur repas lors des pauses. Si certains optent pour le confort relax du traîneau, d'autres préfèrent mettre la main à la pâte et conduire leur propre attelage, option privilégiée pour vivre pleinement l'expérience du traîneau à chien. Et pour ne rien gâcher, prévoyez de vous emmitoufler de la tête aux pieds. Si vous n'avez pas le parfait attirail de l'aventurier hivernal, n'ayez crainte : accessoires et vêtements chauds peuvent être loués ou mêmes prêtés sur place. Vérifiez toutefois si cela est possible au moment de votre réservation, question de ne pas être pris au dépourvu au moment venu.

L'offre est très vaste et il est possible de pratiquer le traîneau à chien partout en Laponie. Dans les Îles Lofoten ou Vesterålen, qui bien que très proches ne font pas partie de la Laponie, les *mushers* se comptent sur les doigts de la main. Le relief dans cette partie de la Norvège est très escarpé et le climat souvent pluvieux remplace la neige par de la glace. Si c'est un vrai spectacle pour les yeux, il rend presque impossible la pratique du traîneau à chien. Pour être certains de ne pas passer à côté de cette expérience typiquement nordique, profitez plutôt de votre passage dans les terres pour vous assurer d'avoir le choix !

GÉOGRAPHIE

La Laponie est une vaste région d'environ 400 000 km² qui s'étale sur quatre pays (Norvège, Suède, Finlande et Russie) principalement au-dessus du cercle polaire arctique. Elle est bordée au nord et à l'ouest par l'Atlantique nord, et notamment la mer norvégienne ; à l'est par l'océan glacial Arctique, plus précisément la mer de Barents, et au sud par le Golfe de Botnie. Si la Laponie évoque le nord de l'Europe, il difficile de déterminer précisément où commence et où se termine ce territoire dont les frontières n'existent sur aucune carte. La Laponie pourrait presque être considérée comme un désert, tant la nature règne sur des kilomètres et des kilomètres. Les habitants sont habitués à ces grandes étendues inhabitées entre deux villes ou villages, et à ces espaces infinis où le silence se perd dans la multitude de paysages : des forêts aux plaines, la toundra, les falaises des côtes… de quoi vous surprendre sans cesse.

Des zones bien distinctes

Si les quatre pays qui nous intéressent ici ont des frontières, la diversité du paysage lapon, elle, ne respecte en rien ces barrières invisibles dressées par l'homme. Plusieurs régions bien distinctes et indépendantes des frontières étatiques forment ainsi la Laponie.

La Laponie centrale et Golfe de Botnie

La Laponie centrale englobe la Suède, la Finlande et la moitié sud de la péninsule de Kola en Russie. Les paysages se caractérisent par des hectares de forêt boréales, ou taïga, qui s'étendent à perte de vue et recouvrent des plateaux et collines arrondies (tunturi). L'hiver, dans le golfe de Botnie, la neige et la glace relient lacs et îlots qui ne font alors plus qu'un. Dans ce paradis blanc, il devient difficile de différencier le véritable sol des eaux glacée.

La Laponie suédoise

Étendue sur 110 000 km², la Laponie suédoise occupe le quart de la superficie de la Suède et n'est peuplée que de 123 000 habitants habitants (2016), dont la plupart sont concentrés dans trois agglomérations : Kiruna, Gällivare et Jokkmokk. En dehors de ces villes, la densité de population n'atteint pas un habitant au km². Cette région est surtout réputée pour ses montagnes, les Alpes scandinaves : elles s'étirent, sur une distance de 680 km, depuis les massifs d'Abisko et du Kebenekaise au nord jusqu'au massif de Burg au sud, à la limite de la région de Jämtland. Le point le plus élevé est le Kebnekaise, qui culmine à 2 097 m. C'est un Français, Charles Rabot, qui effectue la première ascension de ce pic en 1883. Pour sa diversité et ses nombreuses richesses, la région de la Laponie suédoise est classée au patrimoine de l'Unesco depuis 1996.

La Laponie finlandaise

La Laponie finlandaise avec ses 100 367 km² occupe 30 % du territoire finlandais et ne compte que deux habitants au km². Cette région de 180 000 habitants abrite deux types de paysages, une zone de basse altitude à l'est et un relief montagneux recouvrant les deux tiers de la Laponie à l'ouest. Elle se distingue également par ses 1 000 km² de marécages ! Rovaniemi, avec ses 62 000 habitants, est la ville la plus important et la capitale administrative. Ailleurs, la densité est faible. Parmi les plus grandes villes touristiques on retrouve Kittilä et Inari.

Le plateau du Finnmark

Au nord de la Laponie suédoise et finlandaise s'étend la Laponie norvégienne, mieux connue par le nom de sa région : Finnmark (*Finn* voulant dire sâme). À l'intérieur des terres, l'immense plateau de Finnmark est une magnifique plaine de toundra quasi désertique comportant seulement deux villages lapons, Karasjok et Kautokeino. Les deux municipalités qui forment le plateau ont une superficie totale de 14 000 m² et abritent quelque 6 000 âmes. On peut y randonner pendant plusieurs jours, voire plusieurs semaines, sans rencontrer âme qui vive. Dépaysement et calme assurés !

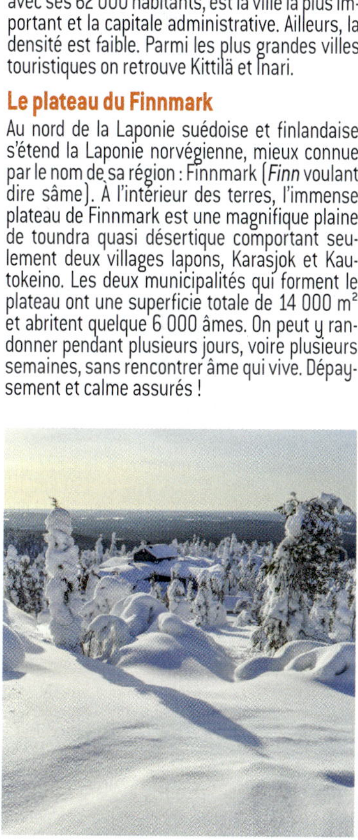

© SITIKKA - ISTOCKPHOTO

Paysage de montagne enneigée en Laponie.

DÉCOUVRIR

© JOAKIM SANDBERG - SHUTTERSTOCK.COM

Le Kebnekaise, point culminant de la Suède.

Les côtes du Nord et de l'Ouest

Elles sont caractérisées par de profonds fjords qui découpent le littoral, ponctuées de villages de pêcheurs. Ici, l'eau n'est jamais prise par les glaces, grâce au courant du Gulf Stream, qui compense la latitude élevée. Kirkenes et Narvik, tous les deux en Norvège, sont les sorties maritimes principales de la Laponie scandinave. L'image caractéristique de la Norvège est surtout figurée par un littoral à la ligne de côte déchiquetée. Mourmansk est la plus grande ville au nord du cercle polaire arctique, et le grand port de la Laponie russe. La partie nord de la péninsule de Kola n'est que toundra, à l'image du littoral norvégien depuis la ville de Vardø.

Les îles Lofoten. Bien que les îles Lofoten ne fassent pas partie de la Laponie, elles en sont proches et leur relief exceptionnel est à l'image du reste de la côte norvégienne. Environ 25 000 personnes vivent aujourd'hui entre le 67e et le 68e parallèle nord, sur un archipel de 1 227 km^{2} qui s'avance dans la mer, long de 150 km. Ici, des paysages exceptionnels s'entremêlent : des fjords profonds, au falaises abruptes et même des plaines fertiles. Si la route qui parcourt l'archipel n'est longue que de 170 km, elle vaudra la peine de s'arrêter tous les 500 mètres ! La plus grande ville est Svolvær, avec 4 500 habitants.

Tromsø, que l'on surnomme la « Paris du Nord », est une véritable capitale culturelle ! Avec ses 76 734 habitants, elle affiche une densité de population bien plus élevée que les autres villes norvégiennes du Grand Nord, avec devant elle la ville d'Alta seulement. Elle est en réalité la troisième plus grande ville au-dessus du cercle polaire arctique. Tromsø, de par sa position géographique, est considérée comme l'un des meilleurs endroits au monde pour observer les aurores boréales et le soleil de minuit.

Le Cap Nord. C'est le long de cette côte que se trouve le Cap Nord, la pointe du continent européen. Parmi une infinité d'immenses plateaux, ce bras de terre fouetté par les vents s'avance dans la mer des Barents et offre une sensation bien réelle de bout du monde.

Conseils aux randonneurs

Pour la randonnée, des chaussures montantes et imperméables sont vivement recommandées. Les terrains sont souvent humides, voire marécageux, parfois même encore enneigés par endroit, et personnes n'aime randonner les pieds mouillés ! Pour ce qui est de la période, la virulence des moustiques entre juillet et début août peut être un vrai problème. Privilégiez si vous le pouvez juin et septembre. En juin, le soleil de minuit est époustouflant et en septembre, la Laponie décline ses couleurs flamboyantes pendant la ruska. Ne partez pas sans carte GR ! On peut rapidement perdre la piste dans l'immensité des terres lapones. En hiver, notamment, les marquages disparaissent sous la neige. Se retrouver au milieu de nulle part sans point de repère n'est jamais très rassurant. Emprunter des chemins non balisés nécessite impérativement l'usage de la boussole (ou mieux, un GPRS, dérivé du GSM). N'hésitez pas à vous renseigner au préalable auprès de Svenska Turistföreningen (www.svenskaturistforeningen.se) pour la Suède, Den Norske Turistforening (www.dnt.no) pour la Norvège et auprès des parcs nationaux pour la Finlande (www.nationalparks.fi). Restez prudent, et profitez du grand calme offert par les contrées du Nord !

NATURE

Dans les contrées de Laponie, région presque déserte sous le règne sans limite et non partagé de mère nature, la vie quotidienne est rythmée par la faune et la flore qui la constituent. Rennes, loups, ours bruns et autres gloutons mènent leur petite vie sous l'œil perçant des aigles impressionnants qui tournoient dans le ciel. Et les eaux, extrêmement poissonneuses, abritent phoques, baleines et orques. Les espaces infinis et le silence se perdent dans la multitude de paysages : des forêts aux plaines, la toundra, les côtes tout en falaises… Une flore encore sauvage et intacte. C'est une fois au cœur de cette immensité que l'on réalise toute la puissance et la beauté de la nature et de ses habitants, qui nous font nous sentir tout petits, et parfois impuissants. La Laponie est une destination incontournable pour les mordus de nature et de bêtes sauvages, pour les curieux et les amateurs de liberté.

Le Droit d'accès à la nature

Allemansrätt en suédois, *allemannsrett* en norvégien et *jokamiehenoikeus* en finnois. Tout d'abord, il peut être intéressant de savoir quelles sont les règles concernant l'accès aux espaces naturels en Laponie. Le Droit d'accès à la nature est un droit général de passage et de cueillette sur le sol d'autrui. Ce n'est pas une loi mais un droit coutumier, qui prévoit que tout le monde peut se promener librement dans la nature, sauf dans les jardins des habitations ! En Suède, en Norvège et en Finlande, vous pouvez cueillir des baies, des champignons et certaines fleurs sauvages, planter votre tente pour une nuit où vous voulez (sauf restriction particulière) à condition quand même de demander l'autorisation au propriétaire s'il se trouve à proximité. En contrepartie, il faut faire très attention à la nature et ne pas déranger les habitants de la région. La chasse n'est évidemment pas comprise dans cette liberté. Soyez prudent, ces règles ne s'appliquent pas en Russie sur la Péninsule de Kola. Veillez à respecter les zones restrictives.

La faune des contrées boréales

Le renne. C'est bien entendu l'animal le plus emblématique de Laponie. La langue sâme possède environ 400 mots pour le désigner ! Pelage long et fourni, queue et museau courts, le renne est parfaitement adapté à son habitat. Ses sabots concaves et évasés comme des mini-raquettes lui permettent de se déplacer facilement. Dans l'eau, il s'en sert comme de pagaies (c'est d'ailleurs un excellent nageur). L'hiver, ce sont encore ses sabots qui lui permettent de trouver sa nourriture, en dégageant la neige qui recouvre le sol. Le renne peut ensuite repérer les plantes grâce à son excellent odorat mais sa vue passe pour être médiocre.

© ONDREJ PROSICKY - SHUTTERSTOCK.COM

Renard polaire du Svalbard.

© MATS LINDBERG - ISTOCKPHOTO.COM

Le redouté glouton.

On a longtemps cru que le renne ne se nourrissait que de lichens, mais la profusion de plantes, qui profitent de l'intense été arctique pour éclore et semer leurs graines, lui fournit une nourriture diversifiée qui lui permet d'affronter les rigueurs de l'hiver. Le renne est capable d'atteindre la vitesse de 80 km/h. On le croise partout, sur les routes, dans les villages, en peluche dans les stations-service, en steak dans les restaurants... Chaque renne appartient à une famille sâme, ils ne sont donc pas entièrement sauvages (à quelques rebelles près). Toutefois, ils restent des animaux imprévisibles et mieux vaut ne pas les déranger. Si vous en croisez sur le bord de la route, ralentissez et laissez passer la horde sans vous engager. Rarement effrayé par les voitures, cela vous fera une occasion d'observer le majestueux renne de plus près, pendant qu'il traverse à son rythme.

L'élan. Il est présent dans les régions lapones, mais bien chanceux celui qui aura l'occasion d'en apercevoir un ! L'élan n'est pas agressif par nature, mais si vous venez à le rencontrer, restez calme et ne vous approchez surtout pas ! L'animal est colossal et vous n'auriez aucune chance de vous en sortir... Observez de loin, et laissez-le s'en aller. Ils sont généralement très éloignés des agglomérations, c'est pourquoi vous aurez plus de chance de l'apercevoir si vous prenez la voiture sur les routes désertiques à l'intérieur des terres. L'élan est une des principales causes d'accident en Laponie. C'est un peu le sanglier suédois. Seuls ou à plusieurs, ils traversent la route à toute vitesse et sans prévenir. Restez vigilant, et surtout si vous l'apercevez au bord de la route, restez arrêté tant qu'il ne s'est pas suffisamment éloigné.

L'ours brun. Fut un temps redouté au point qu'il était tabou de prononcer son nom, l'ours brun demeure encore aujourd'hui impressionnant. Cet animal vit dans les forêts lapones, mais n'espérez pas le croiser tant il se fait discret. Sa chasse est très réglementée – les règles varient d'un pays à l'autre. Seuls les Sâmes ont le droit de les tuer toute l'année, s'ils menacent le troupeau de rennes. Une chose à savoir sur les ours : il n'y a pas d'ours polaire en Laponie (bien que cet animal soit souvent mentionné dans les musées lapons). Les ours polaires les plus proches se trouvent au Groenland et au Spitzberg !

Le loup. On trouve beaucoup plus de loups en Suède qu'en Finlande, dont ils ont été peu à peu repoussés (industries et déforestation en cause). N'ayez crainte, les chances de le croiser sont plus que minces.

Le glouton. Ce dernier est le plus grand représentant de la famille des mustélidés, qui comprend, entre autres, les fouines et les blaireaux. Ce mammifère carnassier mesure 40 cm de haut et 1 m de long et est connu pour sa faim insatiable – le nom est passé dans le langage courant –, mais aussi pour sa force et sa férocité. Chassant à l'affût, il s'attaque aux rennes et même aux élans, souvent posté sur les basses branches d'un arbre. Grand marcheur, il est extrêmement audacieux et il s'aventure jusque dans les cabanes des chasseurs et, malicieux, il visite les pièges et dévore les prises sans se faire prendre. Cet animal est l'un des plus redoutés du Grand Nord. Le glouton est la seule espèce en fort petit nombre et c'est sans doute une bonne chose pour les habitants car il pose un véritable problème.

En effet, la perte de rennes due à un prédateur est toujours compensée par une indemnisation, après l'identification de l'animal, généralement portée à l'oreille. Or, la technique de chasse des gloutons fait qu'ils arrachent la tête du renne, rendant plus difficile la justification de la perte.

▸ **Le pygargue à queue blanche.** Notons, parmi les animaux intéressants, un aigle de grande taille et à la silhouette massive : le pygargue à queue blanche, qui se plaît au bord des lacs et des fleuves propices à la prédation, dans la toundra et dans la forêt. Sur les côtes, il fréquente les falaises rocheuses escarpées. S'il prélève surtout le gibier d'eau et les poissons, il sait se nourrir de cadavres quand les temps sont durs.

▸ **Le lynx, le castor, le lièvre arctique, le renard polaire et le lemming** sont aussi des animaux emblématiques de cette région boréale.

▸ **Les eaux de Laponie** sont également peuplées d'une faune importante. Réputée pour abriter l'une des plus grandes zones de pêche au saumon du monde, la région héberge aussi au sein de son réseau hydrographique des truites, des lottes et des perches.

Sur la côte norvégienne

▸ **Oiseaux.** Pour les férus d'ornithologie, la côte Est un petit paradis. Les montagnes sur la côte norvégienne accueillent de nombreuses espèces d'oiseaux de mer. Des centaines de milliers de volatiles de Runde à la frontière russe vivent sur les montagnes des petites îles le long de la côte, se nourrissent et dépendent du poisson. Depuis la fin des années 1970, des espèces d'oiseaux disparaissent, conséquence de la surexploitation de poissons, comme le hareng, le capelan ou les maquereaux.
Parmi les oiseaux que vous pourrez observer : les fous de Bassan, les cormorans, les guillemots de Troil ou arctiques, l'aigle de mer, le pingouin, les macareux ou le faucon pèlerin…

▸ **Observation des baleines.** C'est au nord des îles Vesterålen et Lofoten que l'on en trouvera le plus. Le cétacé impressionnant et passionnant se balade toute l'année aux alentours de ces archipels en Norvège. L'été, vous croiserez plus facilement le cachalot, et l'hiver vous apercevrez des orques et des baleines à bosses. Différents safaris sont proposés à la découverte des merveilles des côtes norvégiennes, offrez-vous ce rêve d'enfant !
Attention, la chasse à la baleine est un sujet sensible ! La Norvège reste l'un des derniers pays, avec le Japon et l'Islande, à chasser les cétacés aux larges de ses côtes. Fierté locale, les Norvégiens disent ne pas chasser mais «pêcher» les baleines, dans le but de produire de la viande destinée uniquement au marché local. L'Union européenne œuvre pour la mise en place d'une réglementation internationale de cette activité.

Attention aux moustiques !

L'été, ces petits insectes ptérygotes sont très virulents en Laponie, principalement dans les endroits humides et proches de l'eau. Ils s'attaquent à vous sans cesse et sans pitié, et leurs piqûres sont beaucoup plus fortes que celles des moustiques que l'on connaît. Ils peuvent réellement vous gâcher une promenade, alors, on n'oubliera pas de s'équiper ! Achetez de l'anti-moustique local, bien plus efficace que celui fourni en France, destiné à nos moustiques moins voraces ! Encore mieux : bravez le ridicule et procurez-vous une casquette-moustiquaire si vous comptez randonner plusieurs jours en été. Vous nous remercierez. Pensez à vous couvrir entièrement de vêtements légèrement amples, mais bien serrés aux extrémités.

La flore

La croissance des végétaux est concentrée dans la courte période d'été alors que l'ensoleillement est presque continuel, et dans la toundra. De fin-mai à septembre, elle offre ses parterres de fleurs, des champs au cœur des forêts de bouleaux. Cette intense production végétale attire nombre d'oiseaux qui viennent s'y reproduire, des troupeaux migratoires, et de plus petits mammifères. Les baies sauvages et les champignons envahissent les marchés de province dès l'automne. On y trouve également quantité de groseilles, de myrtilles, d'airelles et les curieuses *lakka*, baies polaires au goût particulier et qui ressemblent à des framboises jaunes. La flore lapone est en revanche moins diversifiée que la faune. De manière générale, la dureté du climat rend difficile la pousse des plantes et des fleurs. La végétation croît très lentement et demeure très basse, en partie pour échapper au dessèchement causé par le vent et le froid. La flore locale consiste essentiellement en une végétation de taïga et de toundra. En Laponie suédoise on trouve néanmoins la très rare orchidée arctique, la plus septentrionale de son espèce ! Dans le Grand Nord, les sommets enneigés en hiver sont impitoyables et presque toujours recouverts de plaques de glace. Si pour certains la couche supérieure du sol dégèle sur environ un mètre, la couche profonde reste gelée ; c'est le pergélisol (sur plusieurs mètres). La toundra étale son tapis de mousses et de lichens parmi les bouleaux arctiques et les saules nains. Les forêts situées dans les zones de moindre altitude sont principalement fournies en épicéas, en pins et en bouleaux. Les endroits marécageux se recouvrent d'une flore exubérante au printemps, notamment de roseaux et de fleurs.

Macareux moine sur la côte norvégienne.

CLIMAT

La Laponie appartient à une zone climatique continentale caractérisée par des hivers froids et enneigés, et des étés plutôt chauds sous l'influence du Gulf Stream. Les saisons sont très marquées, avec un printemps et un automne qui ne durent que quelques semaines, tandis que la nuit polaire et l'hiver généralement bien plus de six mois. Le printemps arrive de manière soudaine et délivre les terres de la neige et du gel mais aussi les habitants, qui comme sortis de terre envahissent villes et nature. L'été et son soleil de minuit offrent une quantité de couleurs dans le ciel, des rouges les plus sombres aux roses les plus pâles, du bleu acier au vert scintillant des forêts. Juste après, et pour une brève période de deux à trois semaines, tout cela sera remplacé par un automne flamboyant. Et puis, la neige revient, et cette lumière bleue de l'hiver provoquée par un soleil que l'on ne voit presque pas, voire pas du tout, pendant deux à trois mois.

Climat par zone

Sur ces terres, le spectre des températures est large et va de 30 °C l'été, à -50 °C l'hiver, même si les températures moyennes restent inférieures à celles que l'on connaît dans le sud de l'Europe. Pour vous donner une petite idée, une température de 0 °C n'a rien d'exceptionnel en Laponie. À partir de -10 °C, on admettra volontiers « qu'il fait froid ». De la même façon, à partir de +10 °C, il ferait plutôt chaud ! Si les bases sont communes, on distingue tout de même plusieurs zones dont les caractéristiques géographiques influent sur certains aspects du climat.

▸ **Dans le golfe de Botnie et à l'intérieur de la Laponie.** Les étés sont courts et assez lourds, suivis de 7 longs mois d'hivers et une température qui flirte allègrement avec les -35 °C. Dans les stations de l'extrême nord, telle que Riskgränsen, on peut encore skier en juin, et donc sous le soleil de minuit ! Lacs et rivières sont gelés une bonne partie de l'année et se transforment en axes routiers, évitant ainsi de longs détours. Le printemps apparaît fin mai et voit arriver le soleil éternel. De juin à mi-août c'est la saison estivale, les journées sont ensoleillées, chaudes et propices à la baignade avec des températures autour de 20 °C. Elles montent exceptionnellement à 30 °C. Dès la mi-août on se prépare déjà pour le *ruska*, le fabuleux automne lapon de septembre. En un rien de temps, la forêt change radicalement de couleur et passe aux superbes teintes automnales. Les premières neiges recouvrent généralement le nord dès le mois d'octobre.

▸ **En Laponie norvégienne.** À l'intérieur du plateau du Finnmark en Norvège, le climat est encore plus rude ! Les hivers y sont secs, venteux et la région enregistre les températures les plus basses, avec jusqu'à -50 °C dans des villes comme Kautokeino ou Karasjok. L'été, les conditions sont assez similaires à celle de la Laponie suédoise et finlandaise.

DÉCOUVRIR

© KATRINLILL - SHUTTERSTOCK.COM

Paysage de Laponie finlandaise lors du ruska.

© UWE MICHAEL NEUMANN - SHUTTERSTOCK.COM

Nuages nacrés.

La côte norvégienne. Elle bénéficie d'un climat assez doux et tempéré, en relation directe avec sa géographie. À Tromsø, pourtant située dans l'extrême Nord, la température moyenne en hiver n'est que de -4 °C. Les hivers sont moins rudes qu'à l'intérieur des terres, mais le vent souffle beaucoup plus fort et c'est un endroit où le temps peut varier rapidement, allant du très chaud au très froid, et de la pluie au soleil. Même l'été, n'oubliez pas les vêtements chauds et les imperméables ! Grâce au Gulf Stream, ce courant d'eau chaude qui longe la côte norvégienne jusqu'au cap Nord, les fjords ne sont jamais recouverts de glace, malgré les températures largement négatives l'hiver. L'été, on s'y baigne sans problème.

Le climat de la Laponie russe. Le climat sur la péninsule de Kola est identique à celui des voisines finlandaise et suédoise. Située au nord du cercle polaire arctique, ses hivers sont rigoureux et ses étés frais. D'octobre à mai, elle est entièrement recouverte de neige. Le climat du littoral Nord est quelque peu tempéré par le Gulf Stream qui empêche les ports russes (notamment la ville de Mourmansk) d'être pris dans les glaces, même lorsqu'il fait -40 °C. L'été, sur la péninsule de Kola, le temps est instable et varie de très chaud à pluvieux et frais.

Nuits polaires

Le cercle polaire arctique traverse nos quatre pays lapons au sud de Bodø en Norvège et au sud de Jokkmokk en Suède, au nord de Rovaniemi en Finlande, et au niveau de la péninsule de Kola en Russie. Au nord de celui-ci, lors du soleil de minuit, le soleil reste à l'horizon pendant 24h, et à l'inverse, lors de la nuit polaire, le soleil reste en dessous de l'horizon durant une journée entière. Un phénomène fascinant et déstabilisant, qui en fonction de la saison vous privera de quelques heures de sommeil, ou au contraire, vous imposera un repos supplémentaire !

Nuits polaires. La nuit polaire est la période de l'année durant laquelle le soleil ne se lève pas. Ce phénomène s'observe au-delà du cercle polaire. En Laponie, la nuit polaire a lieu de fin novembre à mi-janvier. Contrairement aux idées reçues, même pendant cette période il ne fait pas nuit noire car même s'il n'est pas visible, la lueur du soleil qui affleure sur l'horizon vient se refléter sur la neige et créer une luminosité particulière. Cette extraordinaire lumière mélangeant bleu, rose, et mauve s'appelle le *Kaamos*. Une atmosphère pleine de charme et de mystère. Quand le soleil réapparaît, les journées rallongent très rapidement, jusqu'à 10 minutes par jour, pour atteindre de longues journées dès le mois de mars.

Nuages nacrés. En hiver se produit le phénomène des nuages nacrés. Encore plus rares que les aurores boréales, même si de plus en plus fréquents, ils sont visibles à l'aurore et au crépuscule seulement, à proximité des pôles. Ils se forment entre 15 000 et 25 000 mètres d'altitude. Leur beauté fascine et ils sont décrits dès 1885 par l'astronaute Robert Leslie. Pourtant, ils n'ont rien d'un bon présage puisqu'ils participent à la formation de trous dans la couche d'ozone et sont en réalité des témoins visibles du réchauffement climatique.

Soleil de minuit

Le soleil de minuit apparaît aux alentours du solstice d'été, en juin et juillet, et n'a lieu qu'au-dessus du cercle polaire. Plus on monte vers le nord, plus le nombre de jours et de nuits ensoleillés augmente ! Le soleil, au lieu de se coucher, frôle l'horizon avant de remonter dans le ciel pour la journée suivante. Le spectacle consiste donc en un crépuscule incertain qui dure de 22h à 2h du matin, idéal pour ceux et celles qui ne supportent pas de voir leur après-midi bronzette se terminer !

Pour en profiter pleinement, trouvez une colline sur laquelle vous percher et observer le soleil de minuit :

Au Cap Nord : du 14 mai au 29 juillet
À Vardø : du 17 mai au 26 juillet
À Utsjoki: du 18 mai au 27 juillet
À Tromsø : du 20 mai au 22 juillet
À Inari et Ivalo: environ 24 mai – 21 juillet
À Svolvær : du 28 mai au 14 juillet
À Kiruna, du 31 mai au 11 juillet
À Rovaniemi du 6 juin au 7 juillet
À Jokkmokk, du 8 juin au 3 juillet
À Kalix, du 12 juin au 29 juillet

Si l'énergie du soleil est contagieuse, ces journées à rallonge fatiguent autant qu'elles stimulent. Pensez à aller vous coucher, de préférence avec un masque de nuit, car en Laponie comme ailleurs en Europe du Nord, il n'y a pas de volets.

ENVIRONNEMENT

La Laponie est un territoire associé à la *wilderness*, où l'on trouve encore de vastes et limpides lacs et l'un des airs les plus purs du monde si l'on en croit les très faibles teneurs en particules fines relevées par l'une des stations météorologiques finlandaises. Mais l'anthropocène charrie son lot de menaces. Localement, la destruction des forêts anciennes et la mise en place de plantations entraînent une perte de biodiversité et la diminution des lichens, principale ressource alimentaire des rennes. Le réchauffement climatique global induit quant à lui une plus grande fragilité des écosystèmes, la migration des espèces, et accélère la fonte du pergélisol, véritable bombe climatique et sanitaire. Face à l'urgence écologique, chaque geste compte et nous pouvons tous agir dans notre quotidien et nos voyages. Sur le territoire, des humains s'organisent notamment pour défendre les forêts, protéger les milieux et limiter les pollutions.

Parc nationaux

Les pays nordiques bénéficient du « droit de tout un chacun » (*jokamiehen oikeudet* en finnois, *allemannsretten* en norvégien, *allemansrätten* en suédois). Il s'agit d'un droit coutumier qui autorise à tous l'accès à la nature – sur les terrains publics et privés – et la cueillette des baies sauvages. Notez cependant qu'en Laponie norvégienne, la cueillette des plaquebières est parfois règlementée, lorsque cela est explicité.

Le territoire compte également de nombreux et vastes parcs nationaux qui associent préservation des espaces naturels et accueil des visiteurs.

En toute saison vous pourrez apprécier la beauté de ces grands espaces avec un ensemble d'activités *outdoor* : ski, randonnée, canoë, observation d'aurores boréales, etc. Certains parcs proposent des points de collectes sélectives pour une randonnée zéro déchet, et des centre d'accueil nature pour sensibiliser les visiteurs. On citera notamment :

En Finlande :

- **Parc national Urho Kekkonen** (p.245) : situé à la frontière avec la Russie, il protège une grande variété d'écosystèmes, et abrite forêts anciennes, toundras et zones humides. Riche en biodiversité, il ravira les randonneurs aguerris par la splendeur de ses paysages.
- **Parc national de Pallas-Yllästunturi :** largement fréquenté, ce parc situé à l'ouest du pays abrite forêts boréales et massif montagneux (monts Tunturi). Il protège une grande variété de milieux et d'espèces.
- **Parc national Pyhä-Luosto** (p.226) : traversé par la chaîne de monts Tunturi, il protège de riches et fragiles écosystèmes (forêts anciennes, zones humide), et ravira les randonneurs en quête de grands espaces.
- **Parc national de Lemmenjok** (p.251)i : plus grand parc national du pays, il abrite une riche biodiversité au sein de ses forêts anciennes, toundra et nombreux cours d'eau dont la rivière Lemmenjoki, où l'on trouve encore une activité d'orpaillage à la battée.

Le parc national de Sarek en Suède.

© TRAVEL TELLY - SHUTTERSTOCK.COM

Parc national de Møysalen.

▶ Pour aller plus loin : www.visitfinland.com et www.nationalparks.fi

En Suède :

▶ **Parc national d'Abisko :** proche de la frontière avec la Norvège, ce parc sis dans la partie de la Laponie classée au patrimoine mondial de l'Unesco, offre une variété de paysages pittoresques : lac de **Trollsjön**, considéré comme le plus limpide du pays, fjords, ou encore **canyon d'Abisko.**

▶ **Parc national de Sarek :** situé dans le périmètre classé par l'Unesco, à proximité de la frontière norvégienne, ce vaste parc impressionne par ses montagnes, rivières et deltas, autant de paysages à couper le souffle et qui accueillent une grande biodiversité.

▶ **Parc national de Vadvetjåkka :** situé dans le nord du pays, il abrite des zones humides, rivières en tresses et grottes mais également des forêts et prairies d'altitudes qui recèlent une riche biodiversité dont une avifaune remarquable. Peu fréquenté, sa découverte s'adresse aux randonneurs aguerris, en quête de *wilderness* et d'aventures.

▶ Pour aller plus loin : visitsweden.fr

En Norvège :

▶ **Parc national d'Ånderdalen :** situé dans l'île de **Senja**, dans le **Troms**, il revêt un caractère très sauvage, entouré de montagnes et de forêts.

▶ **Parc national de Møysalen :** situé dans l'archipel des Lofoten, il protège les écosystèmes associés aux îles.

▶ Pour aller plus loin : www.environmentagency.no, www.visitnorway.fr

Protéger la biodiversité et lutter contre la dégradation des milieux naturels

Le déclin de la biodiversité est l'une des 9 limites planétaires ou seuils à ne pas dépasser pour maintenir les conditions d'un monde vivable pour l'humanité. Or la gestion des forêts en Laponie est problématique dans certains territoires. Ainsi en Suède, des déboisements liés à l'industrie (papier, ameublement) ont donné lieu à des replantations de monocultures de pins canadiens, qui constituent des espaces pauvres en biodiversité, à l'inverse des forêts boréales. Précisément dans ces plantations, on ne retrouve pas les espèces de lichens inféodés à la forêt ancienne. Or, ces lichens constituent la principale source d'alimentation des populations de rennes. La compréhension de la biodiversité et de son rôle sont un pré-requis à la mise en place d'actions efficaces. Heureusement, des humains veillent et des éleveurs sont parvenus à suspendre en 2020 un projet de destruction de 700 hectares de forêt ancienne en Laponie suédoise. La Laponie est aussi convoitée pour son sous-sol, extrêmement riche en minerais (dont fer et or) mais aussi pour ses cours d'eau et leur potentiel hydro-électrique. La Suède exploite d'importantes mines en Laponie et entend développer sur ce territoire des aciéries et une méga-usine destinée à la construction de batteries électriques. Ces installations, associées à la construction d'infrastructures, posent des questions en termes environnementales (pollution, destruction et fragmentation de milieux naturels, perte de biodiversité) et sociétale, car situées sur les territoires des peuples Sâmes. Bonne nouvelle, côté russe, en 2017 a débuté le démantèlement des déchets nucléaires près de Mourmansk, en mer de Barents. Il s'agissait de combustibles nucléaires liés à l'ancienne flotte de sous-marins soviétiques, qui ont ainsi été envoyés dans une filière de traitement dans une usine de l'Oural.

Faire face au changement climatique

Le changement climatique impacte le territoire lapon où la hausse des températures a déjà atteint, voire dépassé, dans certains endroits +2 °C par rapport à la période pré-industrielle. Le phénomène induit notamment un changement des routes migratoires des animaux (rennes) dont certains sont parfois retrouvés morts de faim. La fonte du pergélisol (ou permafrost) en arctique constitue quant à elle une boucle de rétroaction positive, qui amplifie le réchauffement climatique. En fondant, il relâche des gaz polluants et à effet de serre (dont méthane). Le pergélisol pourrait aussi libérer des virus et de fortes quantité de mercure. Nous pouvons tous agir face à l'urgence écologique. La Laponie est accessible en train et bus, mais aussi en vélo, via de nombreuses véloroutes (dont EuroVélo 1, 7, 11, 13). Adopter une démarche « zéro déchet » et locavore, réduire ses consommations, sont autant de pistes d'actions qui font gagner en sobriété mais aussi en authenticité.

HISTOIRE

Les Sâmes sont un peuple indigène qui occupait à l'origine les terres qu'ils appellent Sápmi – Sameland, et que nous appelons la Laponie. La pêche, la chasse et l'élevage de rennes sont les activités que l'on associe traditionnellement à ce peuple, dont la société s'organisait en *sijdda*, comprenant environs 10 familles. Aujourd'hui, les Sâmes habitent aux quatre coins du monde et exercent tous types de professions. Certains font le choix de s'identifier à cette minorité, d'autres non. Tacitus est à l'origine des premières traces écrites faisant référence aux Sâmes et remontent à l'an 98. Si les Sâmes cohabitent depuis longtemps avec d'autres peuples, cette cohabitation n'a pas toujours été facile. Leur histoire raconte la colonisation, l'oppression et la résistance. Bien qu'ils soient une minorité reconnue par la Norvège, la Suède et la Finlande, la question du peuple Sâme reste encore aujourd'hui délicate dans les trois pays.

-10 000

Les premiers peuples

L'histoire de la Laponie commence avec l'histoire des Sâmes, avant même celle des Européens. Or, retracer l'histoire d'un peuple nomade est une tâche complexe. De plus, les Sâmes possèdent une forte tradition orale, ce qui ne simplifie pas la chose. L'origine des Sâmes comme celle de leurs langues est controversée. Quoi qu'il en soit, les premières traces attestées remontent à 10 000 ans. Installés dans l'extrême nord de l'Europe, ils sont réputés pour leur artisanat et leur savoir-faire en matière de pêche, de chasse et de construction de bateaux. Longtemps avant que ne se développent les cultures suédoise, finlandaise ou même viking, la péninsule scandinave a donc été peuplée par le Saemieh. Le premier document écrit qui semble faire mention des Lapons est La Germanie de Tacite, où celui-ci parle des Fennis, vivant de l'autre côté de la mer des Suèves – la Baltique – au voisinage des Aestiis, dans les régions où l'on s'accorde à situer les Proto-Finnois au début de notre ère. C'est l'ensemble de ces derniers – et non les seuls Estoniens – que désignerait le nom de Aestii. En norvégien, le mot « Finn » se rapporte exclusivement aux Lapons. Le mot *Skridfinn*, qui signifierait ski, est donc toujours en usage en Norvège puisque Finn est un pseudonyme pour Sâme, et a donné son nom au Finnmark, une des régions où les Sâmes sont particulièrement nombreux. Il se peut qu'il ait d'abord désigné les habitants de la Finlande et n'ait pris que plus tard le sens de « finnois » dans les autres langues, notamment en suédois. À noter cependant que Ptolémée, dans sa *Géographie*, fait déjà état de deux peuples distincts portant le même nom de « Phinnoi », dont l'un habite la partie septentrionale de l'« île de Scandie ».

Xe SIÈCLE

Premiers contacts avec les peuples méridionaux

À l'inverse des autres peuples arctiques, les Sâmes sont entrés rapidement en contact avec les populations méridionales. Quoique les contes de Sâmes suggèrent qu'il y ait eu un long conflit avec les Vikings, il est certain que le commerce a entretenu beaucoup de liens durables, puis, plus tard, avec des voyageurs de l'Europe nordique tels que des marchands de la Ligue Hanséatique. En raison de ces contacts, la société Sâme a pu développer un système monétaire – un fait peu connu – afin de faciliter le commerce du sel, des pièces de monnaie (souvent utilisées comme ornements) et le métal pour le couteau typique. Dès le début de leur histoire, les Lapons sont soumis à l'impôt par leurs différents voisins.

A PARTIR DU XIe SIÈCLE

La poussée des grands pays scandinaves fait apparaître de nouvelles croyances en Laponie. Pourtant la première tentative d'évangélisation n'a lieu qu'à la fin du XIIIe siècle, en Norvège. Dans le royaume de Suède-Finlande, ils n'entrent guère en contact avec le christianisme avant le milieu du XVIe siècle, et plusieurs pasteurs du XVIIIe siècle sont connus pour l'énergie avec laquelle ils combattirent chamanisme et sorcellerie, toutes deux des croyances Sâmes.

XIIIE SIÈCLE

Installation des populations scandinaves en Laponie

Les Norvégiens s'installent à proximité des fjords et obligent les Sâmes à se tourner vers l'agriculture et l'élevage du bétail. Les rennes constituent déjà l'élément central de leurs activités. Un siècle plus tard, le processus s'accélère. Si certains Sâmes prolongent leur vie nomade, des villes comme Inari, se transforment en carrefours commerciaux.

1542

Le roi de Suède Gustav Vasa déclare que les terres inutilisées du Grand Nord appartiennent à Dieu et la Couronne suédoise. La pêche et la chasse (activités toujours primordiales) seront désormais taxées.

1603

Construction de la première église en Laponie. Par la suite la persécution des Sâmes va grandissante, avec entre autres la destruction des lieux de rassemblement et des idoles. La fondation du monastère orthodoxe de Petsamo (Petchenga), en 1550, marqua le début de la conversion des Lapons de Kola à l'orthodoxie.

1635

La mine dans Nasafjäll est ouverte par le gouvernement suédois et les Sâmes sont contraints d'y travailler. La population locale fuit malgré le contrôle des troupes militaires.

1673

Le début officiel de la colonisation de la région des Sâmes. Des Suédois sont invités à coloniser les régions nordiques par l'octroi de terre et d'aides financières. La pratique de la chasse réduit les chances de survie du mode de vie traditionnel des autochtones.

1685

Persécution des Sâmes pratiquant leur religion, destruction des emplacements des lieux de rassemblement et des idoles.

1693

Lars Nilsson d'Arjeplog est brûlé pour sorcellerie, après qu'il eut essayé de sauver la vie de son petit-fils qui était tombé dans une crique.

1720-1729

Le roi de Suède déclare illégale la présence des Sâmes dans les régions de Västmanland, Kopparberg et Gästrikland.

1751

Le Lapland est créé par arrêté royal ; dans cette région, les droits de chasse sont divisés entre Sâmes et colons. L'accord de Trömstad, délimitant la frontière entre la Norvège et la Suède, les autorise cependant à franchir librement le tracé de manière à assurer la migration saisonnière des rennes. À partir de cette époque, ils ne seront imposés que dans un seul pays. Les États-nations imposent donc leurs vues à des peuples nomades pour qui la notion de frontière n'avait jusqu'alors aucun sens.

1755	Le Nouveau Testament est traduit dans la langue d'Ume-Sami, l'Ancien Testament ne le sera qu'en 1811.
1780	Un dictionnaire same-suédois, le *Lapponicum*, est rédigé à l'intention des missionnaires.
XIXᴱ SIÈCLE	La construction d'écoles nomades participe à un développement de l'enseignement. Le mouvement évangélique fondé par le pasteur Laestadius fait de nombreux adeptes parmi les Lapons, surtout en Finlande et en Norvège.
1809	Création de la frontière entre la Finlande (alors une puissance régionale) et la Norvège.
1811	La Bible est traduite dans la langue de Åarjel (ou sud-same).
1824 - 1827	La délimitation stricte des frontières septentrionales entre la Finlande, la Suède et la Norvège plonge ce peuple nomade dans le désarroi. Déclassés en Scandinavie et en Finlande, on leur interdit de s'exprimer dans leur langue maternelle au sein des écoles de Norvège et de Suède. L'indépendance de la Finlande, en 1917, antérieurement et successivement province du royaume de Suède et grand-duché de Russie, change légèrement la donne. La constitution de 1919 assure un respect formel des minorités.
1848	Le Parlement suédois (le Stortinget) déclare que les terres du Finnmark et de la Norvège n'ayant jamais eu de règles, par conséquent, les Sâmes n'ont pas de droits.
1852	Révolte dans la province norvégienne de Kautokeino suite à une décision administrative d'interdire l'accès aux terres de chasse des Sâmes. Peu avant, la frontière vers la Finlande avait aussi été interdite. Une revendication religieuse se greffe sur ces colères.
1868-1873	Une frontière est créée pour la protection des Sâmes des montagnes de Suède. Selon de nombreux analystes, elle serait équivalente à bien des égards, voire semblable, aux réserves de l'Amérique du Nord, ayant là aussi été dépassée par des colons. Aucune mesure spéciale ne fut alors prise pour les régions et les nomades des forêts.
1905	La Convention de Karlstad dissout l'union entre la Norvège et la Suède. Les Sâmes nomades des montagnes doivent décider de leur appartenance.
1913	Les Norvégiens adoptent un projet qui assigne les meilleures terres aux colons.
1913-1920	Interdiction de la langue sâme dans les écoles.

DÉCOUVRIR

1917 — La première conférence nationale de la communauté same se tient en Suède (Östersund).
L'indépendance de la Finlande, antérieurement et successivement province du royaume de Suède et grand-duché de Russie, change légèrement la donne.

1928 — Une loi est adoptée afin de reconnaître les Sâmes responsables de manière communautaire, des hardes de rennes et d'exercer par ailleurs une autre activité. Cette protection réorganise cependant de manière très forte la structure traditionnelle same qui voit l'élevage nomade devenir une activité secondaire. De nombreuses communautés traditionnelles disparaissent : les cultivateurs sames s'assimilent à la société suédoise.

1939-1945 — Seconde Guerre mondiale. Les Laponie norvégienne et finlandaise sont très durement touchées par les attaques allemandes. L'installation des peuples scandinaves dans les régions sâmes apporte son lot de difficultés pour les nomades. Outre les brimades et les annexions forcées de territoires, les Scandinaves importent également une guerre européenne sur les territoires lapons. La Seconde Guerre mondiale reste un épisode terrible pour cette région, systématiquement dévastée par les troupes allemandes. L'ensemble des habitations est détruit, les villages rasés et les habitants évacués. Seules quelques maisons excentrées sont épargnées et conservent le caractère authentique des anciens logis.

1952 — La Laponie, à l'instar de l'Europe tout entière, doit se reconstruire après la Seconde Guerre mondiale et il faudra attendre les années 1950-1960 pour que les industries se développent (notamment les industries forestière et minière).
Création en Suède d'une radio réalisée par et pour la communauté same.

1972 — Les pâturages disponibles pour les rennes sont définis de manière nouvelle : les gouvernements nationaux possèdent plus de moyens de législation. De nombreuses communautés sames s'organisent pour contrer ces lois.

1973 — Création d'une délégation sâme en Finlande, à Inari.

1980-1981 — Le conflit d'Alta. En Norvège, la construction d'une centrale électrique hydroélectrique sur le fleuve Alta est perçue comme une menace pour les communautés sames. Ils se mobilisent. Pour beaucoup, c'est le début d'une conscience transnationale.

1984 — Création du Parlement same en Norvège, le Samedeggi, suite au conflit d'Alta.

1986 — Désastre nucléaire de Tchernobyl : poissons, viandes et légumes sont contaminés. En Suède, 73 000 rennes sont ainsi considérés comme « impropres à la consommation ». Des milliers de rennes sont alors abattus. C'est un nouveau coup dur pour les peuples sâmes, qui perdent alors l'élément principal de leur économie. Le gouvernement promet des remboursements qui seront vite oubliés.

1986 Création du drapeau sâme.

© FOTONEN - ISTOCKPHOTO.COM

Drapeau sâme.

1989 Premières élections au Parlement sâme de Norvège.

1993 Première élection au Parlement indigène en Suède, fondé un an avant. Le gouvernement suédois décide que les Sâmes ont des droits exclusifs pour la chasse dans leur communauté : des permis sont alors vendus aux résidents suédois et aux chasseurs étrangers. Une situation inacceptable pour les Sâmes, qui voient une violation de l'Accord des droits de l'homme et de l'ordre du jour 21 de la déclaration de Rio sur l'environnement et le développement.

Cette même année, on célèbre la Fête internationale Same pour la première fois.

1995 Entrée de la Suède et de la Finlande dans l'Union européenne.

1995 Création du Parlement sami de Finlande.

1996 Inscription de 940 000 hectares en Laponie suédoise au patrimoine mondial de l'Unesco sur la base de critères naturels et culturels.

1997 Deuxième élection au Parlement same en Suède. Le 21 septembre, 55,3 % des gens du pays de Malå votent « non » lors d'un référendum en vue de stocker des déchets nucléaires (plutonium) à l'intérieur des frontières de la communauté. Ce refus est le commencement d'une nouvelle force politique émergeant en Scandinavie.

1998 Une pierre sacrificatoire de Sandfors, près de la ville de Malå, et essentielle à la culture same, retrouve sa place originelle. Elle avait été placée dans le musée de Skellefteå dès le début des années 1960. Le 23 août, une cérémonie officielle fête son retour.

2000 Création du Conseil parlementaire same. Union internationale des trois Parlements.

1er janvier 2002 — Adoption de l'euro en Finlande. La Norvège, quant à elle, reste hors de l'Union, mais elle met en place de nombreux accords pour faciliter la circulation des hommes et des biens, tout particulièrement en Scandinavie.

2002 — Le 15 février, la cour rend son verdict final. Les Sâmes de Härjedalen, en Suède, n'ont plus de droits particuliers pour chasser le renne.

Septembre 2003 — La Suède refuse par référendum l'adoption de l'euro.

1er janvier 2004 — La loi sur les langues qui vise à favoriser l'emploi des langues minoritaires et régionales entre en vigueur en Finlande.

2005 — Loi sur le Finnmark votée au Parlement sami de Norvège. Elle reconnaît les coutumes et le droit à la terre des Samis.

2011 — La Suède fait jurisprudence en reconnaissant pour la première fois l'accès privilégié au territoire pour trois villages samis.

2012 — Sajos, le Parlement sami finlandais, a inauguré un nouveau bâtiment à Inari, superbe architecturalement, pour accueillir les parlementaires.

© PETER GUDELLA - SHUTTERSTOCK.COM

Parlement sâme à Inari.

2014 — La Norvège réaffirme son opposition à l'entrée dans l'UE. Le « non » l'emporte à 70 %.

2017 — Après 11 ans de négociations, les Sâmes de Finlande, de Norvège et de Suède se sont mis d'accord pour signer une convention visant à protéger leurs droits et leur culture. Un événement important, même s'il faudra attendre qu'elle soit votée par les différents parlements nationaux pour qu'elle ait une valeur juridique.

2020 — Le chiffre record des 2,9 millions de nuitées de visiteurs atteint en 2019 à Rovaniemi a été divisé par six, en plein contexte de pandémie mondiale.

LES ENJEUX ACTUELS

La cause sâme est en réalité défendue depuis peu de temps. Dans les trois pays scandinaves, des parlements sames ont été instaurés, en sus des parlements nationaux dans le but de défendre la force et les intérêts de ce peuple et assurer la protection de leur langue et de leur culture. Même si les Sâmes sont aujourd'hui reconnus en Norvège, Suède et Finlande, leur niveau de vie reste inférieur au niveau de vie moyen et malgré leur représentation politique, beaucoup estiment que leur droits et leurs intérêts ne sont pas toujours respecté et souvent desservis. Sur le plan économique, la Laponie dans son ensemble est avant tout tournée vers l'industrie, ses ressources naturelles étant sa première richesse. Elle exploit sa sublime nature – tout en la protégeant farouchement – notamment à travers le secteur touristique, vers lequel de nombreux Sâmes se sont tournés, parfois en complément de leur activités d'éleveur de rennes.

Les Sâmes, une minorité menacée

Seul peuple d'Europe à vivre en majorité au nord du cercle polaire, les Sâmes demeurent les représentants les plus occidentaux de la culture du renne, culture qui s'étend sur toute la bordure littorale arctique de l'Eurasie. Ils y cohabitent avec d'autres populations, généralement plus nombreuses, auxquelles ils tendent de plus en plus à s'intégrer. La plupart d'entre eux sont aujourd'hui bilingues. Ils constituent, sans aucun doute, l'une des minorités les plus menacées de toute l'Europe occidentale, risquant de disparaître. Intérieurement divisés par des dialectes assez différents pour interdire l'intercompréhension, de plus en plus minoritaires, ils doivent, en contrepartie des avantages que leur offre la civilisation moderne, s'intégrer chaque jour davantage aux États dont ils sont citoyens. L'abandon d'un mode de vie ancestral parfaitement adapté au milieu naturel est ressenti par certains d'entre eux comme une véritable aliénation. Sur cette question, l'affaire est toujours passionnée et les discussions seront très instructives.

Structure étatique

La Finlande fait office de précurseur, en établissant une délégation sâme à partir de 1973. Le Parlement sera fondé à Inari en 1995 et repose principalement sur deux lois : la Loi sur la pratique du sâme devant les autorités administratives, datant de 1991, et la Loi sur la langue sâme, datant de 2003. La Constitution de 2000 reconnaît également des droits particuliers à la minorité same. Ces écrits visent à protéger et à préserver la langue et la culture sâme. En 2012, Sajos (le Parlement sami) a inauguré un nouveau bâtiment à l'architecture splendide pour accueillir les parlementaires. C'est une grande fierté au sein de la communauté sâme.

© KIMBERLEY JEKEL - SHUTTERSTOCK.COM

Eleveur sâme avec son renne.

En Norvège, depuis 1989, ont lieu les élections sâmes, conjointement avec les élections norvégiennes. Le Parlement (inauguré en 1984 sous le nom de Comité des Droits des Samis) siège à Karasjok. Le Sámediggi est constitué de 39 membres, élus tous les 4 ans, depuis les 7 circonscriptions norvégiennes. Pour pouvoir voter, il faut avoir plus de 18 ans et être enregistré au Parlement. Il faut, bien sûr, être Sâme et parler le sâme (ou avoir quelqu'un de sa famille le parlant). Les citoyens russes sâmes, enregistrés depuis plus de 3 ans, ont accès au registre électoral.

En Suède, le Parlement s'est établi à Kiruna en 1992. Mais contrairement à la Norvège et à la Finlande, le statut des Sâmes n'est pas protégé par la Constitution. Le Parlement reconnaît seulement le peuple sâme comme peuple indigène, et sa question dépend du ministère de l'Agriculture. Le parlement est constitué de 31 membres, élus tous les 5 ans. Pour cette raison la Suède apparaît comme moins volontaire que ses voisins sur la question du respect de cette minorité autochtone.

Enjeux politiques actuels

Il faut reconnaître que les avancées politiques de chaque parlement sâme sont plutôt aléatoires et qu'une union plus imposante ne serait pas de trop pour affirmer une autorité pour l'instant fragile.

En Finlande, si la formation politique sâme semble plutôt efficace, ses acquis politiques sont moindres. Bien sûr, la reconnaissance sans équivoque de la culture et de la langue sâme est un succès, mais la réciproque du côté du droit à la terre et aux ressources n'est pas vraie. La Finlande ne reconnaît pas officiellement les droits des Sâmes à l'élevage de rennes.

Les avancées sociales et politiques semblent venir de Norvège, quand, en 2005, la Loi sur le Finnmark est adoptée, qui reconnaît les coutumes, le droit à la terre, au territoire et aux ressources des Sâmes. Toutefois, peu de mesures concrètes ont été prises par la suite.

En Suède, la formation politique des Sâmes reste presque anecdotique. Aucun programme clair ne sort pour l'instant de cette union. On parle simplement d'un « droit à une culture same vivante », mais aucune ressource naturelle, politique ou sociale n'est mise à la disposition des Sâmes. En 2011 toutefois, la Cour Suprême de Suède reconnaît le droit à trois villages sames d'exploiter les territoires environnants pour faire paître leurs rennes.

Enfin, en Russie, il n'y a pas de Parlement sâme à proprement parler. Les Sâmes russes sont loin de jouir de droits propres. Avec une population de quelque 2 000 personnes, il paraît difficile de s'organiser politiquement.

La solution pourrait venir du Conseil parlementaire sâme, créé en 2000. Cette instance non gouvernementale, en lien avec le Conseil Arctique, a été créée pour assurer une forme de coopération entre les trois parlements nationaux (la Russie y siège en tant qu'observateur). Son efficacité est encore incertaine, mais cela démontre une volonté de s'unir à plus grande échelle, en dépassant les frontières établies par d'autres. Ainsi, les membres de ce Conseil, issus des différents parlements sâmes, travaillent à l'écriture d'une Convention relative aux peuples sâmes des pays nordiques. Il s'agit de « confirmer et renforcer les droits du peuple sâme afin de lui permettre de préserver et de mettre en valeur sa langue, sa culture, ses moyens de subsistance et son mode de vie en subissant le moins d'ingérences possibles à travers les frontières nationales ».

Le parlement sâme (Samediggi) à Karasjok, en Norvège.

Principales ressources économiques

Avec l'essor des transports maritimes et l'effort dans l'aménagement hydraulique à la fin du XIXe siècle, la production d'énergie s'est rapidement développée, lançant réellement la production industrielle en Laponie. Deux secteurs principaux assurent les ressources économiques de la région.

Les forêts denses du Nord favorisent l'industrie du bois. On pourra d'ailleurs en savoir plus en visitant le Pilke Science Center à Rovaniemi (Finlande), qui explique toute la transformation du bois. Les mines de fer, principalement dans le nord de la Norvège et de la Suède, connaissent également un essor important. La mise en place de réseaux ferroviaires, tels que la route du fer entre Kiruna et Narvik, favorise les échanges commerciaux entre les pays. À Kiruna (Suède), se trouve la plus grande mine de fer du monde – et elle se visite ! Elle est à l'origine du déplacement intégral de la ville, et elle produit chaque jour la matière nécessaire à la construction de plus de 6 tours Eiffel ! La pêche et la chasse à la baleine sont également un facteur important de l'économie norvégienne. En revanche, la Laponie est victime de l'exode rural. Le climat rude et les territoires désertiques sont des éléments qui poussent les populations à migrer vers les grandes villes. L'économie paysanne souffre, et les agriculteurs vivent principalement de subventions.

Place du tourisme

Le tourisme est aujourd'hui un chapitre important de l'économie locale. En Norvège, l'Express Côtier (Hurtigruten), ce paquebot de croisière qui longe toute la côte, assure un déplacement plutôt facile et extrêmement populaire. Dans le reste de la région, les habitants exploitent de plus en plus la magie de leurs paysages afin d'attirer les touristes. Les excursions guidées en forêt, sur les lacs ou en montagne se multiplient, tout comme l'offre d'activités sportives (ski, randonnées, motoneige) et de loisirs (chiens de traîneau, pêche). La Laponie devient une destination de plus en plus en courue à la période des fêtes de fin d'année pour les voyageurs à la recherche du Père Noël et de féerie ! L'été, le tourisme est également bien présent. Pour découvrir le soleil de minuit d'abord, mais aussi pour profiter d'activités comme le rafting, le kayak, le VTT, etc. De plus en plus d'aventuriers viennent se mesurer à l'immensité de la Laponie en quête de dépaysement et de challenge.

Le réchauffement climatique

Les trois pays sur lesquels s'étire la région ont des positions différentes face à l'Union européenne : la Norvège n'en fait pas partie, contrairement à la Suède et à la Finlande (depuis 1995), et l'euro a cours uniquement en

© KOBEZA - ISTOCKPHOTO.COM

La Laponie offre de nombreuses activités sportives, comme la motoneige.

Finlande. C'est tout l'enjeu économique de la Laponie. Un territoire vaste, aux politiques différentes, qui doit se développer avec sa diversité. Tout en conservant sa langue, ses traditions, son mode de vie… L'autre inquiétude du peuple sâme est évidemment le réchauffement climatique qu'il subit de plein fouet. La présidente du Parlement sâme de Finlande, Tiina Sanila-Aikio, en visite diplomatique à Paris en mars 2017, a tenu à alerter l'opinion sur ce sujet dans le journal *Le Monde* : « Nous subissons de plein fouet les effets du changement climatique : étant donné que l'hiver est plus court et que les conditions climatiques sont plus extrêmes, nous ne pouvons plus nous fier à notre calendrier traditionnel (NDLR : qui compte huit saisons). [...] Si la situation continue d'empirer, les peuples autochtones arctiques, qui vivent en lien avec la nature, seront menacés d'extinction. » La hausse des températures, l'instabilité des saisons et le développement industriel sont une entrave toute particulière aux éleveurs de rennes qui peinent à nourrir leurs bêtes et à les déplacer sur des terres où les cours d'eau gèlent désormais plus tard et où les nombreuses infrastructures viennent empiéter sur les pâtures. Les températures à la hausse provoquent des épisodes pluvieux qui gèlent les sols et empêchent les rennes d'accéder à leur nourriture, habituellement enfouie sous la neige. Perturbés par des neiges trop précoces, ils en viennent aussi parfois à migrer trop tôt, ce qui perturbe totalement leur équilibre. Sans parler de la menace pour la flore exceptionnelle et extrêmement fragile de l'Arctique.

ARCHITECTURE

Lorsque l'on pense à la Laponie, on pense évidemment à ses forêts enchantées et à ses montagnes enneigées..., mais on pense plus rarement à son patrimoine architectural. Et pourtant, elle abrite bien des trésors, à commencer par le riche habitat traditionnel des Samis, grand peuple autochtone de la région. Cet habitat naturel et durable avant l'heure côtoie les témoins de l'histoire quelque peu mouvementée de la région, entre forteresses, églises et grands centres d'exploitation des ressources naturelles. Aujourd'hui, ses somptueux paysages sont devenus la source d'inspiration de créateurs prônant une architecture innovante et durable, respectueuse des hommes et de l'environnement, des valeurs chères au grand Alvar Aalto qui fit de la capitale de la Laponie un modèle urbanistique et architectural. Alors prêt pour un voyage inoubliable ?

Habitat traditionnel sami

Plus vieux peuple autochtone de la région, les Samis sont de grands éleveurs de rennes, et donc principalement nomades du fait des transhumances. La tente *lavvu* est d'ailleurs l'habitat privilégié lors de ces déplacements saisonniers. Elle est soutenue par un trépied de longues branches fourchues entrecroisées au sommet, trépied sur lequel on vient ensuite assembler une dizaine de perches. Cette armature de bois est ensuite recouverte de peaux de rennes, ou aujourd'hui le plus souvent de toiles. Au centre se trouve un foyer dont la fumée s'échappe par le haut de la tente laissé ouvert. Les Samis ont également développé un autre type d'habitat : le goahti. Cette hutte, ronde ou conique, possède une armature faite de 4 poteaux de bois de bouleau courbé afin de former 2 arches. Tout l'assemblage se fait avec des chevilles de bois et sans aucun clou. Cette armature est ensuite recouverte d'écorces de bouleau maintenues par des couches de gazon, mousse ou tourbe. La structure finale repose souvent sur des pierres ou est maintenue par des piquets de bois pour assurer sa stabilité. L'âtre est là encore l'élément central de l'habitat. Le revêtement de ces huttes rappelle celui des maisons en bois traditionnelles de ces régions du Nord et dont les toits sont souvent couverts de carrés de tourbes sur lesquels pousse ensuite le gazon, permettant une parfaite isolation de la maison. Ces habitations étaient originellement réalisées en rondins de bois bruts empilés, puis ces derniers ont été travaillés à la hache et dotés d'entailles permettant de les emboîter les uns aux autres pour plus de stabilité. Ces maisons possèdent un plan simple rectangulaire et ne disposent généralement que d'une pièce principale. Matériaux locaux, intégration à l'environnement..., cet habitat traditionnel est la première forme d'habitat durable !

Le Lavvu, habitation traditionnelle des Sâmes.

L'architecture d'un territoire convoité

Les premiers à avoir convoité cette terre de légende sont les Vikings. Gjesvaer, en Norvège possède encore des vestiges du village viking originel. Le pays peut également s'enorgueillir de posséder les forteresses les plus septentrionales au monde ! Les forteresses de Vardø et Alta témoignent des tensions existant entre Norvégiens, Caréliens, Suédois et Russes. Convoitée, la Laponie a également été soumise à une campagne d'évangélisation et a ainsi vu se multiplier les églises. Ne manquez pas l'église de Sodankylä, en Finlande. Datée de 1689, elle a conservé toute son authenticité avec son toit de tuiles en bois, ses pignons abrupts, ses mâts sculptés et son somptueux intérieur en bois brut. Tromsø, en Norvège, conserve les vestiges d'une église en bois du XIIIe siècle. Elle appartenait sans doute aux ***stavkirke*** ou « églises en bois debout », chefs d'œuvre de l'architecture de bois médiévale aux structures complexes à plusieurs niveaux. À **Inari** ★★★ (p.248) et **Utsjoki,** ★ (p.252) en Finlande, vous pourrez

© TOMMY ALVEN - SHUTTERSTOCK.COM

L'église en bois de Kiruna.

également voir des exemples de village-église. Ces derniers se composent de cabanes en bois organisées autour de l'église et conçues pour abriter les fidèles venus de zones reculées. L'église reste d'ailleurs le bâtiment phare des villes créées aux XIXe et XXe siècles alors que les gisements de minerais et métaux attirent toutes les convoitises. C'est le cas notamment à Kiruna avec son église tout en bois rouge. Kiruna dont le centre-ville est en train d'être déplacé pour permettre à la mine de s'étendre…son église a donc été littéralement transportée dans la nouvelle Kiruna ! Mines, mais aussi centrales hydroélectriques et barrages découpent désormais le paysage et s'accompagnent de la création de nouvelles villes... parfois un peu tristes. Fort heureusement, les villages de pêcheurs aux maisons de bois colorées (la couleur n'est pas uniquement esthétique, mais aussi pratique car elle protège le bois !) et les fermes, elles aussi, peintes de couleurs vives, et aux toits en ardoise ou en écorce d'arbre et gazon, rappellent que les traditions n'ont pas dit leur dernier mot !

Richesses contemporaines

Pour les férus d'architecture, c'est à **Rovaniemi** ★★★★ (p.219) qu'il faudra vous rendre. La capitale officielle de la Laponie a été entièrement pensée par le célèbre architecte finlandais Alvar Aalto. Pour reconstruire la ville détruite par les bombardements de 1944, Aalto a imaginé un plan en… tête de renne ! Le centre de la ville est dans la tête, l'œil étant représenté par le stade Keskuskenttä, tandis que les routes Nord, Sud et Ouest représentent les ramures. Aalto y a construit le Centre administratif et culturel, comprenant la mairie, la bibliothèque et la Maison Lappia ; de même que la zone résidentielle Korkalorinne. Vous découvrirez ainsi son œuvre mêlant modernisme et respect des traditions populaires. Parmi les autres incontournables de la ville : le Pont Jätkänkynttila qui tire son nom et sa forme d'un type de torche gravée dans le bois et l'Arktikum avec sa grande verrière de 172 m de long. Autre création contemporaine à ne pas manquer : la cathédrale arctique de Tromsø avec sa silhouette de verre et de béton fendant l'horizon. Les Samis, aussi, utilisent l'architecture contemporaine pour préserver leur culture. Le Parlement Sami à Karasjok, en Norvège, possède ainsi une structure en demi-cercle se terminant à l'une des extrémités par une salle plénière en forme de tente *lavvu*, tandis que les intérieurs font la part belle au bois. À Inari, le Centre culturel Sajos, qui fait également office de Parlement, possède un plan étonnant qui reprend la calligraphie du mot sami signifiant « camp de base » et fait superbement dialoguer bois bruts et lisses. Les Samis transmettent également leur culture dans des sites ethno-touristiques qu'ils ont eux-mêmes imaginés comme avec Sam Syïté non loin de Lovozero, dans la péninsule de Kola. Lovozero abrite le Centre national sami dont la silhouette de béton est celle d'une tente *lavvu*. En parallèle, des structures durables et innovantes continuent de voir le jour à travers la Laponie, comme l'Arctic Guesthouse et ses igloos en verre flottants, l'IceHotel de Kiruna, le Glass Resort avec ses maisons en verre et bois et aux grands extérieurs vitrés, et bientôt l'incroyable projet mené par Bjarke Ingels pour transformer la station de Levi en « Koutalaki Ski Village » avec des édifices de verre et de granit clair, tout en courbes, et aux toits pouvant se transformer… en pistes de ski. La Laponie n'a pas fini de vous surprendre !

BEAUX-ARTS

À la pointe de la péninsule scandinave, la Laponie est auréolée de magie. Elle attire pour ses espaces inexplorés et ses spectacles projetés en direct du ciel. Le Sápmi, région de l'extrémité nord, est le territoire des Sâmes. Encore méconnu, ce peuple autochtone habitait la Laponie dès l'ère préhistorique. Très tôt, il développe un art élaboré et spirituel, intimement lié à la nature. Une relation intemporelle perpétuée jusqu'à nos jours. Pour s'initier à l'art et à la culture sâme, le village d'Inari est l'étape incontournable. Avec le temps, la fibre créative s'est ici chargée de colère. La jeune génération défend haut et fort ses origines ! Et elle déborde d'imagination pour transmettre un message qui résonne en chacun de nous. Le cercle polaire réveille votre créativité ? Sachez que des circuits photographiques sont proposés. Difficile d'explorer un monde aussi spectaculaire sans devenir un peu artiste à son tour !

Art pariétal

Les premiers occupants de la Laponie ont produit les gravures rupestres d'Alta (6 000 ans av. J.-C.) à deux pas du cercle arctique. Des milliers de peintures et de gravures, en excellent état de conservation, nous éclairent sur l'environnement et les activités à l'ère préhistorique aux confins du Grand Nord. Sur les parois, les représentations humaines et animales suggèrent des échanges entre le monde des vivants et le monde des esprits. Ces chasseurs cueilleurs ont aussi représenté des danses, des processions et des rituels chamaniques. D'étonnants paysages servent de décor aux scènes de chasse, de pêche et de traversées en bateau. Parmi les animaux, la faune polaire est dominée par des rennes et des ours, des poissons et des baleines. L'art rupestre des Sâmes se caractérise par une grande variété de motifs et une rare qualité artistique mêlant figuration et richesse symbolique. Pour aller plus loin, l'Alta Museum expose des objets usuels et rituels façonnés depuis des siècles.

Dès l'origine, le peuple sâme était animiste. Les montagnes, les lacs et les arbres étaient dotés d'une âme. Leurs mondes (le ciel pour les dieux, la terre pour les hommes et les animaux et sous la terre pour les morts), étaient peuplés de dieux et de déesses. La société avait pour pivot le « noaidi » ou chaman, intermédiaire entre l'homme et le divin. La musique intervenait dans le but de les mettre en relation. Très tôt, l'ours et le renne se sont imposés comme les symboles essentiels à cette culture. À partir du XVIe siècle, le gouvernement entreprend de contrôler le territoire et sa population, et dans ce but, dépêche des missionnaires. La christianisation forcée affecte durement le peuple sâme dont la religion est bannie pendant des siècles. Il faut attendre 1960 pour que la culture sâme entame une renaissance, au son du joik.

Ere moderne

La fibre artistique des Sâmes n'a jamais faibli. Plusieurs noms se démarquent à la fin du XIXe siècle. Les dessins de Nils Nilsson Skum (1872-1951) relatent sa vie d'éleveur de rennes. Aukusti Tuhka (1895-1973) est considéré comme le maître de la lithographie. Après des débuts précoces à Viipuri, il devient le pionnier du graphisme scandinave, et est reconnu comme un enseignant d'art hors pair. Il fonde sa propre école d'où sortiront des artistes scandinaves majeurs. 35 de ses œuvres ont intégré la collection Sipilä du musée de Rovaniemi.

Chantre de l'art lapon, Jon Savio de Varanger (1902-1938) illustre la vie laponne avec un sens exquis du détail. Ses aquarelles, gravures, peintures et sculptures sur bois sont conservées au Musée Savio de Kirkenes en Norvège. Devenu orphelin très jeune, il parcourt à l'âge adulte les comtés de Troms et de Finmark pour saisir le mouvement d'un lasso, l'expression d'un visage ou la course des rennes. Après un séjour à Paris, où il tente de vivre de son art, il termine ses jours à Oslo où la tuberculose l'emporte prématurément.

Lars Pirak (1932-2008) exerce son talent dans le domaine de la peinture à l'huile, l'aquarelle, l'écriture, le joik et la sculpture. À travers le monde, le renouveau est incarné par Nils Aslak Valkeapääa, dont les écrits et la musique diffusent la culture sâme à l'étranger.

La Laponie a fasciné les photographes des années 1970, notamment un courant à tendance documentaire très attaché au noir et blanc. Le style s'épure, des clichés sans fard nous montrent un peuple méconnu dans des paysages infinis. Certains poussent l'exploration jusqu'en Carélie, en Islande ou en Pologne. Les Finlandais Matti Saanio (1925-2006) et Jorma Puranen (né en 1951) font partie de ceux qui ont su capturer l'âme de la Laponie. De sa rencontre avec les

© WILDCAT78 - ISTOCKPHOTO.COM

Peintures rupestres à Alta.

Sâmes, Matti Saanio a produit la série *Lapin eiliset kuvat* ou Images de la Laponie d'hier.

Rébellion

Incarné par Máret Anne Sara, née en 1983, un courant protestataire porte la voix des Sâmes. La plasticienne multiplie les actions en écho aux combats de son frère. Street art et Protest art s'entremêlent dans le quartier de Stortorget, où s'élève sa structure monumentale. D'autres artistes rejoignent ses actions devenues hebdomadaires. C'est ainsi qu'Ander Sunna et Linda Zina Aslaksen ont composé une fresque autour du motif du crâne cher à Máret Anne Sara. Ses installations, ou *Pile o'Sápmi*, constituées de crânes, appellent à protéger le renne. Elles s'inscrivent dans la continuité des *O'bones piles*, ces pyramides de crânes de bison empilés sur les terres amérindiennes. Elle alerte ainsi sur la préservation des pâturages indispensables à la survie du renne et donc de son peuple.

Le peintre et graffeur Anders Sunna, né en 1985 à Jukkasjärvi, bénéficie d'une renommée importante dans le cercle polaire. Ses toiles, pochoirs et collages racontent la situation des éleveurs sâmes. Dans ses portraits et ses scènes réalistes, il conjugue beauté naturelle et appel au changement.

Fondé en 2012 par l'artiste norvégien Pøbel, le Komafest, festival d'art urbain de Vardø attire l'attention sur le dépeuplement du village victime de la baisse de la pêche. Des dizaines de bâtiments parés de peintures murales composent un parcours peu commun.

De nos jours

La Laponie fait preuve d'une créativité débordante. Parmi les talents à connaître, Pirkko Mäkelä-Haapalinna s'inscrit dans le prolongement de ses ancêtres par le lien qu'elle établit entre art et nature. À noter, elle accueille les visiteurs dans son atelier de Kemijärvi.

Merja Aletta Ranttila, artiste sâme reconnue en Finlande et à l'étranger, vit à Inari. Née en 1960, elle étudie l'art à Tornio, en Laponie. Ses œuvres peuplées de femmes fortes, montrées dans une nature sauvage, nous parlent de l'Arctique.

Illustratrice à ses débuts, Ranttila superpose des figures symboliques sombres qui lui valent d'être accusée de satanisme. Elle éclaircit ensuite sa palette, mais ajoute des notes d'humour à ses œuvres. Ses autoportraits d'un expressionnisme frappant sont typiques de l'école nordique.

Tous les ans, au mois d'août, Kakslauttanen attire des artistes du monde entier lors de la Semaine des arts arctiques. Sculpteurs, peintres et autres artistes viennent s'imprégner de l'environnement dans le but de libérer leur créativité. Petite particularité, les œuvres réalisées restent sur place pour en faire profiter les prochains visiteurs. Peut-être vous ?

MUSIQUES ET SCÈNES

Au nord du nord, au-dessus du cercle polaire, là où les vastes étendues blanches croisent les forêts profondes, la présence humaine est naturellement raréfiée. Mais l'endroit est tout sauf désert et il n'y a pas que le vent sifflant entre les arbres ou le bruit de nos pas dans la neige à entendre. Non, il y a de la musique en Laponie. Et notamment celle des peuples originels de Finlande, Norvège ou Suède : les Sâmes. Ici leur héritage est incontournable et leurs traditions encore très vivaces. Chaque festivité est par exemple l'occasion de pratiquer et entendre le *joik*, chant poétique envoutant iconique de ce peuple. Outre la tradition musicale, la région propose quelques scènes conséquentes dans les grandes villes de chaque Laponie (Rovaniemi, Tromsø, Lulea). Les mélomanes pris d'une envie de concert ne se sentiront donc jamais abandonnés sur place.

La musique traditionnelle

L'expression musicale la plus importante des Sâmes est sans conteste le *joik*. Ce chant poétique monocorde s'apparentant à une longue complainte lancinante et envoûtante, faisait à l'origine partie de la religion animiste des Sâmes. Les missionnaires, en essayant de convertir les Sâmes au christianisme, l'associèrent au paganisme, donc au péché, et l'interdirent (ils furent jadis persécutés pour leur animisme). Parfois comparé aux chants des Amérindiens, le *joik* n'est pas une chanson au sens où nous l'entendons – ils ont peu ou pas de paroles, ne riment pas et n'ont pas de structure définie – mais plus une tentative d'exprimer l'essence d'un sujet sur un mode très personnel et spirituel. Les autres modes de chants sâmes s'appellent *lavlu/laavloe* et *vuelie*. Le *laavloe* est plus lyrique et poétique tandis que le *vuelie* est une chanson sur une personne ou un événement.

Si dans le courant du XXe siècle, le *joik* perdait l'affection du public, il a ces dernières années trouvé un intérêt renouvelé, quelques artistes lui offrant une seconde jeunesse. Parmi les plus remarquables, citons la Norvégienne Mari Boine, qui mêle les racines *joik* au folk-rock minimaliste, le Finlandais Wimme Saari qui apporte au *joik* ses propres improvisations ou encore Nils-Aslak Valkeapää, lui aussi finlandais et dont le *joik* a traversé toute l'œuvre écrite et chantée et dont la performance durant l'ouverture des Jeux olympiques de Lillehammer reste gravée dans les mémoires. C'est d'ailleurs lui qui est considéré comme l'auteur du premier enregistrement de *joik* en 1968 avec son album *Joikuja*. Citons aussi la suédoise Sofia Jannok dont la musique mélange folk, pop, jazz et *joik*, Ánde Somby, *joiker* illustre, Adjágas, groupe norvégien de *joik* qui joua à Glastonbury en 2007 ou Isák, trio d'électro-joik. Sans surprise, le *joik* a été aussi beaucoup associé à une autre spécialité scandinave : le metal. Des groupes tels que Sháman (devenu Korpiklaani) ont introduit du « joik metal » à la fin des années 1990, tirant un trait d'union entre heavy metal et éléments sâmes. Autant d'artistes qui sont, parfois, l'occasion d'entendre les instruments typiques des Sâmes comme le *fadno*, une flûte fabriquée à partir de tiges d'angélique ou le rhombe, dont le son naît en balançant l'instrument à l'aide d'une cordelette.

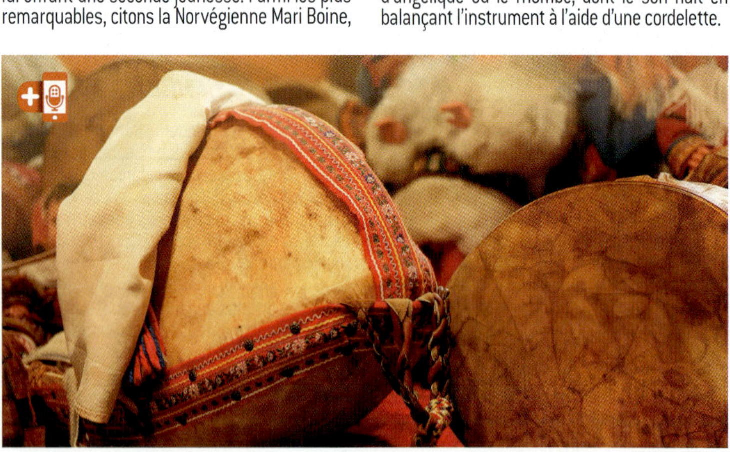

Tambours traditionnels sâmes.

© TAYA OVOD - SHUTTERSTOCK.COM

Le groupe de métal norvégien Lordi.

Ces sonorités étranges, souvent assez hypnotiques, ont fasciné de nombreux musiciens baroudeurs du monde entier à la recherche d'expériences sonores. D'autres instruments sâmes se retrouvent ailleurs en Scandinavie, comme le *lur*, une trompe en forme de corne et le *harpu*, équivalent du *kantele* finlandais.

En Laponie, il est courant d'entendre du joik durant des festivités religieuses comme Pâques ou le Jour de Marie (*Marianpäivä*). Cette dernière, prenant place le week-end de l'Annonciation fin mars, est célébrée depuis le XIVe siècle. Et si le caractère religieux de ce rassemblement s'est dissipé avec le temps, il continue de constituer un moment important pour les Sâmes de Finlande, Norvège et Suède, conviant aussi bien artisanat, concerts de chants sâmes que des courses de rennes et du lancer de lassos.

Le classique et le théâtre

Étant donnée la faible densité de la région, l'offre culturelle en Laponie est réduite à quelques pôles, comme Rovaniemi en Finlande, Tromsø en Norvège et Luleå en Suède. C'est ici que l'on trouve l'essentiel (si ce n'est la totalité) des concerts et des scènes de la région. C'est par exemple dans la première, capitale de la Laponie finlandaise, que l'on trouve la Maison Lappia, bel édifice, œuvre de l'incontournable Alvar Aalto, destiné à la fois au théâtre et aux concerts. On trouve un équivalent à Tromsø avec la KulturHuset, une maison de la culture ouverte et dynamique depuis les années 1980. Si aujourd'hui on y diffuse surtout des concerts, la scène est jusqu'au début des années 2000 le théâtre de la ville. Ce qui explique pourquoi est dressée devant l'édifice une statue d'Arthur Arntzen, le plus illustre auteur et dramaturge de Tromsø, célèbre dans tout le pays pour son personnage d'Oluf, devenu un des plus grands succès théâtraux du pays dans les années 1980. Depuis 2005, Tromsø a une nouvelle scène entièrement dédiée au théâtre, l'Hålogaland Teater, dont de nombreuses productions sont mises en scène dans les dialectes régionaux norvégiens. À Luleå, c'est le Kulturenshus qui occupe un rôle similaire. Ouvert depuis 2007, l'endroit abrite notamment l'office de tourisme, la bibliothèque municipale, une galerie d'art, un café, un restaurant et une scène. Le lieu culturel en ville, assurément.

Si ces pôles concentrent l'essentiel de l'offre culturelle en Laponie, elles n'en ont pas le monopole pour autant et l'on trouve ici et là quelques évènements comme à Luosto en Finlande où se déroule chaque année, dans la première quinzaine d'août, Pyha Classic, quatre jours de musique classique installés dans l'amphithéâtre Aittakuru.

Le jazz, la pop et le rock

Si elle n'est pas un vivier pour la pop moderne, la région a quand même vu naître quelques artistes importants. C'est notamment le cas de Lordi, célébrissime groupe de métal masqué et loufoque de Rovaniemi, dont le monde entier se souvient de la victoire à l'Eurovision en 2006. C'est également le cas de Röyksopp, duo d'électro originaire de Tromsø et gros carton mondial du genre dans les années 2000. Côté jazz, si aucun musicien sâme a vraiment atteint une notoriété notable, citons tout de même l'album *Legend of the Seven Dreams* (1988) du saxophoniste Jan Garbarek, trempé des thèmes musicaux sâmes.

Pour un bon concert à Tromsø, l'adresse incontournable, c'est le Driv. Géré par des étudiants de l'université, l'endroit comporte trois scènes et se targue d'être un des plus dynamiques de Norvège. Les amateurs de jazz, quant à eux, ne manqueront pas le Kalott Jazz et Blues Festival de Tornio, l'évènement dédié au genre le plus important du nord du pays. À cette occasion, la musique envahit les parcs et les salles de concerts au moment du soleil de minuit, ambiance garantie !

LITTÉRATURE

Qu'une littérature dise quelque chose de celles et ceux qui l'écrivent est d'autant plus significatif en Laponie qui n'est pas un pays, aux frontières strictement délimitées, mais une région qui chevauche la Norvège, la Finlande, la Suède et la Russie. Les lettres lapones sont donc avant tout l'œuvre représentative d'un peuple, les Sâmes. Ces derniers – environ 90 000 personnes – usent de neuf dialectes ayant une base finno-ougurienne commune mais pourtant si fortement imprégnés d'emprunts extérieurs qu'ils n'autorisent pas toujours leurs locuteurs à se comprendre entre eux. Nées de la tradition orale, les langues sâmes sont l'objet d'un vif intérêt dès le XVIIIe, mais ce n'est véritablement qu'au siècle suivant qu'elles commencent à s'écrire et que fleurissent des textes à forte vocation autobiographique qui ont à cœur de préserver la culture d'un peuple bien trop souvent opprimé. Une découverte qui se fait aussi grâce aux multiples ouvrages qui se consacrent à la Laponie.

Tradition orale et chamanisme

Quand il est question de littérature, le poids des mots importe d'autant plus. Il sera bon alors de préciser que « lapon » vient de la racine suédoise « lapp » qui évoque les haillons, une connotation péjorative qui expliquera que « sâme » lui sera préféré. La première mention de ce peuple date certainement de l'ouvrage *La Germanie* que Tacite achève en l'an 98 de notre ère. L'historien romain se montrant plus imprécis dans sa géographie que dans ses descriptions, il parle alors des « Fenni » comme étant d'une « effrayante sauvagerie, une hideuse misère » sans pour autant que l'on sache précisément où ils habitent, mais les mœurs qu'il décrit – « flèches qu'ils appointent, par manque de fer, avec des os » laissent à penser aux chercheurs d'aujourd'hui qu'il est bien question de la Scandinavie et de ce peuple autochtone. Viennent ensuite les évocations tout aussi floues du géographe grec Ptolémée et de l'historien Jordanes, puis un récit qui se prête à toutes les certitudes, celui de Paul Diacre vers 750, qui leur donne le nom de « Scritobini » et surtout évoque « l'animal assez ressemblant au cerf » qui les accompagne. Le fameux renne sera également présent dans les descriptions du notable viking Ottar du Hálogaland, vers 890, qui stipule en outre les lourds impôts auxquels sont soumis les Sâmes. Les *Sagas* du XIIIe seront ensuite une précieuse mine d'informations sur le sort réservé à ces natifs, mais il faudra patienter jusqu'au XVIIe siècle pour qu'enfin les voyageurs s'intéressent à leur culture par l'entremise d'un célèbre humaniste suédois, Johannes Schefferus, né à Strasbourg en 1621 et décédé à Uppsala en 1679. Il est ainsi le premier à retranscrire deux chansons d'amour, l'une pour l'hiver et l'autre pour l'été, qui lui sont confiées par un étudiant, Olaf Sirma, et qu'il intègre dans une somme écrite en latin en 1673, puis successivement traduite en anglais, français, allemand, néerlandais (et enfin en suédois… en 1956 !). Son *Lapponia* offre un aperçu très détaillé de l'histoire des Sâmes, mais a surtout vocation à démontrer que les Suédois n'utilisent pas leur magie pour combattre car, déjà, ce peuple est intimement associé au chamanisme. Leur culte païen se dédie à l'ours et leurs légendes mettent principalement en scène Stallö, un monstre cannibale dont le chien a le pouvoir de ressusciter les morts. La tradition orale permet de véhiculer cette spiritualité à travers tout un corpus de chants et de poèmes qui se font tour à tour lyriques ou satiriques, et qui s'interprètent de façon scandée ou gutturale. Le Jojking (ou Yoiking) présente de nombreuses formes, l'une des plus populaires consiste en un portrait en musique d'une personne qui en hérite. Élément fondamental du folklore sâme, cet art souffrira au XVIIe siècle d'une sévère répression et d'une longue prohibition qui durera 300 ans, les tambours chamaniques étant brûlés sur la place publique. Heureusement, l'Église comptera aussi dans ses rangs des hommes soucieux de préserver ce patrimoine immatériel, à l'instar d'Anders Fjellner (1795-1876) qui collectera toute sa vie durant des poèmes épiques et des chants sâmes qu'il réécrira en respectant une rigoureuse métrique. Dans un autre domaine, universitaire celui-ci, Just Knud Qvigstad (1853-1957) poursuivra cet important travail de référencement. Quelques-unes des fables qu'il aura réunies dans quatre imposants volumes se découvrent en français aux éditions Esprit Ouvert sous le titre *Contes de Laponie*.

Évangélisation et premiers écrits

Les missionnaires chrétiens favorisent par ailleurs la construction d'écoles, et le passage à l'écrit des langues sâmes. Ainsi, Morten Lund donne la traduction d'un catéchisme en 1728, tandis que Per Fjellström s'attelle à une version du Nouveau Testament, tout en travaillant à une grammaire et à un dictionnaire qu'il publie en 1755. Il faut pourtant attendre le début du XXe siècle pour que puisse s'affirmer une véritable littérature grâce à Johan Turi né en 1854 et à Anders Larsen qui vit le jour en 1870. Le premier rencontre un certain succès international avec *Muitalus sámiid birra* (1910) qui initie une œuvre consacrée à ses voyages et aux traditions de son peuple. Les éditions L'Harmattan proposent en français *Récit de la vie des Lapons* qui a une remarquable valeur ethnographique. Le second est considéré comme le premier romancier sâme. Instituteur et rédacteur du journal *Sagai Muittalægje* qui paraît de 1904 à 1911, il auto-publie l'année suivante *Bæivve-Alggo* (*L'Aube*) dans lequel Ábo Eira est pris en étau entre son héritage sâme et l'admiration teintée d'un sentiment d'infériorité qu'il ressent envers les Norvégiens. Incapable de s'intégrer dans cette société moderne, il retournera auprès des siens pour découvrir qu'il n'y retrouve plus sa place. C'est cette voie semi autobiographique que creusent à leur tour Anita Pirak (1873-1951) qui dicte sa vie d'éleveur de rennes au prêtre Haral Grundströme, puis Andreas Labba (1907-1970) qui apprendra à écrire en suivant l'école nomade, lui qui avait vu son père mourir de froid alors qu'il n'avait que 7 ans et qui devint, par la suite, l'ami de Dag Hammarskjoeld, secrétaire général de l'ONU. Sa grand-œuvre, *Anta*, a été l'un des titres phares de l'indispensable collection Terre Humaine (Plon) mais est désormais malheureusement épuisée.

Sans être encore vraiment conséquente, la littérature sâme s'étoffe tout de même au XXe siècle. Le très prolixe Erik Nillsson-Mankok (1908-1993) n'hésitera pas à se mêler de politique, ses romans interpellent sur le sort réservé aux Sâmes mais aussi sur les limites de leur organisation interne, des préoccupations que ne reniera pas Par Idivuoma (1914-1985) qui, dans *Rövarvind* puis dans *Sunnanvind*, décrira les dessous de l'élevage de rennes. Paulus Utsi (1918-1975) usera quant à lui de sa poésie pour louer la nature et décrire le sentiment d'impuissance qui submergera son peuple soumis à de nombreuses relocalisations imposées par les autorités. Son premier recueil *Giela giela* paraîtra en 1974, le second à titre posthume. Poète également, mais aussi musicien, Nils-Alak Valkeapää naît en 1943 et s'impose rapidement comme personnalité sâme à la renommée internationale, tout autant pour avoir remis le Jojking au goût du jour que pour avoir remporté en 1991 le Grand Prix de littérature du conseil nordique. De la même manière, Annok Sarri Nordrå, Rauni Magga Lukkari, mais aussi Ailo Gaup ou Kirsti Paltto continueront d'évoquer leurs racines tout en s'efforçant de les préserver.

TOP 10

LECTURE

Empreinte de mystère la Laponie ? Peut-être est-ce dû au chamanisme qui transpire de son histoire ou à son climat si âpre qu'il fait admirer ceux qui l'affrontent. Toujours est-il que cette région du monde inspire les voyageurs, les curieux et les écrivains. Petit panorama pour tous les lecteurs, de 2 à 99 ans.

SAUVAGES NUDITÉS : PEINDRE LE GRAND NORD

Catalogue d'une exposition qui a réuni le talent de deux peintres norvégiens et d'un artiste français, ou le romantisme des paysages désolés.
Éric de Chassey, Institut national d'histoire de l'art.

COMMENT VOYAGER DANS LE GRAND NORD QUAND ON EST PETITE, BLONDE ET AVENTUREUSE

© ÉDITIONS DU TRÉSOR

Tout est dans le titre ! Un récit décalé et pourtant véridique.
Katia Astafieff, éditions du Trésor.

KIRUNA

© ÉDITIONS LA CONTRE-ALLÉE

À la faveur d'une résidence, la célèbre auteure française découvre la Laponie et une immense exploitation minière encore en activité.
Maylis de Kerangal, éditions La Contre-Allée.

LES VOYAGES DE LOTTA

Les Renards de feu. Orpheline de mère, Solveig est désormais mutique. Sa jumelle Lotta décide de devenir chamane pour retrouver l'esprit égaré de sa sœur.
Marie Zimmer, Élena Bia, éditions Jungle.

CROCOLOU AIME LE PÈRE NOËL

© ÉDITIONS ACTES SUD JUNIOR

Aucun doute, le Père Noël existe, et comme tout le monde le sait, il habite en Laponie avec ses rennes. Dès 2 ans.
Ophélie Texier, éditions Actes Sud junior.

LE DERNIER LAPON

© ÉDITIONS POINTS

Le premier tome d'une série qui se consacre à la Laponie, par le plus suédois des auteurs français de romans policiers. Prix Quais du Polar 2013.
Olivier Truc, éditions Points.

RETORDRE LES FIBRES DU TISSU ANCESTRAL

Une poétesse norvégienne qui écrit en langue sâme du Nord : plus qu'une curiosité, un indispensable.
Risten Sokki, éditions Atelier de l'Agneau.

LE RAPT

L'auteur quitte ses montagnes adorées pour nous emmener à la rencontre des Sâmes à travers l'histoire de Kristina.
Roger Frison-Roche, éditions J'ai lu.

AU PAYS DES VENDEURS DE VENT

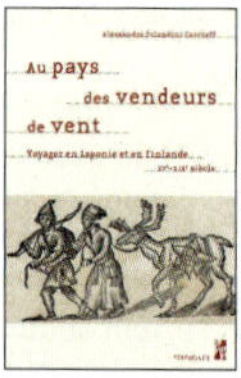

© ÉDITIONS PRESSES UNIVERSITAIRES DE PROVENCE

Pourquoi les voyageurs s'aventurèrent-ils jusqu'en Laponie dès le XVe siècle ? Cet essai très documenté revient sur leurs périples.
Alessandra Orlandini Carcreff, éditions Presses Universitaires de Provence.

CONTES ET LÉGENDES DE LAPONIE

Chamanes, fille du Soleil, mais aussi ogres et gobelins, la tradition orale lapone est enchanteresse.
Michèle Simonsen, éditions Flies.

POPULATION

Les frontières de la Laponie n'existent qu'en pointillés. Ce territoire se répartit en arc de cercle, au nord du cercle polaire, entre Norvège, Suède et Finlande, et la presqu'île de Kola en Russie. La densité de population dans ces régions y est très faible. Environs 795 000 habitants pour la Laponie russe, 180 000 pour la Laponie finlandaise, 92 000 pour la Laponie suédoise, et un peu moins de 77 000 pour le Finnmark. Six langues sont parlées outre le sâme : le norvégien et le suédois, tous deux issus des langues germaniques, ainsi que le russe qui appartient au groupe des langues slaves orientales ; le finnois issu de la famille des langues finno-ougriennes, tout comme le meänkeli et le kvensk, deux dialectes du finnois. Aux côtés des populations « méridionales », le peuple sâme occupe toute la Laponie, les Kven peuplent le finnmark principalement autour de Lakselv et les locuteurs du meänkieli se concentrent le long de la rivière Torne.

Les Sâmes

Les Sâmes sont un peuple indigène du nord de la péninsule scandinave. Ces semi-nomades du nord sont un petit groupe ethnique et qui pourtant constituent l'un des plus grands groupes indigènes d'Europe. Parfois appelés Lapons, expression que l'on considère aujourd'hui comme péjorative. Son étymologie renvoie au mot « lapp » qui signifie « idiot » en haut allemand et « porteur de haillons » en suédois. On parle donc bien du peuple sâme, d'autant que c'est ainsi qu'ils se désignent eux-même. Les Sâmes des 4 pays sont réunis et organisés politiquement avec leur propre Parlement et font partie du Conseil sami créé en 1956 en Norvège. Ils ont également leur propre drapeau, hymne (« Sámi soga lávlla », littéralement « la chanson du peuple sami ») et fête nationale (le 6 février).

Le territoire des Sâmes

Les Sâmes se sont établis dans la région la plus septentrionale de la Scandinavie. Géographiquement, ils sont aujourd'hui répartis sur l'ensemble de la Laponie, territoire d'environ 400 000 km² à cheval sur quatre pays : la Norvège, la Suède, la Finlande et la Russie. Ces vastes étendues aux frontières en pointillés sont leurs terres ancestrales, qu'ils appellent Sápmi. Aujourd'hui environ la moitié du peuple sâme vit en Norvège, éparpillé en petits groupes.

Population sâme et répartition

On distingue trois groupes de Sâmes: les Sâmes des montagnes, les Sâmes des forêts, les Sâmes du littoral. On compte environs 100 000 individus (environ 60 000 en Norvège, 30 000 en Suède, 10 000 en Finlande et 2 000 en Russie)

- **Les Sâmes des montagnes** occupent un vaste territoire s'étirant de la péninsule de Varanger (au large de la mer de Barents) au lac de Femund (près de Røros, déjà dans le Sud). Ils sont souvent nomades et éleveurs de rennes, et pratiquent donc la transhumance à l'intérieur des deux Laponie scandinaves ainsi que dans les régions les plus désertiques de la Laponie finlandaise ! Ce sont eux qui perpétuent avec le plus de fidélité la culture et le mode de vie traditionnels.
- **Les Sâmes des forêts.** On les rencontre en Laponie suédoise, dans la province de Finnmark, immense plateau dans le Nord traversé par nombreux cours d'eau, et sur la presqu'île de Kola. Traditionnellement, la pêche constitue leur ressource principale, mais aujourd'hui, le développement de l'agriculture et l'élevage pousse à l'abandon des activités traditionnelles et du mode de vie nomade au profit de la sédentarisation.
- **Les Sâmes du littoral arctique,** localisés dans les fjords du Nord entre la péninsule de Varanger et le Tysfjord, sont entièrement sédentaires. Ils sont, pour la plupart, les descendants d'anciens éleveurs de rennes – pauvres, venus tenter leur chance parmi les populations norvégienne et finlandaise. Ils pratiquent la pêche et l'élevage. Ils constituent le plus grand groupe et ont adopté un mode de vie très semblable à celui des autres Norvégiens du nord du pays.
- **Les Sâmes russes : les Skolts.** Les dimensions impressionnantes de la commune d'Inari, à la superficie la plus étendue de Finlande, induisent une très faible densité. Deux mille Sâmes vivent sur place dont 500 Skolts. De religion orthodoxe, ces derniers ont fui l'annexion soviétique de la région de Petsamo en 1944. La plupart se sont réfugié à Nellim, à 45 km au nord-est d'Ivalo, où ils se distinguent encore par leurs costumes et leur dialecte.

La langue sâme

Le sâme appartient au rameau finno-ougrien des langues ouraliennes. La langue se décline en plusieurs variétés dont la plus parlée est le sâme du nord avec 30 000 locuteurs, suivie du sâme de Lulea avec 2 000 locuteurs.

© V. BELOV - SHUTTERSTOCK.COM

Femme sâme en habits traditionnels.

Quelque 35 000 personnes au total pratiquent encore divers dialectes. Le vocabulaire sâme contient un vocabulaire impressionnant pour décrire les éléments de la nature, avec par exemple plus de 180 expressions différentes pour le mot neige en fonction de sa texture, de la saison, etc. ! Le bilinguisme est courant parmi les Sâmes et, en Laponie, certains sont même trilingues (ils parlent le sâme, le suédois et le finnois). Le vocabulaire sâme est très riche en termes se rapportant aux phénomènes naturels ; c'est ainsi qu'il n'existe pas moins de dix mots pour décrire la neige... Cependant, en raison du nombre de dialectes, souvent éloignés, la langue divise les Sâmes autant qu'elle les unit.

Les muées sâmes

Le mieux pour découvrir la culture est encore de se rendre dans l'un des nombreux musées de Laponie, éparpillés aux quatre coins du territoire. Voici quelques adresses qui étancheront votre soif de connaissances.

En Finlande, installé sur les berges au cœur de Rovaniemi, l'imposant musée Arktikum (p.219) avec son immense verrière propose plusieurs expositions sur le peuple et la culture sâmes. Plus au nord, à Levi, le musée Samiland (p.239) et son musée de plein air vous fait découvrir l'architecture typique de ce peuple du Nord et le métier d'éleveur de rennes. À Inari, près de la frontière avec la Norvège, le SIIDA - Musée Sami et Centre de la Nature (p.249) est lui aussi dédié à tous les aspects de l'histoire et de la culture sâme. Le musée a également une antenne à Sevettijärvi qui est se focalise sur les Skolt, les Sâmes russes qui forment l'un des nombreux groupes qui forment le peuple sâme. Toujours à Inari se trouve le Parlement same de Finlande, dit Sámediggi.

Côté Norvège, les expositions permanentes et le musée de plein air du Sámiid Vuorká-Dávvirat à Karasjok sont un bon complément à la visite du Parlement sâme de Norvège, situé juste à côté. À l'ouest, le Musée universitaire de Tromsø présente deux expositions permanentes très complètes sur la culture sâme et sur la place qu'occupe ce peuple dans la société actuelle.

En Suède, Nutti Sámi Siida à Jukkasjärvi est un musée de plein air qui met en avant le métier d'éleveur de rennes. Sur place, un café et une boutique pour découvrir les spécialités sâmes, et la possibilité de donner à manger aux rennes. À Jokkmok, Ájtte est le principale centre d'information sur la culture sâme. Plusieurs expositions présentent leur histoire, leur savoir-faire et leur environnement.

Les Kven

Les Kven sont une minorité ethnique du Finnmark en Norvège, statut qu'ils ont obtenu en 1996. Ils sont les descendants de paysans et de marins ayant migré depuis le nord de la Finlande ou de la Suède au XVIIIe et au XIXe siècle. Depuis 2005 le kvensk est reconnu comme l'une des langues minoritaires de Norvège. Essentiellement concentrés autour de Lakselv dans la région du Finnmark, ils sont aussi présents dans la région de Troms. Il est difficile d'estimer la population Kven, car il n'existe aucune définition officielle du Kven. Certains se considèrent norvégiens, sâmes, ou un mélange des deux. Bien que le kvensk soit un dialecte du finnois, il a évolué de manière isolée et donc très différente. Le kvensk comporte beaucoup de mots qui ne sont aujourd'hui plus utilisés en finnois, tout comme de nombreux emprunts à la langue norvégienne. Il existe depuis 2013 un drapeau du Kvenland. Rendez-vous au Ruija Kvenmuseum à Vadsø pour en apprendre plus sur ce peuple du Nord !

La langue meänkieli

Les locuteurs du meänkeli peuplent la vallée de la rivère Torne, à la fois du côté suédois et du côté finlandais. Reconnu comme l'une des langues minoritaires de Suède, ce dialecte du finnois ressemble beaucoup au kvensk et il a comme lui évolué différemment du finnois standard dû au manque de contact avec les finnophones de Finlande, après que les terres à l'est de la rivière Torne furent cédées à la Russie en 1809. Il comprend entre autres des emprunts au suédois et à la langue sâme. Tout comme les Sâmes et les Kvens, les locuteurs du meänkieli se virent forcés d'apprendre le suédois et interdire d'utiliser leur langue maternelle. Rares sont les personnes aujourd'hui qui parlent le meänkieli seulement. Encore une fois il est difficile d'estimer le nombre exact de locuteurs, puisque beaucoup ne le parlent que rarement et pas couramment, mais la majorité est concentrée dans la région de Norrbotten en Suède. Des émissions de radio, de télé, des performances artistiques et des livres sont aujourd'hui édités en meänkieli.

SOCIÉTÉ

Difficile de tirer un portrait uniforme des habitants de la Laponie. Avec différentes nationalités et différentes ethnies, les habitudes et les comportements varient. On peut diviser les modes de vie en deux axes : moderne (pour les Scandinaves et certains Sâmes), traditionnel (pour les autres Sâmes). Très influencés par leur environnement et un climat souvent rude, les Sâmes et les populations méridionales partagent néanmoins certains traits. On note une relation particulière à la nature et un tempérament qui reflète l'immensité des terres lapones. Le mode de vie moderne reste essentiellement tourné vers la nature et les sports d'extérieur, été comme hiver. La pratique du sauna, tout particulièrement en Finlande, est très développée. Certains Sâmes ont su conserver nombre de leurs traditions et savoir-faire, qui font aujourd'hui encore parties intégrante de leur quotidien. Leur vie est toujours rythmée par l'élevage de rennes et l'artisanat.

Les Sâmes

Mode de vie. Les Sâmes vivaient autrefois avec un système de classe sociale appelé *sijdda*, et leur culture de semi-nomades se basait sur la chasse, la pêche et l'élevage de rennes. Chaque *sijdda* était composé de quelques familles qui, sous la direction d'un chef de famille, bénéficiaient des mêmes ressources naturelles pour vivre. Les *sijdda* d'aujourd'hui sont des coopératives, vivant de l'artisanat et du tourisme.

En même temps, loin de renoncer à la part nordique de leur identité culturelle, les Sâmes accèdent de plus en plus fréquemment aux études supérieures, se marient souvent à des Nordiques et connaissent le confort moderne. Même si beaucoup de Sâmes restent fidèles, dans une certaine mesure, au mode de vie traditionnel, seule une minorité d'entre eux se consacre aux activités traditionnelles comme l'exploitation forestière et l'élevage des rennes, où les outils modernes comme scooter des neiges ont toutefois largement supplanté les techniques ancestrales comme le traîneau.

Le renne. Le renne reste encore la principale richesse des Sâmes qui disposent des techniques d'élevage les plus élaborées de l'Arctique. En Suède, l'élevage du renne est le domaine réservé des Sâmes. Chaque éleveur possède une marque traditionnelle formée de combinaisons de lignes et de trous incisés dans l'oreille de chaque renne. Avant, le renne était utilisé comme bête de somme mais aussi pour son lait et sa viande, et pour sa fourrure très isolante. On s'en servait pour confectionner des vêtements et pour couvrir la *lavvu*, une tente de fortune. Aujourd'hui la fourrure du renne est encore utilisée pour les manteaux, les jambières et les moufles, indispensables pour affronter le grand froid au quotidien !

Une vision plus générale de la société nordique...

Tempérament. De manière générale, les habitants des pays du Nord ont la réputation d'être très peu bavards. La Laponie n'y échappe pas, et constitue même l'exemple le plus parlant ! Les Sâmes comme les autres, influencés par les grands espaces désertiques qui les entourent, ont un sens de la conversation bien différent du nôtre.

© DMITRY CHULOV - SHUTTERSTOCK.COM

L'élevage des rennes est la principale activité des Sâmes.

Si conversation il y a, elle sera rythmée de pauses et de silences, et ne sera jamais empressée. On dit par exemple des Finlandais qu'ils sont un « peuple qui se tait en deux langues. » Attention, couper la parole est extrêmement impoli. Sur la côte norvégienne, dans les villages de pêcheurs, on trouve des locaux plus bavards, habitués depuis longtemps au va-et-vient des étrangers. À l'inverse des pays latins, les habitants ont une expression corporelle souvent discrète et le langage des mains est quasiment inexistant. Pour autant, les gens ne sont ni froids ni désagréables, au contraire ! N'hésitez pas à engager la conversation et à persévérer ! Côté salutation, on ne s'embrasse pas pour se dire bonjour, on serre ou on lève la main pour la première rencontre et on se donne volontiers l'accolade les fois prochaines. S'ils se laissent aller, ils donneront une bonne tape dans le dos. Dans la rue, les regards se croisent rarement et ils sont très rarement insistants. Par contre, votre interlocuteur vous fixera dans les yeux lors d'une conversation, preuve de son intérêt.

Civisme. Calme et modération sont de mise en Laponie comme dans le reste de la Suède, Norvège et Finlande. Si les règles sont dans l'ensemble très ressemblantes aux nôtres, quelques détails importants sont toutefois à noter. Pour commencer, les avis tranchés et l'humour corrosif ne sont pas les bienvenus dans les pays nordiques, tous comme les débats animés. On évite à tout prix le conflit en restant positif et de bonne humeur, voire en évitant certains sujets. Si vous êtes invité chez quelqu'un, pensez à retirer vos chaussures en rentrant, et pensez à remercier vos hôtes après le repas si on vous a invité à dîner. Cet oubli serait très mal perçu. Dans les terres reculées de Laponie, la confiance et l'insouciance règnent ! Les objets perdus retrouvent leur propriétaire et même si ce n'est pas conseillé, maisons et voitures sont très peu souvent verrouillées. En découle une sensation de sécurité très appréciable ! Le respect passe aussi par la ponctualité. Arriver en retard sans prévenir est très mal considéré. Enfin, si les habitants sont plutôt réservés, ils ne manqueront pas de vous faire remarquer vos erreurs, alors gare à respecter les règles.

Mentalité. Même si des progrès restent à faire, la Suède la Norvège et la Finlande sont très en avance sur la question de l'égalité des sexes, et ce n'est pas moins valable en Laponie, que ce soit au travail ou dans la vie familiale et politique. En ce qui concerne l'homosexualité, elle est généralement plutôt bien acceptée et la Laponie est une destination parfaitement sûre. Le mariage gay est autorisé dans les 3 pays.

Éducation. En Laponie aussi, l'enfant est roi. En Suède, Norvège et Finlande, l'enfant occupe une place centrale et tout est adapté à sa présence : magasins, restaurants, trains, trottoirs, etc. Les enfants sont peu réprimandés et on ne hausse surtout pas la voix, encore moins la main sur eux ! La fessée est strictement interdite depuis de nombreuses années. Les trois systèmes scolaires proposent un apprentissage fondé sur le non-élitisme et centré sur épanouissement et la créativité. Dans le Nord, les jeunes Sâmes peuvent aller à l'école sâme, où leur culture et leur langue sont enseignées. On peut en trouver dans des villes telles que Karesuando, Târnaby, Jokkmokk, Gällivare et Kiruna. Il y a également une Université Same, fondée en 1989, côté norvégien de Kautokeino.

Sauna et natation hivernale

En Laponie, le sauna reste une institution, surtout en Finlande. « Sauna » est d'ailleurs le seul mot finnois du vocabulaire international ! On s'y rend une fois par semaine en moyenne. Habitude extrêmement saine, le sauna, bain de vapeur sèche, revigore autant qu'il détend. Les saunas traditionnels, situés en pleine nature, n'ont rien en commun avec les succédanés des grands hôtels. Faites-en donc l'expérience ! Attention, on ne refuse pas une invitation au sauna, à moins d'être malade ou pudique. Oui, car il est normal d'être nu au sauna, avec à la rigueur une serviette autour de soi. Rassurez-vous, les saunas ne sont pas mixtes, bien que l'option soit parfois proposée. Autre chose : ne jamais rajouter de l'eau sur les braises sans avoir demandé l'accord des participants !

Et qui dit sauna dit souvent bain hivernal. La baignade dans l'eau glacée a ses adeptes en Laponie, et il est impensable de quitter la région sans avoir essayé ! En hiver, vous verrez des piscines d'eau entretenues dans la glace des lacs, où l'on accède par un ponton. On dit que ses baignades apportent une vitalité immédiate et permettent de mieux supporter le froid. Pour les plus frileux, une petite roulade dans la neige fera l'affaire. Un peu de courage !

Une baignade dans l'eau glacée apporte une vitalité immédiate.

DÉCOUVRIR

RELIGIONS

La religion principale en Laponie est le protestantisme luthérien. Il est pratiqué par plus de 70 % des Suédois, Norvégiens et Finlandais. Les Russes sont en majorité orthodoxes. Aujourd'hui encore, en moindre proportions, il existe deux autres religions pratiquées par les Sâmes – l'animisme et le chamanisme – même si la majorité d'entre eux ont été évangélisés. Si beaucoup de traditions et de pratiques ont été perdues au cours des VIIe et XVIIIe siècles, d'anciennes croyances subsistent à travers une relation au monde et à la nature particulière, et à travers des rituels différents. Le drapeau sâme en est la parfaite illustration : le cercle représente le soleil et la lune, considérés comme des dieux dans la mythologie sâme. Le cercle fait aussi écho aux dessins représentés sur les tambours de chaman. Les couleurs du drapeau, celles utilisées sur le costume traditionnel, symbolisent des éléments importants de la nature.

Croyances et religions

L'animisme. C'est une croyance selon laquelle la nature est gouvernée par les âmes ou esprits analogues à la volonté humaine : les pierres, le vent, les animaux. L'animisme ne tente pas de rassembler les peuples et ne se soumet pas à une vérité seule et indivisible. Les animismes sont multiples. Ils possèdent des analogies, mais aussi des différences chez des clans peu distants géographiquement. À ce titre, il est bon de signaler que les totems n'ont pas fonction d'icônes ni d'idoles, mais de lien symbolique entre la Nature et le Sacré. Le terme « animisme » (du latin *anima*, « l'âme ») a été trouvé par le médecin allemand Georg Ernst Stahl pour réfuter la séparation « corps-âme » et y opposer une vision de l'âme couvrant tout l'être humain. Dans les pays scandinaves, il existe un fond animiste en parallèle au christianisme. Deux types d'animisme majeurs se distinguent : le chamanisme qui considère que seules de rares personnes peuvent entrer en communication avec les divinités à travers la transe. Ou, comme le vaudou, une conception qui considère que c'est la divinité elle-même qui vient prendre possession des individus.

Le chamanisme. Sous ces latitudes boréales où l'homme livre un combat incessant contre les éléments, il n'est pas étonnant que le chamanisme ait trouvé un terrain favorable. Servant d'intermédiaire entre le monde des esprits et le monde des vivants, le *noaidi* (ou chaman) pouvait, en entrant en extase, interpréter les secrets de l'au-delà pour les transmettre à son peuple. Il s'aidait en cela d'un tambour magique ou du *joik* (chant lancinant ancestral). Le tambour magique, de forme ovale, est divisé en trois parties représentant les esprits du Ciel, de la Terre et l'Homme. Chacune de ces parties est ornée de dessins symboliques que le sorcier sait interpréter. Ces motifs sont peints avec de la salive rougie par de l'écorce d'aulne. Le sorcier place sur la peau du tambour la baguette divinatoire (*arpa*), puis il chante en battant la mesure et, le plus souvent, entre en transe. Le tambour était l'accessoire le plus important des *noaidi*. Le rythme du tambour accompagné du chant du *joik* permettait au *noaidi* d'accéder à l'extase grâce à laquelle son âme pouvait se séparer de son corps et voyager dans le cosmos. Lors de ces voyages, le chaman pouvait guérir des maladies ou écarter des dangers mortels.

L'histoire du chamanisme

Bien avant notre ère, la renommée des chamans sâmes était répandue dans toute la Scandinavie. On les mentionne déjà dans les sagas islandaises. Dans la relation de son voyage en Laponie, l'auteur de théâtre du XVIIe siècle, Jean-François Regnard (l'un des premiers Français qui s'aventura « en touriste » vers le Nord), affirme avoir été le témoin de manifestations assez étonnantes. Le tsar de Russie, Ivan le Terrible, s'est lui-même rendu en Laponie à seule fin de consulter un sorcier « du bout du monde ». Lors de l'évangélisation forcée des Sâmes, les missionnaires luthériens brûlèrent les tambours magiques (il en reste aujourd'hui moins de 100) et quelques *noaidi* furent exécutés. Les cultes animistes feront place aux grandes fêtes chrétiennes comme celle de Pâques, consacrée aux mariages sâmes et aux concours traditionnels de lasso et des courses de rennes. Le christianisme ne s'imposa définitivement en Norvège qu'avec la mort de Saint Olav, en 1030. Bien entendu, ce furent les peuplades sâmes, à l'extrême Nord, qui conservèrent avec le plus de ténacité leurs anciennes croyances. Cela explique pourquoi, pendant de nombreux siècles, les Sâmes furent accusés de se livrer à la sorcellerie. En fait, l'activité missionnaire en Laponie ne prit véritablement toute son importance qu'aux XVIIe et XVIIIe siècles.

QUE RAPPORTER ?

La Laponie a son bon lot de produits locaux et artisanaux de qualité que l'on trouve le plus souvent dans les petites boutiques de villages, dans les musées ou encore au fameux marché sâme de Jokkmokk. Si les grandes villes abritent systématiquement une boutique de souvenirs, les ateliers d'artistes sont tout aussi nombreux, mais plus difficiles à trouver. N'hésitez pas à parcourir les villages à la recherche de la perle rare, ou à vous arrêter dans les boutiques plus isolées le long des routes. Les spécialités sâmes sont sensiblement les mêmes dans les quatre pays, qu'il s'agisse de l'artisanat lié au travail du bois ou du cuir, des vêtements traditionnels ou des spécialités culinaires. Les produits qui ne sont pas liés à la culture sâme, mais aux cultures « méridionales » en revanche ne sont pas forcément identiques. Il reste que le choix est vaste et que chacun y trouvera son compte !

L'artisanat sâme

Les souvenirs les plus populaires restent les produits issus de l'artisanat sâme qui sont d'une beauté et d'une finesse remarquables. En ce qui concerne les vêtements, ils sont toujours pratiques, chauds et confortables pour répondre aux contraintes de la vie d'éleveur de rennes. Les gants et chaussettes, faits de laine ou de cuir et souvent ornés des couleurs traditionnelles sâmes sont très appréciés. On trouve aussi le traditionnel bonnet « des quatre vents », avec ces quatre pointes, ou les chapkas en fourrure et cuir le plus souvent couleur cuivre, blanche ou gris noir. Ces derniers sont très populaires et tiennent évidemment très chaud, un must si l'on s'aventure dans ces terres polaires à la période la plus froide. Il est facile d'en trouver faits main, même si bien sûr le prix est plus élevé. Si le produit est de qualité, soyez certain qu'il ne vous lâchera pas de sitôt ! De même pour les chaussures traditionnelles à la pointe recourbée, faites en peau. Elles sont incroyablement chaudes et confortables et valent toutes les chaussures d'hiver ! Attardez-vous aussi sur les peaux de rennes, vendues à partir de 90 euros environ. Les bois de renne se vendent à partir de 20 euros l'unité. Ils peuvent servir de porte-bougies, ou de décoration murale par exemple. Ils sont aussi utilisés pour faire des porte-clés et toutes sortes de bibelots moins volumineux. Les couteaux sâmes sont absolument magnifiques et très prisés, ornés de détails parfois en couleur, rangés dans leur fourreau de cuir. On les trouve de toutes les tailles et pour toutes les utilités. Un très joli cadeau, témoin d'un grand savoir-faire. Les bijoux font aussi partie des spécialités sâmes, entre les bracelets en cuir, les pendentifs en bois de rennes et autre boucles d'oreilles aux motifs singuliers et traditionnels. La gamme de prix est très large et dans l'ensemble, tout le monde pourra s'offrir un petit souvenir, de quoi se rappeler la merveilleuse Laponie.

▸ **Le *kolt***. C'est le costume traditionnel, très spectaculaire et coloré, que portent les Sâmes. Il correspond à une codification bien précise. L'âge, le sexe, la position sociale, la région d'origine, sont des éléments à prendre en compte dans l'élaboration et la compréhension du costume same. L'habit est principalement porté le dimanche et lors des fêtes traditionnelles. Ses couleurs sont, bien sûr, aux couleurs des Sâmes : rouge, jaune et bleu. Il reste un des éléments forts de leur identité. Le modèle commun de départ s'est peu à peu différencié et on peut, à force d'entraînement, deviner la commune d'origine du porteur. Il se compose d'une tunique couleur bleu roi, bordée de rubans et de ganses colorés. La ceinture est souvent ornée de plaques d'argent. Le bellinger et les skallers sont respectivement un pantalon et des chaussures faits en peau de renne. La coiffe est soit assortie à la tunique, soit en forme de bonnet « des quatre vents ». La bande plissée, très colorée, qui orne le bas de la jupe des femmes, nécessite plus de 30 m de tissu !

Pour les gourmands

Les mets locaux sont aussi une très bonne idée et se trouvent à peu près partout. On pense à la viande de renne ou d'élan séchée, ou encore au poisson séché typique norvégien. Les confitures ou les thés de baies sauvages sont facile à conserver et à assortir. Les gourmandises telles que les baies chocolatées et le miel arctique peuvent être une bonne idée de cadeau pour les gourmands ! On retrouve toutes sortes de bonbons et de confitures aux saveurs locales, sans parler du thé et des sirops qui envahissent les rayons.

SPORTS ET LOISIRS

Été comme hiver, la nature de la Laponie fascine les visiteurs. L'hiver est la saison la plus longue. C'est aussi celle qui offre le plus de dépaysement et les activités sont très nombreuses. Balades en traîneaux à chiens, randonnées en raquettes ou en ski de fond, safaris en motoneige, ski alpin, snowboard, pêche au trou, les possibilités ne manquent pas ! En été aussi, on profite de l'incroyable nature de la région. Le soleil de minuit est une expérience qui mérité d'être vécue. Les vues sur les lacs sont les plus belles et ceux qui le peuvent ne doivent pas rater la vue depuis le cap Nord en Norvège. Sinon, place aux balades en bateau ou en canoë, au rafting, au canyoning, à la pêche, au vélo sur route ou au VTT et, surtout, à la randonnée. Bref, les activités sont légion et elles sont toutes proposées par les agences locales que l'on trouve un peu partout dans la région. Faites vos choix !

En hiver, le paradis blanc

En hiver, il faut d'abord profiter des aurores boréales visibles facilement dès que l'on s'éloigne des villes. Pas besoin de payer donc, bien que des randonnées en raquettes par exemple soient organisées pour en voir. Sinon, place aux activités proposées par toutes les agences.

- **Les excursions en traîneaux à chiens.** Voilà un grand classique de la région, une expérience unique et originale. De l'initiation qui dure environ trois heures à la randonnée en pleine forêt avec hébergement en cabine sur plusieurs jours, vous trouverez des dizaines d'offres. À vous de choisir juste l'endroit d'où vous voulez partir.

- **Les randonnées en raquettes.** Il est très courant également de chausser des raquettes pour partir en randonnée partout en Laponie. Là encore de quelques heures à plusieurs jours ! Généralement les sentiers sont bien balisés, mais il est plus prudent de partir avec un guide.

- **La motoneige.** D'autres sentiers sont réservés aux motoneiges, vous ne pouvez pas les rater, ce sont deux croix rouges qui se croisent sur le bord des routes. Très populaires, on loue facilement ces engins partout en Laponie, et des excursions sont également organisées avec tout l'équipement fourni. Quelques heures, plusieurs jours, de jour, de nuit, à la recherche des aurores boréales, à la découverte des fermes de rennes, à la carte, là encore tout est possible !

- **La route ou piste sur glace** est également quelque chose d'assez original, notamment à Luleå en Suède où chaque année, dès les mois de janvier-février, des routes sont construites sur la mer et permettent de rejoindre les îles voisines. Sinon, sur des pistes de glace aménagées, on peut marcher avec des semelles crantées, glisser sur des patins à glace ou une trottinette des neiges, ou pédaler sur un VTT adapté.

- **Le ski.** Bien entendu, le ski se pratique presque partout en Laponie, notamment les balades et randonnées en ski de fond. Quant au ski alpin et au snowboard, direction les zones montagneuses d'Abisko en Suède ou de Levi en Finlande.

- **La pêche au trou.** Voilà un sport très courant, une activité très pratiquée par les locaux qui peut se pratiquer quasiment partout sur le territoire étant donné la quantité de lacs qui existent. N'hésitez pas à demander conseil pour trouver les spots les plus indiqués en fonction de la météo. Mais partout, patience obligatoire !

En été, une nature étincelante

Dès que la neige fond et que le soleil commence à se lever pour ne plus se coucher, d'autres activités sont possibles.

- **Sur l'eau,** on aura de nombreuses opportunités en bateau : traversées à bord de l'Express Côtier en Norvège, autour d'un lac, le long d'une rivière, en mer… Partout, vous pouvez monter à bord d'un bateau plus ou moins grand et vous laisser emporter à la découverte des paysages. Sans oublier, les possibilités qu'offrent les rivières pour les amateurs de canoë, de canyoning, de rafting…
Toujours sur le thème de l'eau, la pêche est également à recommander aux amateurs, pensez juste à vous renseigner pour les licences. En Norvège toujours, entre Tromsø et Kirkenes, il est possible de partir à la chasse au crabe géant et surtout participer à sa dégustation !

- **Sur terre,** on peut pratiquer le vélo sur route, le VTT, mais, surtout, la randonnée. Du haut des *tunturis*, collines aux formes singulières propres à la Laponie, la vue est toujours fabuleuse. Les bottes sont vivement recommandées. Les terrains sont en effet souvent humides, voire marécageux. Sinon, la virulence des moustiques entre juillet et début août peut être un vrai problème. Privilégiez si vous le pouvez juin et septembre. En juin, le soleil de minuit est époustouflant et en septembre, la Laponie décline ses couleurs flamboyantes, c'est la *ruska*. Et ne partez pas sans carte GR, car on peut rapidement perdre la piste.

GASTRONOMIE

S'étendant du centre de la Norvège jusqu'à la moitié nord de la Suède et de la Finlande, la Laponie offre des paysages sauvages d'une grande beauté. Dans ce monde aux hivers polaires et aux étés brefs, l'agriculture est quasiment impossible et la cuisine same fait honneur aux ingrédients naturels comme les champignons, les baies, les racines et les jeunes pousses alors que le renne est l'un des rares animaux à pouvoir être élevé sous ces latitudes. Les vastes côtes ainsi que les rivières et nombreux lacs sont des zones de pêche importantes pour les Sâmes. La cuisine lapone exerce un certain intérêt chez populations du sud des pays nordiques, alors qu'à l'inverse, les habitants de Laponie ont vu leur gastronomie se moderniser avec l'introduction d'ingrédients jusqu'alors inconnus et de nouvelles spécialités, qui peuvent varier d'un pays à l'autre, bien que les grands classiques restent communs aux trois pays.

Produits caractéristiques

Parmi les ingrédients majeurs de la cuisine sâme, la viande de renne joue un rôle prépondérant. Cet animal proche du cerf habitué aux grands froids est chassé dans la région depuis des temps immémoriaux avant d'être progressivement élevé. La viande est préparée de multiples façons notamment en ragoût mais également en saucisse, en boudin avec le sang de l'animal ou sous diverses formes de viande séchée, salée ou même fumée. La viande de renne de Laponie finlandaise bénéficie même d'une AOP. On utilise traditionnellement aussi le lait de l'animal. À l'inverse, l'élan n'est pas élevé mais chassé, généralement en automne, tout comme le lagopède ou perdrix des neiges, un volatile dont le plumage passe du brun au blanc entre l'été et l'hiver pour se fondre dans son environnement à chaque saison.

Autre source de protéines, le poisson est traditionnellement séché et fumé (*suovasguolle*). Fumer sa pêche est un passe-temps habituel pour les estivants installés dans leur cabane en bois. Parmi les poissons, citons le hareng, la perche, le sandre et le lavaret, appréciés au même titre que les poissons d'élevage comme le saumon ou la truite saumonée. Dans les années 1960, les Soviétiques introduisent le crabe royal du Kamtchatka – originaire du Pacifique nord – en mer de Barents, à la frontière norvégienne. Ce crustacé très invasif devint commun dans les eaux de Norvège dès les années 1970. Il est aujourd'hui abondamment pêché dans la région pour sa chair très fine pour laquelle les touristes sont prêts à dépenser de coquettes sommes.

Les forêts de Laponie sont une source de nourriture saine grâce aux nombreuses baies dont la plus prisée est la mûre des marais ou plaquebière, une sorte de framboise orange qui pousse dans les marécages de la région. On retrouve aussi la délicate framboise arctique, l'airelle et la canneberge sauvage, plus petite que sa cousine cultivée, à la saveur plus subtile. Elle sert à confectionner des jus, des confitures et des gelées. La myrtille est préparée sous forme de soupe froide (*mustikkakeito*), vendue dans les rayons des laitages. Les baies de camarine (noire), de sorbe (rouge) et d'argousier (orange) font partie des raretés de la Laponie. Les années d'abondance, ces fruits servent à confectionner des confitures acidulées pour accompagner le gibier, en particulier à plumes. Il semble que les conditions climatiques locales entre des hivers glacés et des étés où le soleil ne se couche jamais, expliquent la saveur et la haute valeur nutritive de ces baies.

© FUJILOVERS - SHUTTERSTOCK.COM

Ragoût de renne et pommes de terres amande.

© FUJILOVERS - SHUTTERSTOCK.COM

Fromage leipäjuusto accompagné de confiture de lakka.

Spécialités régionales

Faite d'ingrédients simples et robustes, la cuisine sâme fait la part belle à la viande, aux légumes-racines, au pain et aux produits de la forêt et notamment les baies sauvages. Partagés entre plusieurs pays aux langues très différentes comme le norvégien, le suédois et le finnois, les noms des plats peuvent parfois varier d'un pays ou d'une région à l'autre.

Le pain en tant qu'aliment peu coûteux et roboratif a souvent joué un rôle important. Jusqu'à peu le blé, quasiment inaccessible dans cette région, était remplacé par de l'orge, du seigle et de l'avoine. Le *gáhkko* est une sorte de pain plat moelleux, cuit dans une poêle ou sur une pierre plate, alors que le *gárrpa* ou *tunnbröd* est beaucoup fin et croustillant. Il rappelle également le *knäckebröd* suédois. Ingrédient typiquement sâme, le pain d'écorce (*barkebrød* en norvégien ou *pettu* en finnois) est un aliment de subsistance par excellence. L'écorce des arbres est indigeste et le pain est en réalité préparé avec la membrane interne de l'écorce – appelé phloème – des bouleaux, peupliers, frênes et pins. Séchée et réduite en poudre, elle est ensuite mélangée avec de la farine et de la levure pour produite des galettes. Peu nutritive, elles servaient avant tout à se remplir le ventre en période de disette, en temps de guerre ou lorsque que les récoltes étaient mauvaises. L'écorce de pin est toutefois très riche en vitamine C.

Le renne étant l'animal le plus commun en Laponie, il est peu étonnant que sa viande rentre dans la composition d'une vaste palette de recettes. À commencer par le ragoût de renne : (*poronkäristys* en finnois, *renskav* en suédois ou *finnbiff* en norvégien) où la viande mijote avec des oignons, des champignons et de la crème. On le sert généralement avec de la purée de pomme de terre et de confiture d'airelles. Autre plat qui tient chaud le *bierggojubttsa*, ou bidos, est une soupe contenant de la viande (généralement de renne), des pommes de terre et des carottes dans un bouillon.

Mais la viande de renne rentre aussi dans la composition de la *renkorv* (saucisse de renne souvent fumée, plus ou moins grosse), le *torkat renkott* ou *suovasbierggo* (viande de renne séchée), le renklämma (sorte de kebab de viande de renne séchée roulée dans une galette avec des crudité) ou encore le blodpalt (boulettes de sang de renne épaissies avec de la farine de seigle et de l'écrasé de pomme de terre). La purée est un accompagnement commun en Scandinavie et la Laponie ne fait pas exception. On retrouve d'ailleurs dans cette région la pomme de terre amande (*mandelpotet* en norvégien ou *puikulaperuna* en finnois) qui ressemble à de petites pommes de terre ratte, très appréciées juste sautées à la poêle.

Les desserts et les boissons ont longtemps été simples, produits avec quelques ingrédients et notamment des baies sauvages. C'est le cas de la plaquebière, dont la confiture se marie bien avec de la crème glacée ou plus étrange, du fromage. Et plus exactement du *leipäjuusto*. Ce fromage finlandais possède une surprenante texture caoutchouteuse qui couine sous la dent. En Finlande on savoure le *vispipuuro*, une mousse de fruits rouges (airelles, groseilles, etc.) liée avec de la semoule fine. Bien sûr on compte aussi de nombreux desserts communs dans le reste de la Finlande, de la Norvège et de la Suède, comme les brioches roulées à la cannelle, le tout dévoré avec des litres de café, ces trois pays étant respectivement le 1er, le 2e et le 6e plus gros consommateurs de café par habitant. Si la bière, la vodka et l'aquavit (eau-de-vie de grain parfumée aux graines de carvi) sont arrivées jusqu'en Laponie, traditionnellement on y prépare de la *guompa*, avec des tiges d'angélique mélangées avec du lait et laissées en fûts à fermenter.

AGENDA

En Laponie, les distances qui séparent villes et villages sont parfois à la limite de l'inconcevable. Pourtant, chaque saison apporte son lot de festivités qui rassemblent les communautés et dont certaines font revivre des traditions anciennes ou propres à la région. Musique, art, sport, marchés, et bien d'autres thèmes sont au cœur des réjouissances qui ont lieu aux quatre coins de ce pays aux frontières imaginaires. Les nuits polaires et les mois neigeux deviennent un avantage : on en profite pour projeter des films, organiser des courses de rennes, ou pour célébrer l'hiver tout simplement. Les mois les plus lumineux sont déjà propices aux réjouissances, alors rien de tel qu'un marché aux beaux jours ou un festival de musique en plein air. En toutes saisons, la pêche est à l'honneur ! Souvent très attendues, ces festivités sont une occasion de découvrir les peuples, leur culture, et leur art.

ARCTIC LAPLAND RALLY

ROVANIEMI
✆ +358 40 7160 108
www.arcticrally.fi
Fin janvier.

Ce rallye rassemble les meilleurs pilotes du monde entier venus conduire dans des conditions extrêmes. En 2021, c'était déjà la 56e édition ! Pendant deux jours, les voitures et leurs pilotes s'affrontent sur les routes enneigées de Rovaniemi. Sur le site Internet dédié, vous pouvez trouver toutes les informations concernant la route empruntée par les équipes, ainsi que les horaires approximatifs de passage pour les attendre. Côté compétiteurs, il y a plusieurs catégories dont une réservée aux conducteurs étrangers : avis aux amateurs !

FESTIVAL DE CINÉMA DES PEUPLES AUTOCHTONES [SKÁBMAGOVAT]

INARI
✆ +358 50 414 4349
www.skabmagovat.fi
Fin janvier.

L'objectif principal du festival de cinéma des peuples autochtones est de donner de la visibilité à ces films et ainsi, de donner l'occasion au grand public de découvrir des histoires et des réalisateurs méconnus. Ce festival met à l'affiche des films Sami que vous pourrez voir au musée SIIDA mais aussi au Théâtre de neige dans la cour (pensez à vous couvrir car la température peut avoisiner les -30 degrés pendant la nuit !). Toute la programmation est disponible sur leur site.

FESTIVAL D'ART DE LA NORVÈGE DU NORD

HARSTAD
https://festspillnn.no/
Une semaine fin juin.

Créé en 1965, ce festival est l'une des plus grandes manifestations culturelles de la région. Les arts s'expriment à travers la musique, le théâtre et la danse pendant 8 jours. La programmation est variée et se destine également aux enfants. Les évènements se déroulent un peu partout et animent la ville aux couleurs locales. Une belle occasion pour découvrir la culture d'une région, et de nouveaux artistes ! Billets à réserver en ligne ou sur place.

FESTIVAL DU CINÉMA DE MINUIT

Kansanopistontie 5
SODANKYLÄ
✆ +358 16 614 522
www.msfilmfestival.fi
Mi-juin.

Depuis la création du festival en 1986, le monde du cinéma se retrouve chaque année à la mi-juin à l'occasion de ce festival un peu particulier créé par les cinéastes et frères Mika et Aki Kaurismäki. L'idée est de réunir les cinéphiles sous un chapiteau pendant 5 jours et 5 nuits tandis que le soleil n'en finit pas de briller. On y passe des films cultes ou des nouvelles productions de grande qualité, dans une atmosphère toute particulière que l'on ne retrouve nulle part ailleurs !

FESTIVAL INTERNATIONAL DE LA PÊCHE À LA MORUE

SVOLVÆR

https://www.vmiskreifiske.no

Fin mars ou début avril.

Chaque année en mars-avril, la morue revient dans les îles Lofoten ! Alors à Svolvær, on a décidé de fêter ça en organisant le festival international de pêche à la morue. Ce festival a eu lieu pour la première fois en 1991. Aujourd'hui c'est environ 600 participants pour la grande majorité amateurs, 80 bateaux qui prennent part à la compétition, et plus encore de visiteurs attirés par ces réjouissances. Cette fête de 4 jours est une bonne représentation de la culture locale !

FESTIVAL INTERNATIONAL DE THÉÂTRE DE STAMSUND

STAMSUND

✆ + 47 76087530

www.stamsund-internasjonale.no

Fin mai, pendant 3 jours.

Ce festival de théâtre a lieu dans le plus gros village de l'archipel des Lofoten. C'est un évènement culturel important pour la ville comme pour la région. Il attire locaux et touristes le temps d'un week-end, autour d'une programmation déjantée. Plus qu'un festival de théâtre, musique, conférences et bien d'autres performances s'invitent sur l'archipel. L'occasion de profiter de ce cadre magnifique tout en s'imprégnant de son indissociable culture.

FESTIVAL INTERNATIONAL DU FILM

TROMSØ

www.tiff.no

Une semaine à la mi-janvier.

C'est le plus grand festival de cinéma de Norvège, qui a lieu depuis 1991 en plein cœur de ville. Il a fêté ses 30 ans en 2020. À la mi-janvier, alors que le soleil s'apprête à revenir au-dessus du cercle polaire, le festival offre une occasion unique de visionner des films en extérieur. La programmation est centrée autour de courts-métrages et de films documentaires. Un festival qui rend la ville d'autant plus vivante et qui permet de découvrir le monde du cinéma norvégien.

FÊTE INTERNATIONALE SÂME

6 février.

La fête internationale same, le 6 février, correspondant au premier rassemblement du conseil national same à Trondheim en 1917. Plus de 100 Sâmes, venant de toute la Laponie, c'étaient réunis pour discuter de problématiques communes. A cette occasion, la culture same est célébrée dans toute la Laponie, en Norvège, Suède, Finlande et Russie. On hisse le drapeau officiel same, dont les couleurs sont celles du costume traditionnel, et dont le cercle symbolise à la fois le soleil et la lune. L'hymne officielle, *Sámi soga lávlla*, a été écrite en 1906 par Isak Saba.

FOOD FESTIVAL

LEKNES

https://www.matfestivalen.net/

Mi-octobre.

C'est bien connu, les îles Lofoten ne sont pas les dernières lorsqu'il s'agit de parler cuisine, produits frais et locaux ! Eh bien ce festival est une ode à cette cuisine, par les locaux, pour tous. Pendant une semaine, rendez-vous à Leknes et à plusieurs autres spots des îles Lofoten pour goûter aux spécialités de cet archipel et du Nord de la Norvège. Au menu de ce food festival, beaucoup de poisson bien entendu, mais aussi des recettes revisitées, du sucré pour les gourmands, des animations et la possibilité d'échanger avec les producteurs !

JOUR DE LA CONSTITUTION [GRUNNLOVSDAGEN]

OSLO

Le 17 mai.

17 mai [*syttende* mai], le jour de la fête nationale, célèbre la signature de la constitution, en 1814, qui a marqué l'indépendance de la Norvège. C'est sans aucun doute le jour le plus important dans toute la Norvège. Aujourd'hui, la fête nationale est célébrée en grandes pompes : le jour est férié et les Norvégiens revêtent leur *Bunad* [costumes traditionnels dont la forme et les couleurs varient selon la région]. Ce jour-là, l'esprit est à la fête dans tout le pays !

LE JOUR DE MARIE [MARIANPÄIVÄ]

ENONTEKIÖ

www.enontekio.fi

Week-end de l'annonciation à la fin mars.

Cette fête same - Marianpäiva - célébrée depuis le XIVe siècle, était originellement destinée aux baptêmes, communions, mariages et enterrements. L'annonciation avait alors une portée symbolique importante. Le caractère religieux de ce rassemblement s'est dissipé, mais les Sames de Finlande, Norvège et Suède continuent de se rassembler. Au programme : expositions d'artisanat, concerts de chants sames (*joiku*), course de rennes et lancer de lassos.

MARCHÉ SÂME DE JOKKMOKK

JOKKMOKK

✆ +46 971 222 50

www.jokkmokksmarknad.se

Début février.

C'est le plus grand festival same du monde ! Un grand nombre de talentueux artisans s'y rassemblent pour exposer leurs produits lors de cet événement à la gloire du savoir-faire same. Idéal pour dénicher de l'artisanat local et de qualité, mais aussi pour rencontrer la population locale. Instauré par Charles IX de Suède en 1605, il servait à surveiller les marchandises échangées pour ensuite pouvoir les taxer d'avantage ! Aujourd'hui le marché a pris de l'ampleur et on peut également assister à d'autres événements culturels le même week-end.

MARATHON DE SKI DE FOND

ENONTEKIÖ

www.saamiskirace.no/en/home/

En avril.

Tous les ans a lieu, en avril, la course de ski de fond la plus septentrionale du monde ! Très populaire, ce marathon est une véritable tradition dans la région et il emprunte une ancienne voie de distribution du courrier entre Hetta en Finlande et Kautokeino, en Norvège. Pour les participants c'est un effort intense qui s'annonce, dans des paysages toutefois réconfortants par leur splendeur ! On peut choisir entre les 90, 60, ou 30 kilomètres de course ou bien choisir d'être spectateur et profiter des festivités à Kautokeino.

MIDNATTSROCKEN

www.midnattsrocken.no

Mi-juillet.

Bienvenue au festival de musique en extérieur le plus septentrional au monde. Depuis les années 1980, Lakselv vous accueille tous les ans à la mi-juillet pour profiter de concerts en plein air pendant 4 jours. Sous le soleil de minuit, au cœur du fjord de Porsanger, dans un décor qui vous laissera bouche bée, des artistes locaux et internationaux viennent régaler vos oreilles de mélodies en tous genres. C'est l'occasion de faire une halte au milieu de ces contrées désertiques pour apprécier un peu de culture et de chaleur humaine !

MARATHON POLAIRE DE TROMSØ

TROMSØ

Début janvier.

Le marathon polaire n'est pas un simple marathon, mais un véritable challenge ! Au cœur de l'hiver, les coureurs s'élancent pour une course dans le noir au départ du centre-ville de Tromsø. Les circuits vont de 5 à 42 km, et malgré ce que l'on pourrait croire, les participants sont nombreux ! Mieux vaut être bien équipé, car à cette époque de l'année, les températures sont souvent négatives. Le marathon est ouvert à tous les plus de 18 ans.

NORTHERN LIGHTS FESTIVAL

TROMSØ

https://www.nordlysfestivalen.no/en/

Entre fin janvier et début février.

Le Northern Lights Festival a fait ses débuts en 1988 et n'était à l'époque qu'un petit festival de musique classique. Aujourd'hui, ce festival se tient sur 10 jours entre la fin janvier et début février. La scène s'est diversifiée, même si l'âme du festival reste la musique classique. On y retrouve des expressions musicales variées : moderne, jazz, orchestres symphoniques... et des musiciens locaux comme internationaux. Plusieurs concerts ont lieu chaque jour, l'après-midi et en soirée. Un festival pour tous qui attire chaque année les locaux comme les touristes.

PÂQUES SÂMES

KAUTOKEINO

www.samieasterfestival.com

Fin mars, début avril, selon le calendrier.

Les Samis se sont toujours réunis à l'occasion des vacances de Pâques. A l'époque, on célébrait les mariages, les confirmations, et les baptêmes, et à cette occasion de tenaient les traditionnelles courses de rennes. Après les festivités, chacun retournait à ses tâches quotidiennes et la transhumance des rennes vers les côtés arrivait peu après. Aujourd'hui ces 10 jours de fêtes sont rythmés par de nombreuses manifestations culturelles : courses de rennes, le Grand Prix Sami, des expositions, du cinéma, du théâtre, des fêtes religieuses et bien plus encore.

SEMAINE SÂME DE TROMSØ

TROMSØ

Début février.

La semaine Sâme est une ode à la culture sâme. L'évènement attire les locaux comme les visiteurs de passage. On y trouve un marché same, l'occasion de découvrir les produits typiques et de goûter aux spécialités locales. La semaine est ponctuée par deux championnats à ne pas rater : le championnat norvégien de lasso, et le championnat norvégien de course de renne. Des animations atypiques qui mettent toute la ville à la fête et raviront les grands comme les petits ! De plus, les commerces jouent le jeu pour créer une ambiance festive.

SEMAINE DE LA PÊCHE SUR GLACE

ENONTEKIÖ

www.pilkkiviikko.blogspot.com

Fin avril.

Les associations et les clubs de sport des villages de Laponie organisent une quinzaine de concours de pêche avant la fonte des neiges. Les concours ont lieu à des endroits différents, c'est l'occasion de découvrir de jolis lieux tout en observant et en apprenant. En Finlande comme partout en Laponie, les locaux sont mordus de cette technique de pêche assez particulière, toujours très populaire ! Si la chance sourit aux pêcheurs, vous assisterez peut-être à une belle prise !

TREVAFEST

HENNINGSVÆR

https://www.trevarefest.no/

Fin juillet.

Tous les étés à la fin juillet, Trevarefabrikken organise la Trevarefest. Ce lieu hétéroclite, fondé par un groupe d'amis, affiche un côté hipster et revendique une fonction culturelle. Trevarefabrikken c'est à la fois un hôtel, un bar/café, un sauna, un lieu de concert, de conférence, etc. Le temps d'un week-end, pour le plus grand plaisir des habitants comme des gens de passage, les lieux se transforment en un festival de musique au décor absolument merveilleux. En bord de mer, alors que les journées n'en finissent plus, difficile de rêver plus bel endroit.

SEMAINE MUSICALE DU NORDLAND - MUSIKKFESTUKA

BODØ

https://musikkfestuka.no/en/

Début à mi-août

Ce festival est plus qu'un rendez-vous local. Son programme attire nombre de visiteurs chaque année, qui viennent voir la ville de Bodø envahie de musique et de joie pendant une dizaine de jours tous les étés. L'occasion d'écouter des styles variés (orchestre symphonique, chants traditionnels, metal, rock, etc.) et très certainement de découvrir de nouveaux artistes. Les concerts ont lieu un peu partout dans la ville, une visite guidée plutôt sympathique.

VARANGER FESTIVALEN - FESTIVAL DE JAZZ DE VADSØ

VADSØ

www.varangerfestivalen.no

Quatre jours début août.

Le plus grand festival de jazz de Norvège a lieu dans une petite bourgade près du Cap Nord. Féerique ! Situé sur la côté, dans le Grand Nord norvégien, ce petit village de pêcheurs semble hors du temps. Chaque année, il se retrouve en fête le temps du festival, qui attire les locaux comme les visiteurs venus de tous les coins. C'est la fête pendant quatre jours, l'occasion de voir ce petit village s'illuminer et briller de mille feux.

NORVÈGE

La Norvège est un pays d'une beauté incroyable et les contrées du Nord ne sont pas une exception. Parfois hostiles, ces terres aux mille paysages se parcourent avec prudence et envie. Vous jalouserez les communautés éparpillées le long des côtes et des rares axes routiers qui traversent l'intérieur des terres, elles qui vivent dans un si beau décor. Mais vous admirerez aussi leur courage et leur force, elles qui bravent les nuits interminables, les jours sans fin et les tempêtes qu'apportent l'hiver. Comment peut-on vivre ici ? Au pays des extrêmes, ce que la nature vous impose, elle vous le rend bien, à sa manière. Ouvrez grand les yeux et sillonnez les routes de Norvège, entre fjords, plaines et plateaux. Au pays paisible, beauté et quiétude sont deux choses que vous apprendrez à apprécier comme jamais. De belles découvertes et, on l'espère, de nombreuses aventures inoubliables vous attendent.

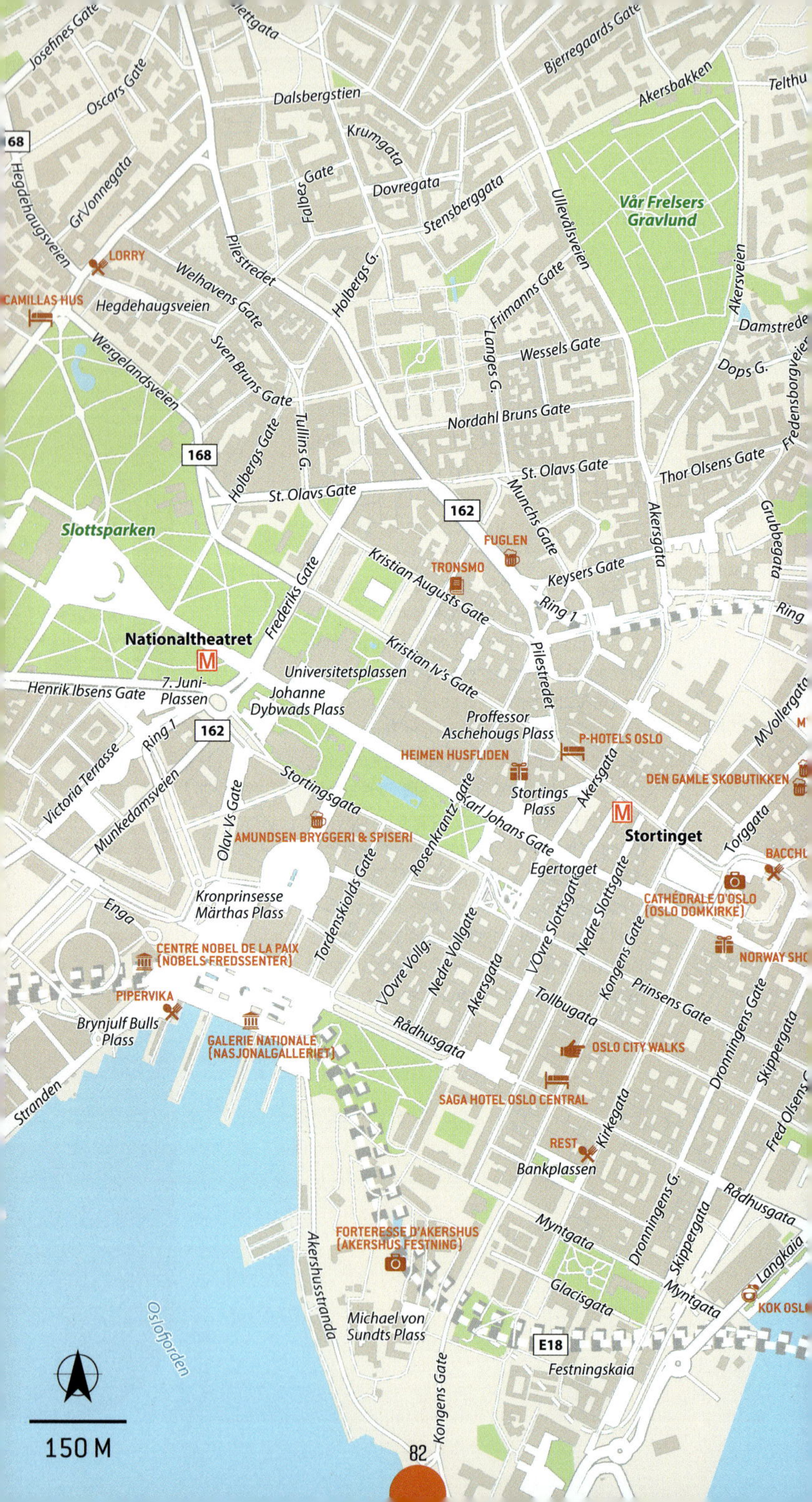
Josefines Gate
Oscars Gate
Dalsbergstien
Bjerregaards Gate
Akersbakken
Telthu
168
Hegdehaugsveien
Gr. Vonnegata
Krumgata
Falbes Gate
Dovregata
Stensberggata
Ullevålsveien
Vår Frelsers Gravlund
Pilestredet
LORRY
CAMILLAS HUS
Welhavens Gate
Hegdehaugsveien
Holbergs G.
Frimanns Gate
Akersveien
Damstrede
Wergelandsveien
Sven Bruns Gate
Langes G.
Wessels Gate
Dops G.
Fredensborgveien
Tullins G.
Nordahl Bruns Gate
Holbergs Gate
St. Olavs Gate
Thor Olsens Gate
St. Olavs Gate
162
Munchs Gate
Akersgata
Grubbegata
Slottsparken
FUGLEN
TRONSMO
Kristian Augusts Gate
Keysers Gate
Frederiks Gate
Ring 1
Ring
Nationaltheatret
Kristian Iv's Gate
Pilestredet
Universitetsplassen
Henrik Ibsens Gate
7. Juni-Plassen
Johanne Dybwads Plass
Proffessor Aschehougs Plass
P-HOTELS OSLO
M.Vollergata
Ring 1
162
HEIMEN HUSFLIDEN
Akersgata
DEN GAMLE SKOBUTIKKEN
Victoria Terrasse
Munkedamsveien
Olav Vs Gate
Stortingsgata
Stortings Plass
Stortinget
Torggata
AMUNDSEN BRYGGERI & SPISERI
Rosenkrantz gate
Karl Johans Gate
BACCHU
Egertorget
Kronprinsesse Märthas Plass
Tordenskiolds Gate
Nedre Slottsgate
Øvre Slottsgate
CATHÉDRALE D'OSLO (OSLO DOMKIRKE)
Enga
Kongens Gate
NORWAY SHO
CENTRE NOBEL DE LA PAIX (NOBELS FREDSSENTER)
Øvre Vollg.
Nedre Vollgate
Akersgata
Prinsens Gate
Dronningens Gate
PIPERVIKA
Tollbugata
Skippergata
Brynjulf Bulls Plass
GALERIE NATIONALE (NASJONALGALLERIET)
Rådhusgata
OSLO CITY WALKS
Stranden
SAGA HOTEL OSLO CENTRAL
Fred Olsens G.
REST
Kirkegata
Bankplassen
Dronningens G.
Rådhusgata
Myntgata
FORTERESSE D'AKERSHUS (AKERSHUS FESTNING)
Langkaia
Akershusstranda
Skippergata
Glacisgata
Myntgata
KOK OSL
Oslofjorden
Michael von Sundts Plass
E18
Festningskaia
Kongens Gate
150 M

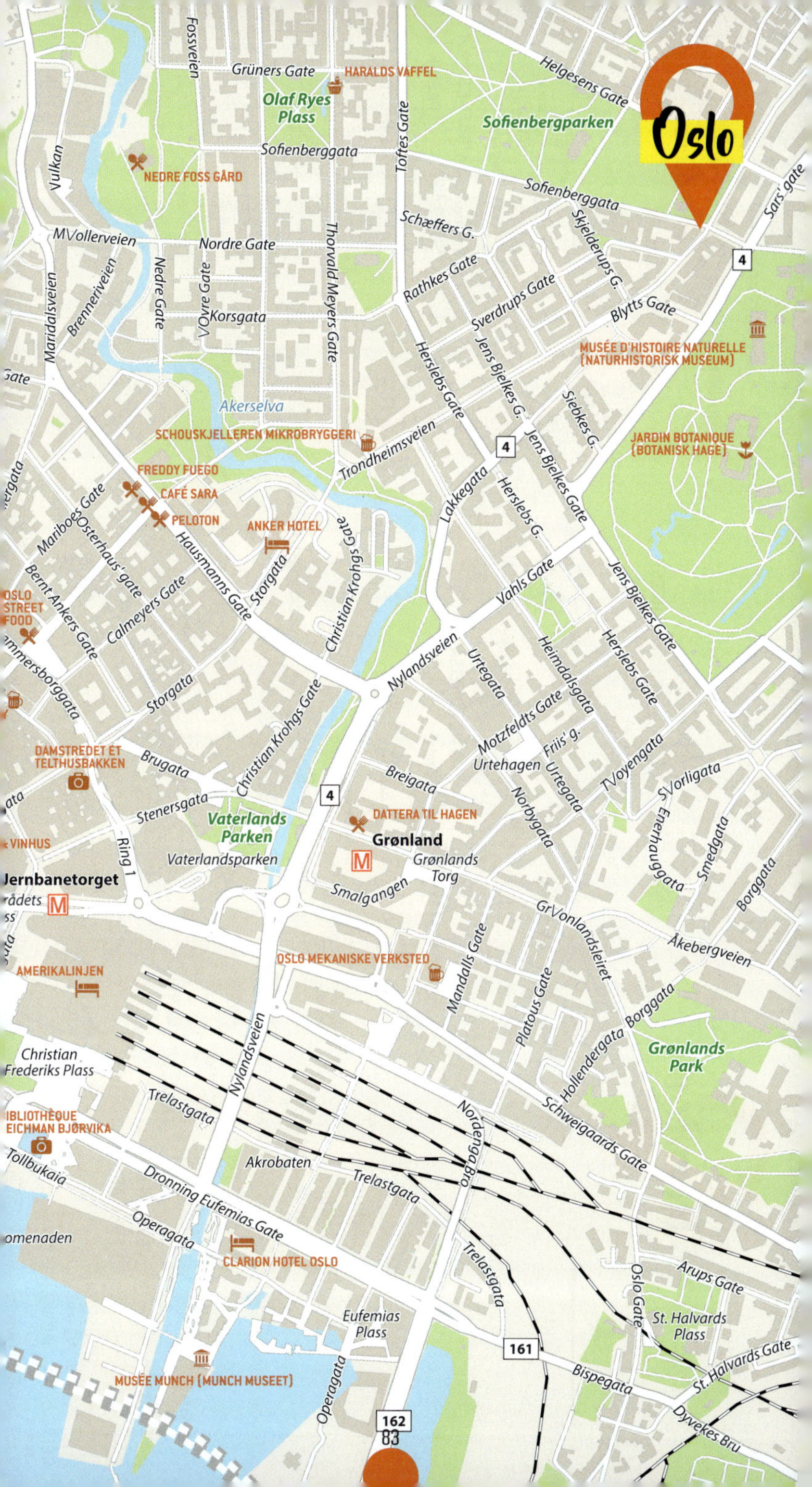
Oslo
Grüners Gate
Haralds Vaffel
Olaf Ryes Plass
Sofienbergparken
Helgesens Gate
Fossveien
Toftes Gate
Sofienberggata
Nedre Foss Gård
Vulkan
Sars' gate
Schæffers G.
Skjelderups G.
MVollerveien
Nordre Gate
Thorvald Meyers Gate
Rathkes Gate
Blytts Gate
Nedre Gate
VOvre Gate
Korsgata
Sverdrups Gate
Maridalsveien
Brenneriveien
Musée d'histoire naturelle (Naturhistorisk Museum)
Jens Bjelkes G.
Hersleb Gate
Siebkes G.
Akerselva
Schouskjelleren Mikrobryggeri
Trondheimsveien
Jardin botanique (Botanisk Hage)
Freddy Fuego
Café Sara
Peloton
Anker Hotel
Lakkegata
Herslebs G.
Jens Bjelkes Gate
Maribos Gate
Osterhaus' gate
Hausmanns Gate
Christian Krohgs Gate
Storgata
Vahls Gate
Oslo Street Food
Bernt Ankers Gate
Calmeyers Gate
Nylandsveien
Urtegata
Heimdalsgata
Herslebs Gate
Hammersborggata
Storgata
Christian Krohgs Gate
Motzfeldts Gate
Damstredet et Telthusbakken
Brugata
Urtehagen
Friis' g.
TVoyengata
SVorligata
Breigata
Urtegata
Stenersgata
Norbygata
Enerhauggata
Vaterlands Parken
Dattera til Hagen
Smedgata
Vinhus
Ring 1
Grønland
Vaterlandsparken
Grønlands Torg
Borggata
Jernbanetorget
Smalgangen
GrVonlandsleiret
Åkebergveien
Amerikalinjen
Oslo Mekaniske Verksted
Mandalls Gate
Platous Gate
Borggata
Christian Frederiks Plass
Nylandsveien
Hollendergata
Grønlands Park
Trelastgata
Nordenga Bro
Schweigaards Gate
Bibliothèque Deichman Bjørvika
Tollbukaia
Akrobaten
Trelastgata
Dronning Eufemias Gate
Operagata
Promenaden
Clarion Hotel Oslo
Trelastgata
Oslo Gate
Arups Gate
St. Halvards Plass
Eufemias Plass
St. Halvards Gate
Bispegata
Musée Munch (Munch Museet)
Operagata
Dyvekes Bru
4
161
162

Norvège
84 KM
Océan Arctique
Norskehavet
Lofoten
NORDKAPP
GJESVÆR
KAMØYVÆR
Gamvik
HONNINGSVÅG
KJØLLEFJORD
BERLEVÅG
KONGSFJORD
HAMMERFEST
Lebesby
Båtsfjord
Hasvik
Skaidi
Olderfjord
Indre
Billefjord
Loppa
Øksfjord
Nyvoll
VARDØ
Tana Bru
Nuorgam
Nesseby
VADSØ
Lakselv
Talvik
ALTA
Utsjoki
Bugøyfjord
Hansnes
Karlsøy
Skjervøy
Burfjord
Tverrelvdalen
KIRKENES
Kaldoaivin
Erämaa-Alue
PASVIK
NORDREISA
Sommarøy
TROMSØ
Lyngseidet
Olderdalen
Senjahopen
KARASJOK
SVANHOVD
Nikel'
ANDØY
Skibotn
ANDENES
Finnsnes
Nordkjosbotn
ØVRE PASVIK
ANDØY
Olsborg
Brøstadbotn
Prirechniy
Lofoten
ANDØYA
Åse
Skjold
KAUTOKEINO
Rayakoski
Inari
SOMMARØY
HARSTAD
Sjøvegan
Setermoen
Koppelo
RUSSIE
Straume
Sortland
Ibestad
Årstein
Törmänen
AUSTVÅGØYA
Evenskjær
FINLANDE
Svetliy
GIMSØYA
Melbu
Karesuando
Saariselkä
Abisko
NARVIK
Hetta
Bjørkåsen
Palojoensuu
BØSTAD
SVOLVÆR
Tornetræsk-
Soppero
Fjällurskog
Kätkäsuvanto
KABELVÅG
Vuotso
VIKTEN
SUÈDE
NUSFJORD
Drag
Yli-Muonio
Muonio
RAMBERG
Tømmerneset
Kiruna
REINE
MOSKENESØYA
Jukkasjärvi
Kangosjärvi
Sirkka
MOSKENES
Vittangi
Kittilä
VÆRØY
Svappavaara
Äkäslompolo
Tepsa
Sarek

PAGES

88 ## ●● POINT D'ENTRÉE

Oslo est une capitale vibrante et à la fois en pleine nature qui offre chaque jour une lumière différente sur ce qui nous entoure.

88 **OSLO** ★★★★

101 ## ●● ÎLES LOFOTEN

Les îles Lofoten ne font pas partie de la Laponie, mais il serait dommage de ne pas faire un détour de quelques jours sur cet archipel, sans doute l'un des plus beaux au monde. Parcourez les îles Lofoten, entre fjords et plaines fertiles et appréciez la sensation d'être seul au milieu de nulle part devant l'immensité des paysages. L'archipel des Lofoten est situé entre les latitudes 67° et 68° N, et est séparé de la côte par le gigantesque Vestfjord. D'une traite, la traversée des trois îles composant l'archipel des Lofoten est assez rapide, mais il faudra prendre le temps de s'arrêter souvent pour observer ce formidable ensemble de montagnes, de sommets enneigés, de rochers, de baies abritées, de plages et de grandes étendues vierges de toute trace humaine. Les îles principales sont Austvågøy, Gimsøy, Vestvågøy, Flakstadøy, Moskenesøy, Værøy et Røst. Au total, ce regroupement d'îles fait 1 227 km², et on y compte environ 25 000 habitants. Par route, la distance entre Fiskebøl dans le nord jusqu'à Å dans la pointe sud n'est que de 170 km. Sur ces îles à la météo changeante et exigeante, l'économie principale reste la pêche. Les morues sèchent la tête en bas, la gueule ouverte, le long des routes, dans les jardins, partout !

101 **RØST** ★★★

102 **VÆRØYA** ★★

102 **MOSKENES** ★★

104 **REINE** ★★★

Un village emblématique des îles Lofoten, à ne surtout pas manquer ! Les couleurs vives de ses cabanes de pêcheurs sur pilotis contrastent avec la pierre noire des falaises qui entourent la baie. Un spot exceptionnel qui mérite une belle photo depuis le pont à l'entrée du village.

105 **Å** ★

106 **VIKTEN** ★★

107 **RAMBERG** ★★

107 **LEKNES** ★

108 **BØSTAD**

109 **STAMSUND** ★

110 **GIMSØYA** ★★

110 **HENNINGSVÆR** ★★

Il serait impensable de visiter les îles Lofoten sans faire un détour par le village de Henningsvær. Vous emprunterez l'une des plus belles routes de l'archipel pour rejoindre ce village à cheval sur plusieurs îlots. Entouré par la mer, sur un fond de falaises escarpées, Henningsvær restera gravé dans votre mémoire.

112 **SVOLVÆR** ★★★

Son centre-ville animé par les boutiques, cafés et restaurants donne à Svolvær des allures de ville. Elle aussi à flanc de montagne, elle profite d'un cadre agréable qui mérite de s'y arrêter, ne serait-ce que pour flâner dans le port.

PAGES

●● ÎLES VESTERÅLEN

Au nord des îles Lofoten, les îles Vesterålen sont un archipel du comté de Nordland qui fait face à la mer de Norvège. Les paysages y sont très diversifiés et on y va pour admirer les baleines, qui y élisent domicile toute l'année.

●● LAPONIE DE L'OUEST

C'est dans l'ouest de la Laponie norvégienne que l'on trouve Tromsø, considérée comme la capitale des contrées arctiques, puisqu'elle rassemble près de 77 000 habitants. La côte découpée de l'Ouest offre un spectacle impressionnant. L'hiver, la neige recouvre les pentes abruptes jusqu'au bord des nombreuses plages, balayée par l'eau turquoise des fjords. À l'intérieur des terres, sur la plateau du Finnmark, c'est un tout autre décor qui se dessine. La nature règne de plein droit. Désertique, interminable, le temps semble s'y être arrêté.

Point de contact avec la Laponie suédoise, Narvik est aussi un nœud de communication essentiel pour la Norvège. Une ville sympathique entre les montagnes, et bien plus vivante qu'il n'y paraît grâce à ses bars, cafés et événements.

Ville incontournable de ces terres du Nord, Tromsø est un vrai souffle d'air frais ! La population y est jeune et dynamique et les activités ne manquent pas. Il faut dire que les alentours attirent nombre d'amoureux de la nature !

Une des villes les plus emblématiques de la culture sâme, Kautokeino est un arrêt obligatoire sur votre trajectoire. Vous y découvrirez l'univers de ce peuple autochtone. Le plateau du Finnmark, lui, vaut tous les détours du monde.

●● LAPONIE DU NORD

Le bout du monde. C'est au Cap Nord, en Laponie norvégienne que prend fin l'Europe continentale. Sur la côté, si les falaises sont moins découpées, elles sont en revanche tout aussi abruptes et impressionnantes. Plus espacés, les villages de pêcheurs se font aussi plus rares et plus petits. À chaque arrêt, on pénètre dans une bulle où la vie suit son court comme coupée du reste du monde. À l'intérieur des terres, seuls quelques axes routiers permettent de rejoindre les pays voisins à travers le sanctuaire des rennes, élans, et autres animaux sauvages. Difficile de ne pas s'émerveiller devant cette nature préservée.

Hammerfest et sa cathédrale.

OSLO ★★★★

Oslo, nichée dans un écrin de verdure, au cœur d'un fjord et de magnifiques forêts, est à la fois belle et imposante. Oslo se découvre facilement, que ce soit en tramway, en bus mais surtout à pied, en prenant un réel plaisir à se perdre au détour d'un café, d'un restaurant, d'un musée. Si Oslo est bel et bien norvégienne et non européenne, elle est aussi multiculturelle et son regard est toujours porté vers l'extérieur. Au cœur de la ville s'entremêlent histoire, boutiques de luxe, cafés et restos branchés, mais aussi de magnifiques musées et des quartiers entiers à l'architecture futuriste qui n'ont pas fini de vous faire lever les yeux.

Histoire

Selon les sagas du scalde islandais Snorri, l'origine de la ville remonterait à l'an de grâce 1048. Oslo fut alors fondée par Harald III le Sévère, roi viking au règne impitoyable. Il tomba lui-même dans la bataille contre le roi d'Angleterre à Stamford Bridge en 1066. Oslo connut son heure de gloire sous Harald V, qui en fit sa capitale et y bâtit la forteresse d'Akershus en 1299. Mais en 1400, par un mariage royal malheureux, la Norvège passa sous le joug danois pour plusieurs siècles avant d'être cédée à la Suède pour un dernier siècle d' « union ». Oslo perdit dès lors son importance passée.

En outre, en 1624, la ville fut réduite en cendres par un terrible incendie. Reconstruite en rues tracées au cordeau (l'actuel quartier de Kvadraturen) sous les murs protecteurs d'Akershus, elle fut rebaptisée Christiania, d'après le nom de son bâtisseur, le roi danois Christian IV. À partir du XIXe siècle, commence un nouvel âge d'or économique, celui du commerce du bois. Les scieries et les usines poussèrent comme des champignons le long de la rivière Aker, dont les rives sont aujourd'hui aménagées en promenade verte. Un gouvernement municipal norvégien fut formé malgré l'union avec la Suède.

Enfin, par la signature de la constitution d'Eidsvoll, le 17 mai 1814, Christiania redevint une ville capitale. Elle s'orthographia dès lors avec un K, nationalisme oblige ! En 1905, l'union avec la Suède fut dissoute et la Norvège retrouva son indépendance après quatre siècles de domination étrangère. La ville reprit, en 1925, son ancien nom d'Oslo.

Transports

- **Venir de France.** Plusieurs vols quotidiens, directs ou avec escale, au départ de Paris-CDG. Compter 2 heures 15 de trajet en direct. Billet entre 250 et 600 €.

- Aéroport de Gardermoen. L'arrivée en avion permet de découvrir un bel aéroport, inauguré en 1998 et où le bois s'associe à l'acier, à 55 km au nord de la capitale. Près de 20 millions de passagers transitent chaque année depuis 1998 par l'aéroport, ce qui en fait le deuxième plus grand aéroport de Scandinavie après l'aéroport de Copenhague, Kastrup. En 2015, l'aéroport de Gardermoen est classé deuxième plus grand aéroport de Scandinavie.

- Train express Flytoget (www.flytoget.no). Il est possible d'acheter les billets de train en même temps que les billets d'avion dans votre agence de voyage. Le train rapide, Flytoget, relie l'aéroport au centre-ville toutes les 10 minutes. Trajet 20 minutes. Il y a des réductions sur les billets pour les étudiants, les jeunes de moins de 20 ans et les seniors à partir de 67 ans. Les jeunes de moins de 16 ans accompagnés d'une personne majeure, voyagent gratuitement, les jeunes entre 16 et 20 ans, ainsi que les étudiants entre 21 et 30 ans, ont 50 % de réduction (avec justificatifs). Tarifs autour de 180 NOK.

- La navette Flybussen (www.flybussen.no) fait l'aller-retour Oslo centre/Aéroport toutes les 20 minutes tous les jours depuis l'Hôtel Radisson Blu Scandinavia, via Oslo Bussterminal, Helsfyr, Radisson Blu Alna Hotel et Furuset. Durée du trajet : environ 40-50 min. Tarifs autour de 160 NOK.

- **Rejoindre la Laponie norvégienne.** Le meilleur moyen, moins cher et plus rapide, reste l'avion. Plusieurs vols quotidiens directs pour Tromsø, à partir de 1h50 de trajet et 200 € environ. Des vols avec escale à Kirkenes ou Narvik sont également possibles. Pour info, les lignes ferroviaires norvégiennes s'arrêtent à Bodø, c'est-à-dire au sud du Finnmark. Impossible donc de rejoindre la Laponie en train, à moins de prendre un bus à Bodø pour finir le voyage ! Quant à la voiture, il faut compter deux jours minimum pour parcourir les quelque 1 400 km vers le cercle polaire. Côté ferry, au départ d'Oslo, il faut d'abord rejoindre Bergen, avant d'emprunter le Hurtigruten, ce paquebot quotidien qui remonte la côte jusqu'à Kirkenes.

- Ruter (www.ruter.no). Compagnie qui gère le métro, les trams, les bus et les ferries d'Oslo. Le réseau s'étend sur 4 zones, la zone 1 étant la plus centrale. Plusieurs types de billets sont proposés : aller simple, 24h, 7 jours, 30 jours ou à l'année. L'Oslo Pass (vendu par l'office de tourisme) donne un accès libre aux transports en commun du Ruter.

BIBLIOTHÈQUE DEICHMAN BJØRVIKA

Anne-Cath. Vestlys plass 1
✆ 004723 43 29 00
https://deichman.no
Ouvert toute l'année tous les jours de 8h à 22h. Café. Wifi.

Rendez-vous dans la nouvelle bibliothèque Deichman des heures de plaisir ! Magnifique bâtiment autant dehors que dedans. Chaque année, l'œuvre d'un auteur est sélectionnée, placée dans la librairie du futur, et ne sera publiée que dans 100 ans ! Pour chaque manuscrit, un arbre qui servira à imprimer le futur libre, a été planté dans la forêt de Marka. Deichman est pleine de surprises : espaces géniaux pour les petits, niches sonores, art, sérénité, ateliers. Super café-resto & wifi.

CENTRE NOBEL DE LA PAIX [NOBELS FREDSSENTER] ★★★

Rådhusplassen ✆ +47 48 30 10 00
www.nobelpeacecenter.org
Du jeudi au dimanche de 11h à 17h. Adulte : 120 NOK. Tours guidés.

Oui, c'est à Oslo qu'est décerné chaque 10 décembre, le prix Nobel de la Paix. Le Centre Nobel est doté d'un emplacement exceptionnel sur l'Aker Brygge, face au fjord sur la place du City Hall. Sur la façade de ce beau bâtiment, on peut lire des mots tels que « Hope », « Peace » ainsi que le portrait du ou des lauréats de l'année en cours. Il présente l'histoire du prix Nobel, son créateur, Albert Nobel, ainsi que l'actualité et les lauréats du titre depuis 1901 !

CATHÉDRALE D'OSLO [OSLO DOMKIRKE] ★

Karl Johans gate 11 ✆ +47 23 62 90 10
www.oslodomkirke.no
Ouverte du samedi au jeudi de 10h à 16h, le vendredi de 16h à 6h. Entrée libre.

La cathédrale Domkirke est l'un des sites les plus centraux d'Oslo et de ce fait un point de ralliement facile pour beaucoup de gens. Puisqu'elle se trouvera forcément sur votre passage, pourquoi ne pas entrer jeter un œil ?

Inaugurée en 1697, cette cathédrale a conservé plusieurs éléments d'origine, comme la chaire, l'autel et le buffet d'orgue, remarquable. Les vitraux, réalisés par Emanuel Vigeland (frère cadet de Gustav), sont particulièrement intéressants, de même que la fresque du plafond.

Kvadraturen est le site originel de la capitale Christiania. Cette portion du centre réalisée à partir d'un quadrillage net est aujourd'hui le centre vital d'Oslo. Un joli quartier aux buildings de toutes les couleurs qui concentre restaurants, boutiques et bars tout en gardant une ambiance bon enfant. Sur votre chemin, des façades historiques, les plus illustres hôtels de la ville, l'université ou encore la cathédrale d'Oslo. Vous passerez aussi sans doute devant le Parlement norvégien, un bâtiment imposant, richement décoré et dont la visite intéressera les passionnés d'histoire et de politique norvégienne. C'est le siège de l'Assemblée nationale norvégienne depuis 1866. On y trouve le fameux tableau de la signature de la Constitution par Oscar Wergeland, tableau reproduit dans tous les livres d'histoire. Vous l'aurez compris, la cathédrale Domkirke est un incontournable. Que vous ayez une religion ou non, les messes du vendredi et du dimanche sont une occasion d'écouter l'orgue !

L'Opéra d'Oslo de nuit.

DAMSTREDET ET TELTHUSBAKKEN ★★

A l'ouest de la rivière Akerselva. Bus 34, 54 (arrêt Møllerveien et Telthusbakken)

Rues superbes dans le centre-ville.

Dans la rue de Damstredet s'empile un charmant ensemble de petites maisons de poupée très colorées, qui sont en réalité des habitations ouvrières de la fin du XVIIIe siècle. Telthusbakken, elle, est bordée d'un côté par d'anciennes maisonnettes dans le même style, et de l'autre par les jardins des habitants de la rue. Au milieu des parcelles court le Kjærlighetsstien, le sentier de l'amour, en direction de Maridalsveien. En haut de ces deux rues se trouve le cimetière de Vår Frelser.

EKEBERGPARKEN

23 Kongsveien ✆ + 47 21 42 19 19
https://ekebergparken.com/

Musée/boutique 7j/7, 11h-16h. Dimanche 11h-16h, visite gratuite de Skyscape et Ganzfeld. Résa sur Internet 10 min avant.

Situé sur les hauteurs de la ville, le parc d'Ekeberg est un harmonieux mélange de nature, d'art et d'histoire. À quelques minutes du centre-ville seulement, le parc est vaste et propice aux balades. Aventurez-vous dans le parc pour découvrir les nombreuses sculptures disséminées le long des allées et faites un détour par l'endroit qui a inspiré *Le Cri*, célèbre tableau d'Edvard Munch. Ekebergparken est aussi connu pour ses imprenables points de vue sur Oslo et son fjord. C'est l'endroit rêvé pour apprécier un coucher de soleil, un chocolat chaud à la main !

JARDIN BOTANIQUE (BOTANISK HAGE) ★★★

Sars gate 1 ✆ +47 22 85 50 50 - www.nhm.uio.no

7j/7, 7h-17h. Entrée libre.

Un jardin botanique de toute beauté appartenant au musée d'Histoire naturelle de l'université et créé en 1814. Il abrite pas moins de 7 500 espèces différentes et compte parmi les lieux de balades favoris des osloïtes. Plusieurs espaces différents sont dédiés à des thèmes spécifiques :

- **Le Herb Garden :** il abrite plantes médicinales et venimeuses, des épices et une partie dédiée aux herbes de cuisine où l'on peut trouver des plantes, graines et baies comestibles.
- **Le Systematic Garden :** l'intérêt principal est d'étudier la parenté entre les fleurs ainsi que leur évolution.
- **L'Arboretum :** ici sont regroupés des arbres scandinaves, des espèces tropicales et des très rares tels que le gingko et le tulipier.
- **Les Greenhouses :** plusieurs verrières du XIXe siècle aux thèmes différents : l'Amazone, l'Évolution, la Méditerranée, le Désert. Comme on peut l'imaginer, on découvre ici des plantes tropicales dont de magnifiques nénuphars.
- **Le Viking Garden :** ici on découvre ce que mangeaient les vikings.
- **Le Great-Granny's Garden :** traduit comme « le jardin de l'arrière grand-mère », il n'est pas surprenant de retrouver ici des espèces de fleurs très anciennes voire inexistantes autre part. Un véritable musée de la fleur.
- **Le Rock Garden :** un design de rochers et de cascades pour présenter des plantes montagneuses venant de différentes régions du monde.
- **Le Aromatic Garden :** pensé à la base pour les malvoyants, le nez sert de guide ici grâce aux nombreuses plantes et fleurs très parfumés.

NORVÈGE

Sculpture « Anatomie d'un ange » de Damien Hirst, dans le Ekeberg.

© NANISIMOVA - ISTOCKPHOTO.COM

Forteresse d'Akerhus.

FORTERESSE D'AKERSHUS [AKERSHUS FESTNING] ★★

Akershus Festning
✆ +47 23 09 39 17
www.akershusfestning.no
Ouvert tous les jours d'octobre à avril. Entrée libre 6h-21h.

Akershus abrite un château médiéval datant du XIIIe siècle, remodelé dès la première moitié du XVIIe siècle dans un style Renaissance. Bien que les murs de la forteresse abritent le musée de la Résistance et le château médiéval de Christian IV, c'est surtout pour ses pelouses que les gens viennent à Akershus. Le musée, situé dans un joli bâtiment en colombage du XVIIe, documente le déroulement de la Seconde Guerre mondiale en Norvège. Expositions temporaires à découvrir. La forteresse d'Akershus est l'un des monuments historiques les plus importants du pays. Sa construction démarre au Moyen Âge, dès 1299, sous le règne de Håkon V qui décide de faire d'Oslo sa capitale. Akershus abrite un château médiéval datant du XIIIe siècle, remodelé dès la première moitié du XVIIe siècle dans un style Renaissance par le roi Christian IV, à la suite de l'incendie de 1624 qui ravagea une très grande partie de la ville. Au sein des murs, le château, son église et sa prison. La forteresse occupe une place spéciale en tant que monument national en raison de sa position dans la capitale et de son histoire très étroitement liée au pouvoir royal et étatique. De nombreux événements ont marqué ces lieux qui abritent aujourd'hui une école militaire, des bureaux ainsi que plusieurs sites et manifestations culturels. La forteresse est également très prisée pour son restaurant et ses belles pelouses où l'on vient se détendre l'été. Sur le site se trouve également le musée de la Résistance qui documente le déroulement de la Seconde Guerre mondiale en Norvège, et le musée de la Défense. Une balade dans les jardins du château permet de découvrir une exposition de sculptures d'art moderne, et lors de la promenade, on peut aussi profiter de la vue magnifique sur le fjord d'un côté et sur la place de l'hôtel de ville de l'autre.

- **Le château et son église.** La visite du château d'Akershus est un voyage à travers l'histoire de la Norvège, du XIVe siècle à nos jours. Rares sont les bâtiments qui, au cours de l'histoire norvégienne, ont eu un rôle aussi central. Des vestiges de ses racines moyenâgeuses, aux chambres des rois dano-norvégiens, le décor est saisissant. De toutes évidences, il y a toujours eu une église ou une chapelle sur le site de la forteresse, depuis sa construction à l'époque de Håkon V. Mais c'est après un incendie en 1527 que le premier étage fut en partie transformé en église, et complètement réaménagé par Christian IV autour de 1630.

- **Centre d'information.** Il propose une visite guidée d'une heure de la forteresse, ainsi que deux expositions permanentes. La première retrace l'histoire des prisonniers depuis le Moyen Âge jusqu'à la fermeture de la prison en 1950. La seconde explique le siège de l'armée suédoise dans la forteresse d'Akershus, menée par le roi Charles XII de Suède.

- **Musée de la Défense.** Deux expositions déroulent l'histoire militaire norvégienne de l'époque viking à nos jours. L'accent est mis sur plusieurs périodes décisives dans l'histoire norvégienne, comme l'union avec le Danemark jusqu'en 1814, l'union avec la Suède de 1814 à 1905, l'attaque de la Norvège par l'Allemagne le 9 avril 1940 et la guerre maritime pendant la Seconde Guerre mondiale.

- **Musée de la Résistance.** À travers plusieurs expositions de photos, de documents originaux et d'objets, le musée de la Résistance vise à expliquer, sous différents angles, la situation du pays pendant la Seconde Guerre mondiale.

GALERIE NATIONALE [NASJONALGALLERIET] ★★

Rådhusplassen ✆ +47 21 98 20 00
www.nasjonalmuseet.no
Ouverture du nouveau musée juin 2022 !

Avec une surface totale de 54 600 m², la nouvelle galerie nationale accueillera dès juin 2022 environ 5 000 œuvres, des peintures classiques à l'art moderne, de l'architecture à l'art contemporain, du design et des objets de l'Antiquité à nos jours. Le 2e étage est consacré aux arts visuels du XVe à aujourd'hui. Expositions temporaires dans le Light Hall, un espace de 2 400 m² qui accueillera des artistes qui ne sont pas déjà exposés dans le musée par ailleurs. Dans cette salle, un plafond de 7 m de haut est prévu pour des installations spéciales et les murs extérieurs sont faits d'un panneau de marbre entre deux panneaux de verre pour donner un effet particulier et durable.

On verra par exemple dans ce musée :

- le bas-relief *Helvetet* [*L'Enfer*] de Gustav Vigeland qui laisse voir une influence de Rodin.
- les peintures romantico-kitsch *åsgårdsreien* [*Les Chevaliers de l'Apocalypse*] de P.-N. Arbo.
- la période romantique [1820-1870] avec le *Paysage de Stalheim* de J.-C. Dahl, plus beau que nature, et dont vous pourrez vérifier l'exactitude en suivant l'itinéraire de Bergen à Flåm. Le portraitiste Adolphe Tidemand et le paysagiste Hans Gude réunissaient parfois leurs talents pour peindre des paysages avec personnages. Curieusement avant-gardiste pour la même époque, Peder Balke, avec ses sombres marines du nord aux couleurs sépia, manqua de peu une commande de fresques au château de Versailles.
- *Un enterrement paysan*, d'Erik Werenskiold, est peint dans la tradition réaliste des années 1880.
- Le néo-romantisme des années 1890 dans l'étonnante *Vinternatt i Rondane, Nuit d'hiver à Rondane*, que Harald Solberg mit une quinzaine d'années à exécuter dans ces montagnes glacées.
- Dans un climat impressionniste, Kitty Kielland avec sa *Sommernatt fra Jæren, Nuit d'été à Jæren*, exprime la lumière exceptionnelle de cette partie de la côte sud.
- Egalement une salle consacrée à une vingtaine de tableaux d'Edvard Munch dont *Le Cri*, *Madonna* et *L'Enfant malade*.

Prenez le temps pour visiter ce superbe nouveau musée gigantesque [architectes Kleihues + Schuwerk], retournez-y plusieurs fois plutôt que de saturer au bout de plusieurs heures ! Également restaurant extérieur, café, wifi, événements et ateliers pour tous les âges. Vue magnifique sur Oslo depuis la terrasse en haut de ce musée. Un pari gagné haut la main pour la ville d'Oslo qui se dote ainsi du plus grand musée d'art de toute la Scandinavie. L'occasion aussi de voir des œuvres qui n'avaient jamais été montrées faute de place.

MUSÉE ASTRUP FEARNLEY ★★

Strandpromenaden 2
✆ +47 22 93 60 60
www.afmuseet.no
Ouvert du mardi au vendredi 12h-17h [19h le jeudi], week-end 11h-17h. Adulte : 130 NOK.

À l'endroit où Tjuvholmen rencontre le fjord se trouve une des principales nouvelles attractions d'Oslo : le musée Astrup Fearnley, un musée privé, œuvre du grand architecte Renzo Piano qui est à l'origine entre autres du Centre Georges Pompidou, le Parco della Musica et le bâtiment du *New York Times*. Le musée d'Art contemporain Astrup Fearnley a certainement l'une des positions les plus avantageuses, planté au bout du nouveau quartier de Tjuvholmen avec vue sur le fjord et l'impression d'être sur un bateau. Il s'agit du nouveau quartier construit dans le prolongement d'Aker Brygge. Et quel quartier ! Épuré, classe et grandiose. Tjuvholmen est surnommé le quartier des arts. L'architecture de la presqu'île et du musée Astrup Fearnley, très inspirée de son environnement maritime et composée de trois pavillons sous un toit de verre en forme de voile, évoquent à elle seule toute la capacité de la ville à innover en permanence. À l'intérieur du musée, une collection d'art moderne et contemporain parmi les plus importantes d'Europe du Nord qui apporte une sorte de complément à la Galerie nationale. On y retrouve aujourd'hui les œuvres de grands talents américains mais aussi d'Europe, du Brésil, du Japon, de Chine et d'Inde, avec des grands noms tels que Bacon, Koons, Hirst ou Kiefer. Les expositions permanentes sont complétées par des expositions temporaires, des workshops et par le parc de sculptures de Tjuvholmen, à l'extérieur du musée. Vous pouvez aussi profiter d'une visite guidée le dimanche.

MUSÉE D'HISTOIRE NATURELLE [NATURHISTORISK MUSEUM] ★★

Sars gate 1 ✆ +47 22 85 17 00
www.nhm.uio.no
Voir site web car horaires variés au long de l'année. Gratuit Oslo Pass.

Le musée d'Histoire naturelle d'Oslo est le plus complet du pays. On y trouve différents spécimens animaux, végétaux et minéraux qui ont été étudiés ici depuis plus de 200 ans. Le Zoogeographic Hall permet de découvrir les animaux selon leur habitat naturel dans le monde. Le Norwegian Hall nous emmène depuis les océans jusqu'aux plus hautes montagnes du pays. Le Systematic Hall retrace les vertébrés norvégiens et enfin, la dernière salle accueille les expositions temporaires.

MUSÉE DES TRADITIONS POPULAIRES ★★★

10 Museumsveien
✆ +47 22 12 37 00
www.norskfolkemuseum.no
7j/7, 11h-16h. De mi-mai à mi-septembre 10h-17h. Adulte : 160 NOK. Gratuit Oslo pass

© VYSKOCZILOVA - SHUTTERSTOCK.COM

Dans ce musée de plein air, l'un des plus grands d'Europe, on trouve des informations sur tous les aspects du folklore norvégien mais aussi same. On découvre leurs costumes très colorés, leur langue, qui n'est pas du tout apparentée au norvégien mais au finnois et au hongrois, et leurs sorciers chamans qui font penser aux Amérindiens. Dans le vaste parc, 140 vieilles maisons originaires de différentes régions de Norvège et rebâties ici. Un musée à découvrir absolument.

MUSÉE DU FRAM [FRAMMUSEET] ★★

39 Bygdøynesveien
✆ +47 23 28 29 50
www.frammuseum.no
En mai 10h-18h, de juin à août 10h-17h, de septembre à décembre 11h-17h. Adulte : 140 NOK. Accès handicapés.

Le *Fram*, c'est ce navire polaire que Fridtjof Nansen fit construire en 1892, qui continue l'essentiel du musée. C'est le plus solide au monde, celui à être allé le plus au nord, et le plus au sud ! Le célèbre explorateur le laissa volontairement se prendre dans la banquise pour une dérive vers le pôle Nord lors d'un premier voyage de 1893-1896. Le deuxième voyage, en 1898-1902, effectué par Otto Sverdrup, permit la découverte de nouvelles îles arctiques !

MUSÉE KON-TIKI [KON-TIKI MUSEET] ★

36 Bygdøynesveien
✆ +47 23 08 67 67
www.kon-tiki.no
Ouvert toute l'année. Adulte 140 NOK. -17 ans 50 NOK. Famille 300 NOK. De mars à mai 10h–17h, de juin à février 11h–17h.

Le Kon-Tiki est le radeau de balsa utilisé en 1947 par Thor Heyerdahl lors d'une de ses expéditions scientifiques sur l'île de Pâques, dans le Pacifique. Une expédition qui le rendra célèbre dans le monde entier. Le Râ II y est aussi exposé. Celui-ci est un radeau en papyrus qui permit à l'explorateur de traverser l'Atlantique entre le Maroc et les Barbades en 1970. Ce petit, mais intéressant musée retrace les voyages de cet explorateur grâce à des photos, textes et films.

OPERA

Kirsten Flagstads plass 1
✆ +47 21 42 21 21
https://operaen.no/
Ouvert lundi au samedi 11h-16h. Visites guidées en anglais. Adulte 120 NOK. Boutique. Resto. Wifi. Réductions Oslo Pass.

L'Opéra, le fameux ! Inauguré en 2008, cet immense bâtiment qui semble surgir des profondeurs, au cœur de la baie de Bjorvika, est aujourd'hui sur toutes les cartes postales. S'il est agréable de se balader sur le toit de ce géant, pensé pour être la terrasse des Osloïtes et qui offre une vue à 360° sur la ville et le fjord, il est aussi très intéressant d'en visiter les coulisses ! L'Opéra se compose en réalité de l'Opéra national norvégien, du Ballet national norvégien, de l'Orchestre national norvégien, et de la Chorale d'opéra nationale norvégienne ! Tant de monde qui s'active dans les couloirs de l'immense structure, dont les coulisses sont en partie laissée à la vue des visiteurs à travers de larges fenêtres au rez-de-chaussée : salles de répétitions, confection des costumes et des décors, etc. L'Opéra offre un programme très riche et se découpe en trois scènes : la Chambre principale, la Seconde Chambre, et le Studio. Le toit sert également de scène lors de certains concerts ! Hormis les lieux accessibles au public, salles et matériel adaptés permettent la conception de performances du début à la fin, au sein du bâtiment. La visite guidée vous fera découvrir l'envers du décor de ce monde fascinant qu'est l'Opéra d'Oslo. Si vous ne deviez voir que quelques endroits dans Oslo, celui-là en fait partie. Son architecture, si froide, de marbre, mais si chaude avec ses cylindres revêtus de bois couleur miel qui donne sur le fjord, réussit à nous faire rêver et nous emmène vers un autre quelque part...

MUSÉE MUNCH [MUNCH MUSEET] ★★

Edvard Munchs plass 1 ✆ +47 23 49 35 00
www.munchmuseet.no

Ouvert du samedi au mardi 10h-18h, du mercredi au vendredi 10h-21h. Adulte : 160 NOK, gratuit - 15 ans.

De nouveaux locaux pour le musée Munch désormais situé à Bjørvika (près de l'opéra) depuis octobre 2021.

Bâtiment très décrié pour son architecture (non sans raison..., il suffit de voir le triste habillage en tôle d'aluminium recyclée) réalisée par le cabinet de l'architecte espagnol Juan Herreros, le nouveau musée Munch a l'avantage de pouvoir présenter, en plus des œuvres qui se trouvaient dans l'ancien musée, des pièces un peu plus méconnues, comme des photographies et des sculptures mais aussi un film et des tableaux monumentaux (*Le Soleil, Les Chercheurs*). Pour la petite histoire, ils sont si grands qu'il a fallu les faire entrer par une ouverture spéciale prévue à cet effet pendant le chantier et refermée par la suite. Ce musée est cinq fois plus grand que l'ancien et il abrite aujourd'hui plus de 26 000 œuvres, dont 18 000 gravures de l'artiste norvégien. Une salle entière est consacrée au célèbre *Cri* du peintre et diverses expositions temporaires sont prévues.

Rappelons que le célèbre *Cri*, mais aussi *La Madonna*, avaient disparu de manière surprenante en août 2004 (un vol en plein jour) et avaient été retrouvés en « assez bon état » deux ans plus tard. Un nombre incalculable de peintures tout aussi fortes et impressionnantes rendent la visite de ce musée très précieuse. Edvard Munch (1863-1944), un des pionniers de l'expressionnisme, voit le jour à Løten, mais l'année suivante sa famille s'installe à Kristiania (Oslo). Quatre ans après, sa mère meurt de tuberculose. A l'âge de 15 ans, sa sœur préférée succombe au même mal, véritable fléau de l'époque. Elle est représentée dans son tableau *L'Enfant malade*. Munch travaille beaucoup en Allemagne et expose à Berlin, berceau de l'expressionnisme. Après une grave dépression à Copenhague en 1908, il retournera en Norvège. Parmi les tableaux exposés : *Danses sur la plage à minuit, Baiser sur les cheveux d'une femme, Jalousie, Les Solitaires, La Harpie, Le Vampire, Mélancolie, Le Baiser de la Mort, Hiver à Kragerø*. Bref, toutes les angoisses de Munch réunies dans un seul musée.

Prenez votre temps, retournez-y plusieurs fois et faites une pause déjeuner dans les alentours. Une raison de plus de ne pas y passer 6 heures d'affilée : cette visite est comprise dans l'Oslo Pass !

Accès handicapés, connexion Internet gratuite. Restaurant **Tolvte** au 12e étage (!) avec vue sur le fjord. Café **MUNCH deli & café** au rez-de-chaussée avec terrasse et bar à cocktail au dernier étage.

PARC VIGELAND [VIGELANDSPARKEN] ★★★

Frognerparken
✆ +47 23 49 37 00

Le parc est ouvert 24h/24 toute l'année.

Gustav Vigeland (1869-1943) est un sculpteur norvégien connu pour son immense contribution à la vie artistique osloïte. Il est à l'origine du parc de Frogner, ou le Parc Vigeland, dans lequel sont exposées une bonne partie de ses sculptures. Il demeure un sculpteur unique en son genre, et un éminent symbole de l'art norvégien sur la scène internationale. Le parc Vigeland est l'une des attractions les plus visitées du pays, accueillant près d'un million de personnes par an. L'été, il n'est vraiment pas rare de voir tous les citadins aller faire bronzette en maillot de bain sur l'une des nombreuses pelouses, écouteurs sans fil dans les oreilles. Depuis 1924, le parc Vigeland réunit et expose les œuvres en granit ou en fer forgé de l'artiste norvégien dont il porte le nom. 214 œuvres sont exposées aujourd'hui, sur les 650 statues ou dessins que l'artiste avait réalisés pour ce parc, et elles sont parmi les plus forts symboles d'Oslo.Il s'agit du plus grand parc de sculptures au monde concernant un seul artiste. Ce parc est considéré comme l'œuvre de la vie de Vigeland : en effet il a consacré près de 20 ans de son existence à cette création ! Un endroit immanquable qui reflète un peu la philosophie norvégienne qui accorde une place prépondérante à la nature. Le parc est issu d'un conflit entre Vigeland et la ville d'Oslo : celui-ci se fait expulser de chez lui en 1921, mais relogé par la Ville dans le bâtiment qui est aujourd'hui le musée Vigeland. En échange de ses nouveaux locaux, maison et atelier, il promet de faire dons de toutes ses œuvres à la Ville d'Oslo. Ces sculptures très massives se déclinent dans toutes les tailles, selon plusieurs thèmes principaux : la mort, la vie quotidienne, l'homme et la femme, les enfants. C'est aussi un endroit très agréable et propre où il fait bon se promener quelle que soit la saison. Les habitants de la ville vont y faire leur jogging. Parmi les statues les plus célèbres, on trouve le *Garçon en colère* (*Sinnataggen*) ou encore le *Monolithe* (*Monolitten*) qui domine le parc de ses 17 mètres et l'imposante fontaine de bronze qui représente, grâce à ses 20 statues, le cercle de la vie, c'est *La Roue de la vie* (*Livshjulet*). La première partie ouverte au public, en 1940, fut le fameux pont : 100 mètres de long sur 15 mètres de large et exposant près de 60 statues. Une balade sympa à faire en famille pour se sentir un peu dans la nature en plein milieu de la ville ! Ouvert toute l'année.

© LEV LEVIN - SHUTTERSTOCK.COM

Le parc Vigeland.

OFFICE DU TOURISME [VISIT OSLO]

Jernbanetorget
✆ +47 23 10 62 00
www.visitoslo.com

« Oslo Visitor Centre » est ouvert du lundi au vendredi de 10h à 16h.

Le site de Visit Oslo est une vraie mine d'or ! Vous y trouverez en accès libre une série de visites thématiques à faire en autonomie, les Oslo Escape Tours, que vous pourrez même télécharger au format GPX, toujours plus pratique. D'autres articles, illustrés d'une carte, recensent entre autres l'art urbain ou les sculptures dans l'espace public. N'hésitez pas à visiter l'office pour une aide personnalisée, et pour vous assurer une visite sur mesure de la capitale !

CLUB 27 €

37 Grønlandsleiret
www.hotell-oslo.net

Dortoir à partir de 250 NOK. Wifi.

Le Club 27, qui a ouvert en 2019 au cœur de la vieille ville, est un point de chute idéal pour les voyageurs au budget serré. À quelques pas seulement du métro, train et bus, dans un des quartiers les plus vivants, l'emplacement est stratégique et l'établissement offre un confort standard. Les petits plus : la propreté, une cuisine entièrement équipée et une atmosphère détendue ! Attention à garder l'œil ouvert, l'accès à l'auberge se fait par une cour intérieure qui peut être difficile à trouver. Pour les adeptes des auberges, une bonne adresse !

ANKER HOSTEL €

55 Storgata
✆ +47 22 99 72 00
www.ankerhostel.no

Lit en dortoir à partir de 240 NOK, chambre double à partir de 500 NOK. Draps 50 NOK, serviettes 20 NOK. WiFi.

Anker Hostel, qui n'est autre que la version auberge de jeunesse de l'Anker Hotel, satisfera les voyageurs solo comme les groupes. Confort et propreté sont au rendez-vous dans toutes les chambres, qui disposent toutes d'une salle de bains et d'une kitchenette. On ne sert pas de petit déjeuner à Anker Hostel, mais il vous suffira de faire quelques mètres jusqu'au restaurant voisin, muni d'un voucher acheté à la réception de l'auberge, pour trouver de quoi vous rassasier. Un excellent rapport qualité-prix ! Serviettes et draps à la location.

AMERIKALINJEN €€€

2 Jernbanetorget
✆ +47 21 40 59 00
www.amerikalinjen.com

Chambre double à partir de 2 740 NOK. Offres sur Internet.

Sur la place de la gare, cet édifice rouge pastel, imposant et riche d'histoire, abrite depuis 2019 l'Amerikalinjen. Cet hôtel fait écho à la société Norwegian America Line fondée en 1910 dans ce même bâtiment et qui transportait les Norvégiens vers l'Amérique. A l'intérieur, un mélange plus que réussi mêlant design américain et norvégien. Les chambres sont claires et luxueuses, peu importe le standard. A l'image des mentalités norvégienne et américaine, l'ambiance est saine et casual. Sur place une brasserie, bar, restaurant et club de jazz.

CLARION HOTEL OSLO €€€

15 Dronning Eufemias Gate

+47 21 95 97 50

https://www.nordicchoicehotels.com/

Chambre à partir de 1 890 NOK, suite à partir de 6 900 NOK.

Le Clarion Hotel Oslo a ouvert en 2019, dans le jeune quartier de Bjørvika. Clarion est un des premiers établissements à s'installer dans cette nouvelle extension du centre-ville. Son emplacement est plus que prometteur, et l'ambition du Clarion est à la hauteur. Entre le Barcode, l'Opéra, le nouveau musée Munch et la nouvelle bibliothèque Deichman, 255 chambres et suites au design purement nordique. C'est également le tout premier hôtel dans pays nordiques à engager une Art Concierge pour veiller sur sa galerie d'art contemporain ouverte au public.

ANKER APARTMENT €

Københavngata 10

+47 22 99 30 00

www.ankerapartment.no

Studio appartement pour deux 760 NOK la nuit. WiFi. Draps 50 NOK et serviettes 20 NOK. Laverie. Wifi.

Le groupe Anker Hotel a ouvert en 2013, une prestation hôtelière dans le centre d'Oslo qui devrait faire plaisir aux petits budgets. Anker Apartment propose deux types de chambres : la solution la plus économique, en dortoir, partage de la cuisine et de la salle de bains. Sinon, près de 120 appartements privés proposés à la location. De la chambre simple à la chambre à 6 lits, il y en a pour tout le monde. Chaque appartement est particulièrement bien situé dans Oslo, avec à proximité, supérettes, restaurants et lieux touristiques.

DATTERA TIL HAGEN €€

Grønland 10

+47 22 17 18 61

www.dattera.no

Un food-truck sert des pizzas à consommer sur place ou à emporter. Pour commander : +47 22 17 18 61.

Ce lieu hétéroclite de Grønland se visite tant de jour que de nuit, pour boire et danser, mais aussi pour manger ! Tous les vendredis et samedis, dans son arrière-cour à l'ambiance colorée et ses guirlandes électriques, un camion de pizza rassasie les fêtards, entre deux chorégraphies. On y rencontre des personnes de tous horizons venus boire, danser, manger, peu importe, on finit tous pas s'éterniser. Un endroit propice à la détente, aux rencontres, à l'excitation : bref, un lieu fait pour passer de bons moments, en bonne compagnie !

SYVERKIOSKEN €

45B Maridalsveien

+47 948 59 091

Ouvert tous les jours de 10h à 23h30. Le kiosque donne sur Waldemar Thranes gate.

Ce kiosque à hot-dogs, enfoncé dans un mur, a une longue histoire ! Depuis 100 ans il régale les estomacs osloïtes et fait le bonheur des curieux. Parfait pour acheter une saucisse à la volée, et continuer d'explorer les recoins de Grünerløkka ! Bien sûr ce n'est qu'un hot-dog et cela n'a rien d'un menu gourmet, mais l'endroit est original et rien de tel qu'un peu de pain et de chair à saucisse pour caler les estomacs, pendant que les esprits curieux, qui ne pensent pas à s'arrêter un instant pour manger, se rassasient des attractions de la ville.

FREDDY FUEGO €

Hausmanns gate 31a

freddyfuego.no

Ouvert toute l'année du lundi au samedi de 11h à 21h. A partir de 135 NOK.

Chez Freddy Fuego, on mange bien, on mange mexicain ! Dans une ambiance latino, et donc décontractée, on s'installe sur des tables en bois, que viennent colorer les poivrons, avocats et autres tortillas. Pas de réservation chez Freddy Fuego, si on veut gagner du temps, on commande sur l'application Freddy Express. Ambiance chill, service rapide et efficace, rien à dire on peut se permettre une petite pause bien méritée entre deux attractions pour goûter aux menus exotiques de Freddy Fuego. Et en plus de ça, c'est pas si cher !

GALGEN €

Strømsveien 1

+47 485 12 255

www.galgen.no/kontakt

Mardi et dimanche de 11h à 21h ; du mercredi au samedi de 11h à 23h. Plats 150-250 NOK.

Qu'est-ce-qu'on est bien chez Galgen ! Plafond bas, mobilier rétro, murs en lambris aux couleurs chaudes, et derrière, la plus belle des surprises : un jardin ! Oui, avec de la pelouse ! L'été, au soleil sur un transat, on en deviendrait presque feignant. Avec ça, brunch, déjeuner et dîner à des prix très doux. Pour ceux qui ont envie de s'accorder une vraie pause dans un cadre chaleureux et convivial, vous avez trouvé votre spot ! Même en hiver lorsque la terrasse n'est pas vraiment de rigueur, l'intérieur n'est pas moins décevant.

SKATTEN €

Hagegata 22-24
✆ +4745736240
skattenoslo.no
Lundi au samedi de 9h à 23h. Plats autour de 150 NOK le midi et le soir.

Skatten signifie le trésor, et c'en est vraiment un ! Voilà un des rares endroits à Oslo où l'on peut prendre le petit déjeuner, manger pour moins de 200 NOK, et danser jusqu'à tard ! Évidemment l'endroit est connu et fréquenté, une vraie bonne adresses où vous aurez la chance de rencontrer des locaux bien souvent autour d'un verre ou d'un petit plat. En plus de ça, l'endroit est beau et chaleureux, de quoi vous retenir un moment et vous faire passer un bon moment. Skatten organise aussi des événements. Bref on pourrait passer la journée au Skatten.

TOMMY'S BURGER JOINT €

Thorvald Meyers Gate 40
✆ +47 906 85 932
https://tommis.is
Lundi au jeudi de 12h à 22h ; vendredi et samedi de 11h à 3h ; dimanche de 11h à 21h. Burger à partir de 95 NOK.

Situé sur l'artère principale de Grünerløkka, vous ne raterez rien de la vie trépidante du quartier une fois installé derrière la grande vitre du restaurant. A l'intérieur, déco sans faute : ambiance rétro, vieux lustres, vieilles affiches, tomettes au sol, il ne manque rien. Certains l'appellent le meilleur burger de la ville, un titre qui serait bien mérité ! Dans une ambiance hipster et décontractée que l'on retrouve dans tout le quartier sans exception, Tommy's burger joint vous promet un bon moment, et avec ça, un burger à moins de 100 NOK !

CAFÉ SARA €€

Hausmanns gate 29
✆ +47 22 03 40 00
www.cafesara.no
Ouvert du lundi au samedi de 11h à 3h30, le dimanche à partir de 13h. Plats de 99 à 239 NOK.

Une des meilleures adresses de la ville. On y mange de tout, large choix de plats (burgers, pizzas, pâtes, omelettes et salades) aux saveurs à la fois françaises (le chef y est pour quelque chose !) et mexicaines (les tacos sont délicieux). Bon rapport qualité-prix et bonne ambiance en prime, de quoi soulager un peu le portefeuille tout en se faisant plaisir. On aime bien la petite cour intérieure. Clientèle locale et variée, plutôt jeune. Bref, un endroit à ne pas manquer pour se faire une idée du café typiquement norvégien.

HABSAK €€

Kingos gate 1
✆ 004721 94 90 99
Lundi au jeudi de 10h à 23h ; vendredi de 10h à 1h ; samedi de 11h à 1h ; dimanche de 11h à 23h30.

Avis au amateurs de hummus, voici votre QG ! Nous parlons bien d'un restaurant à hummus, servi à toutes les sauces ! Non seulement on se régale, mais en plus on se sent comme à la maison dans ce café-restaurant aux airs de grand appartement ! Il surplombe la place Alexander Kiellands, un lieu très vivant qui nous donne la sensation d'observer le tumulte de la ville depuis notre salon. Si l'endroit est un peu excentré, on y retrouve une ambiance toute particulière, plus calme et très agréable, toute proche de la rivière et de sa promenade.

LORRY €€

Parkveien 12
✆ +47 22 69 69 04
www.lorry.no
Ouvert le lundi de 11h à 1h, du mardi au samedi jusqu'à 3h30, le dimanche de midi à 1h.

Lorry n'est pas seulement un bon restaurant traditionnel norvégien, c'est aussi l'un des plus anciens ! Ce lieu de caractère avec son atmosphère de bric-à-brac historique, est un lieu très populaire qui offre, en été, l'une des plus belles terrasses ! On s'y arrête volontiers pour tester quelques-unes des 129 bières disponibles. Les prix sont raisonnables et les portions généreuses, un lieu que l'on recommande sans hésiter. C'est, en plus d'être l'une des adresses les plus connues et appréciées de la ville, un lieu très représentatif de l'ambiance de la capitale.

NEDRE FOSS GÅRD €€

Nordre gate 2
✆ +47 923 38 293
www.nedrefossgaard.no
Ouvert du mardi au vendredi 14h-22h, samedi et dimanche 12h-22h. Menu 4 plats à 645 NOK. A la carte à partir de 245 NOK.

Construit en 1220, ce lieu était un moulin qui appartenait au monastère de l'île d'Hovedøya. Il est donc idéalement situé tout près de la rivière Akerselva, et l'intérieur est tout bonnement splendide : murs blancs et moulures au plafond, des plantes par-ci par-là, banquettes en cuir marron, parquet clair. Une merveille. Le menu est raffiné et les prix raisonnables. Aujourd'hui Nedre Foss Gård compte aussi un bar à vin, un bar à cocktail, et un bar à bière (qui sert de bons burgers), rien que ça ! Un endroit apaisant, champêtre bien qu'il soit au cœur de ville.

OSLO STREET FOOD €€

16 Torggata
✆ +47 22040044
www.oslo-streetfood.no

Ouvert toute l'année. Du lundi au jeudi de 11h à 23h ; le vendredi et le samedi de 11h à 3h ; le dimanche de 12h à 23h.

Cafés, bars et surtout stands de nourriture, on en voit littéralement de toutes les couleurs et de toutes les nationalités dans la nouvelle halle d'Oslo. En plein centre-ville, tous les publics se mélangent et, sur de longues tables et dans une ambiance conviviale, savourent des spécialités du monde entier. Graffitis aux murs, musique d'ambiance, vous ne saurez pas où donner de la tête. Au paradis des curieux, ou l'enfer des indécis, une chose est sûre : papilles, yeux et estomacs seront tous comblés ! Un lieu qui vaut le détour, donc !

BYGDØY ALLÉ 3 €€€

Bygdøy Allé 3
✆ +47 22 55 11 86
www.ba3.no

Jeudi et vendredi 16h-3h, samedi à partir de 12h.

Un intérieur exquis dans un style rétro chic, Bygdøy Allé 3 enchante les papilles et les pupilles ! Toute l'année, on peut profiter d'une terrasse avec vue sur la place Solli. On retrouve des plats internationaux revisités à la norvégienne, et tous les samedis, on brunche ou on prend le thé en musique, volontiers sur un air de soul, funk ou jazz. L'ambiance est assez incroyable, un mélange typiquement norvégien de bon chic bon genre décontracte. C'est sûr, on se fait plaisir, pas seulement à manger mais aussi à observer cette clientèle bien d'ici.

REST €€€

Kirkegata 1-3
✆ +47 922 50 016
restaurantrest.com

Ouvert toute l'année. Du mercredi au samedi de 18h à 00h. Menu unique à 1 950 NOK.

Rest, le nom parle pour lui-même. Dans ce restaurant de luxe, on transforme les restes en plats raffinés, pour lutter contre le gaspillage alimentaire. La cause est noble. Pas de plats à la carte donc, il faudra prendre un menu et vous laisser surprendre. Enfin, si vous avez les moyens de manger des restes. Car si l'initiative est bonne, rares sont ceux qui peuvent se permettre de l'appuyer... C'est tout de même un endroit qui vaut le détour, au moins pour se faire une idée du talent des chefs de la capitale, et pour goûter à l'originalité de la cuisine locale.

BRYGG OSLO

Storgata 5 - 7
https://brygg.no/

Ouvert du lundi au jeudi de 11h à 1h, le vendredi et le samedi jusqu'à 3h, le dimanche de 15h à 23h.

Cette brasserie sur deux étages offre en plus une très large sélection de bières, deux salles à l'ambiance décontractée et tamisée, idéales pour s'attabler et discuter à deux ou en groupe. L'intérieur mêle décor industriel, briques rouges au mur et couleurs chaudes, un plaisir pour les yeux qui n'ont pas fini de chercher les détails. Des tables de ping-pong sont disponibles pour 3 NOK la minute, et pour ceux qui veulent faire dans l'original, réservez et brassez votre propre bière au Brygglab ! Pas de doute, c'est une adresse recommandée du centre-ville.

CAFÉ LAUNDROMAT

2 Underhaugsveien
✆ +47 21 38 36 29
www.laundromat.no

Ouvert tous les jours de 10 à 1h. 120 NOK pour un lessive avec essorage et séchage standard.

Avec Laundromat, faire sa lessive devient un plaisir ! Ce café-bar-restaurant cumule les titres puisque c'est aussi une laverie. L'idéal pour les ceux qui ne font que passer dans la capitale. Installez-vous confortablement côté bar et profitez d'un bon verre dans une ambiance chaleureuse et tamisée. En plus d'une large sélection de bières, il est possible de se restaurer sur place de 10h à 22h. A l'intérieur, plein de couleurs aux murs, de jolis fauteuils à l'ancienne, et même un balcon style théâtre ! Mention spéciale pour le staff à la bonne humeur contagieuse.

CAFÉ SØR

Torggata 11
✆ +47 41 46 30 47
www.cafesor.no

Ouvert du lundi au dimanche de 12h à 1h30.

Grand classique des jeunes et des autres parmi les Osloïtes, le Café Sør sait également séduire les visiteurs. Son emplacement sur la portion piétonne de la Torggaten n'y est bien sûr pas étranger. Si les plats n'ont rien d'exceptionnel, ils sont cependant bien servis et l'on en ressortira souvent repus. Plusieurs types de cafés, davantage de thés encore. Le service au comptoir est un peu gênant, mais ce rite est assez fréquent à Oslo. Le soir, on viendra assister à un DJ *set*, ou *surfer* sur des notes de jazz, reggae ou afro. Nombreux concerts live intéressants !

DEN GAMLE SKOBUTIKKEN

Torggata 9B

Ouvert le dimanche et le lundi 16h-00h, le mardi 14h-00h, mercredi 14h-1h, jeudi 12h-2h, vendredi et samedi 12h-3h30.

Encore un secret bien gardé ! Dans l'une des ruelles du centre-ville se cache Den Gamle Skobutikken (la vieille boutique de chaussures). Intérieur au top du design et ambiance relax, sans parler de cette superbe terrasse décorée de guirlandes dans l'arrière-cour ! On se croirait presque dans un club branché de la capitale allemande ! Le week-end, concerts ou DJ sets, bref, soyez à l'heure il n'y aura pas la place pour tout le monde. Une adresse à recommander aux amateurs de cocktails, de musique et de lieux pas comme les autres. Validé !

FUGLEN

Universitetsgata 2

✆ +47 22 20 08 80

www.fuglen.no

Lundi et mardi 7h-21h, mercredi 7h-23h, jeudi 7h-minuit, vendredi 7h-1h, samedi 10h-1h, dimanche 10h-21h.

Dans toutes les villes il existe des endroits qu'il ne faut pas rater. Des endroits uniques avec une ambiance que l'on ne retrouve nulle part ailleurs. A Oslo, le Fuglen (qui signifie l'oiseau) pourrait bien être ce genre d'endroit. Il est unique en son genre pour la simple et bonne raison que l'on y sert l'un des meilleurs cafés de la ville, depuis 1963 ! La journée, on y va pour déguster un bon café d'Ethiopie ou d'ailleurs sur un fauteuil dans un cadre élégant et chaleureux. Le soir, l'endroit se transforme en bar à cocktails, à vin ou à bière ! On adore !

HARALDS VAFFEL

3 Olaf Ryes Plass

✆ +47 922 23 230

www.haraldsvaffel.no

Lundi au vendredi de 14h à 20h, le samedi et dimanche de 11h à 20h.

Jonathan, le roi de la gaufre, vous attend derrière la fenêtre de sa boutique à Grünerløkka. L'histoire de Haralds Vaffel est complètement déjantée. À l'origine, Jonathan vendait des gaufres depuis la fenêtre de sa chambre ! Ce fut un tel succès, que Jonathan en a fait son métier, et a ouvert sa boutique. Malgré quelques encombres judiciaires, la boutique est aujourd'hui un franc succès et personne n'entend s'en passer ! Sucrées et salées, à la glace ou même vegan, les Belges ont du souci à se faire ! Donuts et glaces également au top !

MY UGLY BABY

9 Youngs Gate

www.myuglybaby.no

Ouvert de 8h à 18h du lundi au vendredi, de 10h à 19h le samedi et le dimanche.

À Oslo, même les mordus de donuts trouveront leur petit coin de paradis ! La boutique colorée et excentrique My Ugly Baby confectionne des donuts, et exclusivement des donuts. Il y en a pour tous les goûts, de toutes couleurs, et même à thèmes en fonction des fêtes ou des événements du moment. Soyez sûr d'être servis avec la plus grande attention, le sourire et la bonne humeur, et puisque les places assises sont (très) limitées, un café, un donut, et en route pour de nouvelles aventures ! Une petites boutique originale à ne pas rater.

OSLO MEKANISKE VERKSTED

Tøyenbekken 34

✆ +47 45 23 75 34

www.oslomekaniskeverksted.no

Ouvert du mercredi au samedi de 15h à 2h, du dimanche au mardi jusqu'à minuit.

Un bel endroit avec terrasse, profonds canapés en cuir, guirlandes et rideaux rouges. Une ambiance toute particulière règne ici entre ces murs de briques rouges, comme une sensation de chalet à la montagne ou de maison de grand-mère, rien de bien défini mais un endroit infiniment cosy, chaleureux et qui vous retiendra facilement toute l'après-midi jusque dans la soirée ! Dans ce bar au cœur de la vieille ville, on peut même apporter son propre casse-croûte ! Les prix sont abordables et les voyageurs à petit budget en feront leur QG.

SALT

1 Langkaia

www.salted.no

Horaires d'ouverture et réservation sur le site. Concerts et événements, voir programmation.

Situé sur les quais de la ville, SALT est un lieu hétéroclite où tout est possible. Ce projet culturel nomade, construit sur le modèle des séchoirs à poisson traditionnels norvégiens, est devenu un incontournable de la vie musicale et artistique osloïte. Dans ses différents bâtiments, le complexe accueille des expositions, des projections de films, des quiz, un café et tout un tas d'activités variées et délurées. On vous propose même de pousser la détente à son paroxysme et de profiter de DJ sessions et concerts depuis l'intérieur du splendide Sauna Ardna.

SCHOUSKJELLEREN MIKROBRYGGERI

Trondheimsveien 2
✆ +47 21 38 39 30
Ouvert en soirée. Interdit aux moins de 20 ans.
Une bonne bière au Schouskjelleren, ça se mérite ! Si l'endroit n'est pas évident à trouver, il vaut la peine de chercher ! Situé dans la cave de l'ancienne brasserie Schous, cette taverne au splendide décor de pierre, de bois et de cuivre, est l'une des plus appréciées d'Oslo. Dans cette pièce où le temps semble s'être arrêté, une énorme cheminée réchauffe les convives et l'atmosphère. Ici, on sert plus de 60 bières brassées sur place, de quoi régaler les amateurs.

TRONSMO

Universitetsgata 12
✆ +47 22 99 03 99
www.tronsmo.no
Ouvert du lundi au mercredi de 9h à 17h, le jeudi jusqu'à 18h, le samedi de 10h à 16h.
S'il ne devait rester qu'une seule librairie en Norvège, ce serait incontestablement celle-ci. Elle affiche haut et fort ses couleurs avec ses cartes postales, ses magnets, ses badges et évidemment ses livres : anti-Bush, contre l'homophobie, pour la défense des droits de l'homme. Quelques livres en français sont vendus et un rayon est dédié à la littérature gay et lesbienne. L'ensemble est décalé, l'humour parfois acide mais très drôle ! Une bonne adresse pour les lecteurs qui souhaitent découvrir la littérature norvégienne.

HEIMEN HUSFLIDEN

Arbeidergata 1
✆ +47 23 21 42 00
www.heimenhusfliden.no
Ouvert en semaine de 10h à 18h, le samedi jusqu'à 17h.
La meilleure boutique d'artisanat et de souvenirs de qualité. De beaux jacquards norvégiens, tellement authentiques qu'ils piquent un peu, des objets en bois blanc ou peints de motifs rosemaling, des peaux de moutons noirs, dits de l'âge de pierre. Au fond, un peu surélevé, se trouve le rayon des costumes folkloriques avec des bijoux traditionnels et de très beaux couteaux d'apparat qui ornaient jadis les habits de fêtes. Tout le monde y trouvera son compte, et les idées de cadeaux ne devraient plus poser problème au milieu de tous ces jolis produits.

KOK OSLO

Langkaia
✆ +47 934 00 522
www.kokoslo.no
Ouvert toute l'année de 8h à 22h. Seulement sur réservation. Session de 2h à partir de 200 NOK.
Kok Oslo vous propose une expérience incontournable ! Commencez par vous mettre au chaud dans le sauna flottant, au creux du fjord d'Oslo et avec une vue imprenable sur l'Opéra. Quand la température devient un peu trop insupportable, sortez vous mettre au frais sur la terrasse, ou même sur le toit du sauna ! Pour les plus courageux, un petit plongeon ou autre figure dans les eaux du fjord est de mise. Pour toujours plus d'exotisme, choisissez la formule croisière, et le sauna flottant vous emmènera à la découverte de l'archipel.

NORWAY SHOP

Karl Johans gate 8
✆ +47 94 80 04 10
www.norwayshop.com
Ouvert tous les jours de 9h à 21h. Réduction avec le Oslo Pass.
Un des magasins de la marque situé près de la gare, pour revenir de son voyage avec des souvenirs made in Norway. Pulls en laine, artisanat varié, les marques présentées sont toutes norvégiennes et vous trouverez l'essentiel des produits typiques. Le choix est large et c'est tant mieux, tout le monde y trouvera un petit quelque chose pour se faire plaisir, ou des idées cadeaux à ramener. Les prix restent norvégiens et la qualité à contrôler. Pour le textile, la vaisselles, les ustensiles, les peaux et les bois, mieux vaut aller dans une boutique artisanale.

BLÅ

Brenneriveien 9C
www.blaaoslo.no
Ouvert tous les jours. Programmation avec horaires et tarifs sur le site Internet.
L'endroit le plus populaire de la ville et, paradoxalement, le plus cher pour sortir ! Imaginez une ancienne usine entièrement revisitée par des graffitis et des autocollants, meublée de sièges improbables… Imaginez maintenant l'endroit situé au bord d'une rivière chantante, au milieu d'arbres qui la cacheraient presque des regards des curieux. Des concerts pour tous les goûts et des sessions dominicales Frank Zorn Quartet particulièrement appréciées. C'est le coin artistico-underground d'Oslo et la promesse d'une soirée sans précédent.

RØST ★★★

Dans l'archipel de Røst se trouve l'île principale, Røstlandet, où se concentrent le gros de la population et les services principaux. Elle ne s'élève qu'à 11 m au-dessus du niveau de la mer ! L'église de l'île fut emportée par une tempête en 1835. Le village éponyme est le centre administratif de l'archipel. Tout petit, cet endroit vit essentiellement de la pêche et la plupart des habitants travaillent dans ce domaine. En haut saison, ce sont alors des centaines de bateaux qui pêchent au large des côtes. Depuis une bonne dizaine d'années, le tourisme s'y est développé de façon drastique, ce qui a permis d'apporter un revenu supplémentaire aux gens.

Sortir

Trois festivals ont lieu sur l'île chaque année : Lundefestivalen (www.lundefestivalen.no/) et ses animations variées en juin, Querinidagene (www.querini.no/) dédié à la culture début août et In the Name of Cod début mars, la fête du cabillaud.

Tourisme

L'office de tourisme de l'île se trouve sur le port. Il est ouvert tous les jours de mi-juin à mi-août ; le reste de l'année du lundi au vendredi aux heures des arrivées et départs du ferry. lofoten.info ; (+47) 76 05 05 00.

Rost.

TORGHATTEN NORD - FERRY

Rost

✆ +47 908 20 700

www.torghatten-nord.no

Compter entre 900 et 1 200 NOK pour un AR adulte avec voiture vers Bodo.

Départs tous les jours depuis Bodø, Værøy et Moskenes. La réservation est recommandée, surtout en haute saison, mais pas obligatoire. Les piétons peuvent également réserver un billet en ligne. Sur place, la disponibilité de sièges n'est pas garantie. Paiement par Carte Bleue Visa ou MasterCard uniquement. Les animaux sont acceptés à bord et ont des espaces dédiés. Ces bateaux vous permettront de naviguer facilement avec ou sans votre véhicule entre les îles et de rejoindre le continent pour poursuivre votre aventure en terres norvégiennes.

KÅRØY RORBUCAMPING €€

Kårøy Rorbucamping

✆ +47 76 09 62 38

www.karoy.no

Chambre double pour 2, 4 ou 6 personnes, salles de bains commune. Cuisine à disposition. A partir de 200 NOK/pers.

Du 1er mai au 15 septembre, le camping propose de nombreuses activités (bateau, randonnée, musée, etc.) autour de l'archipel de Røst. Au total, l'établissement compte 45 lits, répartis dans des chambres privées et des chalets. La wifi est disponible et les pièces communes ont la télévision. Kårøy Rorbucamping n'est pas sur l'île principale, Røstlandet, mais sur un îlot à proximité. Il vous faudra donc louer ou emprunter un bateau pour s'y rendre, de quoi donner à votre séjour une allure toujours plus exotique ! Utilisez vos propres draps ou payez un supplément.

RØST BRYGGEHOTELL €€

✆ +47 76 05 08 00

www.rostbryggehotell.no

Chambre double de 850 à 1 000 NOK, en fonction de la saison.

Un joli hôtel, tout rouge, d'une belle allure traditionnelle et idéalement situé au bord de l'eau sur l'île principale Røstlandet. Il offre un confort très reposant et de grandes fenêtres afin de bénéficier des paysages somptueux. On peut choisir entre une chambre double ou un appartement tout équipé. L'hôtel loue des vélos, des voitures, des bateaux et des cannes à pêche. Il est aussi possible de réserver plusieurs sortes d'activités, de la sortie en bateau à la visite guidée de l'île, pour profiter au maximum de la beauté de l'archipel.

NORVÈGE

VÆRØYA ★★

Le voyage entre Moskenes et Værøy vous fera traverser l'un des courants océaniques les plus féroces, le célèbre maelström qui inspira Jules Verne dans *Vingt Mille Lieues sous les mers* et Edgar Allan Poe dans sa nouvelle *Une descente dans le Maelström*. Sur l'île, les villages de Sørland et Norland comptent environ 750 habitants. Værøy possède une plage de sable blanc protégée par des montagnes d'une beauté étrange. Les parois de roche lisse se dressent à une hauteur de 400 m, interdisant tout autre accès que par la mer. Une des dernières îles des Lofoten, Værøy est un véritable sanctuaire d'oiseaux. La capture d'aigles est une des traditions de Værøy.

Balade

- De Nordlandshagen à Måstad. Sur l'île, un belle opportunité de balade vous attend. Depuis le port, traversez Sørland et continuez jusqu'à l'embranchement avec la Fv91. Prenez à gauche, en direction du nord. Suivez la route qui vous fera contourner l'île par la côte, jusqu'à une ancienne piste d'atterrissage. Continuez tout droit sur le sentier face à vous. Vous allez cheminer quelque temps entre mer et montagne, avant d'atteindre un replat. Il vous faudra alors basculer de l'autre côté, à l'intérieur de la falaise, pour atteindre Måstad. Faites demi-tour pour rejoindre Sørland.

Transports

- Bateau. Toute l'année, la compagnie Torghatten Nord propose des départs quotidiens depuis Bodø, Værøy et Moskenes. Possibilité d'embarquer un véhicule. www.torghatten-nord.no

NORVÈGE

RØSTNESVÅG FISKEVÆR €€

Røstnesvågen 32 ✆ +47 928 00 096
vgh.no
Appartement à partir de 1 300 NOK, chambre simple à partir de 600 NOK, double à partir de 900 NOK.

Dans le petit port de Værøy, les anciens bâtiments de la place du marché on été transformés en logements. A la location, plusieurs *rorbuer*, très chaleureux et typiques de l'archipel des Lofoten. On trouve aussi une ancienne ferme, Rånesgården, et le bâtiment qui servait à loger les pêcheurs, Fiskarheimen. Un bel endroit proche du débarcadère et des quelques commerces de l'île. La plupart des bâtiments du village sont aujourd'hui utilisés pour la pêche, l'occupation principale, l'occasion de découvrir la culture et le mode de vie très spécifique des habitants.

VÆRØY GAMLE PRESTEGÅRD €€

Værøy gamle Prestegård ✆ +47 76 09 54 11
Chambre double avec toilettes 930 NOK, WC en commun 830 NOK. Chambre simple de 495 à 595 NOK. Petit déjeuner inclus.

Si vous avez réservé, on viendra vous chercher en voiture au débarcadère pour vous amener jusqu'à cette ancienne ferme située à la pointe nord de l'île, dans le village de Nordland. On pourra loger dans un vieux presbytère au pied des montagnes, transformé en auberge. La plupart des chambres, réparties dans le bâtiment principal ou dans le « poulailler », sont équipées d'une salle de bains. Atmosphère chaleureuse et conviviale, sur cette île perdue en mer. Il est possible de louer des barques pour approcher les rochers de nidification.

MOSKENES ★★

La commune de Moskenes est située dans la partie sud de l'île du même nom, l'une des plus touristiques de l'archipel. C'est aussi dans ce charmant petit village qu'arrive le ferry en provenance de Bodø. C'est donc un point de départ pour de nombreux voyageurs qui partent à la conquête des îles Lofoten, en randonnée, en bus ou en voiture. Moskenes est très accessible puisqu'il est traversé par l'E10, l'unique grand axe de circulation. S'il n'y a pas grand-chose à faire à Moskenes, vous pourrez tout de même vous y loger pour profiter d'un cadre magnifique et de la proximité avec le charmant port de Sørvågen, ses boutiques et restaurants.

Balade

- Munkebu. Pour ceux qui souhaitent se dégourdir les jambes, direction Munkebu, sur les hauteurs de Sørvågen. Départ entre les lacs de Tindsvatnet et Sørvågvatnet pour une balade tout en dénivelé entre les lacs de montagne. Très vite vous apercevrez une super chute d'eau, qui provient du lac Stuvdalsvatnet. Une vue imprenable et paysages à couper le souffles sont au rendez-vous ! Le sentier Tindstinden continue en réalité de grimper jusqu'à un pic qui offre une vue magnifique sur la côte nord de l'île. Le chemin est escarpé.

Transports

- Bateau. Toute l'année, la compagnie Torghatten Nord propose des départs quotidiens depuis Bodø, Værøy et Røst. Possibilité d'embarquer un véhicule. www.torghatten-nord.no
- Bus. Le Lofotekspress circule toute l'année vers Narvik ou Å. www.177nordland.no.

SMAKEN AV LOFOTEN €€

✆ +47 76 09 21 00

www.smakenavlofoten.no

Ouvert toute l'année. A partir de 790 NOK la chambre double. Café, activités.

Depuis 4 ans, ce jeune couple, propriétaires des lieux, fait de son mieux pour vous proposer le meilleur de ce que peut offrir les Lofoten. Avec un total de 26 rorbuers, plus 8 chambres et 4 rorbuers à Sorvagen, l'endroit est un vrai petit complexe de vacances, avec des activités proposées tous les jours : pêche ou même de belles randonnées accessibles facilement. D'avril à septembre, vous aurez même la chance d'apercevoir les baleines qui s'approchent des cabines, posées sur l'eau. Un joli petit café, attenant est l'endroit idéal pour faire une pause !

BUTIKKEN PÅ KAIA

Ouvert du lundi au jeudi, et le samedi de 10h à 15h.

Dans le charmant port de Sørvågen, entre les bateaux et les rorbuer se trouve cette petite boutique pleine de jolies choses. Si l'on y trouve essentiellement des objets de décoration intérieure, c'est aussi l'endroit idéal pour dégoter le cadeau parfait. Des produits typiques aux marques locales, en passant par les incontournables du home staging et de la culture norvégienne, Butikken på kaia vaut bien un petit détour. L'été, asseyez-vous un instant en terrasse pour savourer l'air frais des îles, et peut-être même un joli rayon de soleil !

MAREN ANNA €€

✆ +47 76 09 20 50

www.marenanna.com

Ouvert toute l'année. Terrasse extérieure. Plat à partir de 295 NOK.

C'est au sud des Lofoten, à Sorvagen que l'on trouvera l'une des meilleures adresses de l'île. Bienvenue au Maren Anna, où Annette, Jean Baptiste et leur équipe vous accueillent toute l'année, avec le sourire. Leur spécialité ? Le Stockfish bien sur ! On vous invite aussi à goûter la soupe de poisson, du lieu noir et bien d'autres spécialités cuisinées avec soin et imagination. En journée, on pourrait comparer l'endroit à une bonne brasserie, tandis que le restaurant revêt sa robe de soirée et s'apparente à ce que l'on appelle une « bonne table ».

LOFOTEN EXPERIENCE

✆ + 47 95 33 88 20

www.lofotenexperience.com

Activités toute l'année, en fonction des saisons. Voir site.

Jean-Baptiste est français. Il est passionné par la Norvège et en particulier par les Lofoten où il est installé depuis déjà plusieurs années. Randonnée, ski, surf, balades nocturnes, Jean-Baptiste est le guide parfait si vous souhaitez vous aventurez au-delà des sentiers battus ! Il vous fera découvrir les Lofoten à sa façon. Avec une grande connaissance du terrain et des locaux, il saura également vous donner de nombreux conseils pour parfaire votre séjour. Le petit plus, c'est le repas local au restaurant Maren Ana, qu'il tient avec sa compagne à Sørvågen !

Lumières sur Moskenes, Lofoten.

REINE ★★★

Avec ses 300 habitants, Reine est un hameau des plus emblématiques. il a d'ailleurs été primé « plus beau paysage de Norvège ». En effet, les sites des environs sont grandioses, avec des montagnes sculptées et façonnées par les glaciers de l'ère tertiaire comme nulle part ailleurs. Elles s'élèvent autour du hameau comme pour le protéger. Les *rorbuer* de Reine escaladent de leurs pilotis les rochers du port et bien visibles, les étendoirs à poisson jonchent les côtes. D'autres hameaux isolés alentour n'ont que le bac de Reine pour les relier au reste de la région. En haute saison, des concerts classiques sont donnés dans la petite église.

Balade

- Reinebringen. Impossible de manquer cette immense falaise qui domine les villages de Reine, Sakrisøy et Hamnøy. Pour ceux qui s'en sentent le courage, un sentier de 3 km aller-retour vous permet d'accéder au sommet de ce pic et de découvrir une vue absolument splendide sur les environs. Cette randonnée est la plus populaires des îles Lofoten, et ce n'est pas pour rien. Perché sur ce promontoire, vous apercevrez le lac Reinevatnet logé au creux des falaises. Attention l'ascension n'est pas une balade du dimanche ! Un total de 1 566 marches, en plus de quelques portions en terre battue, vous attendent, avec un dénivelé positif de 510 mètres ! Il faut être très en forme et s'aventurer sur le chemin (et seulement sur le chemin !) avec grande prudence. Par temps de pluie, mieux vaut rester en bas, de même si le sentier est trop boueux. Le départ de la randonnée se fait avant l'entrée du tunnel de Ramsvik. Garez-vous sur le parking du port à Reine, ou à 1,3 km le long de l'E10 en direction du sud, sur le parking prévu à cet effet.
- Hamnøy. Suivez l'E10 en direction du nord vers le village d'Hamnøy et rendez-vous sur les lieux de la plus célèbre carte postale des Lofoten ! C'est depuis le pont d'Hamnøy, à l'entrée du village, que vous pourrez prendre la photo parfaite des *rorbuer*, ces cabanes de pêcheurs rouges typiques aux Lofoten, avec en fond ces pics rocheux qui surgissent des eaux. L'hiver la neige recouvre le paysage et le contraste des couleurs est tout simplement merveilleux.

Tourisme

L'office de tourisme de l'île se trouve dans le centre culturel.

Transports

- Bus. Le Lofotekspress circule toute l'année vers Narvik ou Å. www.177nordland.no.

Vue sur Reine, Les îles Lofoten.

BUNES BEACH

Prendre le ferry depuis Reine, jusqu'à Vindstad, suivre les indications « Bunes » dans le village.

Site naturel

Comptez environ une heure de randonnée, au départ de Vinstad. Bunes est une des plus belles anses de toutes les îles Lofoten, avec sa plage de sable blanc et une eau complètement turquoise et des falaises accueillantes de part et d'autre. L'endroit est plutôt bien gardé de la foule car il est un peu plus difficile d'accès (on ne peut pas y aller par la route). Prenez le soin de vérifier l'horaire des ferries avant de partir pour ne pas vous faire surprendre. Il est cela dit tout à fait possible de camper sur place avec un bon duvet.

MUSÉE DU JOUET ET DE LA POUPÉE ★

Sakrisoy

✆ +47 76 09 21 43

www.lofoten-info.no/sakrisoy

Ouvert tous les jours de 10h à 20h de juin à août (18h en mai). Adulte 60 NOK.

A quelques minutes de Reine seulement se trouve l'unique musée de ce genre en Norvège. Il a ouvert ses portes en 1992 sur une initiative personnelle. Le musée expose une collection de plus de 1 500 poupées et jouets qui datent de 1860 à 1965. Un musée qui rappellent de nombreux souvenirs aux plus âgés et qui bien souvent étonne les plus jeunes. Au premier étage, une boutique d'antiquités et de souvenirs. Vente de café et de gaufres à la norvégienne.

CATOGÅRDEN €€

✆ +47 992 23 228
www.catogarden.no
Salle de bains et WC partagés, chambre double à partir de 80 €.

Un endroit merveilleux au cœur du village de Reine. Vous pourrez choisir entre vue sur la mer ou vue sur les montagnes, dans une maison décorée avec beaucoup goût et des chambres d'un grand confort. Au rez-de-chaussée, un salon fourni de toutes sortes d'accessoires de musique vous feront passer de belles soirées. A 8h le matin, cours de yoga offert par la maison dans une grande salle qui est à votre disposition le reste du temps. On peut même y regarder des films sur rétro-projecteur ! Et si vous avez encore peur de vous ennuyer, réservez une sortie en kayak !

REINE RORBUER AS €€

Reine Rorbuer AS
✆ +47 76 09 22 22
Ouvert de mai à août, tous les jours midi et soir. Repas de 400 à 600 NOK.

L'ancienne épicerie du village abrite l'un des restaurants les plus sympathiques des Lofoten. Le sol a gardé ses dalles de pierres naturelles et les murs sont en planches brutes. Au premier étage, les deux salles sont décorées d'une petite barque suspendue au plafond et agrémentée de quelques morues séchées. Le service est assuré par des jeunes filles branchées, habillées de leurs traditionnels tabliers de cuir empruntés aux pêcheurs. La carte propose une soupe de poisson, de la morue, bien évidemment, de la viande de mouton salée et séchée.

TAPPERIET BISTRO

✆ +47 941 33793
www.tapperiet.com
Ouvert le mercredi de 15h à 23h, le vendredi jusqu'à minuit, le samedi jusqu'à 2h et le samedi de 14h à 18h.

Le bar-restaurant de Reine à ne pas rater. A l'intérieur, une décoration traditionnelle, du bleu au mur, comptoir et mobilier en bois. L'ambiance est chaleureuse, tout le monde se connaît. Si vous avez de la chance vous tomberez lors d'une soirée karaoké aux couleurs rock animée par la star du village, et peut-être même des soirées en musiques très apprécies des locaux et des touristes, et une bonne occasion pour entamer une conversation avec ses voisins de table et apercevoir la culture des Lofoten sous un autre jour ! L'été, c'est bière pizza en terrasse !

Å ★

Une impression de bout du monde à Å, village le plus au sud des Lofoten. Pour apprécier les environs, il vous suffira de vous éloigner un peu du parking en direction de la côte. L'ensemble des 31 maisons, classées au patrimoine national, appartiennent à la famille Ellingsen depuis 1843. Un musée de la pêche permet de participer aux activités journalières d'un port de pêche en réunissant 14 bâtiments authentiques qui ont chacun leur fonction : fabrication d'huile de foie de morue, boulangerie, cabanes de pêcheurs, etc. Le Lofotekspress circule toute l'année vers Narvik. www.177nordland.no.

© JEAN BAPTISTE DEBURE

Le Maren Anna à Sørvågen.

NORVÈGE

MUSÉE DES HAMEAUX DE PÊCHE

A ✆ +47 76 09 14 88
Juin à fin août, tous les jours de 10h à 19h, reste de l'année du lundi au vendredi de 10h à 16h30. Adulte : 70 NOK

Bienvenue dans l'un des villages de pêche les mieux préservés de Norvège ! À Fiskeværsmuseum, on vous raconte la vie quotidienne dans un village de pêcheurs entre 1840 et 1960 et l'évolution de la pêche dans les Lofoten au cours de ces 250 dernières années. Plusieurs expositions vous éclairent sur, entre autres, la fabrication de l'huile de foie de morue et l'élaboration des délicieuses pâtisseries norvégiennes. Dans la boutiques du village, faites le plein de produits locaux !

THE BAKERY - GAMMELGÅRDEN

✆ +47 76 09 14 88

Portes ouvertes en été pour les démonstrations.

Cette boulangerie est une véritable institution à Å. Au-delà d'y servir de bonnes petites brioches à la cannelle, elle fait partie de l'histoire du village. On y sert du pain cuit dans un four à pierre qui date de 1878. Construite en 1844, elle est reconstruite suite à l'incendie de 1888. A l'époque, les travailleurs invités pour la saison de la pêche étaient logés ici. Aujourd'hui, le bâtiment classé monument historique ouvre ses portes chaque été pour des démonstrations !

Å-HAMNA RORBUER €€

Lofoten Tørrfiskmuseum

✆ + 47 76 09 12 11

www.lofotenferie.com

Ouvert toute l'année (sur réservation) mais réception ouverte en été. Différents hébergements à partir de 250 NOK.

Les *rorbuer* et les entrepôts maritimes sont aménagés en 4 petites auberges de jeunesse et 15 cabanes sur pilotis. Le grand entrepôt principal offre des chambres regroupées au premier étage avec salle de bains commune sur le palier. Leurs fenêtres et les Velux sous la pente du plafond donnent sur la mer et le ciel. Avec le soleil de minuit, c'est d'une beauté époustouflante ! (Et les prix restent assez abordables.) Au « rez-de-mer », le restaurant (avec, bien sûr, du poisson au menu) est entouré d'un ponton en bois qui sert de terrasse.

BRYGGA RESTAURANT €€

✆ +47 76 09 15 72

Ouvert tous les jours de 12h à 22h. Lunch à partir de 105 NOK, plat du soir à partir de 265 NOK.

Un magnifique restaurant situé sur le port dans un rorbu. Depuis l'intérieur, de grandes fenêtre vous offrent une vue imprenable. Un cadre idéal pour savourer des produits et des recettes locales, essentiellement à base de poisson évidement. L'intérieur du restaurant est très chaleureux, décoré de manière traditionnelle avec du bleu sur les murs et du mobilier en bois. L'été, vous pourrez vous installer sur la terrasse extérieure et profiter d'une belle soirée norvégienne, et peut-être même de l'atmosphère particulière du soleil de minuit !

VIKTEN ★★

Situé sur l'île Flakstadoya à l'ouest de la E-10, au bout de la R811, se trouve le petit village de Vikten. Une fois arrivé, il vous faudra continuer à pied ou rebrousser chemin, car la route ne va pas plus loin. La beauté du paysage côtier vaut pourtant ce demi-tour. Niché sur un replat entre deux falaises, les habitations semblent coincées entre mer et montagnes. La plage offre un face-à-face grandiose et quelquefois effrayant avec l'immensité de la mer de Norvège. Cette côte, orientée nord-ouest offre les plus belles vues sur le soleil de minuit. Moins protégée que la côte intérieure, la côte est souvent battue par de violentes tempêtes.

Vikten.

GLASSHYTTA PÅ VIKTEN

Napp

✆ +47 97 71 60 23

http://glasshyttavikten.no/

De juin à août, ouvert de 10h à 19h, et en septembre de 10h à 16h.

Au bout de la petite route apparaissent quelques maisons avec Glasshytta, une soufflerie de verre artisanale, complétée d'une petite salle d'exposition, d'un café et d'une terrasse donnant sur la mer. En 1977, Åsvar Tangrand fut le premier dans le nord de la Norvège a soufflé le verre. Aujourd'hui, on vient de loin pour l'observer au travail. Prenez du temps pour observer ce processus magique et une fois la visite terminée, vous profitez du panorama exceptionnel depuis la terrasse. L'île de Flakstad est habitée par une colonie d'aigles de mer.

RAMBERG ★★

Au nord de l'île de Flakstadøy, l'unique route qui suit le bord de mer se cramponne à flanc de montagne. Très exposée, la côte essuie parfois des tempêtes surréalistes. Ramberg offre une magnifique plage de sable blanc. L'hiver, on assiste à un contraste fascinant entre le bleu de l'eau et le blanc qui recouvre la baie. Dès le retour du soleil, les températures très agréables font le bonheur des locaux et des touristes ! L'office de tourisme de Ramberg est ouvert de 10h à 21h tous les jours uniquement de mi-juin à fin août, du lundi au samedi entre 10h et 16h le reste de l'année. Le Lofotekspress circule toute l'année vers Narvik ou Å.

RAMBERG BEACH

Site naturel

On ne pourra pas la rater lors d'un séjour dans les Lofoten. Située sur la route qui mène à Reine depuis Leknes, la plage de Ramberg est l'une des plus belles des îles mais aussi l'une des plus populaires. Très appréciée pour une balade lors du soleil de minuit. Sable blanc, anse entourée de montagnes, eau turquoise..., on se croirait dans les îles des Caraïbes (sans les palmier et la chaleur !) ou en Nouvelle-Zélande (sans les fougères géantes !). Un endroit superbe où il fait bon rester plusieurs heures. Pensez à vos chaussures de rando pour explorer le coin !

RAMBERG GJESTEGÅRD €€

Ramberg Gjestegård as
✆ +47 76 09 35 00
www.ramberg-gjestegard.no

Logement à partir de 1 250 NOK, emplacement 270 NOK. L'été, plat autour de 300 NOK. Fermé en novembre.

Didier Kurtz, un cuisinier alsacien, a ouvert cet auberge–restaurant dans ce village au centre des Lofoten. Les langues de morue séchées à l'air libre puis marinées avec des baies de genièvre sont une de leurs spécialités. L'établissement a une vue panoramique sur l'océan et l'on peut profiter, en privilégiés, du spectacle du soleil de minuit, pourquoi pas un verre à la main. On pourra loger dans de petits chalets de pêcheurs authentiques. Un endroit sympathique, idéal pour se détendre et goûter aux plaisirs locaux, chez le plus norvégien des Alsaciens !

LEKNES ★

En continuant la E-10 vers le sud, on atteint Vestvågøy, l'île la plus peuplée des Lofoten. Elle abrite notamment la ville de Leknes. Une ville idéale pour se ravitailler, aller faire du shopping ou simplement pour faire une pause dans un café-restaurant. Leknes abrite également un aéroport régional, ce qui permet aux visiteurs de commencer ou de terminer leur séjour à un point stratégique de l'archipel. Si la ville n'a rien d'exceptionnel, le cadre lui n'est pas des plus déplaisants ! Encore une fois l'E-10 longe de très jolies baies et falaises qui vous inciteront sûrement à vous arrêter pour une photo, particulièrement près du village de Napp.Au nord de Leknes se trouve l'une des plus belles plages de l'archipel, Hauklandstranda. La randonnée jusqu'au point de vue de Mannen est relativement facile et prend peu de temps. Ceux qui le souhaitent peuvent continuer jusqu'à la pointe, Veggen, qui s'élève à 489 mètres. D'en haut, vous pourrez apprécier la beauté de la plage et le dégradé des eaux de la mer de Norvège. Au creux de la falaise, le lac de Vasskarvatnet et de l'autre côté, la plage d'Uttakleiv.

Transports

- Avion. L'aéroport de Leknes est desservi par Widerøe depuis Bodø. La compagnie propose un service de location de vélo pour vous déplacer plus facilement une fois sur l'archipel. Plus d'information sur le site. www.wideroe.no/en/home/fly-with-us/fly-and-bike ; +47 67 03 39 00
- Bus. Le Lofotekspress circule toute l'année vers Narvik ou Å. www.177nordland.no.

HAUKLAND BEACH

Site naturel

Elle est composée de deux anses parfaites de sable très blanc et très fin. Comme dans les romans du siècle dernier, imaginant des îles mystérieuses, Haukland vous démontre ici que la réalité est au moins aussi étonnante. Au pied de l'abrupte montagne, les pâturages où paissent des moutons apportent une note inattendue. Penser à apporter son pique-nique, il n'y a pas la moindre boutique à des dizaines de kilomètres à la ronde. Un de ces endroits de bout du monde où l'on se sent merveilleusement à l'écart de toute civilisation.

UTTAKLEIV BEACH

Suivre la même route que pour Haukland Beach, il s'agit de la plage voisine, située à deux kilomètres.

Site naturel

Grande sœur de Haukland Beach, Uttakleiv est moins connue mais pourtant non moins belle. Deux façons d'y accéder, par la route, prendre le tunnel et suivre les indications depuis Haukland Beach, ou par le sentier côtier qui démarre de Haukland. Le sentier rend l'arrivée sur Uttakleiv on ne peut plus spectaculaire. Il s'agit d'ailleurs de la plage la plus photographiée de toute la Norvège. L'été, c'est une des destinations préférées des Norvégiens pour admirer le soleil de minuit, pour les feux de camp et les campings, sur la plage ou sur les dunes !

BØSTAD

La commune de Bøstad, au milieu de l'île de Vestvågøy, n'a à première vue rien de particulier. Comme bien des bourgades dans les Lofoten, elle est installée dans un décor bien sympathique entre lacs et montagnes. Mais il suffit de s'écarter de l'E10 vers la côte nord pour trouver les plages les plus populaires chez les amateurs de glisse. Très exposés, Unstad et Eggum sont deux spots de rêve pour les surfeurs. Ete comme hiver, les locaux se jettent à l'eau pour profiter pour braver les humeurs de la mer de Norvège. Si vous n'avez pas pensé à prendre votre planche, pas de panique, deux écoles à Unstad proposent cours et location de matériel.

UNSTAD ARTIC SURF €€

105 Unstadveien

✆ +47 970 61 201

www.unstadarcticsurf.com

Camping, bungalows tous types, chambres, bar, restaurant, sauna, café, wifi, vélos, école de surf, prêt de planches…

Tommy et son équipe vous accueillent à bras ouverts. Situé en plein cœur des îles Lofoten dans un cadre entre mer et montagnes, construit à quelques mètres de la plage, on y vient été comme hiver, admirer les aurores boréales ou profiter du soleil de minuit. Les amoureux et passionnés des vagues sont ici au paradis. Le complexe respecte l'environnement. Pour avoir moins de monde, y aller plutôt en juin ou en septembre. La route est longue pour s'y rendre, mais à peine arrivé, on comprend vite qu'elle n'en valait pas la peine. Un vrai coup de cœur !

LOFOTR VIKINGMUSEUM

https://www.lofotr.no/nb/

Adulte 200 NOK en haute saison, 170 NOK le reste de l'année. Ouvert toute l'année, de 10h à 19h en haute saison.

Un musée sur le thème des Vikings avec comme attraction centrale la plus vieille maison dite « longue » du monde, rien que ça ! À l'intérieur de cette maison, des activités pour vous faire découvrir le quotidien des Vikings. Mais c'est en plein air qu'il se passe le plus de choses entre la ferme, l'atelier du forgeron, les bateaux viking, entre autres. L'été, un bon nombre d'ateliers sont proposés pour que vous puissiez révéler le Viking qui est en vous : tir à l'arc, le lancer de hache, équitation, naviguer à bord d'un bateau viking !

HUSET KAFÉ

Ouvert de 10h à 16h du lundi au jeudi, et le samedi. Jusqu'à 18h le vendredi, de 11h à 17h le dimanche.

L'endroit idéal pour faire un break ! L'intérieur n'est pas bien grand mais il est très chaleureux et surtout, rempli de bonnes chose. Sucré, salé, il y en a pour tous les goûts. On peut s'y attabler toute la journée, faire un repas léger ou pour manger une gourmandise accompagnée d'une boisson chaude ou froide. Banquettes ou tables hautes, on s'y retrouve entre amis ou pour travailler, le nez tourné vers la rue et ses passants. L'été une terrasse permet de profiter du soleil s'il est de sortie. Voilà une bonne adresse à Leknes !

LOFOTEN SURF CENTER

www.lofotensurfsenter.no

Cours à partir de 990 NOK. Équipement complet 300 NOK, board 300 NOK. Ouvert de 9h à 21h en haute saison.

Chez Lofoten Surf Center on vous offre l'expérience ultime, surfer les belles vagues de la mer du Nord face aux plages iconique des Lofoten ! En toutes saisons, laissez-vous tenter par des cours de surf adapté à votre niveau. Que vous soyez débutant ou confirmé, il y en a pour tout le monde. Les plus sereins pourront tout simplement louer du matériel et se lancer dans cette aventure en solo ! Les plages de Unstad et Eggum, très réputées parmi les locaux sont deux spots idéals pour vous lancer. Après ces folies, faites un petit tour au shop !

UNSTAD ARTIC SURF SCHOOL

105 Unstadveien
✆ +47 97 06 12 01
Cours à partir de 1 595 NOK, sur demande en hors saison. Location de matériel, hébergement, packages.

Un enseignement de qualité par des professionnels qualifiés pour encadrer tous les niveaux de surf. Il s'agit de l'école de surf la plus au nord du continent ! Rien que ça ! On vous apprend à dompter les vagues de la mer du Nord sur les plages les plus réputées des Lofoten, et ça quelle que soit la saison ! Il est également possible de louer du matériel ou de se loger sur place, en bungalow, appartement ou maison. On vous propose aussi du stand-up paddle, du ski, de l'escalade, des sorties pêche, de la randonnée, et bien sûr des sessions sauna ou bain chaud.

STAMSUND ★

Avec ses 1 400 habitants, Stamsund est le village de pêcheurs le plus important de l'archipel des Lofoten. Les eaux autour de Stamsund sont riches en poisson et de nombreuses personnes profitent du séjour pour pêcher et sortir en bateau. Symbole du développement des Lofoten, Stamsund comprend une vie culturelle riche : le village abrite trois théâtres fixes et l'école d'art des Lofoten. Le festival de théâtre de Stamsund a lieu entre fin mai et début juin. L'Hurtigruten fait une escale quotidienne depuis Stamsund, vers le nord à 19h30 (arrivée Svolvær 21h) et départ de Stamsund tous les jours à 22h30 vers le sud (arrivée Bodø à 2h30).

Stamsund.

SKJÆRBRYGGA ROBUER & RESTAURANT €€

Skjæret 2
✆ +47 76 05 46 00
Restaurant ouvert tous les jours de 11h à 23h. Plat à partir de 249 NOK. Hôtel ou cabine à partir de 1 300 NOK.

L'hébergement à Live Lofoten est résolument sympathique et offre un cadre très reposant. Vous aurez le choix entre hôtel ou rorbu. Bâties vers 1910, les cabines de haut standing sont situées dans la lignée la plus proche de la mer et ont leurs fondations sur la pierre qui fait partie du quai de pierre le plus long de l'Europe du Nord. Le restaurant, plutôt réputé, propose une cuisine typique à base de poisson principalement. Plusieurs activités à réserver sur place.

LOFOTHEST

Valbergsveien 966
✆ +47 90 59 03 09
www.lofothest.no
Cours, excursions à partir de 960 NOK pour une balade de 2-3h.

Runa partagera avec vous, sa passion et sa connaissance du terrain pour vous emmener à la découverte des montagnes des Lofoten à dos de cheval. Ici ce sont des chevaux islandais, réputés pour leur robustesse, leur petite taille et leur quatrième allure. Des cours sur demande sont possibles et excursions à la carte. Voici une façon épatante de découvrir un endroit et ses reliefs. Petits ruisseaux à traverser, sentiers un peu difficiles, votre fidèle destrier en fera son affaire. Une expérience que vous ne serez pas près d'oublier !

STAMSUND ALPINSENTER

5 Georg Hansens vei
✆ +47 76 08 94 11
https://alpinlofoten.no
Dénivelé est de 1 700 m. Forfait journalier adulte 230 NOK. Location de ski : 200 NOK ; snowboard : 250 NOK.

Un très bel endroit pour les fans de glisse qui pourront profiter de quelques pistes bien raides pour se faire plaisir. Non seulement c'est une des rares stations de ski des Lofoten, mais c'est aussi une des mieux exposées. Face à vous, la mer à perte de vue et les falaises des alentours qui viennent habiller le décor. Et il y en a pour tous les goûts, car les pistes de descente sont entourées de pistes de ski de fond entretenues. On trouve aussi un café avec terrasse, ouvert aux mêmes heures en même temps que les pistes, pour faire une petite pause bien méritée.

NORVÈGE

GIMSØYA ★★

Située au sud-ouest d'Austvågøya, Gimsøya est une petite île de l'archipel, accessible par la E-10. Sur l'île, ce n'est pas la civilisation qui encombre. On note plutôt le relief particulier de l'île, très escarpée d'un côté, et bordée de marécages de l'autre. La route qui longe la côte et fait le tour de Gimsøya vous balade dans un cadre idyllique qui vaudra bien la peine de s'écarter de l'axe principal. Tout au nord de l'île, une petite route vous conduira à un phare. Entouré de cabanes de pêcheurs, il garde un port que se partage quelques bateaux. Plus loin sur votre chemin vous trouverez une église en bois datant de 1876.

LOFOTEN OPPLEVELSER

Opplevelser
✆ +47 905 81 475
www.lofoten-opplevelser.no

Randonnées, excursions sous le soleil de minuit ou aurores boréales... Détails et tarifs sur le site Internet.

Rolf, un passionné de l'aigle des mers et de l'orque, embarque les curieux sur des hors-bord puissants pour découvrir ces grands rapaces. Quatre couples vivent dans les falaises, et Rolf qui connaît leurs habitudes permet de les observer en toute tranquillité. Et ceux qui n'ont jamais froid peuvent aussi plonger dans l'eau cristalline en compagnie des orques. Jasmin, sa compagne australienne, plonge l'hiver sur la grande barrière de corail avec les grands requins blancs et adore ces grosses bêtes très joueuses. Une initiation dont on se souvient longtemps !

HENNINGSVÆR ★★

Construit sur un groupe d'îlots, Henningsvær est un village connu entre autres pour son stade foot au bord de l'eau. Une route de 7 km suit une côte à flan de falaise avant d'arriver aux deux ponts qui relient le village à la terre ferme. Été comme hiver l'ambiance y est chaleureuse et le port du village est toujours au cœur des animations. Pleines de charme, avec un petit air hipster-bobo, les ruelles de Henningsvær sont très populaires de mai à août. Cafés, restaurants et boutiques animent le quotidien, et à plusieurs occasions la musique envahit le village pour le plus grand bonheur des habitants comme des visiteurs. À ne rater sous aucun prétexte !

Balade

- Festvågtinden. Prêt pour l'une des plus belles vues de l'archipel ? Enfilez vos baskets et prenez la route en direction de Festvåg, après les deux ponts à la sortie de Henningsvær. Si vous êtes en voiture, laissez votre véhicule sur le parking de Festvåg, et rendez-vous ensuite au début du sentier quelques mètres en arrière, au creux du virage de la baie d'Urvika. Une marche de difficulté moyenne entre deux et trois heures vous attend. Avec un dénivelé de 500 mètres sur 1,5 kilomètre, attention au cardio. La pente est raide et l'ascension peut s'avérer dangereuse, ne partez que si la météo le permet. Le sentier est bien visible et il vous suffira d'emprunter le même chemin pour redescendre. Au sommet, profitez d'une vue spectaculaire sur Henningsvær et ses alentours. C'est l'endroit idéal pour observer le soleil de minuit !

FINNHOLMEN BRYGGE €

Hellandsgate 85
✆ +47 40 05 09 99
www.finnholmen.no

Ouvert l'été. Chambre double 1 250 NOK.

À l'autre bout du village est regroupé un ensemble de *rorbuer* dont les plus anciens datent des années 1800. Restaurés avec goût, ils sont équipés d'un coin cuisine et d'une douche. Une chambre froide et un grill, pour surgeler et cuire les poissons tout frais pêchés, sont à la disposition des clients. Dans le bâtiment principal donnant sur les quais, un adorable petit café tout en bois blanc est agencé autour de sa cheminée centrale. Le *rorbu* est une cabane de pêcheurs sur pilotis caractéristique du nord de la Norvège, plus précisément des Lofoten.

HENNINGSVÆR RORBUER €€€

Banhammaren 56 ✆ +47 76 06 60 00
www.henningsvar-rorbuer.no

Minimum de 2 nuits en pleine saison. Cabine à partir de 1 350 NOK. Ouvert toute l'année. Sauna 500 NOK.

Ce complexe hôtelier propose plusieurs services : un hébergement confortable – toutes les cabines disposent d'une cuisine et d'une salle de bains – un restaurant, ainsi que de multiples activités. On pourra ainsi profiter des tours guidés pour pêcher dans les environs, en bateau ou en kayak, ou encore passer quelques heures dans un sauna traditionnel. Un établissement très complet dans un décor magnifique, sur un des îlots Henningsvær. La quasi-totalité des cabines a vue sur la mer ou les montagnes et accès à une terrasse, de quoi passer de bons moments !

FISKEKROGEN €€

Dreyers gate 29
✆ +47 994 17 900
www.fiskekrogen.no
Ouvert toute l'année. Plat principal 260 NOK environ. Hébergement en rorbuer.

Sur la marina Henningsvær Feriebrygge, voici le meilleur restaurant de poisson des Lofoten, avec son bar et sa terrasse chauffée. Au menu, soupe de poissons : flétan, bar et autres loup marin, saumon de mer, lieu noir, morue fraîche. En plus d'une vue et d'une atmosphère exceptionnelle, c'est l'occasion de vous familiariser avec les spécialités des îles Lofoten et de la côte norvégienne plus largement. Une chose est sûre, le choix est large et la qualité garantie. Plats raffinés et ambiance détendue, conviviale, comme d'habitude dans les Lofoten !

KLATREKAFEEN €€

Misværveien 10
✆ +47 90 95 46 19
Café, restaurant, école d'escalade, location de ski, hébergement. Dortoir à partir de 300 NOK, chambre 500 NOK.

Comme ils le disent ici, le Klatrekaféen c'est à la fois « un pub anglais, une maison de thé népalaise, un restaurant du sud de la France et un camp de base sur l'Everest » et c'est vrai, au détroit d'une jolie ruelle décorée de drapeaux de prière népalais, le Klatrékaféen c'est un peu tout ça, un joli mélange des genres, un endroit chaleureux qui offre à chacun d'être un peu chez soi et pourtant si loin. La café restaurant offre de quoi se régaler, petits plats, pâtisseries boissons etc. Notre endroit coup de cœur à Henningsvaer.

TREVAREFABRIKKEN

www.trevarefabrikken.no
Dortoir à partir de 510 NOK, chambre à partir de 3 000 NOK. 2 nuits minimum. Sauna 150 NOK. Lunch 149 NOK.

Lieu incontournable d'Henningsvær, Trevarefabrikken est un projet mené par 4 amis qui se sont lancé le défi de rénover un immense bâtiment où l'on épluchait autrefois les crevettes, pour y accueillir des visiteurs venus du monde entier. Ces murs chargés d'histoire abrite aujourd'hui des chambres d'hôtels, une immense salle où l'on mange et assiste à toutes sortes d'événements, un café et un sauna avec vue sur la mer. Après plusieurs mois de rénovation, Trevarefabrikken rouvre ses portes pour vous faire vivre le meilleur d'Henningsvær.

MIN

Ouvert toute l'année sauf en mars, du mercredi au dimanche de 11h à 16h.

Perchée dans une magnifique maison rose dans le centre du village de Henningsvær se trouve MIN, une boutique chaleureuse et exclusive. A l'intérieur, une ambiance hipster-bobo à son paroxysme et un accueil toujours souriant. La boutique a des allures de concept store, on y trouve des habits en quantité limitée, des objets en tous genres et au design fin, et des marques comme Livid jeans, Patagonia, Levis, Lee, Ykra, HAY, Suncoo, HOPE, Strømeng samekniver, Le Bonnet, American Vintage, SIGG, Carhartt, The Product... A visiter absolument !

NORVÈGE

Panorama d'Henningsvaer.

SVOLVÆR ★★★

Située près de l'archipel de Vesterålen, la petite ville de Svolvær connaît une activité touristique récente. Svolær n'est pas la plus jolie des villes de l'archipel mais elle est dynamique et très agréable. On y trouve des petites boutiques et des bars-restaurants très cosy. Svolvær est aussi le point de départ d'excursions dans le fameux Trollfjord !

Tourisme

L'office de tourisme se trouve sur la place du village. Ouvert du lundi au vendredi de 9h à 20h30 de mai à septembre, le samedi de 10h à 15h entre septembre et mai, le samedi et le dimanche de 9h à 15h de mi-mai à fin juin et de 9h à 20h30 de juin à août. lofoten.info/ ; (+47) 76 07 05 75

Transports

- Avion. L'aéroport de Svolvær Helle se situe à 6 km de Svolvær. (www.avinor.no) Il est desservi par la compagnie Widerøe depuis Bodø, Røst, Stokmarknes et Oslo. La compagnie propose un service de location de vélo pour vous déplacer plus facilement une fois sur l'archipel. Plus d'information sur le site. www.wideroe.no/en/home/fly-with-us/fly-and-bike ; Tél. +47 67 03 39 50
- Bus. Le Lofotekspressen circule toute l'année vers Narvik ou Å. La ligne 18-743 circule également entre Svolvær et Henningsvær. www.177nordland.no.
- Bateau. Hurtigruten, Express Côtier. www.hurtigruten.fr. Le célèbre bateau de croisière Hurtigruten s'arrête à Svolvær tous les jours, dans les deux sens. À 22h vers le nord et à 20h30 vers le sud.

© HARVEPINO - SHUTTERSTOCK.COM

Le petit port de Svolvær.

MAGIC ICE ★

Fiskergata 36
✆ +47 76 07 40 11
www.magic-ice.no

Ouvert toute l'année. De mi-juin à mi-août de midi à 23h et de mi-août à mi-juin de 18h à 22h. Adulte 225 NOK.

Depuis 2003, les Lofoten possèdent leur palais des Glaces. Mais ici, le jeu sur les reflets et les lumières n'a rien à voir avec Versailles. Il s'agit de sculptures de bateaux, d'animaux, de tout ce qui fait la culture régionale, mais surtout l'Icebar en glace ! Un univers glacial et unique qui vaut le détour, ne serait-ce que pour apprécier le talent des sculpteurs sur glace ! Féerique. C'est aussi un bar, et vous n'aurez certainement pas souvent l'occasion d'apprécier un cocktail dans un décor pareil. Un endroit hors du commun à ne pas manquer !

TUVA (477 M)

E10

Site naturel

Comptez de 2 à 4 heures de randonnée. Très belles vues depuis le sommet. On recommandera cependant de la faire par temps secs puisque certaines sections peuvent être assez glissantes. N'hésitez pas à passer à l'office de tourisme afin de vous procurer des cartes de randonnées et prévenir de votre départ. Faites comme les locaux, prenez avec vous une barre de KVIKK LUNSJ que l'on trouve partout ! Regardez la météo avant de partir. Forêt de bouleaux, petits lacs, quelques ruisseaux ici et là. Vous pouvez aussi partir avec un guide.

SVINØYA RORBUER €€

Gunnar Bergs vei 2
✆ +47 76 06 99 30
www.svinoya.no

Ouvert toute l'année. Hébergement, activités, bar et restaurant. 55 rorbuers. À partir de 1 150 NOK la nuit.

Bienvenue dans l'une plus ancienne maison de l'île. Située un peu à l'écart de la ville, après avoir traversé un grand pont, ce petit village de pêcheur est très charmant. C'est sans doute d'ici que vous pourrez vous procurer au mieux, tout l'esprit et la qualité de vie des Lofoten. Ici, il y a tout ce qu'il faut : hébergement, restauration, activités au départ de l'établissement. Les *rurbuers*, petites maisons de pêcheur, sont toutes, bien équipées et de tout confort. Le matin, un excellent petit-déjeuner est servi dans à Borsen Spiseri, un restaurant réputé.

THON HOTEL LOFOTEN €€

1 Torget

✆ + 47 76 04 90 00

www.thonhotels.com

Chambre double à partir de 1 356 NOK. Restaurant et bar.

Situé sur le port, cet hôtel moderne offre 161 chambres confortables. Certaines d'entre elles présentent une belle vue sur le fjord. Le restaurant de l'hôtel donne l'occasion de goûter à la cuisine locale, tournée vers les produits de la mer. Au menu, poissons frais et crustacés ! Le personnel de l'hôtel pourra réserver pour vous de nombreuses activités comme les excursions en mer pour apercevoir les baleines. Fidèle aux standards de la chaîne hôtelière, c'est une valeur sûre bien que moins atypique. Il est situé en plein cœur de village, un avantage !

SCANDIC HOTEL SVOLVÆR €€€

Lamholmen

✆ +47 76 07 22 22

Chambres doubles à partir de 1 049 NOK (réduction le week-end). Petit déjeuner inclus. Également restaurant.

Un très bel hôtel, offrant confort, espace et architecture lumineuse dans le cadre d'un vaste *rorbuer*. Certaines chambres sont même équipées d'un trou permettant de pêcher directement de son lit (ou presque !). L'hôtel est situé sur un îlot central et son positionnement assure d'une part une jolie vue sur la ville depuis la plupart des chambres, et de l'autre une proximité directe avec tous les commerces. Côté restaurant, on vous propose une carte traditionnelle avec des recettes locales et donc principalement à base de poisson.

BACALAO SJØMATBAR OG PUB €

Havnepromenaden, 2 ✆ +47 76 07 94 00

Bar, restaurant, concert. Ouvert tous les jours de 10h30 à 1h et jusqu'à 2h30 le week-end. Plats à partir de 150 NOK.

Une très belle adresse à Svolvær. On peut le recommander en tant que bar mais Bacalao propose aussi une jolie carte pour se restaurer et ce, à des prix très raisonnables (burger, salades, *fish & chips*, moules-frites, plats végétariens). QG de la jeunesse locale, bar spacieux à l'ambiance tamisée et au décor surf, feu de cheminée l'hiver et playlist ambiance : l'endroit est chaleureux et cosy, on s'y sent vite bien. L'été, le Bacalao sort sa grande terrasse sur le port. Les week-ends, des groupes viennent également s'y produire.

BØRSEN SPISERI €€

Gunnar Bergs vei 2

✆ +47 76 06 99 30

www.svinoya.no/en/restaurant/

Ouvert de 18h à 22h. Plats à partir de 290 NOK.

Le restaurant du Svinøya Rorbuer, le Børsen Spiseri, offre une cuisine exceptionnelle dans un cadre on ne peut plus charmant, rempli d'histoire. Dans cette vieille maison de 1828, au plancher craquant, on s'installe confortablement autour d'une des tables en bois éclairées à la bougie pour déguster la spécialité, la morue séchée, ou *stockfish*, sous toutes ses formes ! Bien sûr, le restaurant propose un choix de plusieurs plats (à base de poisson, bien sûr, mais pas que) issus de produits locaux et cuisinés avec invention et originalité.

LOFOTEN AKTIV

✆ +47 76 07 30 00

www.lofoten-aktiv.no

Activités toute l'année.

Passionné et expérimenté, Jann Engstad est la personne idéale pour partir à la rencontre de la nature norvégienne, été comme hiver. Depuis de nombreuses années (près de 35 ans), il travaille en tant que guide pour individuel mais aussi pour les groupes. Il sera content de vous transmettre sa passion tout en veillant à assurer les activités en toute sécurité et tout en continuant de promouvoir l'éco-tourisme. Tous les guides sont expérimentés et natifs des Lofoten. Sur le site, vous pourrez avoir un détails des activités proposées en fonction de la saison.

XX LOFOTEN

J.E. Paulsens gate 12

✆ +47 91 65 55 00

www.xxlofoten.no

Activités toute l'année. Départ de Svolvær ou alentour (Kabelvåg, Henningsvær).

Une équipe de professionnels, connaisseurs de la région, vous propose un bon nombre d'activités. Les thèmes sont divers, de l'ascension du Tjeldbergtinden, aux tours à vélo, en bateaux jusqu'au Trollfjord ou en kayak de mer, et des sorties pêches. Tout au long de l'année, vous pourrez varier les plaisirs et découvrir cette magnifique région des Lofoten sous différents angles. Certaines activités sont à la demande et la réservation se fait en fonction du nombre de personnes. Une très bonne adresse d'activistes de toute confiance à Svolvaer.

KABELVÅG

Au Moyen Âge, Kabelvåg était le village le plus peuplé de la Norvège de Nord grâce à la pêche des Lofoten. Aujourd'hui, c'est un charmant village, célèbre pour avoir vu éclore la toute première église des Lofoten, construite en 1103 par le roi Øystein. Celle que l'on aperçoit aujourd'hui à l'entrée du village, surnommée Lofotkatedralen (la cathédrale des Lofoten) lorsque l'on arrive par le nord, a été construite dans les années 1890 pour accueillir une population toujours plus nombreuse. Le village abrite également un musée consacré à l'histoire des îles Lofoten, le Lofotmuseet ainsi qu'un aquarium dédié principalement au cabillaud, le Lofotakvariet.

© LUKASZ - ISTOCKPHOTO

Eglise de Kabelvåg.

NORVÈGE

GALLERI ESPOLIN

✆ +47 76 15 40 00

www.museumnord.no/galleri-espolin/

Ouvert toute l'année. Horaires très précis, regardez sur le web. Adulte 100 NOK.

Une très belle galerie qui rend hommage à l'un des maîtres de l'histoire de l'art en Norvège, Kaare Espolin Johnson (1907-1994) et grand amoureux des îles Lofoten. Une belle manière d'en savoir plus sur la culture maritime dans le pays. Exposition et mise en vente de certaines œuvres. Située à 10 minutes de Svolvær et juste à l'extérieur de Kabelvåg, la galerie Espolin est reliée à deux autres musées, le Lofoten Museum et l'Aquarium du Lofoten. De ce fait, vous pouvez acheter un billet combiné pour les 3 musées, simple et pratique !

LOFOTEN AQUARIUM

Storvåganveien 28 ✆ +47 76 07 86 65

www.museumnord.no/en/lofoten-aquarium/

Fermé décembre et janvier. Ouvert tous les jours du 1er juin au 31 août de 10h à 18h. Adulte 130 NOK.

L'Aquarium vous apprendra d'avantage sur la morue Skrei d'Atlantique qui, tous les ans, migre de la mer des Barents aux Lofoten. La morue est le fondement de la pêche aux Lofoten, et ce depuis des siècles. On en saura bien sûr d'avantage sur la faune arctique (crustacés et autres animaux marins des Lofoten). Ne ratez pas le nourrissage des phoques et des loutres, ainsi que l'exposition sur l'art de la coexistence, mettant en avant l'importance de l'aquaculture, la pêche et les activités pétrolières en Norvège, sur les animaux marins. Boutique souvenirs et café.

TJELDBERGTIND (367 M)

Suivre la direction Kabelvåg sur l'E10 depuis le rond-point. Suivez les indications « Kjeldbergtinden skyfelt » après avoir passé la station Esso.

Site naturel

Comptez deux à trois heures de randonnée pour vous rendre jusqu'aux deux sommets. Préférez l'excursion par temps clair, la vue à 360° sera d'autant plus impressionnante. Il s'agit de la randonnée la plus accessible depuis Svoalver. C'est aussi une bonne mise en jambes avant les randonnées du sud. Tout public. Et rappelez-vous, en montagne, (même s'il s'agit d'une balade facile) prenez un coupe-vent et des habits chauds, prévenez de votre départ, vérifier la météo, prenez un petit encas, et surtout, n'ayez pas honte de faire demi-tour si besoin !

NYVAGAR RORBUHOTELL €€

Storvåganveien 22

✆ +47 76 06 97 00

Chalet à partir de 1 830 NOK, petit déjeuner, parking et wifi inclus.

Ces *rorbu*, ou cabanes de pêcheurs, sont de petits chalets réaménagés pour accueillir les touristes qui souhaitent séjourner plusieurs jours sur les Lofoten. En prime, un cadre exceptionnel au bord de l'eau, dans le charmant village de Kabelvåg. Chaque cabane, joliment décorée, possède sa salle de bains et sa cuisine équipée. Dans le prix sont inclus le petit déjeuner, la wifi et le parking, avec la possibilité de recharger les voitures électriques. Un restaurant de cuisine traditionnelle est également accessible, lui aussi très bien situé !

ANDENES ★★★

À Andenes l'horizon est libre sur la mer, et aucune montagne ne vient s'interposer entre vous et le soleil de minuit ou les aurores boréales selon la saison. C'est surtout l'endroit idéal pour participer aux safaris de baleines, avec la quasi-certitude d'apercevoir ces magnifiques cétacés menacés par l'homme. Peu d'endroits au monde peuvent en promettre autant ! On y croise aussi des épaulards, de petits rorquals et des dauphins. C'est le seul endroit de Norvège où l'on peut observer des baleines si près des côtes. Les safaris se font à bord d'anciens baleiniers du 25 mai au 15 septembre. On peut évidemment aussi simplement se balader !

© DAGMAR RICHARDT - FOTOLIA

Observation des baleines près d'Andenes.

ROCHER AUX OISEAUX

Bleiksøya (île)

Excursions guidées de 2 heures, inscription au centre baleinier d'Andenes (saison du 1er juin au 20 août).

Au large d'Andøya s'élève ce rocher aux oiseaux, l'un des plus connus du pays. Un bateau de pêche local se rend chaque jour dans cette île où l'on peut observer un grand nombre d'espèces. Entre 70 000 et 80 000 couples de macareux, plus de 4 000 couples de mouettes tridactyles et des centaines de cormorans, de guillemots, de pétrels, entre autres oiseaux de mer, viennent ici nidifier. Pensez à prendre vos jumelles et pourquoi pas un carnet de croquis pour vous ou pour dessiner vous-même vos cartes postales. Un très bel endroit.

WHALE CENTER - MUSÉE DES BALEINES ★

Hamnegata

✆ +47 76 11 56 00

www.whalesafari.com

Ouvert tous les jours du 25 mai au 15 septembre, en semaine sinon. Horaires précis, voir web. Entrée+visite guidée 140 NOK.

Le centre propose des expositions sur les baleines et rend compte des recherches menées par les scientifiques norvégiens sur ces fascinants mammifères. C'est ici que l'on réserver les excursions guidées de 2 heures vers le rocher aux oiseaux dans l'archipel d'Andenes (saison du 1er juin au 20 août). Un bateau de pêche local se rend chaque jour dans cette île où l'on peut observer des macareux, des mouettes tridactyles et bien d'autres oiseaux de mer !

WHALE SAFARI ★★★

1 Hamnegata

✆ +47 76 11 56 00

www.whalesafari.no

Toute l'année. 1 240 NOK par adulte, 895 NOK par enfant de 5 à 13 ans.

Whale Safari fait partie des compagnies les plus expertes de Norvège pour l'observation des baleines. Notons que Andenes est idéalement situé entre les îles Lofoten et le Cap Nord. Le billet inclut l'entrée et la visite du centre baleinier qui ouvre à 9h selon les saisons. Une visite guidée du musée des cétacés est inclus dans le prix du billet. Le Whale Safari, propose aussi des hébergements et un restaurant. Le centre des cétacés est situé près du phare d'Andenes, impossible à louper. En mer, pensez à mettre des vêtements chauds !

ANDENES GRØNNBUENE RORBU HOTELL €€

Storgata 53 ✆ +47 76 14 90 90

www.andeneshotell.no

Ouvert toute l'année. Chambre double 950 NOK, appartement ou chalet pour 2 à 4 personnes 1 500 NOK. Restaurant.

Ce complexe hôtelier est situé le long du port. On peut y loger dans des chambres doubles, un appartement ou un chalet tout équipés. Ce sont d'anciens hangars de pêcheurs qui ont été réaménagés. Pour récupérer les clés il faut aller à la réception du Thon Hotel Andrikken, où vous pourrez également prendre votre petit déjeuner si vous le souhaitez. Ce ne sont pas les maisonnettes les mieux aménagées que l'on connaisse, mais c'est très correct et au moins de quoi bien se reposer.

HARSTAD ★

Harstad se situe sur la plus grande île de Norvège, Hinnøya, qui baigne à l'est des archipels de Vesterålen et Lofoten. On trouve à Harstad les traces de plusieurs périodes historiques, à travers plusieurs sites. L'âge viking, le Moyen Âge, la Seconde Guerre mondiale sont bien représentés dans la ville. Harstad est un vrai paradis pour les amoureux de culture et de nature. L'hiver, on y pratique la motoneige, le chien de traîneau et l'été la randonnée et le kayak entre autres. Le Festival d'art de la Norvège du Nord a lieu à Harstad durant la semaine de la Saint-Jean. À ne pas rater si vous êtes dans le coin ! Plus d'infos sur www.festspillnn.no

Tourisme

- L'office de tourisme est ouvert toute l'année, il est situé à Sjøgata 1B-3. En été tous les jours de 10h à 17h. Le reste de l'année en semaine de 8h à 15h30 uniquement. www.visitharstad.com ; post@visitharstad.no ;+47 77 01 89 89.

Transports

- Aéroport de Harstad-Narvik. L'aéroport est à 45 km de Harstad. Vols intérieurs uniquement. Une navette dessert l'aéroport au départ de l'hôtel Thon et de la gare routière. Adulte 266 NOK. www.avinor.no/ ; post@avinor.no ; +47 67 03 43 80
- Hurtigruten - Express côtier. Escale quotidienne de l'Express Côtier. Départ vers le nord vers 6h45, vers le sud à 8h30. www.hurtigruten.fr

ADOLF GUNS ★

Richard Kaarbøsgt 11 ✆ +47 77 01 89 89
https://arcticoncepts.zaui.net/

Ouvert toute l'année. De mi-juin à mi-août, visites guidées en norvégien. Autres langues, prévenir 48h avant. 195 NOK.

Les Adolf Guns sont les plus grands canons du monde. Ils ont été construits par les occupants allemands durant la Seconde Guerre mondiale et installés sur la place forte de Trondenes. Aujourd'hui, quatre sont encore sur place mais un seul est entièrement préservé et entretenu (en état de marche). Ce sont les plus gros canons navals placés à terre pendant la Seconde Guerre mondiale, dans toute l'Europe. Ils formaient la plus puissante batterie de Hitler sur son mur de l'Atlantique. Souvenir d'une période lourde et traumatisante pour le nord de la Norvège également.

ÉGLISE - TRONDENES KIRKE

Trondenes Kirke
www.destinationharstad.no

Visites l'été uniquement, sur demande à l'office de tourisme.

Sur un site qui remonte à l'époque des Vikings, l'église gothique a été construite vers 1250. Autour de l'église, gisent des restes de fortifications servant à protéger une ancienne église en bois. À l'est de l'église dort un petit lac. Selon la légende, les premiers chrétiens de la Norvège du Nord furent baptisés dans ses eaux. Un endroit assez reposant pour pique-niquer en famille par exemple. L'église en elle-même est aussi très jolie et étonnamment assez lumineuse et aérée, avec sa galerie supérieure et son sol en carreaux noirs et blancs.

Harstad.

TRONDENES HISTORISKE SENTER

Trondenes Route 122 ✆ +47 77 01 83 80
stmu.no
En été, 7j/7 de 10h à 17h ; hors saison du mardi au vendredi 11h-15h, samedi dimanche 11h-16h. Adulte 125 NOK.

Le centre historique de Trondenes est un musée d'histoire régionale qui couvre une vaste période, depuis l'âge de pierre jusqu'à nos jours. Une partie importante des expositions sont consacrées aux Vikings et au Moyen Âge. Le musée est très interactif. Il est situé dans un décor absolument magnifique, au bord de l'eau, à 3 kilomètres du centre d'Harstad. L'endroit est idéal pour faire une pause après la visite ; on trouve un restaurant, un café et une boutique de souvenirs.

HARSTAD CAMPING €

Nessevegen 52
✆ +47 971 65 529
https://harstadcamping.no/
Fermé de mi-novembre à fin avril. Tente + voiture 280 NOK, camping-car/caravane 350 NOK, cabine à partir de 1 300 NOK.

Situé sur la côte au sud de la ville, le camping d'Harstad est fait pour vous si souhaitez profiter d'une vue imprenable sur les montagnes et de la proximité avec l'eau. Le cadre est idyllique et le camping reste proche de la ville, où se trouvent la plupart des services et des activités. Le confort est standard pour un camping norvégien, et à quelques mètres du camping seulement, vous pourrez embarquer sur un ferry à destination de Sørrollnes, situé sur une île au large d'Harstad. L'île offre une belle possibilité de balade à la journée.

F2 €€

Fjordgata 2
✆ +47 77 00 30 00
https://f2hotel.no/
Chambre double à partir de 850 NOK, appartement à partir de 1 095 NOK.

F2 propose différents types de logements, de la chambre à l'appartement, tout seulement en plein centre d'Harstad. Certes la décoration n'est pas très originale mais les chambres sont entièrement équipées, et le confort est au rendez-vous pour un prix tout à fait correct ! Vous avez également accès à une salle commune avec tv au premier étage. Pas de réceptionniste, vous procéderez à un self-check in très simple avant de pouvoir vous installer. A deux pas de tous les commerces et de toutes les activités, F2 est un bon compromis entre confort et petits prix.

SCANDIC HOTEL HARSTAD €€

Strandgt, 9
✆ +47 77 00 30 00
www.nordic.no
À partir de 1 345 NOK la chambre double. Les prix baissent pendant les week-ends.

À l'image de la chaîne, ici encore, l'hôtel répond à tous les critères de qualité. Spacieux, agréable, chaleureux et idéalement situé, le Scandic Harstad est idéal pour les séjours en famille comme pour les séjours professionnels. Tous les jours, on y sert un excellent petit déjeuner, repas sur commande le midi et le soir ; l'endroit accueille aussi des événements en soirée (concerts, etc.). Connexion Internet gratuite. Vous pourrez probablement tomber sur une offre Internet en allant sur leur site. Parking 100 NOK pour 24 heures.

THON HARSTAD HOTEL €€

Sjøgaten, 11
✆ +47 77 00 08 00
www.thonhotels.no
Chambre double autour de 1 300 NOK.

Fidèle à la qualité et au confort de la chaîne Thon, l'hôtel d'Harstad est de bon standing. Situé au cœur de la ville, près des quais, la position est stratégique et vous permettra de découvrir la ville et ses alentours très facilement. La décoration est chaleureuse et multicolore, une touche de gaieté qui est la bienvenue surtout pendant les mois d'hiver ! Les chambres sont tout confort et offre, surtout, une très belle vue sur le fjord ! On retrouve les services habituels : restaurant, bar, salle de sport et possibilité de réserver certaines activités.

CLARION ARCTICUS HOTELL €€€

Havnegata 3 ✆ +47 77 04 08 00
www.clarionhotel.com
Chambre double à partir de 1 250 NOK (prix d'été) et 1 150 NOK (prix d'hiver). Petit déjeuner inclus.

L'hôtel se trouve sur le front de mer, la plupart des chambres, le bar et le restaurant bénéficient d'une vue imprenable sur le port et la côte. Sans parler du sauna qui tient sa promesse de détente grâce à sa fenêtre d'angle ! L'hôtel a été récemment rénové et offre désormais un confort très moderne à l'image de la chaîne. Les chambres sont entièrement équipées, spacieuses et pour certaines vraiment luxueuses. Une salle de sport est à disposition pour l'ensemble de la clientèle et il est possible d'emprunter des cannes à pêche à la réception contre une caution.

TRANØY ★

Dans ce hameau au bord de la mer, Knut Hamsun travailla dès l'âge de 15 ans, comme apprenti dans la vieille épicerie du village. Tout en ayant conservé son charme d'antan, la boutique a été reconvertie en galerie d'art avec une exposition permanente de gravures de Karl Erik Harr illustrant les œuvres les plus connues de Hamsun. La maison voisine, l'adorable pension d'Edvarda est, elle aussi, restée inchangée. Mais Horst Tapper, le défunt acteur vedette de la série télévisée allemande *Derrick*, s'y était fait construire une maison de vacances. Depuis sa propriété de 140 m², il jouissait d'une vue grandiose sur le Vestfjord et les Lofoten.

PARC NATIONAL ET VALLÉE D'ÅNDERDALEN ★★

Anderdalen Nasjonalpark
✆ +47 481 52 290
www.nasjonalparkstyre.no/Anderdalen
Senja est accessible par la route ou par ferry.

Située sur l'île de Senja et entourée d'imposantes montagnes surgissant de la mer, cette vallée est, pour l'essentiel, couverte de marais et de bouleaux de montagne. Les pins, dont les formes rampantes et tourmentées s'accrochent aux falaises de la côte, ajoutent au caractère sauvage de l'endroit. Bien moins connu que les îles Lofoten, Senja est encore aujourd'hui épargnée par les foules. Un petit bijou surgi des eaux. Peu d'aménagements. Superficie : 69 km².

PHARE - TRANØY FYR ★★

Tranoy Fyr
✆ +47 997 04 499
www.tranoyfyr.no

À 30 km, ce phare, qui n'est plus habité depuis 1970, est un lieu très prisé des peintres et des écrivains. Un pont piéton relie le rocher du phare à la terre ferme. Les seuls habitants du lieu sont une vingtaine d'eiders qui viennent ici nidifier. Attention, le temps peut changer très vite ! À tout moment, les éléments peuvent se déchaîner autour de ce phare isolé dans la mer, donc bien regarder la météo. L'été, vous y trouverez un charmant petit restaurant qui sert des petits déjeuners avec du pain frais fait maison. Déjeuner et dîner.

NARVIK ★★★

Narvik est une ancienne ville minière située sur une pointe entre deux fjords. C'est par son port qui n'est jamais saisi par les glaces, le deuxième plus grand de Norvège, que la Suède exporte son minerai venant de Kiruna par voie ferrée. Deux trains assurent quotidiennement la liaison avec Kiruna, seul moyen de joindre cette ville, non reliée au réseau de chemin de fer norvégien. À Narvik, les souvenirs de guerre toujours présents. Dès le début de la Seconde Guerre mondiale, les Allemands occupèrent la ville pour alimenter leur usines en fer. Des combats acharnés, dont la fameuse bataille de Narvik, rayèrent quasiment la ville de la carte.

Tourisme

- Office du tourisme. Kongensgate 41-43. Ouvert tous les jours de 10h à 19h de juin à août ; jusqu'à 16h le reste de l'année. L'office se trouve dans le même hall que la bibliothèque et le musée de la Guerre. +47 76 96 56 00 ; www.visitnarvik.com ; post@visitnarvik.com
- Téléphérique de Narvik - Narvikfjellett. Skistuaveien. Derrière la gare. Aller-retour en téléphérique à 295 NOK. Ouvert l'été de 10h à 01h. En hiver, lorsque la station de ski est ouverte. Le téléphérique vous mène jusqu'au sommet de Fagernestoppen et son restaurant. Au sommet, une vue magnifique sur la ville qui s'avance dans le fjord bleu, entouré de montagnes tachées de neige. Un spot idéal pour observer le soleil de minuit entre le 10 juin et le 8 juillet ! https://www.narvikfjellet.no/en/apningstider ;+47 76 94 16 05

Transports

- Aéroport de Harstad-Narvik. L'aéroport est à Evenes, à 80 km de Narvik. Vols intérieurs uniquement. www.avinor.no ; post@avinor.no ; +47 67 03 43 80. Une navette dessert l'aéroport au départ de la gare routière de Narvik. Adulte 297 NOK. Réservation sur www.flybussen.no
- Gare ferroviaire. Stasjonsveien 1. Terminus de la seule et unique ligne desservant Narvik, en provenance de Suède. Compter 24 heures pour aller à Stockholm, en passant par Luleå, au nord-est de la Suède. Un voyage unique à travers les paysages désertiques de Laponie. www.sj.se ; info@sj.se ; https://www.thearcticroute.com/arctic-routes/ ; +47 76 94 18 51.
- Taxi. Kongensgate 45. Comptez 1 590 NOK pour un transfert vers l'aéroport d'Evenes. Tél. 07 550 ; www.narviktaxi.no ; taxi@narviktaxi.no

GROTTES

Site naturel

Autour de Narvik il existe plusieurs grottes qui se visitent et où il est possible de faire de la spéléologie en été. Renseignements à l'office de tourisme pour les horaires et les jours. Une activité sportive pour ceux qui ne sont pas claustrophobes évidemment ! La grotte de Trollkirka par exemple est réputée pour être assez extraordinaire, avec des cascades, des trous façonnés au fil des années par l'eau et la glace, des failles ici et là. Peut être également déconseillé au personnes sujettes au vertige, demandez à votre guide !

MUSÉE DE LA GUERRE - KRIGSMINNEMUSEET ★

Kongens gate 39
✆ +47 76 94 44 26
www.warmuseum.no

Ouvert tous les jours de de 10h à 16h. Adulte : 120 NOK.

On peut y suivre pas à pas la destruction de Narvik, les débarquements des alliés, la vie sous l'occupation allemande jusqu'à la fin de la Seconde Guerre mondiale. Le musée a déménagé il y a peu, il s'est modernisé et il se trouve désormais au centre de Narvik, à Kongens Gate, dans le même hall que la Bibliothèque et l'office de tourisme. Le musée est très bien détaillé et permet de mieux comprendre l'histoire de la ville. On y trouve régulièrement des expositions temporaires..

MUSEUM NORD - NARVIK ★

Administrasjonsveien 3 ✆ +47 76 96 00 50
www.museumnord.no/narvik

Toute l'année lundi, mercredi, vendredi 10h-15h, 7j/7 en juin, 10h-16h, samedi & dimanche 12h-15h.

Le musée s'attarde sur l'histoire locale de la ville, et ses nombreuses transformations à la suite de l'extraction de l'acier dans la mine de Kiruna et son transport en train jusqu'à Narvik. Découvrez comment s'est construit ce chemin de fer et son impact sur la population sur une période de plus de 100 ans. Encore aujourd'hui cette ligne ferroviaire et l'extraction du fer à la mine de Kiruna sont un moteur économique de poids dans la région. Le musée se situe dans les anciens bâtiments administratifs de NSB, la compagnie ferroviaire norvégienne, datant de 1902.

TRAIN OFOT - OFOTBANEN ★

Stasjonsvn 1 ✆ +47 76 92 32 50
www.visitnarvik.com/en/Ofotbanen

Un trajet touristique de 3 heures jusqu'à Kiruna. Départ de Narvik 7j/7 à 10h48 et 15h15 (environ 150 NOK).

Le chemin de fer a été construit en 1902 malgré les foudres de dame Nature dans l'unique but de transporter les minerais, et parfois quelques passagers, aujourd'hui les touristes ! A Kiruna, il est possible de visiter la mine et d'en apprendre plus sur son origine, son fonctionnement, et sur son importance. Elle est si productive qu'elle est à l'origine du déplacement de la ville entière de Kiruna !

- **Itinéraire :** Narvik - Riskgränsen (Suède) - Kiruna - Luleå. A partir de la frontière la ligne est connectée au réseau suédois et prend le nom de Malmbanan.

NARVIKFJELLET ★★

Skistuaveien
✆ +47 76 94 16 05

Ouvert l'été de 13h à 21h. En hiver, lorsque la station de ski est ouverte. Pass : 3h pour 261 NOK, journée 310 NOK.

Un téléphérique mène jusqu'au sommet de Fagernestoppen et son restaurant. Une fois en haut, un magnifique point de vue s'offre sur la ville qui s'avance dans le fjord bleu, entouré de montagnes tachées de neige. Décor de rêve pour dévaler les pentes ! Avec 9 pistes et 6 télésièges, la station est une véritable cour de récréation pour les locaux qui y passent leurs soirées et leur week-end. Au fur et à mesure de la saison, le soleil revient, la lumière change et l'atmosphère en haut des pistes est très particulière, avec des couchers de soleil à couper le souffle !

BREIDABLIKK GJESTEHUS €€

Tore Hunds Gate, 41
✆ +47 76 94 14 18
www.breidablikk.no

Chambre simple à partir de 800 NOK, double 1 195 NOK. Dortoir de 6 personnes 350 NOK. Petit déjeuner inclus.

Cette petite auberge très confortable est une maison familiale en bois qui surplombe la ville. Entièrement rénovée, elle propose une décoration moderne et scandinave, recréant un cadre très accueillant et chaleureux. Les chambres sont belles et surtout d'un grand confort. Seul les dortoirs n'ont pas de salle de bains et toilettes privatives. Depuis la terrasse, on a une très jolie vue sur le fjord en face et les montagnes coiffées de neige, l'endroit idéal pour prendre son petit déjeuner ou pour faire pause en milieu de journée.

QUALITY HOTEL GRAND ROYAL €€€

Kongensgata, 64
✆ +47 76 97 70 00
www.choice.no
Chambre simple à partir de 895 NOK, petit déjeuner et wifi.

Un des rares bâtiments à ne pas avoir été détruit durant la guerre, le Grand Royal Hotel se situe à mi-chemin entre la gare et la place centrale. En plein cœur de ville, position stratégique. Imposant immeuble de 6 étages, 107 chambres sont disponibles, décor sobre et moderne. L'hôtel est confortable et conforme aux standards de la chaîne. Au rez-de-chaussée, son restaurant, le Royal Blue, propose une cuisine internationale, dans une atmosphère chic et feutrée.

LINKEN RESTAURANT ET BAR €€€

Kongens gate 64
✆ +47 76 97 70 00
Voir horaires sur le Facebook ou téléphonez. Perturbations Covid.

Il s'agit du restaurant situé au dernier étage du Quality Grand Royal Hotel, une des meilleures tables de la ville, sans oublier la vue panoramique ! En hiver, vous pouvez admirer les aurores boréales tout en dégustant de bons plats locaux, avec quelques notes de cuisine française ! Téléphonez à l'hôtel Norcid Choice Grand Royal pour être sûr des horaires et éventuellement y réserver une table. C'est chic, c'est bon, ça coûte cher, mais c'est un sacré régal pour les papilles autant que pour les yeux. Parfois repas thématiques.

FISKEHALLEN €

Kongens gate 42
✆ +47 934 84 839
Ouvert de 9h30 à 16h30 de lundi à vendredi et de 11h à 14h le samedi. Plat à partir de 90 NOK.

Une envie de déguster les spécialités locales du nord ? Fiskehallen, la halle au poisson, est l'endroit idéal pour se procurer du poisson frais et de qualité à préparer soi-même ! On peut aussi commander des plats tout prêts, préparés par les cuisiniers du restaurant de poisson qui se trouve dans la halle. Les plats sont à déguster sur place ou à emporter. L'endroit est bien entendu un endroit très fréquenté par les locaux, et il offre aux touristes l'opportunité de goûter aux poissons locaux. Authenticité et fraîcheur garanties à Fiskehallen ! A ne pas manquer !

BAR ASTRUP

Kinobakken 1
✆ +47 90 99 31 02
Ouvert le mercredi, le vendredi et le samedi de 21h à 3h30. Bières à partir de 65 NOK, pizzas buffet 120 NOK.

Un pub atypique et en vogue au sous-sol d'une auberge ! Pizza, soirées à thème et DJ set, c'est définitivement une adresses incontournable de la vie nocturne à Narvik ! L'ambiance est décontractée, même carrément déjantée certains week-ends. On y danse, on y boit, on y fait connaissance avec les locaux et les jeunes de passage. Vous risquez de vous y faire de bons amis ! Faites-y un tour sans faute si vous vous trouvez à Narvik lors de la Vinterfestuka, c'est là qu'on s'amuse le mieux ! L'été, la terrasse est ouverte et on peut profiter du jour jusqu'à très tard.

RALLAR'N PUB & KRO €€

Kongensgate 64
✆ +47 76 97 70 00
Au rez-de-chaussée du Quality Grand Royal Hotel. Ouvert tous les jours et tous les soirs. Plats entre 200 et 320 NOK.

Sous ses allures de chalet en bois, le Rallar'n Kro & Pub propose une cuisine raffinée, avec des produits de qualité et essentiellement locaux. Bœuf, renne et poisson sont à la carte. Les assiettes sont joliment présentées, et le service est chaleureux. On peut également venir y déguster une bière norvégienne dans un décor très cosy et tamisé. Aux beaux jours on peut s'installer en terrasse le temps d'un verre et pour profiter des longues journées. Les week-ends, des groupes de musique locaux animent les soirées. L'endroit est central et très apprécié des locaux.

NARVIKFJELLET

Skistuaveien
✆ +47 76 94 16 05
Ouvert l'été de 13h à 21h. En hiver, lorsque la station de ski est ouverte. Pass : 261 NOK/3 heures, journée 310 NOK.

Un téléphérique mène jusqu'au sommet de Fagernestoppen et son restaurant. Une fois en haut, un magnifique point de vue s'offre sur la ville qui s'avance dans le fjord bleu, entouré de montagnes tachées de neige. Décor de rêve pour dévaler les pentes ! Avec 9 pistes et 6 télésièges, la station est une véritable cour de récréation pour les locaux qui y passent leurs soirées et leur week-end. Au fur et à mesure de la saison, le soleil revient, la lumière change et l'atmosphère en haut des pistes est très particulière, avec des couchers de soleil à couper le souffle !

TROMSØ ★★★★

Avec environ 70 000 habitants, Tromsø est la plus grande ville d'Europe située au-dessus du cercle polaire Arctique. Sa latitude, de 70° nord, est comparable à celle des côtes septentrionales de l'Alaska ou de la Sibérie. Le centre-ville a gardé quelques-unes de ses vieilles maisons de bois, à la peinture défraîchie, qui lui donnent un côté attachant même s'il y règne aujourd'hui une atmosphère dynamique. La brasserie Mack, une institution, produit la bière la plus populaire de Norvège. Festivals et concerts rythment la vie des habitants. Sans oublier leur leitmotiv : faire la fête le plus longtemps possible, le repos sera pour plus tard, en hiver !

Tourisme

- L'office de tourisme est situé au Samuel Arnesensgate 5.

Transports

- L'aéroport est situé à 5 km du centre-ville. Vols en direction des autres aéroports du nord de la Norvège : de Alta, Vadsø, Trondheim, Bodø, Kirkenes, Hammerfest... mais aussi vers Oslo, Bergen et Mourmansk en Russie. Navettes entre le centre-ville et l'aéroport, comptez 110 NOK et un temps de trajet entre 10 et 15 minutes. Réservation sur www.bussring.no/airport-express.
- Gare routière près de l'office de tourisme. Avec Snelandia, liaison avec Narvik et Alta. https://snelandia.no/
Avec Lapin Linjat, bus vers Kilpisjärvi et le reste de la Finlande via la Suède. www.eskelisen.fi/en/
Entre décembre et mars, départs sur les arctic routes pour Alta, Narvik et Lyngen, Rovaniemi en Finlande. En plus d'être pratiques, ces bus vous font traverser les immenses étendues du grand Nord dans leur décor hivernal, une traversée féerique. www.thearcticroute.com/arctic-routes/
- Express côtier. Escale journalière vers le nord et vers le sud. Ferries pour Harstad (2 heures 30), Finnsnes (1 heure 15) entre 2 et 4 départs par jour. Ferries pour Skjervøy entre 1 et 2 départs par jour. En été, ferries Brensholmen (Tromsø) – Botnham (Lenvik, Senja) et Grylleford (Senja) – Andenes (Andøy, Vesterålen).www.senjafergene.no ; www.tromskortet.no
- Hurtigruten. Kirkegata 1. Escale journalière des paquebots de croisière vers le nord à 18h30 et vers le sud à 1h30. www.hurtigruten.com ; +47 76 96 76 00.

CATHÉDRALE ARCTIQUE - ISHAVSKATEDRALEN ✝ ★

Hans Nilsens vei 41 ✆ +47 47 68 06 68
www.ishavskatedralen.no

Ouvert tous les jours de 9h à 19h, dimanche de 13h à 19h. Entrée : 50 NOK, gratuit pour les moins de 15 ans.

Elle a été dessinée par Jan Inge Hovig, et construite principalement en béton. Son architecture symbolise la lumière d'été et la nuit hivernale. C'est l'une des grandes fiertés de Tromsø et on peut l'apercevoir du fjord, lorsqu'on arrive en bateau. La grande mosaïque de verre de 23 m de hauteur est une œuvre de Victor Sparre. La *ishavskatedralen* n'est pas à proprement parler une cathédrale, mais une église paroissiale. La cathédrale de Tromsø est la seule cathédrale en bois du pays.

MUSÉE D'ART DE NORVÈGE DU NORD 🏛

Sjøgata, 1
✆ +47 77 64 70 20
www.nnkm.no

Ouvert tous les jours de 10h à 17h. Entrée : 100 NOK. Accès pour les personnes handicapées.

Inauguré en 1988, ce musée d'art de la Norvège du Nord s'efforce d'exposer des œuvres rattachées à la culture du Grand Nord. On y trouve quelques paysages romantiques de Dahl, de Tidemand et Gude et, bien sûr, des marines de Peder Balke. Il expose également des artistes internationaux sur des thématiques variées, qu'il soient politiques ou purement artistiques, rattachés à des sujets de société ou idéologiques. Le musée compte un café, et une boutique dédiée à l'art same.

MUSÉE DE LA PERSPECTIVE 🏛

Storgata 95
✆ +47 77 60 19 10
www.perspektivet.no

Ouvert toute l'année du mardi au dimanche de 10h à 16h, le week-end de 11h à 17h. Entrée gratuite.

Ce musée de la Perspective se veut provocant et plein d'humanisme, de respect et d'ouverture d'esprit à travers ses collections et ses expositions. Il propose des expositions photo temporaires sur l'histoire de la ville de Tromsø, également des expositions d'art contemporain, dans le but de présenter l'histoire sous différents angles. Celui qui aime la photographie sera comblé. Une très belle exposition en noir et blanc vous replonge dans le Tromsø et la Norvège des années 1960. Une bonne introduction à la ville, sa région et ses habitants, rapide et gratuite.

MUSÉE POLAIRE - POLARMUSEET

Søndre Tollbugate, 11B
✆ +47 77 62 33 60
www.polarmuseum.no
Ouvert mi-juin à mi-août 7j/7 9h-19h, le reste de l'année 11h-17h. Entrée : 100 NOK, enfant - 18 ans gratuit.

Dans une maison des douanes classée Monument historique, des expositions sur la chasse et les recherches scientifiques dans les régions polaires, ainsi que des photos des expéditions d'Amundsen. L'été de nombreuses activités pour les enfants sont organisées. Allez sur leur site web pour prévoir votre visite et réserver des places. Exposition permanente sur ce qu'était Svalbard aux XVIIe et XVIIIe siècles. Le musée organise des expositions temporaires également.

MUSÉE UNIVERSITAIRE DE TROMSØ

Lars Thørings veg 10
✆ +47 77 64 50 00
www.uit.no/tmu
Horaires d'ouverture de chaque musée et tarifs spécifiques sur le site de l'université.

Le musée universitaire de Tromsø se compose en réalité de trois musées et d'un jardin botanique : le bâtiment principal de Norges arktiske universitetsmuseum, Polarmuseet, MS Polstjerna et Tromsø arktisk-alpine botaniske hage. L'ensemble de ces musées mettent en lumière différents aspect de la culture et de la nature du nord de la Norvège, entre autres culture lapone, archéologie, géologie, etc. Le jardin est à découvrir à partir du printemps et pendant l'été.

POLARIA ★

Johansensgt 12
✆ +47 77 75 01 00
www.polaria.no
Ouvert de 10h à 18h de septembre à mai, jusqu'à 19h en été. Tarifs adulte 200 NOK.

Un concept, à la fois musée, centre d'études et parc d'attractions, ouvert en 1998. L'architecture est séduisante, épousant la forme de bloc de glace et les attractions – principalement des phoques adorables – bien conçues pour approcher la vie sauvage des froids extrêmes. Vous pouvez tester vos connaissances en réalisant le quiz sur le site Internet. Nourrissage des phoques à 15h en été et à 12h30 à partir du 1er septembre. Un lieu très intéressant pour toutes la famille et qui permet de découvrir la faune et la flore sous-marines des eaux du Grand Nord.

CHASSE AUX AURORES BORÉALES

Informations sur le site de Visit Tromsø ou au directement à l'office : Samuel Arnesens gate 5.

Le tourisme autour des aurores boréales s'est développé dans les années 2000. Aujourd'hui, Tromsø, même si son tourisme estival se développe petit à petit, reste une destination hivernale. Et notamment pour la chasses aux Aurores. L'hiver, quand la neige a repeint la ville d'un joli blanc, on observe les hordes de touristes qui quittent le centre-ville à partir de 18h pour s'éloigner de la pollution lumineuse et assister au ballet magique et coloré des aurores boréales.

NORVÈGE

© NATALIA COLLIER

Soleil de minuit à Tromsø.

BRIM

✆ +47 77 65 11 00

www.brimexplorer.com

Tromsø de novembre à avril, départ sur le quai devant l'hôtel Clarion. Lofoten de mai à septembre, départ Svolvær.

Brim repose sur un concept simple et révolutionnaire : le bateau hybride. Sur les vaisseaux de la compagnie, partez explorer les fjords aux alentours de Tromsø dans le calme absolu, un moyen extraordinaire de découvrir ce que la nature a à nous offrir, tout en la respectant. Brim propose des excursions toute l'année, en lien avec les saisons. L'hiver, sillonnez des paysages à couper le souffle à la recherche d'oiseaux et de baleines, ou tentez d'apercevoir les aurores boréales. L'été, les expéditions se font dans les îles Lofoten, au départ de Svolvær.

AMI HOTEL €

Skolegata, 24

✆ +47 94815555

www.amihotel.no

Chambre à partir de 550 NOK (toilettes communs). WiFi.

Situé dans le centre-ville à quelques pas de la rue piétonne, ce B&B familial qui a ouvert en 1999 est proche des attractions et d'un parc. Il compte 17 chambres décorées de manière sobre et agréable, entièrement équipées. Certaines chambres partagent leur salle de bains. Une cuisine est à disposition, ce qui n'est pas négligeable étant donné les prix dans les restaurants norvégiens. Le tout est décoré dans un style traditionnel. L'hôtel propose des prix réduits pour les étudiants et les entreprises, un bon plan à ne pas manquer. Le petit déjeuner est à 90 NOK.

ENTER BACKPACK HOTEL €

Parkgata, 4

✆ +47 77 66 83 00

https://entertromso.no

Chambre double 865 NOK. Petit déjeuner.

Hôtel confortable et bon marché, situé à 400 m du centre de Tromsø. Les parties communes de l'hôtel et les chambres sont très sympathiques, la décoration reste simple dans un style scandinave, moderne et chaleureux. Les chambres sont entièrement équipées avec les éléments standard. La pension compte 20 petites chambres. Du salon commun, on voit la cathédrale de l'autre côté du pont. Une option de logement centrale et très pratique. Il est possible de réserver une place de parking si jamais vous arrivez en voiture. Le petit déjeuner est inclus, comme la wifi.

TROMSØ ACTIVITIES HOSTEL €

Storgata 107

https://tromsoactivities.com

Ouvert toute l'année. Chambre en dortoir à partir de 250 NOK. Minimum 2 nuits.

Cette auberge de jeunesse propose des hébergements parmi les plus attractifs de la ville et constitue l'option idéale pour les voyageurs au budget serré ! Elle attire de nombreux jeunes venus faire l'expérience du Grand Nord et l'ambiance y est donc chaleureuse, conviviale et dynamique. Située en plein centre ville, elle n'est qu'à quelques pas de la grande rue commerçante et des activités phares que la ville a à proposer. Les chambres sont correctes et meublées du strict minimum. L'établissement propose également des activités en toutes saisons.

TROMSØ CAMPING €

Elvestrandvegen 10

✆ +47 77 63 80 37

www.tromsocamping.no

Ouvert toute l'année. Chalet à partir de 1 575 NOK. Tente + voiture ou camping car/caravane à partir de 325 NOK.

Ce camping situé en dehors de Tromsø offre un cadre de séjour idyllique ! Au bord de l'eau et à l'écart du tumulte de la grande ville, les chalets sont installés en pleine nature, au pied d 'une gigantesque falaise. L'hiver le site prend des airs de conte de fées quand la rivière gèle et que la neige recouvre les toitures. A quelques minutes seulement du centre-ville, c'est l'endroit idéal pour ceux qui souhaitent séjourner au calme tout en restant près d'une ville dynamique et d'un environnement qui offre une grande quantité d'activités en tout genre. Foncez !

SMARTHOTEL TROMSØ €€

Vestregata 6

✆ +47 415 36 500

https://smarthotel.no/tromso

Chambre double 870 NOK. Wifi.

La solution idéale pour ceux qui souhaitent s'offrir un séjour confort à prix réduit ! Smarthotel réunit tous les avantages et les services d'un hôtel dans une prestation à prix raisonnable. Situé en plein centre-ville, l'hôtel n'a rien à envier à ses concurrents. Les chambres sont confortables, joliment décorées et spacieuses dans l'ensemble. L'hôtel met à disposition des vélos pour tous les résidents. Pour 100 NOK vous pourrez accéder à une salle de gym, et l'hôtel propose également des services de pressing et la location de véhicules.

THON HOTEL TROMSØ €€

Grønnegata 50 ✆ +47 77 69 80 50
www.thonhotels.no
A partir de 900 NOK pour une chambre simple standard et 1 100 NOK pour une chambre double. Petit déjeuner inclus.

Un hôtel spacieux, accueillant et coloré à l'image de la chaîne Thon. Les chambres sont claires avec des tentures imprimées et un mobilier en bois sombre. Le style est sobre et scandinave. Le confort est au rendez-vous et les chambres bien évidemment entièrement équipées. L'hôtel, situé en plein centre, vous permet d'accéder rapidement à tous les commerces et activités. Vous trouverez une salle de sport en libre accès, et au neuvième étage, un bistrot avec une vue panoramique sur Tromsø, l'endroit rêvé pour apprécier les lumières si particulières du Grand Nord !

CLARION HOTEL WITH €€€

Sjøgata 35-37
✆ +47 77 66 42 00
www.clarionhotel.com
Chambre double à partir de de 1 640 NOK. Prix réduits les week-ends.

L'un des meilleurs hôtels de la ville, il a été reconstruit en 1989 dans le même style que l'entrepôt maritime qui brûla en 1972. L'hôtel porte le nom du capitaine With, dont le portrait orne les murs parmi d'autres vestiges du temps des grands bateaux à vapeur. Un club de détente avec salle de gym, sauna et bain bouillonnant occupe le dernier étage. A travers les grandes baies vitrées s'ouvre une superbe vue sur la cathédrale arctique, au-delà du détroit. Les chambres sont très joliment décorées dans des tons chauds en plus d'être très confortables.

SCANDIC ISHAVSHOTEL €€€

Fredrik Langes gate 2
✆ + 47 77 66 64 00
www.scandichotels.no
A partir de 1 250 NOK la nuit en chambre double. Petit déjeuner. Parking payant.

Très bien situé sur le port de Tromsø, face à la Cathédrale Arctique, le Scandic hôtel vous accueille dans un hall spacieux, au design moderne et baroque. On y prend le petit déjeuner, en regardant le port par les grandes baies vitrées. Les chambres sont agréables, décorées à la scandinave et à la tombée de la nuit, les lumières de la ville offrent un joli spectacle. La plupart ont une vue imprenable sur les collines, le port et ses navires. Le Roast bar et restaurant est le lieu idéal où s'étaler dans les canapés avec un verre de vin après une longue journée.

BÅRSTUA 1840 €

Søndre Tollbodgate 8
✆ +47 926 95 366
https://barstua.no
Sur réservation

Juste derrière le Polar Museet, dans la zone historique de Tromsø, le café Bårstua a investi une ancienne baraque en bois d'antan. On vient y grignoter un *reindeer wrap,* une soupe de poisson ou le plat du jour pour un prix raisonnable. Ici, les fonds sont dédiés à une association œuvrant contre les addictologies. On peut aussi se blottir dans le canapé au coin de la cheminée avec un café chaud et un gâteau maison ou profiter d'un rayon de soleil sur la jolie terrasse. L'été, le lieu devient un lieu de fête, avec concert et après-midi farniente au soleil !

BURGR €

Skippergata 6A
✆ +47940 96 129
https://www.burgr.no
Ouvert lundi au vendredi 15h-21h, samedi et dimanche de 12h à 21h. Burger à partir 144 NOK.

Envie d'un bon Burgr sans prétention ? C'est ici. Dans ce tout petit restaurant, trois grandes tables hautes, une terrasse, et Mario. Le héros de notre jeu préféré semble avoir été élu mascotte du lieu. Les Beatles dans les haut-parleurs et aux murs, placardées, les célèbres affiches Pac Man, Sonic ou encore Zelda... Mais avant qu'on y fasse des burgers, sachez qu'entre ces murs, à l'époque où Tromsø n'accueillait qu'à peine 80 habitants, s'est érigé le premier bistrot de la ville. Là où les pêcheurs venaient troquer un poisson contre un ou deux verres de vin.

AMTMANDENS €€

Grønnegata 83
https://amtmandens.com/forside
Horaires très précis voir web.

Manuela et Ricardo nous arrivent d'Italie, tout comme leur délicieux produits ! Dans ce bar à vin chaleureux, on choisit entre la banquette douillette, le petit salon sur l'estrade, ou les tables hautes, avant de commander un bon vin, chilien, français ou italien... Pour l'apéritif, nous vous conseillons les *Fjøls*, ce sont des planches de fromage et charcuterie, à déguster sans modération. On y sert toutes sortes de planches à déguster à l'italienne dans une ambiance tamisée et une décoration à la fois chic, et décontractée.

BARDUS BISTRO €€

Cora Sandels gate
✆ +47 926 74 888
www.bardus.no

Ouvert du mardi au vendredi de 11h à 22h00, le samedi à partir de midi, le dimanche de midi à 16h.

Tenu par deux jeunes figures de Tromsø, le Bardus bistro, attenant au Bardus bar, saura vous faire découvrir les spécialités locales de manière inventive. Ici, l'ambiance est bistronomique dans l'assiette et décontractée à table. Les produits sont frais, locaux et de saison et la cuisine influencée par le sud de l'Europe, dont la France nous présumons. Dans un décor boisé, on s'installe volontiers pour un repas qui va traîner. En période estivale, si le soleil s'invite au rendez-vous, on s'installe sur la terrasse-véranda pour profiter d'un peu de douceur.

HILDR GASTRO BAR €€

Skippergata 11
✆ +47 940 96 247
www.hildr.no

Ouvert du mercredi au samedi de 18h à 22h.

Le cadre est charmant dans ce petit restaurant qui propose une cuisine raffinée et inventive aux couleurs locales. Les assiettes font plaisir aux yeux et aux papilles ! Les tables et chaises en bois, les rideaux rayés et les tableaux aux murs nous donnent envie de nous éterniser dans cette atmosphère chaleureuse et presque comme à la maison. On vous sert dans des plats en fonte, des marmites et autres récipients incongrus. Une adresse intimiste recommandée. Et les soirées les plus douces et ensoleillées, la terrasse arborée du Flamingo vous attendent juste à côté !

BLÅ ROCK CAFE

Strandgt, 14-16
✆ +47 77 61 00 20
www.blarock.no

Ouvert tous les jours de 11h30 à 2h, le vendredi et samedi jusqu'à 3h30.

C'est le Hard Rock Café local, tout en bleu dur. Les « teens » y dégustent pizzas et bières en bonne harmonie avec la musique rock. Le restaurant se targue d'avoir les meilleurs burgers de la ville. L'endroit se transforme en discothèque les vendredis et samedis. On peut s'installer sur 3 niveaux à des tables plus ou moins grandes et dans des ambiances légèrement différentes. L'endroit est assez jeune, animé, sympa pour commencer la soirée. On préférera peut-être aller danser ailleurs car même en fin de semaine, l'ambiance n'est pas celle d'un club.

ØLHALLEN

Macks Bryggeri
✆ +47 904 08 847
www.olhallen.no

Du lundi au samedi de 12h à 00h30.

Au bout de la rue principale, Ølhallen signifie la halle de la bière. C'est le pub de la brasserie la plus septentrionale du monde, mais aussi le plus vieux pub de Tromsø. Ici, les chasseurs de phoques venaient se raconter leurs histoires, aujourd'hui chaque vendredi, c'est le passage obligé à la débauche pour les locaux. Au cœur des vieilles pierres, l'ambiance est feutrée et les pintes bien remplies. Les murs rendent hommage à Henry Rudi, célèbre chasseur d'ours polaires. L'atmosphère taverne des murs de briques rend l'endroit plus que chaleureux.

BRASSERIE MACK

Storgata 4
✆ +47 800 80 440
www.mack.no

Visites guidées d'une heure du lundi au vendredi à 15h30, le samedi à 14h30. Adulte 200 NOK.

La brasserie Mack est la plus septentrionale au monde, rien que ça ! Profitez de votre passage dans la ville pour suivre une visite et prendre part à une dégustation dans le plus vieux bistrot de la ville datant de 1928. Pour les puristes ! Cette bière est une véritable institution. Elle a toujours autant la cote que depuis son lancement, et ce serait dommage de ne pas goûter à ce plaisir 100 % local. Mack a également sa propre boutique, Kjeller 5, son bar Ølhallen, et offre des cours pour ceux qui souhaiteraient apprendre à brasser leur propre bière !

COMPAGNIET

Sjøgtata 12
✆ +47 77 66 42 22
www.compagniet.no

Ouvert du lundi au samedi de 16h à 23h (restaurant) et du mercredi au samedi jusqu'à 2h (bar-boîte). Fermé le dimanche.

Un excellent restaurant au menu varié inspiré de la cuisine française. L'intérieur est chic, banquettes en cuir, tapisserie fleurie et jolis lustres. Dur de s'imaginer que cet endroit se transforme en une des boîtes de nuit les plus atypiques et fréquentées de la ville, les vendredis et samedis soir ! Dans un vaste bâtiment en bois restauré, une clientèle jeune vient fête en fin de semaine. Ambiance assurée, pour les moins de 25 ans. L'endroit fait également bar à vin et à bière, pour ceux qui auraient envie de passer une bonne soirée, peut-être un peu plus calme.

SOMMARØY ★

La petite île de Sommarøy est à un peu plus d'une heure de route depuis Tromsø. Une impression de bout du monde, où les maisons se font de plus en plus rares, où la seule nature semble être maîtresse des environs. Et puis au loin, Sommarøy se devine. Petit paradis aux mille îlots se dessinant à son horizon, des vallons et prairies, quelques falaises, et des plages de sable blanc et coquillages. Le bruit des mouettes en seul fond sonore. Il n'y a absolument rien à faire à Sommarøy, seulement admirer les paysages et prendre le temps de vivre ! Deux bus directs par jour au départ de Tromsø, durée entre 1h30 et 1h50 (www.tromskortet.no).

KAUTOKEINO ★★

Kautokeino est située à 130 km au sud de Karasjok, et représente la plus grande commune de Norvège en superficie, 9 687 km². Sur le haut plateau de Finnmarksvidda, seulement 3 000 habitants vivent là avec 100 000 rennes ! C'est d'ailleurs de leur exploitation que dépend la survie de la ville qui est un centre culturel lapon. Pour vous imprégner de la culture lapone, c'est ici qu'il faut rester. L'immensité du plateau est à couper le souffle. La compagnie Snelandia circule entre Kautokeino et Alta. En été, la compagnie Lapin Linjat Bus relie Kautokeino à Alta et à Rovaniemi, en Finlande, une fois par jour. Depuis Karasjok, seulement 4 départs par semaine.

NORDREISA ★★

Au sud de la commune de Nordreisa, se trouve le parc national du même nom d'une superficie de 806 km². Le Parc national de Reisa a été créé en 1986 afin de « préserver une vallée montagneuse, belle et encore sauvage, et pour préserver sa flore et sa faune ainsi que les ressources géologiques ». La rivière Reisaelv a creusé un profond canyon à travers le plateau montagneux. Les cascades, dont celles de Mollisfossen (hautes de 269 m) y sont nombreuses. Le parc sert de pâturage aux rennes semi-domestiques de Kautokeino. Depuis Olderdalen près de Nordreisa, il est possible de prendre le bateau jusqu'à Lyngseidet, dans les magnifiques alpes de Lyngen.

JUHLS SILVERGALLERY ★

A 2,5 km du centre

✆ +47 78 48 43 30

Ouvert tous les jours de 9h à 18h, jusqu'à 20h en juillet. Entrée et visites guidées gratuites.

Au bord de la rivière, à la sortie de Kautokeino, Frank et Regine Juhls ont créé un véritable sanctuaire d'art populaire. Depuis plus de 40 ans, dans cet atelier spécialisé dans le travail de l'argent, ils font plus que de la simple création de bijoux. La beauté de l'art sami révèle ici son profond sens artistique. Les bijoux (notamment les couteaux, au manche en bois de renne finement décoré de motifs animaliers ou symboliques) sont de véritables merveilles. Outre les orfèvres au travail, on peut aussi voir les moutons, les chevaux et les poulets de la ferme.

NORVÈGE

© ANIBAL TREJO - SHUTTERSTOCK.COM

Sommarøy.

© ALEKSANDR STEZHKIN - SHUTTERSTOCK.COM

L'église de Kautokeino.

KAUTOKEINO BUGDETUN

Gnr 66 Bnr 48,
✆ +47 406 11 406
rdm.no
Ouvert en semaine de 9h à 15h, l'été jusqu'à 18h et le samedi de 12h à 18h. Entrée : 80 NOK.

Les expositions de ce petit écomusée donnent un aperçu des modes de vie populaire dans le Kautokeino d'hier et d'aujourd'hui. Le musée comprend une petite ferme same, avec un corral de rennes. On y découvre l'architecture traditionnelle. Une exposition nous informe sur les Samis des rivières, qui vivent de la pêche en eau douce et de la chasse. Un endroit sympathique où s'attarder pour découvrir la culture locale. L'été, profitez de la vente de plats typiques à déguster sur place ou à emporter. Vous trouverez également une boutique de souvenirs.

MAISON DE LA CULTURE DE KAUTOKEINO

Bredbuktnesveien 50A
https://arkitekturguide.uit.no/
Ouvert du mardi au vendredi de 8h à 15h30.

C'est un bâtiment qui abrite le seul théâtre sami subventionné par l'État. Le centre de recherche de l'Institut nordique sami y a pris également ses quartiers. L'établissement est à admirer, compte tenu de son architecture originale, récompensée en 1987 par le prix de la Norvège du Nord. Il s'agit de l'un des premiers bâtiments pensés pour s'intégrer au mieux à la culture sami et aussi aux conditions climatiques. On y trouve aussi une bibliothèque, un café et un cinéma.

ARTIC MOTELL & CAMPING €

✆ +47 78 48 54 00
www.kauto.no
Du 1er juin au 15 septembre. Chalet à partir de 500 NOK, tente 200 NOK, lavvu 1 050 NOK par personne. Sauna.

Perdu au milieu des immensités du plateau du Finnmark, le petit camping de Kautokeino semble complètement hors du temps. Situé au sud du village, vous n'aurez que la nature comme voisin. À quelques mètres des emplacements seulement, se trouve Kautokeino elva, de quoi se rafraîchir lors des beaux jours, ou pêcher une bonne partie de l'année. Plutôt que de dormir en tente ou en chalet, faites l'expérience de dormir dans une tente same traditionnelle, la fameuse lavvu. Plusieurs activités sont organisées depuis le camping, de quoi occuper tout le monde !

THON HOTEL KAUTOKEINO €€

Biedjovaggeluodda 2
✆ +47 23 08 02 00
www.thonhotels.com
Tarif chambre 1 300 NOK. Petit déjeuner inclus.

Grand luxe à l'hôtel Thon de Kautokeino ! Dans ce bâtiment design ouvert en été 2008 la chaîne Thon propose 63 chambres, toutes entièrement équipées conformément à la gamme de confort de la marque. Le bâtiment surplombe le petit village de Kautokeino, la plupart des chambres pouvant profiter d'une vue splendide sur les environs. Le restaurant de l'hôtel propose une carte de spécialités locales sames mêlées à une cuisine moderne internationale à découvrir absolument. Ajoutez à cela sauna, bain à remous, salle de sport et un parking gratuit. Confort garanti !

NORVÈGE

KARASJOK ★★★

Il faudra traverser les plaines désertiques du Finnmark, filer sur de longues lignes droites à travers les forêts de bouleaux et la toundra et rencontrer quelques rennes au bord de la route, avant d'arriver à Karasjok. Située à une vingtaine de kilomètres de la Finlande, la petite ville de près de 3 000 habitants est la capitale des Sames et abrite le Parlement same et le Centre des artistes sames. L'activité principale reste essentiellement l'élevage des rennes. Le climat à Karasjok est assez continental avec des hivers assez froids, et plutôt rudes, et des étés relativement agréables. Un bel endroit, perdu au milieu d'étendues sauvages, de quoi faire rêver.

Histoire

- Le Parlement sâme de Karasjok a été construit en 2000. Construction en bois moderne, le travail architectural est de Stein Halvorsen et Christian Sundby. Les Sâmes voulaient être représentés et obtenir la même protection et les mêmes opportunités de développement que les autres Norvégiens. Les Sâmes vivent sur ces terres depuis toujours, bien avant l'établissement des pays. Le but du Parlement est donc de défendre la force et les intérêts sames en Norvège, assurant la protection de la langue same et de leur culture. Depuis 1989, ont lieu les élections sames, conjointement avec les élections norvégiennes. Le Sámediggi est constitué de 39 membres, élus tous les 4 ans, depuis les 7 circonscriptions norvégiennes. Pour pouvoir voter, il faut avoir plus de 18 ans et être enregistré au Parlement. Il faut, bien sûr, être sâme et le parler (ou avoir quelqu'un de sa famille le parlant). Ces conditions sont les mêmes en Suède et en Finlande.

Tourisme

- L'office de tourisme est situé au Leavnnjageaidnu 1, au sein du Sapmi Park. Ouvert du 10 juin au 26 août tous les jours de 9h à 19h, le reste de l'année du lundi au vendredi de 9h à 16h. www.visitsapmi.no/karasjok
- La petite église de bois a été construite en 1807, c'est une des plus vieilles en Laponie norvégienne, et également le seul monument qui ne fut pas détruit par les Allemands durant la Seconde Guerre mondiale.

Transports

Bus. Liaisons avec Alta, Hammerfest, Kautokeino, Kirkenes et la Finlande. https://snelandia.no/ ; www.eskelisen.fi/en

ÉGLISE - KARASJOK KIRKE

Petite église de bois. Construite en 1974 pour remplacer celle qui avait été construite en 1807 et qui était devenue trop petite. Il s'agit de l'une des plus vieilles en Laponie norvégienne, et également le seul monument qui ne fut pas détruit par les Allemands durant la Seconde Guerre mondiale. Elle vaut la visite si vous êtes dans les parages. L'église est toujours en activité et vous pourrez, si vous le souhaitez, entendre une messe en norvégien ou en sami. Il y a aussi des chants de temps à autres. La forme de cette église est inhabituelle !

MUSÉE DES COLLECTIONS LAPONES ★★

✆ +47 78 46 99 50

www.rdm.no

Ouvert l'été, tous les jours de 9h à 18h. Entrée : 75 NOK, gratuit pour les enfants jusqu'à 12 ans.

Ce musée, fondé en 1972, est la première institution culturelle sâme en Norvège. Consacré à la culture sâme, c'est à la fois un musée de plein air, et une galerie composée de plusieurs collections. Il comprend une « maison de rivière » et un modèle de campement de gardiens de rennes. Il expose environ 5 000 objets traditionnels en tout genre : des costumes traditionnels, de l'artisanat… C'est l'endroit idéal pour découvrir ou approfondir ses connaissances sur la culture sâme.

PARC NATUREL ET VESTIGES CULTURELS ★

Ouvert

À 5 km de Karasjok, un parc naturel équipé de barbecues, d'un refuge contre la pluie, de toilettes et d'une aire de jeux pour les enfants. Pensez évidemment à vous informer des conditions météorologiques (ou simplement regardez le ciel !) avant de vous aventurer dans un espace naturel, même si celui-ci est équipé et n'est vraiment pas loin de Karasjok. Pas très bien indiqué mais l'office de tourisme saura vous expliquer la route. Prévoyez de quoi allumer le barbecue !

PARLEMENT SÂME

www.samediggi.no

Ouvert toute l'année du lundi au vendredi de 9h à 15h. Entrée gratuite.

Bâtiment qui abrite la délégation samie élue démocratiquement et qui siège aux élections générale de Norvège. La présidente est Aili Keskitalo. Visite guidée toutes les heures. La délégation samie est élue tous les 4 ans. Superbe architecture qui vaut vraiment le coup d'œil et n'hésitez pas à entrer si vous en avez la possibilité car les balustrades en bois, les lampes et les grandes fenêtres qui donnent sur la forêt donnent un impression assez magique, surtout pour un tel lieu public ! Bibliothèque qui contient des livres dans toutes les langues sames.

SÁMI DÁIDDAGUOVDDÁŠ ★

Suomageaidnu 14

✆ +47 90244062

https://samidaiddaguovddas.no/

Ouvert toute l'année du mardi au vendredi de 10h à 16h et le samedi de 11h à 16h. Entrée gratuite.

Le musée Sámi Dáiddaguovddáš est spécialisée dans l'exposition et la vente d'œuvres d'art et d'artisanat sames. Le centre, établi en 1986 est l'un des canaux les plus importants pour la diffusion de l'art contemporain same. Le musée se veut un lieu de rencontre et de discussion pour les visiteurs et les artistes contemporains. On y découvre plusieurs expositions permanentes comme des exposition temporaires sur des thématiques variées. Un arrêt obligatoire pour tous les amateurs d'art qui souhaitent découvrir le travail d'artistes sames, locaux ou non.

SAPMI PARK ★★

Leavnnjageaidnu 1,

✆ +47 78 46 88 00

www.visitsapmi.no/karasjok

L'été, ouvert tous les jours de 9h à 19h, le reste de l'année en semaine de 10h à 14h. Adulte 195 NOK.

Ce parc dédié à la culture same présente en première partie un film (25 minutes) sur l'histoire de ce peuple, puis il est possible de visiter plusieurs bâtiments qui recréent les modes de vie des Samis durant l'été (tentes traditionnelles ou *lavvu*, abris pour la nourriture, enclos avec quelques rennes) les lieux ne sont pas bien grands et on a vite fait le tour, à la différence de la boutique qui est immense. Tout le personnel est habillé en habit traditionnel. L'occasion de découvrir un peu plus la culture same, peuple originel et maître de ces terres du Nord.

ENGHOLM HUSKY ★

Route 92

✆ +47 91586625

www.engholm.no

Activité à partir de 150 NOK par personne. Ouvert toute l'année.

Été comme hiver, Engholm husky aura de quoi vous divertir, et saura vous proposer des activités adaptées à l'aventure que vous souhaitez vivre. Qu'il s'agisse d'une balade en chien de traîneau, d'une journée en ski de fond, d'une sortie canoë, ou même d'un sauna, cette équipe de passionnés saura vous faire découvrir sa région et ses traditions. Vous pourrez également loger sur place, dans des chalets traditionnels tellement cosy que vous n'arriverez plus à les quitter ! À deux ou en groupe, vous trouverez chaussure à votre pied.

KARASJOK CAMPING AS €

Avjuvargeaidnu

✆ +47 970 72 225

www.karacamp.no

Ouvert toute l'année. Camping à partir de 310 NOK, cabine à partir de 480 NOK, dortoir 250 NOK.

Depuis 1989, Magnus Halonen tient ce petit camping entouré de nature en plein pays sami. Situé tout près du village et à proximité de la rivière, c'est l'endroit idéal pour se ressourcer : calme et sérénité sont toujours au rendez-vous. Le camping propose de nombreuses activités en plein air, été comme hiver, entre scooter des neige, balade à vélo, randonnée, sauna et spa... de quoi profiter au mieux des environs ! Tente, camping-car, chambre ou chalet, dortoir : le camping propose plusieurs types d'hébergement pour satisfaire tous les publics !

NEDRE MOLLISJOK FJELLSTUE €

Mollisjok

✆ +47 94984722

www.mollisjok.com

Prix sur demande selon saison.

A quelques kilomètres de Karasjok, situé entre Alta et Karasjok, à 70 km entre les deux villes, ce complexe de 54 chambres simples est perdus entre les sentiers de randonnée et les étendues d'eau. A la croisée de deux rivières, l'endroit est idyllique et on ne peut plus calme ! En toutes saisons, les amoureux de la nature et des espaces vierges seront comblés ! Les chalet en bois sont rustiques mais rénovés et fonctionnels, idéal pour un séjour au vert selon le mode de vie local !

ENGHOLM HUSKY DESIGN LODGE €€

Karasjok Vandrerhjem ✆ +47 91 58 66 25
www.engholm.no

Réserver à l'avance. A partir de 700 NOK la nuit en chalet. Voir le calendrier et les prix sur le site Internet.

Sven vous accueille dans son établissement qu'il a construit de ses mains. Des cabines en pleine forêt, au milieu des huskies. Le chenil consiste en 50 chiens en top forme et prêts à vous emmener en balade ! Différentes activités sont organisées tout au long de l'année, avec en priorité les excursions en traîneau tiré par des huskies les mois d'hiver. En été, démonstration et découverte du dressage des huskies en chiens de traîneau, canoë et camping sur l'île privée des propriétaires !

SCANDIC HOTEL KARASJOK €€

Leavnnjageaidnu 3
✆ +47 78468900
www.scandichotels.com

Chambre double à partir de 1 550 NOK. Petit déjeuner inclus. Parking gratuit.

Anciennement Rica, le Scandic est le seul hôtel de standing dans la région de Karasjok. C'est un hôtel moderne mais construit selon l'architecture des Samis. Le confort répond au standard de la chaîne, avec une décoration soignée dans le style traditionnel et des chambre tout confort. Ajoutez à un magnifique sauna, un espace de détente et une salle de sport à disposition des clients de l'hôtel. Les environs sont beaux et sauvages, un cadre relaxant et idéal pour profiter à la fois du confort et de l'atmosphère particulière de Karasjok.

STORGAMMEN - LA MAISON DE TOURBE €€

Leavnnjageaidnu 1
✆ +47 78 46 88 60

Ouvert de juin à septembre tous les jours midi et soir, le reste de l'année généralement sur réservation.

Le restaurant de l'hôtel Scandic offre, dans un cadre traditionnel same, des recettes ancestrales utilisant des produits locaux, adaptées toutefois aux goûts du jour. Au rez-de-chaussée avec vue sur l'extérieur, le cadre n'est pas désagréable. Et comme le veut la tradition, le repas se prend autour d'un feu de bois. On y sert aussi le petit déjeuner. C'est également le seul restaurant haut de gamme de Karasjok. S'y retrouve beaucoup de locaux qui se mêlent aux invités de l'hôtel.

ALTA ★★

Bien qu'elle soit la dernière ville avant le cap Nord, Alta peut parfois jouir d'un climat relativement clément. La ville œuvre pour protéger l'environnement et la culture Sami. Il vous faut absolument aller voir le musée de Hjemmeluft avec ses peintures et gravures rupestres qui attestent de la présence humaine il y a 7 000 ans déjà ! Paysages sublimes de toundra du canyon d'Alta à 30 km en direction de Kautokeino. Liaison en avion avec Oslo, Honningsvåg, Hammerfest, Tromsø, Kirkenes, Mehamn, Vadsø, Båtsfjord et Hasvik. Liaison en bus avec Kautokeino, Karasjok, Tromsø, Øksfjord, Hammerfest, Nordkapp ; avec la Finlande par la Laponie suédoise.

ALTA KIRKE (ÉGLISE)

BorealisAlta
www.nordlyskatedral.no

Entrée 50 NOK.

Depuis que ses portes ont ouvert en 2013, la Northernlight Cathedral fait la fierté d'Alta. Son corps d'acier qui s'élève en spirale dans le ciel ne laisse pas indifférent. À l'intérieur, un Christ de bronze rapporté de Toscane par bateau, bien différent de ceux que l'on voit habituellement. Créé par l'artiste Brandes Pieter, qui n'aime pas les représentations traditionnelles, celui-là regarde le ciel et reflète la joie. Au sous-sol, le petit musée Boréalis vous en dira plus sur les légendes et les explications plus scientifiques autour des aurores boréales.

ALTA MUSEUM ★★

Altaveien, 19
✆ +47 78 45 63 30
www.alta.museum.no

L'hiver, les gravures rupestres sont couvertes par la neige. Entrée hiver 85 NOK, été 130. Visite guidée 700 NOK.

Le musée a ouvert en 1991, en bordure d'une zone de fouilles de gravures rupestres découvertes en 1973. C'est la plus grande zone de toute l'Europe du Nord et elle est classée patrimoine mondial par l'Unesco. Il est rapidement élu meilleur musée européen en 1993 avec 3 000 gravures à ciel ouvert, datant de 2 500 à 7000 ans.

À l'intérieur du bâtiment, le musée propose des expositions sur la préhistoire du Finnmark, la culture same et à la mystérieuse culture de Komsa, dont le nom vient de la montagne toute proche (point de vue sur le soleil de minuit). Superbe.

TIRPITZ MUSEUM ★

Kåfjord
✆ +47 92 09 23 70
www.tirpitz-museum.no
Ouvert du 15 juin au 15 août tous les jours de 10h à 17h. Tarif adulte 90 NOK, enfant (de 7 à 12 ans) 50 NOK.

Ce musée retrace l'histoire de ce lieu qui, durant la Seconde Guerre mondiale, constitua la principale base maritime des soldats allemands, où stationnèrent les navires de guerre *Tirpitz* et *Scharnhorst*. Exposition consacrée à ces navires dont beaucoup de photos. Un musée situé dans un bel endroit, riche en objets d'exposition. C'est un arrêt presque obligatoire pour les amateurs d'histoire locale et pour les curieux qui souhaitent en connaître plus sur les événements marquants qui ont eu lieu dans la région au cours de la Seconde Guerre mondiale.

ALTA RIVER CAMPING €€

Steinfossveien 5,
✆ +47 94 03 27 79
www.alta-river-camping.no
Cabine à partir de 500 NOK, chalet 1 000 NOK, chambre 550 NOK, camping 250 NOK. Sauna et chalets à barbecue.

Comme la plupart des villes lapones, Alta est entourée de nature magnifique. Sa localisation en fait une étape presque obligatoire et l'idéal est donc de se loger au plus près de la nature et en bord de rivière. À la sortie de la ville en direction de Kautokeino, ce camping loue des petits chalets et des chambres doubles, triples, quadruples, basiques mais fonctionnels ! Réception ouverte 24h/24 dans le petit kiosque-épicerie qui vend aussi des permis de pêche pour les cours d'eau secondaires de l'Alta. Une belle étape en perspective.

HOLMEN HUSKY LODGE €€

holmen 100 ✆ +47 90 53 0983
www.holmenhusky.no
A partir de 475 NOK. L'hiver, hébergement vendu seulement avec les activités. Entre 990 et 1 050 NOK.

Voilà une adresse glamping version norvégienne. Dans ce joli domaine, on dort blotti au coin du poêle, dans une habitation typiquement same, le *laavu*. Presque à ciel ouvert, votre petite chambre ronde vous réserve alors de belles surprises à la saison des aurores boréales. Les parties communes sont agréables et chaleureuses et il fait bon profiter du sauna et du Jacuzzi quand les températures extérieures hérissent les poils. Et bien sûr, comme son nom l'indique, des sorties en chiens de traîneau sont organisées ! Tout ça dans un décor fantastique, été comme hiver.

IGLOO HOTEL SORRISNIVA €€€

Sorrisniva 20
✆ +47 78 43 33 78
www.sorrisniva.no
Ouvert de mi-janvier à mi-avril. Compter 2 360 NOK pour une chambre. Entrée pour l'Igloo Hotel 200 NOK par adulte.

A 20 km d'Alta, dans ce qui est l'ancien Alta Friluftspark, se trouve l'Igloo Hotel et Restaurant. Il propose des chambres faites de glace, ainsi qu'un bar et une église de glace.L'hôtel, construit par des artistes hors pair est une plaisir pour les yeux. En plus des visites guidées de l'hôtel, on peut aussi réserver des activités organisées par Sorrisniva et pourquoi ne pas célébrer son mariage dans l'église de glace ? Une expérience unique ! Le tout dans un cadre de nature à couper le souffle et qui regorge d'opportunités de balades.

IGLOO HOTEL SORRISNIVA €€

Sorrisniva 20
✆ +47 78 43 33 78
www.sorrisniva.no
Ouvert tous les soirs. Compter 300 à 400 NOK pour un repas.

Le restaurant Laksestua appartient à l'Igloo Hotel. Le cadre est soigné, mélange de bois et de lignes modernes. On y goûte du renne, de l'agneau, du saumon, des baies locales ramassées dans les environs et bien d'autres spécialités samies. Une belle adresse, pour les budgets confortables, qui permet de vivre l'aventure du dépaysement jusqu'au bout. Rassurez-vous si certains locaux sont en glace, le restaurant lui, est bel et bien en dur ! Pas besoin d'enfiler les affaires de ski, et aucun risque de rester collé aux couverts !

TRASTI ET TRINE €€

gargiaveien 29
✆ +47 91 90 04 60
www.trastiogtrine.no
Autour de 750 NOK le menu traditionnel 3 plats, 950 NOK le menu cinq plats.

Comme si l'on entrait dans un village miniature, nous sommes chez Trasti et Trine. A la fois chambre et table d'hôtes, dans un chalet les chambres, dans l'autre une petite boulangerie, ici le restaurant et là le chenil... Une fois dans le restaurant, on troque ses chaussures contre de jolis chaussons en laine qui glissent sur le parquet. Sur la table, les assiettes sont en bois, gravées Trasti et Trine. Une ambiance et un accueil chaleureux, à l'image de cette région et de ces habitants ! De belles surprises vous attendent, et vous n'êtes pas près de les oublier !

HAMMERFEST ★★★

Avec 11 000 habitants, Hammerfest est la ville la plus septentrionale du monde ! On retrouve un peu partout en ville le symbole de l'ours blanc. Même si l'animal n'est pas présent sur le continent, Hammerfest était à l'époque le port de départ des missions de traque à l'ours blanc dans le Spitzberg. On peut d'ailleurs aujourd'hui devenir membre du Club de l'ours blanc ! Aujourd'hui, Hammerfest est une ville agréable, dans un environnement propice aux activités de pleine nature grâce aux îles et au Parc national Seiland. Elle vit toujours de ses activités pétrolières, mais aussi grâce à Findus et bien sûr du tourisme grâce à l'escale du *Hurtigruten*.

Histoire

Hammerfest est l'une des plus anciennes villes de Norvège ! Elle obtient son statut de ville en 1789, grâce à son port, elle devient l'un des centres commerciaux les plus importants du Finnmark. Durant les guerres napoléoniennes, les échanges avec les Pomores de la Russie du Nord étaient considérables car il était impossible de se ravitailler par le sud, et le grain russe était important dans la région. En 1917, Hammerfest sera victime de la révolution d'octobre. Le nouveau pouvoir russe va en effet mettre fin au commerce entre Pomores et Norvégiens. Les revenus disparaissant, vont apparaître famines et épidémies. Pour relancer son économie, la ville va développer ses gisements de gaz naturel et pétrole. Hammerfest ne sera pas épargnée par la Seconde Guerre mondiale, et sera entièrement détruite par les Allemands en 1944. Le musée de la Reconstruction explique d'ailleurs très bien cette partie de l'histoire de la ville.

Transports

- Avion. Liaison avec les aéroports d'Alta, Honningsvåg, Tromsø, Kirkenes, Mehamn, Vadsø, Båtsfjord et Hasvik. https://avinor.no/
- Bus et ferry – SNELANDIA. Liaisons en bus avec Alta, Honningsvåg, Karasjok, Lakselv et Kirkenes. Liaison avec Havøysund en ferry. https://snelandia.no/
- Hurtigruten. Départ tous les jours vers le nord à 6h45 et vers le sud à 12h45. www.hurtigruten.fr

ARC GÉODÉSIQUE DE STRUVE ★★★

whc.unesco.org/fr/list/1187

Obélisque principal à Hammerfest. Autres structures à Alta, Lodiken, Bealjášvárri.

© PECOLD - SHUTTERSTOCK.COM

Selon la description faite par l'UNESCO, l'Arc de Struve s'étend de Hammerfest jusqu'à la mer Noire et traverse 10 pays sur plus de 2 820 km. Le projet a été réalisé à l'origine par Friedrich Georg Wilhelm et représente la première mesure exacte d'un long segment de méridien qui a contribué à définir et mesurer la taille et la forme exactes de la Terre ; elle a joué un rôle essentiel dans le développement des sciences de la Terre et l'établissement de cartes topographiques précises.

- Pour plus de renseignements, voir le site de l'UNESCO.

ASCENSION DU MONT SALEN

À 15 minutes seulement depuis le centre, l'ascension du mont Salen qui surplombe la ville fait partie des immanquables, lors d'une visite à Hammerfest. En haut, un point de vue a été aménagé. De là, la vue sur les îles de Håja, Hjelmen et Saroya en face, est extraordinaire. Possibilité de louer des vélos électriques à l'office pour 360 NOK l'heure. Idéal pour assurer la montée et continuer la balade jusqu'au prochain sommet. Balade très facile si vous avez l'habitude de marcher. Pensez à prendre les jumelles pour observer les îles au loin !

NORVÈGE

ÉGLISE - HAMMERFEST KIRKE ★★

Kirkegata 21
www.kirken.hammerfest.no
Ouvert du lundi au vendredi de 9h à 14h.

Cette église impressionnante, consacrée en 1961, est connue pour son architecture originale qui s'inspire des séchoirs à morue qui se trouvaient autrefois dans le village. Elle n'est pas sans rappeler l'architecture de la cathédrale arctique de Tromsø. Située dans la ville, prise entre la montagne et la rive, elle succède aux nombreuses églises que la ville a connues. Les deux dernières étant été réduites en cendres, l'une par l'incendie de 1890, l'autre par les troupes allemandes.

VISITE DES ÎLES EN BATEAU ★★

✆ +47 78 41 21 85
Renseignements à l'office de tourisme, toute l'année. Tarif 150 NOK. Durée entre 2 et 3 heures.

Cette excursion est à recommander seulement par très beau temps où vous pourrez passer un peu de temps dehors. Elle a été rajoutée pour les touristes, mais sa vocation première est de transporter les habitants de l'île. Le paysage est agréable, les maisons isolées laissent place aux côtes désertiques des îles, un rêve.

- **Randonnées sur les îles.** Les deux îles proposent de nombreux sentiers de randonnée pour un ou plusieurs jours. Attention toutefois à l'horaire des bateaux.

MUSÉE DE LA RECONSTRUCTION D'APRÈS-GUERRE ★

Kirkegata 19 ✆ 004778 40 29 40
www.kystmuseene.no
Ouvert de 10h à 16h en été. Au même endroit que l'office de tourisme. Ouvert en fonction des horaires de l'office.

Exposition consacrée à la reconstruction de l'après-guerre, époque où tout était à rebâtir après la destruction quasi totale des villes. On apprend les conditions d'évacuation et de vie dans la région au cours de la Seconde Guerre mondiale. Ce musée donne une idée de ce que pouvait être la vie des réfugiés et des gens qui devaient reconstruire leur maison après l'évacuation dramatique et forcée de la population pendant la Seconde Guerre mondiale. Des pièces authentiques sont aménagées.

AKKARFJORD HOSTEL €

Akkarfjord Skole
✆ +47 78 41 91 34
www.akkarfjordskole.no
Rejoindre l'île de Sørøya par le ferry depuis Hammerfest. 100 NOK/nuit. Sauna, piscine. Cuisine, salon à disposition.

A quelques minutes de ferry de la ville la plus au nord du pays, bienvenue sur l'île de Sørøya. Un véritable havre de bonheur. L'auberge propose un dortoir de 14 lits et deux chambres doubles. L'endroit est propre, cosy mais plutôt simple. Situé dans le village de Akkarfjord, l'auberge est tenue par les étudiants et les professeurs de l'école locale. Vous aurez accès au sauna et la piscine de l'école et un petit supermarché se trouve à quelques pas pour faire les courses nécessaires. Du village, démarrent plusieurs sentiers de rando. Une alternative intéressante !

THE ROYAL & ANCIENT POLAR BEAR SOCIETY ★

Havnegata, 3
✆ +47 78 41 21 85
isbjornklubben.no
Voir horaires de l'office de tourisme. Entrée libre.

Isbjørnklubben, ou littéralement le club de l'ours polaire, est dédié à la préservation de l'histoire et de la culture à Hammerfest, entre autres à la pêche en Arctique, la chasse et les expéditions polaires. Vous apprendrez comment les habitants de la région se sont adaptés aux changements auxquels la ville a dû faire face au cours de son histoire. Vous pouvez également devenir membre de ce club mondialement connu et recevoir l'insigne de l'ours polaire en souvenir !

STORVANNET CAMPING €

Storvannsveien 103
✆ +47919 90 236
www.nafcamp.no
Compter 190 NOK pour une tente, 240 NOK pour un camping-car. Ouvert de mi-mai à fin septembre.

À l'extérieur de la ville. Une centaine d'emplacements pour tente et près de 200 emplacements pour caravane. Sur place, kiosque épicerie et café. C'est assez spartiate mais il y a néanmoins tout le confort nécessaire pour rester quelques nuits ou une semaine. Et puis, de toute façon, on n'y va pas pour rester enfermé à l'intérieur. Si possible, en Norvège, essayez de vous déplacer en fonction de la météo, suivez le soleil, même si cela signifie changer vos plans. Vos vacances n'en auront que meilleure saveur, et c'est comme ça que font les locaux !

SCANDIC HOTEL HAMMERFEST €€

Sørøygt, 15

✆ +47 78 42 57 00

Chambre double à partir de 1 350 NOK. Réduction le week-end. Petit déjeuner inclus. Wifi.

Le Scandic Hammerfest est installé en plein cœur de la ville. Il offre 85 chambres bien décorées et bien équipées, avec vue sur le fjord ou sur la ville. La salle de restaurant offre aussi une très jolie vue sur la mer. L'établissement possède également une cheminée, un piano-bar et une discothèque. Notez que l'adresse est réputée comme servant l'un des meilleurs petits déjeuners du pays et c'est un vrai délice ! En somme, un hôtel qui correspond au standing et qui satisfera votre envie de confort et de proximité avec le centre-ville et ses activités.

THON HOTEL HAMMERFEST €€€

Strandgt, 2-4

✆ +47 78429631

www.thonhotels.no/hammerfest

Chambre double à partir de 1 700 NOK. Wifi.

Cet hôtel de 52 chambres est ouvert toute l'année. En plein centre-ville près du port et de toutes les activités, cet hôtel propose un service et une qualité irréprochables avec des chambres toutes spacieuses et lumineuses, entièrement équipées et décorées de couleurs chaudes. La plupart des chambres ont une vue sur le port et sur la mer à l'horizon de quoi profiter pleinement des magnifiques lumières estivales offertes par le soleil de minuit ! Les parties communes sont elles aussi soignées. Hôtel de haut standing, comme le veut la chaîne.

BRYGGA MATHUS €€

Strandgata 16

✆ +47 401 89 600

https://bryggamathus.no/

Du mardi au jeudi 15h-21h, le vendredi et le samedi jusqu'à 22h. Plats entre 150 et 400 NOK.

Situé sur le port, Brygga Mathus cuisine des produits locaux et de saisons à des prix tout à fait raisonnables et dans un cadre idéal. L'intérieur chaleureux boisé et chaleureux vous fera apprécier d'autant plus les plats raffinés de ce restaurant. En été une terrasse permet d'apprécier les rayons bienvenus du soleil. En plus de la restauration, une boutique ouverte aux mêmes horaires que le restaurant permet de se procurer des produits frais, locaux et de qualité toute l'année. Une belle opportunité pour ceux qui souhaitent goûter à d'autres spécialités !

MIKKELGAMMEN €€

Salen

✆ +47 78 41 21 85

Sur réservation uniquement.

Ce restaurant se trouve sur les hauteurs de la ville, dans une habitation same typique. On y sert une cuisine same traditionnelle, notamment de la soupe et des plats à base de renne. On s'installe ainsi confortablement sur les tapis de bouleau et de peau de renne, pour déguster l'une des spécialités à la lumière de la bougie. Vous pourrez profiter d'une jolie vue sur les alentours et d'un cadre idéal pour faire une pause tout en vous initiant aux traditions culinaires et architecturales de la culture same. On vous y accueille en toutes saisons, sur réservation.

DU VERDEN €€

Strandgata 32

✆ + 47 45 25 07 00

www.duverden.no/hammerfest

Ouvert du lundi au samedi de 17h à 22h. Plats 200-350 NOK.

Dans un cadre chaleureux et élégant, Du Verden offre une cuisine à son image : raffinée et de qualité. Une jolie baie vitrée donnant directement sur la promenade du port vous fera profiter de l'extérieur même en plein hiver. L'été, une superbe terrasse, très classe, permet de s'installer à l'extérieur et d'apprécier les rayons du soleil tant attendus. En soirée, les couleurs sont à couper le souffle. Côté cuisine, les plats sont variés, locaux et à des prix très accessibles. Un endroit à visiter absolument pour un moment détente !

JERNTEPPET

Strandgata 24

✆ +47 41 29 58 88

www.jernteppet.no

Ouvert de lundi à jeudi, de 19h à minuit, jeudi et vendredi de 17h à minuit, le week-end de 16h à 3h.

Le Jernteppet signifie « le rideau de fer », en norvégien. Un des bars les plus sympathiques de la région, avec un large choix de bières du monde entier. La clientèle est très riche et variée, jeunes et moins jeunes viennent ici échanger. L'été, la terrasse qui donne directement sur le port fait des heureux car l'emplacement est idéal pour observer le soleil de minuit. L'hiver, l'ambiance est tout aussi sympathique : cosy et petites bougies... Prix normaux pour la Norvège, c'est-à-dire une dizaine d'euros la bière. À tester néanmoins !

GJESVÆR ★

Au bout d'une petite route à l'ouest du Cap Nord, Gjesvær se présente comme une rangée de maisons coincées entre les rochers et le large, avec une vue magnifique sur les îlots qui se dressent face au port. C'est également un point idéal de l'île pour admirer le soleil de minuit, et ses 130 habitants disent même que c'est souvent plus ensoleillé ici qu'au Cap Nord. Le village est relié avec le reste de l'île par une route, qui n'existe que depuis 1976, remplaçant ainsi les voies maritimes qui étaient le seul moyen de venir à Gjesvær. Il n'y a pas grand-chose à faire à Gjesvær, si ce n'est profiter du calme et de la beauté des environs.

COLONIE D'OISEAUX DE GJESVÆRSTAPPAN ★★

Gjesværstappan

Cet archipel d'une centaine d'îles et d'îlots rocheux abrite d'immenses colonies d'oiseaux nicheurs, y compris l'une des plus grandes colonies de Macareux moines de Norvège du Nord. Ces oiseaux cohabitent avec d'autres espèces comme les fous de Bassan, les pygargues à queue blanche, les pingouins torda, les eiders, les grands cormorans, les fulmars et les labbes parasites. On estime la population d'oiseaux nicheurs sur ces îles à quelque 3 millions d'individus.

BIRD SAFARI

Nygårdsvei 38

✆ +47 41 61 39 83

www.birdsafari.com

En individuel : 950 NOK. de juin à septembre.

Le spectacle est au rendez-vous avec des milliers d'oiseaux de différentes espèces dont les plus présents sont les macareux, les cormorans, les fous de Bassan, et différentes variétés de mouettes. Pensez à prendre vos jumelles et vos appareils photo !

▶ **Autre possibilité,** celle de demander au propriétaire pêcheur du restaurant Terrasen (✆ +47 950 377 22 – www.stappan.no) de vous emmener à bord de son petit bateau de pêche. Visites plus flexibles et plus personnalisées. De la même façon il organise une aventure originale à la découverte du soleil de minuit.

BARENTS CABIN CRUISE €€

Walsøenesvegen 34

✆ +47 99 28 94 23

www.barentscabincruise.com

Ouvert toute l'année. Cabine à partir de 900 NOK pour 2 pers.. Restaurant–grill, ouvert tout l'été.

Situées sur le port, les cabines offrent une vue sur la mer. Elles sont entièrement équipées avec petite cuisine équipée, salle d'eau privée avec eau chaude, TV, connexion Internet, parking. Petite terrasse avec barbecue à disposition. Le prix comporte également la location d'un petit bateau. Mais des excursions en mer sont aussi proposées. Chouettes balades à faire juste à côté et si vous êtes chanceux, vous pourrez peut-être apercevoir de magnifiques oiseaux sans avoir à faire une balade organisée ! Draps de lits et serviettes fournis.

GJESVÆR CABINS €€

Nygårdsveien 38

✆ +47 416 13 983

www.birdsafari.com

Ouvert du 15 mai au 15 septembre. Chambre double à partir de 850 NOK.

Voici une option plutôt bon marché. Les chambres sont assez rudimentaires, mais elles offrent un confort correct et sont très bien situées, sur le port, face à la mer cristalline et aux îles environnantes. Vous aurez aussi l'option de réserver un *rorbu*, une cabane de pêcheur traditionnelle. L'endroit est idyllique, moins fréquenté que le Cap Nord et propice à la détente et au ressourcement. Cette compagnie organise de nombreuses visites guidées pour découvrir les oiseaux des environs en bateau, un incontournable si vous pensez résider à Gjesvær !

NYGÅRD HOLIDAY HOME €€€

Kobbensveien 8

✆ +47 95 03 77 22

www.stappan.no

Appartementsà partir de 1 200 NOK. Petit déjeuner 120 NOK. Draps en location.

A quelques mètres du port, ces appartements récemment rénovés sont tout confort. L'établissement propose également un restaurant. Une vaste terrasse de bois, une partie abritée contre la pluie et le vent, juste quelques plats affichés à la carte, dont une assiette de fruits de mer, ou une délicieuse soupe de poissons dont le propriétaire garde jalousement la recette. Le lieu est aussi reposant qu'enchanteur. Ici, plus qu'au cap Nord (rempli de touristes), on a la sensation d'être au bout du monde. Le lieu idéal pour partir à l'aventure et échapper au quotidien !

HONNINGSVÅG ★★

Centre administratif de la région, et dernière véritable halte avant le cap Nord, Honningsvåg n'a pas un charme fou. Entièrement détruite durant la Seconde Guerre mondiale, la ville a tout de même un petit port très actif. Elle s'anime finalement deux fois par jour, grâce au flot de touristes déversé par l'Express Côtier Hurtigruten. Le tourisme se développe donc, mais l'économie repose encore essentiellement sur l'exploitation d'hydrocarbures. L'appel du cap Nord se fait sentir de plus en plus fort et c'est d'ici que vous organiserez votre aventure. Honningsvåg est la « ville près du cap Nord », c'est d'ailleurs la principale raison de s'y arrêter.

Tourisme

Il est possible de réserver des excursions au Cap Nord à l'office de tourisme du Cap Nord situé à Fiskeriveien 4D.

Transports

- Avion. Liaison avec les aéroports de Hammerfest, Tromsø, Kirkenes, Mehamn, Vadsø, Båtsfjord et Hasvik. https://avinor.no/
- Bus. Liaisons avec Alta, Hammerfest, Lakselv et avec la Finlande avec les compagnies Boreal, Snelandia et Lapin Linjat Bus. (https://snelandia.no ; https://www.eskelisen.fi/en ; www.boreal.no/forside)
- Hurtigruten. Escale de l'express côtier Hurtigruten tous les jours avec un départ à 14h45 vers le nord et à 17h45 vers le sud. www.hurtigruten.fr

NORVÈGE

PROMONTOIRE DE KNIVSKJELODDEN ★

Knivskjelodden

Accès libre, randonnée facile de 18 km.

C'est le point le plus septentrional d'Europe (71° 11' 08"), le vrai cap Nord. Mais il est vrai que cette pointe possède une apparence nettement moins dramatique ! Avec son sentier balisé de 18 km aller-retour au départ de la route E69, c'est un excellent point de vue pour admirer la falaise du cap Nord, et éviter la foule ! Toutefois, Magerøya reste une île reliée au continent par une route. Le Cape Nordkinn prêt de Mehamn est en réalité l'extrémité nord du continent européen.

MUSÉE DU CAP NORD - NORDKAPPMUSEET ★★

Holmen 1, ✆ +47 78 47 72 00

www.kystmuseene.no

En été, ouvert tous les jours 10h à 17h. Le reste de l'année du lundi au vendredi 12h à 15h. Entrée 80 NOK.

Ce charmant petit musée explique les dures conditions de vie dans ces contrées où un homme sur quatre meurt en mer. Comment vivre d'ailleurs au 71e parallèle depuis 10 000 ans ? C'est ce qu'explique ce musée. L'exploitation du duvet de l'eider dans l'île de Store Tamsøy a cessé après la guerre, toutes les habitations de la Norvège du Nord ayant été rasées par les nazis. D'un équilibre économique déjà fragile, la situation des habitants des îles n'a jamais pu se rétablir.

NORDKAPP CAMPING €

Skipsfjord 20

✆ +47 78 47 33 77

www.nordkappcamping.no

Ouvert du 1er mai au 15 septembre. Chalet 1 ou 2 personnes 690 NOK, tente et voiture 190 NOK, chambre double 850 NOK.

Campez à 71° de latitude nord, au beau milieu de la nature, sur l'île de Mageroy. Entre mer et montagne, le site est incroyable. Heidi et Bernt vous accueilleront avec le sourire et feront leur possible pour que votre séjour se passe bien. Électricité pour le côté camping en plus, 100 NOK. Connection Internet gratuite sur tout le site de camping. Possibilité de vider les sanitaires du camping-car et de faire le plein d'eau. Le camping possède même un sauna. Cuisine tout équipée pour les résidents. Un endroit pour le moins hors du temps !

NORDKAPP VANDRERHJEM €

Kobbhullveien 10
✆ +47 91 82 41 56
booking.com

Chambre avec toilettes séparées à partir 550 NOK.

Le grand bâtiment rouge à l'entrée d'Honningsvåg abrite l'auberge de jeunesse. Si vous venez en bus, prévenez le chauffeur, qui vous déposera non loin. Attention l'auberge est assez excentrée. REMA, le supermarché, n'est pas très loin mais le village Honningsvåg est à au moins 40 minutes de marche ou à 10 minutes en bus. Les chambres, de la simple à celle pour 6 personnes, sont plutôt minimalistes. L'endroit n'est pas particulièrement chaleureux mais tout y est très propre et fonctionnel, et c'est l'essentiel ! L'accueil est sympathique.

NORTH CAPE CABINS €

Skolegt. 5
✆ +47 95 13 88 91
www.northcapecabins.no

Tarifs entre 600 et 900 NOK par nuit pour 1 à 2 personnes.

Sans doute le moins cher de tous les moyens pour dormir. Un ensemble de petits complexes de cabines et de cabanes de pêcheurs disséminés dans les bourgs de l'île. Les cabines sont disponibles de mai à septembre, mais il est également possible d'en louer en hiver, idéal pour admirer les aurores boréales si le temps le permet (se renseigner avant en leur envoyant un courrier électronique). Réductions si vous restez quelques jours : 10 % + 5 jours, 15 % + 10 jours et 20 % pour un séjour supérieur à 15 jours. Location draps et serviettes en plus.

ARCTIC HOTEL NORDKAPP €€

Storgata 12B
✆ +47 463 53 772

Chambre à partir de 850 NOK.

Le plus vieil hôtel d'Honningsvåg. Le bâtiment et la décoration intérieur n'ont rien d'exceptionnel, mais le tout est un véritable mélange de neuf et de vieux, un ensemble confortable, fonctionnel et surtout en plein centre-ville. Proche des commerces et du port, il vous suffira de marcher quelques mètres pour atteindre boutiques et autres restaurants. Au rez-de-chaussée, le bar restaurant Havly a ouvert en 2018 et et propose une ambiance résolument moderne. Cuisine raffinée, lumière tamisée, on y passe volontiers un moment, ne serait-ce que pour prendre un café.

SCANDIC HOTEL HONNINGSVÅG €€

Nordkappgt, 4
✆ +47 78 47 72 20

Ouvert de septembre à mi-mai. Chambre à partir de 1 075 NOK.

Situé à côté de l'office du tourisme, face au port, ce très grand bâtiment de béton peint en blanc abrite 174 chambres et un bar-restaurant. Si le charme n'est pas vraiment au rendez-vous et que la décoration n'est pas tellement moderne, les chambres sont extrêmement confortables et l'accueil est excellent. Le personnel est souriant, aimable toujours là pour vous renseigner. L'hôtel est situé en plein centre, près des commerces, bars et restaurants, à quelques pas seulement.

ARTICO ICE BAR

Sjøgata 1 A
✆ +47 78 47 15 00
www.articoicebar.com

Ouvert de février à septembre. Entrée 149 NOK par adulte, 50 NOK par enfant.

Sur les quais, José Mijares et sa femme ont bâti un étonnant et envoûtant endroit. Un bar de glace. José est un spécialiste des grandes traversées en traîneau des espaces blancs. Très connu dans son pays, il vit sa passion à deux pas du cap Nord en proposant une échappée dans un igloo de glace. Sièges et tables sont faits entièrement en glace et les dessins, les textures, les lumières et les reflets sont tous variés. Un bar et surtout une authentique galerie d'art dédiée à la glace. Il est aussi possible de réserver plusieurs activités via l'Artico Polar Academy !

CAFE CORNER

Fiskeriveien 2A
✆ +47 94005292
www.corner.no

Ouvert lundi au vendredi de 11h à 23h, le samedi jusqu'à 2h, le dimanche 12h-23h. Plats autour de 195 NOK.

Ce café sans prétention situé vers le port permet de déjeuner avec vue sur l'embarcadère et l'arrivée des ferries. L'endroit est très populaire, tant auprès des touristes que des locaux de tous âges, qui discuter, jouer au billard et traîner autour d'un verre. Une ambiance assez étrange dans ce village du bout du monde, où chacun semble se demander ce qu'il fait là. Il n'en est pas moins un lieu sympathique pour se restaurer de spécialités locales, ou boire un coup avec une vue dégagée sur le port et sur les falaises environnantes.

NØDEN PUB

Fiskeriveien 2
✆ +47 78 47 63 40
www.noden.no
Ouvert du mardi au vendredi de 20h à 2h, le dimanche à partir de 17h, jusqu'à 2h les soirs de match.

Un pub rustique et vivant, où se retrouvent les locaux et les touristes de passage. Ambiance animée, surtout les soirs de match, qui sont suivis assidûment et accompagnés des chants des supporters. On s'assoit volontiers pour boire un verre, peut-être une Isbjørn, cette bière brassée à Tromsø, dans la brasserie la plus septentrionale du monde. Il n'est pas rare d'en venir à discuter avec les bavards du coin. Une bulle de joie et de bonne humeur dans ces terres au climat rude et dans un village autrement assez calme. Adresse recommandée.

GALERIE WEST OF THE MOON

Storgata 4B
https://www.evart.no
Ouvert tous les jours de juin à août de 11h à 16h30, du lundi au samedi de 11h à 15h. Les horaires peuvent varier.

Une merveilleuse et insoupçonnable petite boutique dans le centre-ville. Y sont exposées les œuvres de collage d'Eva Schmutterer, une artiste allemande expatriée dans ces contrées isolées du Finnmark. Son atelier et sa boutique principale se trouvent dans le petit village de Kamøyvær, à quelques minutes d'Honningsvåg. Les œuvres d'Eva s'inspirent de la nature et des mille et une couleurs qu'offre l'île de Magerøya. Vous serez chaleureusement accueilli par Jérôme, lui aussi expatrié, et il sera difficile de repartir sans l'une des magnifiques images !

DESTINASJON 71° NORD - SAFARIS

Fiskeriveien 8
✆ +47 78 28 93 20
www.71-nord.no
Aventures hivernales à partir de 655 NOK, estivales à partir de 750 NOK.

L'agence Destinatjon 71° Nord offre plusieurs activités hivernales et estivales pour permettre aux visiteurs de découvrir la région du Cap Nord. De fin mai à fin septembre une excursion de 3 heures 30 à bord d'un petit Zodiac pour pêcher ce fameux crabe géant qui vit sur les côtes entre Mourmansk et Tromsø. Les crabes sont véritablement gigantesques ! L'hiver, direction le Cap Nord en quad ou moto-neige, l'aventure vous attend chez Destinatjon 71° Nord.

NORDKAPP ★★★

Le cap Nord est une falaise de 307 m de haut qui s'élève au-dessus de l'océan Arctique. Cette côte exposée aux fureurs de l'océan Arctique est dépourvue de la barrière des îles qui forment une ceinture protectrice plus au sud. Ici, quand la mer se déchaîne, elle martèle directement la roche nue. L'hiver, les tempêtes sont assez fréquentes et la route vers le cap Nord se retrouve parfois coupée. Le cap Nord est un lieu touristique, avec parking et accès payants. Nordkapp n'est pas le point le plus septentrional d'Europe continentale. Ce prix revient à Knivskjelodden, que l'on atteint après une randonnée de 18 km (AR) inaccessible par véhicule !

Pratique

- Horaires : du 18 mai à mi-août de 11h à 1h ; les deux dernières semaines d'août de 11h à 22h ; du 1er janvier au 17 mai et d'octobre à fin décembre 11h-15h. En septembre de 11h à 17h. Film de 15 minutes projeté sur un écran panoramique de 180° sur les paysages et la nature du Cap Nord. www.visitnordkapp.net

Tourisme

- **Avertissement.** Le cap Nord étant situé dans un environnement subarctique, sa nature est très vulnérable. Les traces que laissent les activités de l'homme – la circulation automobile, les feux de camp, le camping, le prélèvement des pierres – sont ineffaçables. Les randonnées permettent une découverte agréable de l'île, mais respectez le site : suivez les balises et les sentiers.

Le Cap Nord.

CAP NORD - NORDKAPP ★★★★

Fiskeriveien 4D
✆ +47 78 47 70 30
www.nordkapp.no
Compter 260 NOK par billet d'entrée.

Au bout de la falaise du cap Nord se trouvait autrefois un lieu de sacrifices rituels sames. Aujourd'hui, il ne reste plus qu'un grand parking, passage obligatoire pour accéder au centre touristique caché dans la falaise et inauguré en 1988. Pas moyen d'éviter de payer, la route est entourée de barrières. Sinon, sachez qu'une entrée est valable pour 24 heures. De nombreux petits malins viennent donc planter leur tente dans le parc. Un bon moyen de bénéficier d'un endroit étonnant, d'un environnement radicalement différent, et d'économiser une nuit d'hôtel avec vue imprenable sur le lever et le coucher de soleil sur le cap ! Il faudra pourtant faire avec les ronrons incessants des autocars qui nuisent indéniablement à la majesté de lieux. Quoi qu'il en soit, le lieu a ce quelque chose de magique car on sait que l'on se trouve au point le plus au nord, au bout de l'Europe, et cette pensée suffit. La route qui mène au cap Nord est pour beaucoup dans ce cheminement. Une lente progression, l'aridité des paysages, tout concourt à faire encore et toujours du cap un endroit à part. Si le bout du monde est fascinant, le chemin qui y mène ne l'est pas moins.

▸ Hormis cette vue vers un horizon bleu, la vaste structure touristique creusée dans la falaise abrite un complexe moderne de boutiques, cafétérias et restaurants (où les prix sont corrects). Un petit musée est consacré aux premières personnalités qui sont venues au cap Nord. Le prêtre-explorateur italien Pietro Negri, à la recherche du bout du monde, fut l'un des premiers touristes à visiter le cap Nord en 1664. Ensuite suivirent, en 1873, Oscar II, roi de Suède-Norvège, et Louis-Philippe chassé de France en 1795 et déguisé en visiteur tout à fait ordinaire. À l'époque, le seul moyen d'approcher la falaise du cap Nord consistait à prendre le bateau, puis grimper les 300 m au sommet, la route carrossable traversant le plateau n'ayant été ouverte qu'en 1956. Cette route sera d'ailleurs de nouveau bientôt ouverte et l'épreuve physique donnera accès à une somptueuse vision sur ce cap. A l'intérieur du hall, un « bar à champagne » a été aménagé face à une baie panoramique avec une superbe vue sur le soleil de minuit qui dure du 16 mai au 28 juillet (quand il n'y a pas de brouillard). Une petite terrasse extérieure est accrochée au-dessus d'un précipice de 300 m donnant sur l'océan glacial Arctique. Le brouillard monte souvent de l'océan, enveloppant la pointe du cap Nord qui semble alors flotter entre ciel et mer. Ici, c'est le bout du monde ! À faire si vous pouvez.

LA CORNE - HORNET ★★

Hornet

« Hornet » est un promontoire rocheux en forme de corne qui se trouve au nord-est de la falaise du cap Nord, en contrebas et au bord de la mer. À l'époque préchrétienne, « Hornet » était un lieu sacré pour la population same de Magerøya, qui le considérait comme le domaine des dieux. « Hornet » ne peut être admiré qu'à distance. Du temps des Vikings, la région était soumise à leur imposition et, parfois, mise à sac. Le chef de Håløy faisait du commerce avec les Sâmes jusqu'à la mer Blanche, en Russie. Mais la colonisation norvégienne du Finnmark ne commença probablement qu'au XVIe siècle. L'abondance de poissons attirait les pêcheurs de l'Europe du Nord. Pour s'assurer des territoires, on construisit la forteresse de Vardø et plusieurs églises fortifiées. Hornvika, ou la baie de la Corne était l'endroit où les bateaux de touristes accostaient avant 1956 et la construction de la route au Nordkapp.

Le Finnmark était en essor jusqu'à la fin du XVIIe siècle, période à partir de laquelle la pêche subit une crise sérieuse. Plusieurs sites le long des côtes furent abandonnés par les Norvégiens. Les XVIIIe et XIXe siècles virent affluer des immigrants du nord de la Finlande et de la Suède, ainsi que des paysans du sud de la Norvège. Il en résulte de nombreux conflits avec les Sâmes qui occupaient ces terres depuis des siècles. Un roman contemporain d'un auteur same, Alio Gaup, *Le Tambour magique*, a été traduit en français aux Editions du Rocher, en 1992. Un lieu chargé d'histoire qui vaut le détour si vous passez par là.

PORTAIL DE L'ÉGLISE - KIRKEPORTEN ★

Fiskeriveien 4D, Honningsvåg
✆ +47 78477030
www.nordkapp.no

Cette formation géologique est un régal pour les yeux ; il s'agit d'une faille de plusieurs mètres de large en forme de « portail » dans un promontoire rocheux. Le soleil de minuit brille à travers ce « portail » entre minuit et 2h, c'est assez impressionnant. De là on voit très bien au loin la corne (Hornet). La balade pour accéder à Kirkeporten est très sympa aussi : 2,5 kilomètres à partir du camping Kikeporten ou du Nordkapp Turisthotell. Comptez 1h en tout.

KAMØYVÆR ★★

Petit village de pêcheurs de 150 âmes situé entre Honningsvåg et la pointe du Cap Nord. Il abrite notamment un grand hôtel Arran tenu par une famille same, reconnaissable à sa façade en bois et à sa couleur bleue, l'une des couleurs des Sames. L'intérêt touristique y est donc limité ! Il y a cependant une galerie d'art au premier étage de la maison jaune. Ici, pas de chats noir et blanc qui se baladent dans les rues au son des cigales comme dans les villages du sud de la France ! Le climat est rude, même si heureusement pour les habitants, le village est protégé de la pleine mer par les îles Lille Kamøya (petite Kamøya) et Store Kamøya (grande Kamøya).

SKARVÅG ★

C'est le hameau de pêche le plus septentrional du monde. La petite rangée de maisons blotties au fond d'un bras de mer se termine par une cabane attachée au rocher par des filins, pour éviter qu'elle soit emportée par les fréquentes tempêtes. Ce détour de 3 kilomètres est conseillé, car il vous mènera à une très jolie baie, et surtout très calme. Il n'y a pas beaucoup à faire à Skarsvåg, mais comme dans tous les villages des alentours, la nature y règne en maître. Il vous faudra vous promener dans les environs pour apprécier la beauté des paysages, quitte à y séjourner. L'endroit est idéal, près du cap Nord, et à l'écart du tumulte de Honningsvåg.

THE GALLERY

EvArt

✆ +47 78 47 51 37

www.evart.no

Ouvert de mi-mai à mi-août tous les jours de 12h à 22h, l'hiver sur rendez-vous.

Eva Schmutterer, d'origine allemande s'est installée ici il y a quelques années maintenant. Inspirée par la beauté des paysages et surtout par ses couleurs, elle s'est mise à créer des œuvres représentant ce cap Nord qu'elle aime tant. En parcourant la galerie on remarquera en thème de prédilection tantôt une église, tantôt le port, tantôt ce fameux soleil de minuit que tant de touristes viennent ici admirer. Ces œuvres sont faites de grands aplats de couleurs et de dégradés infimes. Comment fait-elle ? Allez lui demander son secret !

MAISON DE NOËL ET DE L'HIVER

Børnesveien 1

✆ +47 78 47 52 89

www.julehuset.no

Ouvert toute l'année. Entrée gratuite.

Nordkapp Jul & Vinterhus, une adorable maisonnette, temple de l'esprit de Noël à la norvégienne ! On y trouve, en toutes saisons, des bibelots et autres idées cadeaux. Lutins, boules pour le sapins, gâteaux traditionnels : il ne manque rien ! C'est aussi un endroit vivant où se retrouvent tous les pêcheurs venus parler de leurs prises. Dégustation de morue séchée et visite d'une maison de Noël traditionnelle. Dégustation de vin chaud (*gløgg*) et de crêpes (*lefse*), un délice !

NORVÈGE

© HOBOSYLVAIN - SHUTTERSTOCK.COM

Le port de Kamøyvær.

GAMVIK ★★

La commune de Gamvik possède plusieurs comptoirs de pêche pittoresques à visiter : Mehamn, Gamvik et Skjånes. L'endroit est un haut lieu de pêche et l'on déguste dans les restaurants du poisson fraîchement sorti de la mer de Barents. Au bout de quelques lacets, le port de Gamvik semble coupé du monde. On y voit d'un côté la nature et de l'autre la mer à perte de vue, une sensation résolument étrange et agréable. On peut admirer à Gamvik un phare réaménagé en hôtel tranquille. C'est le phare à terre le plus septentrional d'Europe ! La vue est imprenable et les lumières sont évidemment somptueuses, l'endroit rêvé pour se déconnecter.

MEHAMN ★

Mehamn est le centre administratif de la province de Gamvik, la plus septentrionale de toute l'Europe continentale. Elle compte environ 1 100 habitants vivant principalement des activités liées à la pêche. Le port de Mehamn est très dynamique. Il est facile de se loger et de trouver de quoi faire à Mehamn. À la sortie du village en direction de Gamvik, une magnifique plage à l'eau turquoise attend les baigneurs ou les curieux ! Pour rejoindre Mehamn et Gamvik en bus, réservez le trajet sur www.flexx.no, +47 75 77 18 88 au plus tard à 21h la veille du départ. Avec l'express côtier Hurtigruten, tous les jours vers l'est et l'ouest.

MUSÉE LOCAL - GAMVIK MUSEUM ★

Strandveien 93
✆ +47 78 49 79 49
http://kystmuseene.custompublish.com/
Ouvert toute l'année de 9h à 16h. 50 NOK par adulte, 25 NOK en tarif réduit.

Le musée est installé dans l'ancien entrepôt de stockfish de la station baleinière Brotkorbbruket. À travers plusieurs expositions, ce musées présente Gamvik et ses environs sous toutes leurs coutures. De la préhistoire à l'histoire des villages de pêches côtiers, en passant par la Seconde Guerre mondiale.

▸ L'office de tourisme est ouvert de mi-juin à mi-août tous les jours de 9h à 16h30, sinon du mardi au vendredi de 10h à 14h. www.visitnordkyn.com ; gamvik@kystmuseene.no ; +47 78 49 79 49

PHARE - SLETTNES FYR ★★

Slettnes
✆ +47 78 49 76 02
slettnes-fyr.blogspot.com
Ouvert de juin à septembre.

Le phare le plus septentrional du monde, qui se trouve à la même latitude que l'Alaska. Des visites sont organisées en été. On peut le rejoindre par un sentier au départ de Gamvik (5 km). Le phare se trouve au milieu du parc naturel. La route qui serpente dans le parc a été construite en 1930. Elle mène à Varnesovnen, une grotte utilisée durant les évacuations à l'automne 1944. Le phare est aujourd'hui un gîte où l'on peut être hébergé entre juin et août chaque été. Une aubaine pour les amateurs de grands espaces, de randonnées ou encore de pêche !

NORDIC SAFARI WILDLIFE ADVENTURES

✆ +47 90 14 75 09
www.nordicsafari.no
Ouvert toute l'année. Lit en dortoir à 450 NOK, chambre à partir de 650 NOK. Camping : emplacement 250 NOK.

Nordic Safari vous offre la possibilité de découvrir la région en traîneau ou en bateau. Une très belle randonnée le long de la côte vers le cap Nordkyn qui héberge des oiseaux splendides et rares, avec vue sur le cap Nord, la plus au nord de l'Europe, vous est aussi proposée ! Possibilité de pêche au saumon ou de chasse à la perdrix. Renseignements auprès de la commune de Gamvik ou de celle de Mehamn. L'établissement fait également auberge de jeunesse, camping et loue des *rorbuer*.

MEHAMN ARCTIC HOTEL €€

Værveien 40
✆ +47 78 49 67 00
www.mehamn.no
Chambre à partir de 1 070 NOK.

Un solide hôtel pour grand froid, aux chambres spacieuses. Les deux propriétaires sont des sportifs de niveau international (lutte pour monsieur, ski de fond pour madame). Il sert aussi de salle de sport (entrée gratuite au sauna et aux instruments pour les hôtes), de salle de spectacle, de bar et de lieu de rencontre pour la commune. L'endroit idéal pour faire connaissance avec la population locales et pour se faire une meilleures idée de la vie dans ces contrées reculées, sans compter la proximité avec la nature, toujours !

BERLEVÅG ★★

Au pied de la montagne, la petite ville est faite de blocs de bois peints en gris, en jaune, en rose et en bien d'autres couleurs. L'hiver elle essuie des tempêtes particulièrement violentes qui ont, en 1992, coûté la vie à 42 marins du village. Si la commune de Kongsjford, à une trentaine de kilomètres de Berlevåg, offre des paysages qui valent tous les kilomètres parcourus, la nationale RV890 entre Konjsfjord et Bervelåg n'en vaut pas moins la peine. Elle suit la côte battue par les vents et traverse un paysage de fjords et de falaises déchiquetées, un cadre sauvage et spectaculaire. Sur la route, une très jolie plage de sable blanc.

Balade

- Veinesodden batteri. À la hauteur de Konjsfjord , si vous cherchez à vous dégourdir les jambes, traversez le village en direction du bras de mer qui vous offrira une vue imprenable sur Kongsjford et ses alentours.
- Tanahorn. À l'ouest de Berlevåg, Tanahorn (la corne de Tana) offre un point de vue magnifique. Pour l'atteindre, il vous suffira de suivre un sentier facile d'accès et sans trop de dénivelé au départ de Store Molvik, à 4 kilomètres de Berlevåg. Traversez le village et dépassez l'aéroport pour trouver la piste qui mène jusqu'au point de départ. Tanahorn surplombe le fjord de Tana et offre une belle vue la mer des Barents et sur la péninsule de Nordkinner, où se trouve la commune de Gamvik.

PHARE DE KJØLNES ★★

www.nordkapp.no/en

Contacter l'office de tourisme local pour connaître les tarifs et disponibilités.

© INGER ERIKSEN - SHUTTERSTOCK.COM

À 6 km, ce phare est un point de repère sur les côtes escarpées qui donnent sur l'océan Arctique. C'est l'un des plus mythiques de toute la côte. Depuis son automatisation en 1994, il fait également office d'hébergement pour les groupes de visiteurs de passage, à partir de 8 personnes. Tout confort, avec des sanitaires soient à l'extérieur pour apporter un peu de charme. La décoration est typiquement scandinave, et la vue, elle, est imprenable ! Difficile de rêver mieux si l'on cherche à s'écarter des foules et à se reconnecter avec la nature.

BERLEVÅG HAVNEMUSEUM - MUSÉE DE LA PÊCHE ★

Havnegata

✆ +47 78 98 13 66

https://www.kystmuseene.no/

Ouvert toute l'année. Entrée : 70 NOK.

Ce petit musée local nous informe sur la culture d'une civilisation vivant de la pêche, sur son évolution et sur les techniques de construction particulières des brise-lames de la jetée du port, le Svartoksmoloen. Les nombreuses tentatives visant à assurer la sécurité du port s'étaient toutes soldées par des échecs jusqu'à ce qu'une solution française préconisant l'emploi de tétrapodes en béton se révèle enfin fiable. A combiner avec les autres musées de la côte.

BERLEVÅG PENSJONAT & CAMPING €

Havnegata, 8

✆ +47 41 54 42 55

www.berlevag-pensjonat.no

Chambre dès 815 NOK, appartement 1 300 NOK, caravane/camping-car 175 NOK, tente 145 NOK. Ouvert toute l'année.

Ce terrain de camping (4-étoiles) est situé dans un hameau de pêche toujours en activité. L'opportunité pour les plus curieux de découvrir le quotidien et le cadre de vie des communautés de la côte. Idéalement situé, à deux pas de la mer, l'établissement propose des places de camping mais aussi des chambres traditionnelles et chaleureuses. C'est aussi ici que se trouve l'Office de tourisme. On peut d'ailleurs y réserver plusieurs activités extérieures.

NORVÈGE

PHARE - KJØLNES FYR €€

Kjolnes

✆ +47 78 92 89 90

www.destinasjon-71nord.no

Compter 600 à 1 000 NOK par personne pour une nuit.

A 5 km de la ville, une expérience unique : dormir dans un phare du bout du monde ! Soleil de minuit, vagues sans fin, ou aurores boréales selon la saison dans un environnement préservé et des chambres maintenues à l'identique des années 1950. Design traditionnel allié au confort d'un hébergement unique en son genre. Baignades arctiques et méditations avec Esther Utsi, une Samie, qui pratique la technique du Healing, tout est là pour l'expérience du Grand Nord ! Une expérience hors du commun et au plus proche des éléments pour une déconnexion garantie !

ARCTIC GLASSTUDIO ★

Samfunnsgata, 8 ✆ +47 78 98 11 55

https://arcticglasstudio.no/

Ouvert toute l'année en semaine de 9h à 16h, le samedi de 11h à 14h.

Un magasin où Daniela Salathé fabrique sous vos yeux de magnifiques œuvres d'art de verre. Des boules pour le sapin, des dessous de plat et des vases, mais aussi et surtout de belles œuvres. Vous pouvez également commander en ligne, pour ne pas prendre le risque de casser votre nouvelle acquisition sur le chemin du retour.

Rebroussez chemin jusqu'à Tana Bru, et continuez quelques kilomètres jusqu'à l'embranchement de la route E75 vers Vardø. Une autre ville, Vadsø, est située sur les rives du Varangerfjorden, quasiment en face de Kirkenes.

KJØLLEFJORD ★

Dans ce minuscule port, la majorité des 1 300 habitants possèdent des racines sâmes. Les pêcheurs se tournent de plus en plus vers l'industrie touristique, espérant bénéficier de l'attrait du cap Nord. Nous vous conseillons d'être parmi les premiers : le coin est ravissant et authentique. Si vous arrivez en voiture, vous emprunterez l'une des routes les plus incroyables du Finnmark depuis le fjord. C'est lorsque l'on pénètre dans le Kjøllefjord, que l'on aperçoit la majestueuse falaise de Finnkirka. On la compare souvent à une cathédrale. Imposante, cette œuvre de la nature a traversé les époques, le froid et les vagues. Pendant longtemps, elle a servi de lieu sacré au peuple sâme.

DAVVI SIIDA €€

Finngammvannet

✆ + 47 947 99 864

www.davvisiida.no

A 8 km de Kjollefjord. Cabine à partir de 850 NOK, tente 180 NOK, caravane/camping-car 200 NOK.

A quelques kilomètres du joli port de Kjollefjord, Eliinor et Ailu, en couple depuis 30 ans, ont créé Davvi Siida. Ici, au bord de la rivière, entre les rennes et le *laavu*, on s'exerce à la pratique du lasso et on dîne au coin du feu dans la tente traditionnelle same en écoutant l'histoire du peuple qu'Eliinor et Ailu portent fièrement en eux et transmettent de la plus belle des manières : le partage. On ne vous en dit pas plus, c'est formidable et émouvant. Côté logement, de vrais petits *lodges* agréables à vivre. Et un sauna !

HOTEL NORDKYN €€

Strandveien, 136

✆ +47 78 49 81 51

www.hotelnordkyn.no

Chambre à partir de 1 125 NOK. En auberge chambre à partir de 790 NOK.

Un bon hôtel, donnant directement sur le fjord et le port ! Vue imprenable sur l'impressionnante falaise qui entoure la ville. Dans le café-restaurant, une atmosphère chaleureuse, colorée, et l'accueil qui va avec ! L'hôtel, dans les chambre comme dans les parties communes, est décoré avec goût et on s'y sent presque comme chez soi. L'hiver, difficile de s'arracher aux fauteuils installés près de la cheminée. Une partie de l'établissement est une auberge de jeunesse, chambres à moitié prix. Une adresse recommandées pour les courts comme les longs séjours !

VISIT NORDKYN

Kirkevegen 15,

✆ +47 78 49 81 51

www.visitnordkyn.com

Cet organisme fait la promotion de la péninsule de Nordkyn, mais aussi du Finnmark dans son ensemble. Le site propose toute l'année quantité d'activités dans les environs de Alta, partie Nord de la Norvège. Randonnées, excursions en bateau, en motoneige, à la pêche au crabe royal, au saumon ou la chasse à la perdrix… On trouve aussi de nombreux conseils pour se restaurer, se loger, et découvrir les plus jolis coins de ces contrées lointaines. L'un des guides, figure locale d'un enthousiasme réjouissant, vous fera découvrir tout cela !

VADSØ ★

La ville de Vadsø compte 6 200 habitants et grâce à sa position sur l'intérieur du fjord, elle se trouve un peu plus abritée que les autres des rigueurs du climat et surtout de la fureur de la mer. Construite au XVIe siècle, elle a subi la destruction massive de ses habitations durant la Seconde Guerre mondiale pendant l'occupation de la ville par les Allemands. Aujourd'hui encore, elle fait triste mine avec ses maisons grises et des activités bien moins attrayantes qu'ailleurs. Par avion, liaison avec les aéroports de Tromsø, Kirkenes, Hammerfest, Berlevåg, Vardø et Båtsfjord. L'express côtier fait escale à Vadsø tous les jours, départ vers le nord à 7h15 du matin.

Tourisme

- Nasjonal turistveg. La route touristique qui mène à Vardø offre des paysages côtiers tout bonnement magnifiques et vous ne regretterez pas ces kilomètres parcourus. Le long de cet axe qui quitte le fjord et fait le tour de la péninsule, entre la mer des Barents et le Parc national de Varangerhalvøya, de nombreuses plages vous donneront la possibilité de faire de belles photos. Continuez même jusqu'au hameau de Fiskevœret Hamningberg, abandonné par ses habitants dans les années 1960.

Transports

- Avion. Liaison avec les aéroports de Tromsø, Kirkenes, Hammerfest, Berlevåg, Vadsø et Båtsfjord. www.avinor.no
- Bus vers Varanger et la Finlande. www.snelandia.no ; https://www.eskelisen.fi/en
- Hurtigruten. Tous les jours, départ à vers le sud à 16h45, vers le nord à 3h30. www.hurtigruten.fr

MUSÉE RUIJA KVENMUSEUM ★

Hvistendalsgate 31
✆ +47 78 94 28 90
www.varangermuseum.no
Ouvert toute l'année. Entrée libre.

Les Kvens étaient des Finnois émigrés vers le Ruija, « le Pays de la mer », en s'y établissant en tant que fermiers, mineurs et pêcheurs. Toute la région du Varanger garde encore l'empreinte de leur culture. A travers les différents éléments de leur habitat, le musée Ruija montre les vestiges de cette région multiculturelle comme la ferme Tuomainen, une ferme typique de Kvens de 1840 ; la propriété Esbensen ; le hameau de pêche Kjeldsen près d'un rocher de nidification d'oiseaux ; et le parc Vadsøya avec sa faune et sa flore arctique.

EKKERØY €

Skogholtet 9
✆ +47 78 94 00 10
www.ekkeroy.no
Chalets à louer de mai à septembre. A partir de 1 000 NOK, tarif dégressif.

Sur la jolie presqu'île Ekkerøy, le long de la côte à l'entrée du fjord de Varanger, offrez-vous le luxe de louer une maison de vacances en plein milieu du village ou une cabane de pêcheur sur le quai. Toutes les maisons sont équipées et en bon état. Face à la mer des Barents, protégé par la péninsule de Varanger, optez pour le séjour détente, ou actif, grâce aux activités proposées par le logeur : visites guidées, randonnées, pêche, balades en bateau ! Amateurs de calme et de paysages apaisants, voici votre nouveau petit coin de paradis !

EKKERØY FERIEHUS €€

Ekkerøy
✆ +4790 89 15 58
www.ekkeroy.net
Deux nuits minimum. A partir de 3 400 NOK.

Ancienne journaliste et écrivain, Ingjerd aime raconter des histoires. Et elle continue à travers ce lieu, Ekkerøy Feriehus, créé en 2011. Tout au bout du charmant village, dans un jardin de bord de mer, Ingjerd et Trond, son mari, ont construit de jolies maisonnettes aux grandes baies vitrées donnant sur la mer et accueillent les gens de passage dans ce paradis. Les passionnés d'oiseaux, amoureux de nature et amateurs de sauna traditionnel seront ravis ! Vous y trouverez tout le confort et le calme nécessaires pour apprécier les lieux.

HAVHESTEN €

Ekkerøy
✆ +47 90 50 60 80
www.ekkeroy.no/havhesten/havhesten.htm
Au bord du quai d'Ekkerøy. Ouvert seulement l'été.

Dans le village d'Ekkerøy se trouve ce petit restaurant au bord de l'eau, ouvert en été seulement. On y trouve une délicieuse et onctueuse soupe de poisson, saumon, morue, crevettes... Ou encore le célèbre *King Crab*, dans le cadre charmant et authentique de l'ancien petit village de pêcheurs ! Des produits locaux bien sûr, frais, et préparés de manière traditionnelle. Un régal ! Pour les curieux, c'est ici qu'il faut venir s'éduquer à la cuisine des côtes. Si le temps est clément, vous pourrez même manger en terrasse face à la mer !

VARDØ ★

Faisant face à la redoutable mer de Barents, Vardø est construite sur un sol de permagel. Sur ces côtes sauvages des régions arctiques situées très à l'est, le Gulf Stream s'essouffle et n'arrive plus à adoucir les rigueurs du climat comme il le fait sur les autres côtes norvégiennes. Vardø est située sur une petite île, reliée au continent par un long tunnel (et le premier tunnel sous-marin de la Norvège). À l'exception de quelques petits musées et d'une petite église, la ville n'est pas très dynamique. Les paysages alentour eux valent le déplacement ! Faite une petite balade vers le nord de l'île avant de repartir.

HAMNINGBERG ★★

Hamningberg (*Hámmanbirgi*, en langue sâme) est un petit hameau de pêcheurs exposé aux fureurs de l'océan glacial Arctique. Il comptait encore 250 habitants en 1900, fut épargné pendant la Seconde Guerre mondiale puis fut finalement abandonné par ses habitants dans les années 1960. Ce village est situé à l'extrémité Est de la Norvège tout au bout de la péninsule de Varanger, au bord de la mer de Barents. La faune et la flore y sont malgré tout assez riches et on peut y voir des oiseaux, des renards roux, et d'autres espèces typiques de ces latitudes.

MUSÉE DES PARTISANS ★

Kaigata 1

✆ +47 407 04 510

www.varangermuseum.no

Ouvert de la début mai à mi-août de 12h à 17h. Entrée libre mais donation recommandée de 40 NOK.

Le musée présente le rôle des hommes de la région pendant la Seconde Guerre mondiale. Il s'agissait principalement de Norvégiens enrôlés dans l'Armée rouge pour espionner les activités allemandes dans le Finnmark. Il se situe dans la partie la plus ancienne de cette partie de Svalbard. La bâtiment est aujourd'hui protégé et a été construit entre 1840 et 1900 grâce à de gros rondins en bois provenant de Russie. Il s'agissait d'un bâtiment très important pour le commerce des pomors. Sur les murs, on trouve encore des inscriptions russes.

MUSÉE POMOR ★

✆ +47 40 48 03 32

www.varangermuseum.no

Ouvert de la mi-juin à la mi-août tous les jours de 11h à 17h. Tarif adulte : 70 NOK, enfant : 30 NOK.

La ville compte plusieurs musées qui retracent les événements marquants de l'histoire de la région. Les différentes expositions sont disséminées les bâtiments de la ville. On trouve par exemple : le musée des Pomors russes, le mémorial de Steilneset ou le monument aux sorcières brûlées au cours du XVIIe siècles, la forteresse de la ville qui date du début du XVIIIe siècle, Tuomainengården une habitation traditionnelle Kven, et bien d'autres ! Les plus curieux feront le tour des monuments à visiter pour s'imprégner de l'histoire riche et méconnue de la région.

STEILNESET MEMORIAL

www.varangermuseum.no

Entrée libre.

Il s'étire au bord de l'eau comme un long navire de toile tendue et d'acier. Le mémorial de Vardø a été inauguré en 2011 à la mémoire des victimes de la chasse aux sorcières. On pénètre dans un long corridor sombre. Aux murs, les noms et l'histoire de chacune des victimes sont inscrits, éclairés d'une petite flamme. Juste à côté, la seconde partie de l'œuvre de Louise Bourgeois, *Flammehuset*, « brûle » en silence : une chaise enflammée symbolisant la chasse aux sorcières est placée dans un hall arrondi réalisé par Peter Zumthor. Une visite prenante. Incontournable.

VISITE EN BATEAU DE HORNØYA

Kaigata

✆ +47 90 17 95 85

www.vardohavn.no

De février à septembre, 500 Kr l'aller-retour. A partir de 600 NOK la nuit par personne.

Lîle de Hornøya est un bijou, un détour incontournable pour les amoureux de nature et d'oiseaux. Pour les volatiles qui y résident par milliers, l'île est un paradis. Sur place les règles sont strictes et doivent être respectées à la lettre, car ici, on ne rigole pas avec la préservation de la faune et de la flore. On reste sur les sentiers balisés uniquement, on ne pollue pas et on ne dérange sous aucun prétexte les animaux. Il est possible de se loger sur l'île.

VARDØHUS FESTNING - FORTERESSE DE VARDØ ★★

Festningsgaten
✆ +47 91 68 85 58
www.forsvarsbygg.no
Ouvert en été tous les jours de 10h à 21h, en hiver tous les jours de 10h à 18h. Entrée libre.

© NATALIA GOLUBNYCHA - SHUTTERSTOCK.COM

Un fort existait ici déjà en 1307, mais la forteresse présente, en forme d'étoile, date de 1730. Elle s'inspire du modèle français, les fortifications permettant d'apercevoir l'ennemi où qu'il soit. Le musée de Lushaugen se consacre aux expéditions polaires et à la vie locale. Il s'agit du fort situé le plus au nord du monde, surnommé le poste frontière de la Norvège dans le Nord-Est. Les événements sont organisés de temps à autres : concerts, lectures, et même un café des langues.

VARDØ HOTEL AS €€

Kaigata, 8
✆ +47 78 98 77 61
www.vardohotel.no
Ouvert toute l'année. Chambre à partie de 1 170 NOK.

L'hôtel Vardø propose un menu de poissons basé sur les produits de la pêche dans le fjord de Varanger, comme les célèbres crabes géants Kamtchatka, les coquilles Saint-Jacques et d'autres fruits de mer. Situé sur l'eldorado des oiseaux, l'hôtel propose bien évidemment des excursions en bateau vers Hornøya. Et sur le toit, nombre d'entre eux viennent faire leur nid, alors pendant les périodes de naissances, les passionnés demandent à y assister. Les chambres quant à elles sont sobres mais confortables, avec pour certaines, une vue sur le port.

KIRKENES ★★

Kirkenes, dont le nom signifie « cap de l'église », est une ancienne ville minière, connue pour son minerai de fer. Dernière ville avant la frontière russe et située à 200 km de Mourmansk, elle peut compter son petit port parmi les principaux de la mer de Barents. La ville n'a pas grand intérêt mais ses environs méritent une promenade. À 70 km au sud de Kirkenes se rencontrent les trois frontières : russe, norvégienne et finlandaise. Mais aussi trois types de végétation : la taïga, la steppe sibérienne, et la flore arctique : une nature capable de supporter des écarts de température allant de -52 °C à + 32 °C !

▸ **Ne pas mettre les pieds en Russie sans visa !**

Tourisme

▸ Office de tourisme. Presteveien, 1 www.visitkirkenes.no ; info@kirkenesinfo.no ; +47 78 99 25 44. Ouvert toute l'année, du lundi au vendredi de 10h à 16h.

▸ Svanhovd. Après la ville minière de Kirkenes, en direction du hameau Grense Jacobselv, on longe le fleuve du même nom, qui sépare la Norvège de son puissant voisin russe. Le lieu est réputé pour le soleil de minuit qui se reflète dans un décor naturel exceptionnel. Attention, la route qui y mène est fermée en hiver, ouverture seulement de mai à octobre.

▸ Øvre Pasvik est un parc national norvégien qui présente une immense taïga sibérienne. Le parc a été créé en 1970 et élargi en 2003. Il couvre une superficie de 119 km^2. Depuis 1991, la Finlande a également déclaré cette zone sauvage comme protégée. Et en 1992, de l'autre côté de la frontière, les autorités russes ont créé un parc jumeau, un zapovednik (réserve naturelle).

Transports

▸ Aéroport de Kirkenes (Hesseng). Vols vers Oslo et Tromsø principalement. Navette en bus. Comptez 20 minutes de trajet, et 85 NOK. www.avinor.no ; +47 67 03 53 00

▸ Bus vers Varanger et la Russie. www.snelandia.no

▸ Hurtigruten. Arrivée à 9h et départ à 12h30 en direction du sud. Première et dernière escale de l'express côtier, le paquebot de croisière qui remonte toute la côte de la Norvège. www.hurtigruten.fr

Bateau sur la mer de Barents à Kirkenes.

ANDERSGROTTA

Andersgrotta

Ouvert toute l'année sauf en décembre. Entrée adulte : 120 NOK. Prévoir des vêtements chauds même en été.

Cette grotte creusée dans la pierre se trouve sous l'une des collines de la ville et a abrité les civils réfugiés là pendant les bombardements allemands de la Seconde Guerre mondiale. La visite de 25 minutes montre surtout l'histoire de Kirkenes pendant cette douloureuse époque, avec la présentation d'un film et de photos. Un lieu incontournable qui fait partie du réseau de musées présent dans toute la Norvège du Nord. Un bon moyen de se figurer le quotidien de la population en ces temps de guerre, mais aussi la reconstruction qui s'en est suivi.

MUSÉE TRANSFRONTALIER - VARANGER MUSEUM ★

Forstevannslia

✆ +47 78 99 48 80

www.varangermuseum.no

Ouvert toute l'année. Tarif adulte 70 NOK, gratuit pour les moins de 16 ans.

À l'entrée de la ville, ce musée moderne possède une exposition permanente retraçant l'histoire de la Seconde Guerre mondiale et celle de la société minière A/S Sydvaranger. La mise en scène est impressionnante et très claire. Les documents sont nombreux. La partie consacrée à l'histoire lapone est passionnante pour appréhender cette histoire différente, ignorant les frontières. Le réseau de musées de Laponie norvégienne permet de mieux comprendre les communautés du Nord.

WIKAN VILLMARKSOPPLEVELSER DESTINASJON KIRKENES

✆ +47 78 99 98 18

https://pasvik.no

Hoyde 96 est un ancien mirador militaire datant de la guerre froide qui a vue sur la frontière russo-norvégienne et la ville de Nikel en Russie. De cette hauteur, vous pourrez contempler parfaitement les différents paysages ! On est témoin chaque année dans les parages de la tour de la présence d'ours et quelques espèces d'oiseaux peu communes. Vous pourrez selon la saison, goûter aux joies des traîneaux de chiens, de safari en skidoo, et manger des plats traditionnels sous la tente.

BARENT SAFARI ★

Fjellveien, 28

✆ +47 78 99 87 42

www.barentssafari.no

Ouvert toute l'année. Activités saisonnières.

Départ depuis le centre d'information touristique. Cette excursion en bateau fluvial (une belle œuvre de bois) jusqu'à la frontière russe près de Boris Gleb est axée sur la découverte (en allemand et anglais) de l'histoire et sur la culture de la région. D'autres excursions sont également proposées dans toute la région, jusqu'à la Finlande, le long de la frontière russe, en moto-neige par exemple. De belles aventures qui permettent de découvrir les paysages fascinants du Grand Nord en toutes saisons tout en prenant du plaisir.

THON HOTEL KIRKENES €€

Johan Knudtzens gate 11
✆ +47 78 97 10 50
www.thonhotels.no
Environ 1 250 NOK la chambre double.

Le Thon Hotel est toujours une bonne option pour une chambre confortable et centrale. L'hôtel répond parfaitement aux standard de la chaîne : les chambres sont spacieuses, très joliment décorées de couleurs vives, et la plupart offrent une vue imprenable sur la mer. De quoi apprécier pleinement le paysage grandiose les jours de beau temps ! Petit déjeuner et repas contribuent au haut standing de l'hôtel. Une salle de sport est à disposition et différentes excursions sont proposées par l'hôtel pour occuper les visiteurs qui ont soif d'aventure !

JARFJORD SEA RESORT €€€

Kjerrisnesveien 484
✆ +47 403 15 888
https://jarfjordsearesort.com/
Ouvert toute l'année. A partir de 350 €.

Situé sur la côte, face à la mer des Barents, Jarfjord Sea Resort vous propose de séjourner dans des chalets modernes dans un cadre à couper le souffle. Un traitement exclusif, des chambres au grand confort, design et à la décoration extrêmement soignée. Le site comprend un bar et un restaurant où l'on déguste les spécialités locales entre autres. Des activités sont proposées pour vous faire découvrir les coutumes et la nature environnante. A toute heure, vous pouvez vous offrir le luxe d'un spa et d'un bain dans la mer de Barents.

SNOW HOTEL €€€

Sandnesdalen 14
✆ +47 78 97 05 40
www.kirkenessnowhotel.com
Ouvert toute l'année. A partir de 3 100 NOK par personne. Inclus transfert, petit déjeuner, dîner 3 plats, sauna.

Après Alta, Kirkenes est la 2e ville en Norvège à proposer un hôtel en glace. On fait difficilement plus dépaysant ! Un hôtel pas tout à fait comme les autres puisqu'il est fait entièrement de glace et de neige ! Ceux qui ne souhaitent pas dormir sur place pourront toujours visiter les lieux, qui sont assez magiques puisque l'intérieur est décorées d'impressionnantes sculptures. L'hôtel est une véritable œuvre d'art. L'établissement propose également des excursions avec des chiens de traîneau, pour faire de votre voyage dans le Grand Nord une aventure inoubliable.

SNOW HOTEL €€

Sandnesdalen 14
✆ +47 78 97 05 40
www.kirkenessnowhotel.com
Ouvert toute l'année. Compter 500 à 900 NOK par repas.

Dans un restaurant atypique tout en rondins de bois, avec une vue splendide sur la rivière, vous êtes dans les conditions idéales pour apprécier les produits locaux servis par le restaurant. Au menus, des plats variés et adaptés à tous les goûts. On pourra goûter entre autres des spécialités à base de renne, de poisson, et de nombreux autres produits locaux. Pas de panique, cette structure-là n'est pas en glace ! Vous pouvez aller manger en toute tranquillité. L'hiver, un feu réchauffe même les corps et l'atmosphère. Il n'y a plus qu'à s'asseoir et à profiter.

SVANHOVD ★

Après la ville minière de Kirkenes, en direction du hameau Grense Jacobselv, on longe le fleuve du même nom, qui sépare la Norvège de son puissant voisin russe.

Tout au bout de la route, à Neiden, la chapelle Oscar-II, bâtie en 1809, se dresse comme un ultime bastion du protestantisme contre le voisin orthodoxe de l'Est. Un dernier panneau routier nous prévient : « Vous quittez l'Occident »...

Le lieu est réputé pour le soleil de minuit qui se reflète dans un décor naturel exceptionnel. Attention la route qui y mène est fermée en hiver, ouverture seulement de mai à octobre.

ØVRE PASVIK ★

Øvre Pasvik est un parc national norvégien. Il présente une immense taïga sibérienne. Le parc a été créé en 1970 et élargi en 2003. Il couvre une superficie de 119 km². Depuis 1991, la Finlande a également déclaré cette zone sauvage comme protégée. Et en 1992, de l'autre côté de la frontière, les autorités russes ont créé un parc jumeau, un *zapovednik* (réserve naturelle). Il y a notamment dans ce parc la plus grande forêt primaire de pins de toute la Norvège ! Sentiers rando balisés. 2 refuges ouverts. On vous conseille la balade de 5 km à partir du parking de Grensefoss jusqu'à Treriksrøysa, là où la Norvège, la Finlande et la Russie se rencontrent !

SUÈDE

La Suède est réputée pour la beauté et la variété de ses paysages, pour ses côtes et ses nombreux lacs. La Laponie suédoise fait partie de ces paysages extraordinaires qui caractérisent le pays. Du nord au sud, la région est couverte d'épaisses forêts, de marécages et de plaines désertiques où la nature règne de plein droit. Les routes sont de plus en plus longues et de moins en moins fréquentées lorsque l'on chemine vers le nord. Les villages se font plus rares et la sensation d'être seuls au monde est plus forte que jamais. Si la densité de population à travers la Suède n'est jamais très dense, si ce n'est à Stockholm, Göteborg et Malmö, elle se fait de plus en plus faible lorsque l'on se rapproche du cercle polaire. C'est au pays des rennes que les Sâmes trouvent leurs racines et perpétuent leur traditions. En toutes saisons, la Laponie suédoise sait séduire ses visiteurs, grâce à sa tranquillité, sa beauté, et sa douceur de vivre.

Lødingen
Kjeldebotn
Bjørkåsen
Ankenesstrand
KUNGSLEDEN
ABISKO ÖSTRA
Abisko Nationalpark
Svolvær
Kjøpsvik
Oppeid
Drag
Norskehavet
Skutvik
Bø
Innhavet
Bogen
Ålstad
Tømmerneset
KEBNEKAISE ★★
NIKKALUOKTA ★★
Myklebostad
Nordfold
Leines
NORVÈGE
Kjerringøy
Røsvik
Stora Sjöfallets Nationalpark
Sjaunja
Valvika
Padjelanta
Padjelanta Nationalpark
SALTOLUOKTA
Straumen
Løding
Finneid
Fauske
Sarek
Sareks Nationalpark
Tuv
Breivik
Setså
Sulitjelma
Misvær
Rognan
Moldjord
Røkland
KVIKKJOKK
Junkerdal
Pärlälvens Fjällurskog
Saltfjellet-Svartisen
REBNESKAISE
Storforshei
Pieljekaise Nationalpark
Udtja
ARJEPLOG ★★
AMMARNÄS
Vindelfjällen
HEMAVAN
Tärnaby
Sorsele
ARVIDSJAUR ★★
Suède
Malå
Marsfjället
STORUMAN
Stensele
Kristineberg

Hetta
Palojoensuu
Pallas-Yllästunturin Kans. Puisto
Torneträsk-Soppero Fjällurskog
Pessinki Fjällurskog
Kätkäsuvanto
Yli-Muonio
Muonio
Särkijärvi
Kurravaara
KIRUNA
JUKKASJÄRVI
Kangosjärvi
Vittangi
Svappavaara
Kaitum Fjällurskog
Äkäslompolo
Ylläsjärvi
Junosuando
Kallo
Saaripudas
Lina Fjällurskog
Kolari
FINLANDE
Pajala
Tärendö
GÄLLIVARE
Sieppijärvi
Stubba
PORJUS
Muddus
Muddus Nationalpark
Orajärvi
Pello
Turtola
JOKKMOKK
Juoksenki
Leukumanpää
VUOLLERIM
Övertorneå
Ylitornio
Överkalix
Hedenäset
Kainuunkylä
Svartbyn
Aapajärvi
Harads
Gunnarsbyn
Morjärv
Karungi
Sörbyn
Korpijärvi
Kourilehto
Töre
Vittjärv
Kalix
Sangis
HAPARANDA
BODEN
Råneå
Påläng
Vidsel
Båtskärsnäs
Keminmaa
Sävast
Seskarö
Kemi
Unbyn
Älvsbyn
GAMMELSTAD
Haparanda Skärgårds Nationalpark
Bälinge
LULEÅ
Alvik
Björknäs
Ersnäs
Perämeri
Bottenviken
Kallax
Norrfjärden
Rosvik
Öjebyn
Piteå
Pite
mmersträsk
Blåsmark
Havsbad
Jävre
42 KM
Jörn

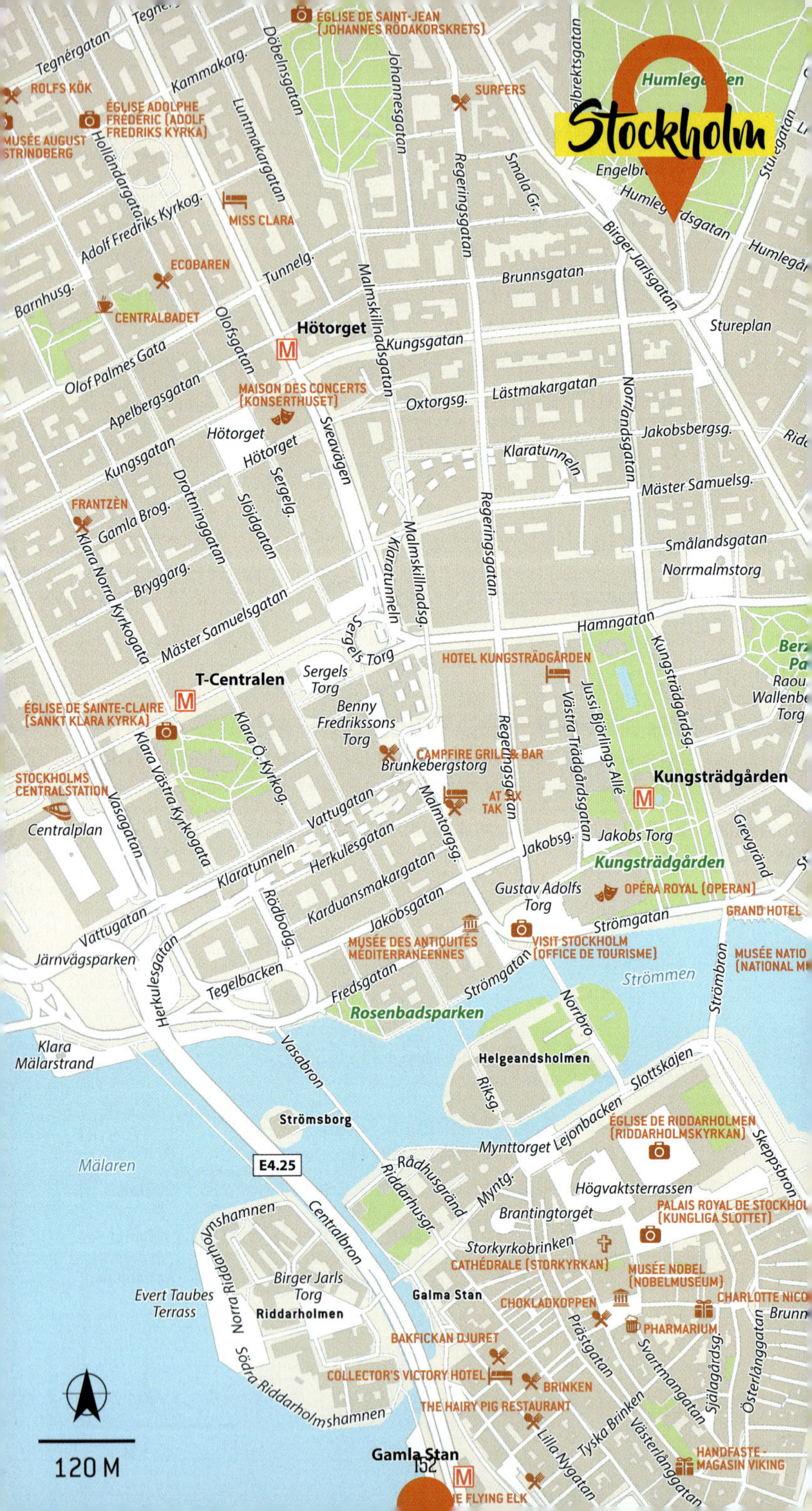
Stockholm
ÉGLISE DE SAINT-JEAN (JOHANNES RÖDAKORSKRETS)
ROLFS KÖK
ÉGLISE ADOLPHE FRÉDÉRIC (ADOLF FREDRIKS KYRKA)
MUSÉE AUGUST STRINDBERG
SURFERS
MISS CLARA
ECOBAREN
CENTRALBADET
Hötorget
MAISON DES CONCERTS (KONSERTHUSET)
FRANTZÈN
T-Centralen
ÉGLISE DE SAINTE-CLAIRE (SANKT KLARA KYRKA)
STOCKHOLMS CENTRALSTATION
HOTEL KUNGSTRÄDGÅRDEN
CAMPFIRE GRILL & BAR
AT SIX
TAK
Kungsträdgården
OPÉRA ROYAL (OPERAN)
GRAND HOTEL
MUSÉE DES ANTIQUITÉS MÉDITERRANÉENNES
VISIT STOCKHOLM (OFFICE DE TOURISME)
MUSÉE NATIO (NATIONAL M
Rosenbadsparken
Helgeandsholmen
Strömsborg
E4.25
Mälaren
ÉGLISE DE RIDDARHOLMEN (RIDDARHOLMSKYRKAN)
PALAIS ROYAL DE STOCKHOL (KUNGLIGA SLOTTET)
CATHÉDRALE (STORKYRKAN)
MUSÉE NOBEL (NOBELMUSEUM)
CHOKLADKOPPEN
CHARLOTTE NICO
PHARMARIUM
BAKFICKAN DJURET
COLLECTOR'S VICTORY HOTEL
BRINKEN
THE HAIRY PIG RESTAURANT
HANDFASTE - MAGASIN VIKING
Gamla Stan
THE FLYING ELK
Riddarholmen
Galma Stan
120 M
Tegnérgatan
Kammakarg.
Döbelnsgatan
Johannesgatan
Regeringsgatan
Smala Gr.
Humlegården
Engelbrektsgatan
Humlegårdsgatan
Birger Jarlsgatan
Stureplan
Luntmakargatan
Holländargatan
Adolf Fredriks Kyrkog.
Tunnelg.
Barnhusg.
Olofsgatan
Malmskillnadsgatan
Brunnsgatan
Kungsgatan
Olof Palmes Gata
Apelbergsgatan
Oxtorgsg.
Lästmakargatan
Norrlandsgatan
Jakobsbergsg.
Sveavägen
Klaratunneln
Mäster Samuelsg.
Drottninggatan
Sergelg.
Slöjdgatan
Gamla Brog.
Klara Norra Kyrkogata
Bryggarg.
Mäster Samuelsgatan
Smålandsgatan
Norrmalmstorg
Hamngatan
Sergels Torg
Benny Fredrikssons Torg
Brunkebergstorg
Västra Trädgårdsgatan
Jussi Björlings Allé
Kungsträdgårdsg.
Raoul Wallenberg Torg
Klara Ö. Kyrkog.
Klara Västra Kyrkogata
Vasagatan
Centralplan
Vattugatan
Herkulesgatan
Malmtorgsg.
Jakobsg.
Jakobs Torg
Greygränd
Karduansmakargatan
Rödbodg.
Jakobsgatan
Gustav Adolfs Torg
Strömgatan
Järnvägsparken
Tegelbacken
Fredsgatan
Strömmen
Strömbron
Norrbro
Klara Mälarstrand
Vasabron
Riksg.
Slottskajen
Mynttorget
Lejonbacken
Skeppsbron
Rådhusgränd
Riddarhusgr.
Myntg.
Högvaktsterrassen
Brantingtorget
Storkyrkobrinken
Centralbron
Norra Riddarholmshamnen
Birger Jarls Torg
Evert Taubes Terrass
Södra Riddarholmshamnen
Prästgatan
Svartmangatan
Själagårdsg.
Österlånggatan
Tyska Brinken
Västerlånggatan
Lilla Nygatan

PAGES

● ● POINT D'ENTRÉE

155

Stockholm est une ville merveilleuse, entièrement construite sur l'eau, qui a à la fois les atouts d'une capitale européenne et la tranquillité des provinces proches de la nature.

● ● LAPONIE DU SUD

170

Porte d'entrée de la Laponie suédoise, le sud de la région concentre l'activité économique, notamment à Luleå et Haparanda. D'immenses étendues vierges à perte de vue, c'est qui vous attend sur des kilomètres. Pas beaucoup à faire d'autre qu'à profiter de la paix et de la beauté qui accompagneront votre voyage.

● ● LAPONIE DU NORD

183

Le nord de la Laponie suédoise est riche d'activités et de découvertes sauvages. De la mine de Kiruna au lac de Jukkasjarvi, en passant par l'incontournable piste royale, c'est un condensé de Grand-Nord que l'on embrasse. Toujours aussi vaste, toujours aussi beau, simplement un peu plus haut.

197

●● LA PISTE ROYALE - KUNGSLEDEN

Toutes les informations sur : www.stfturist.se

Une piste réputée chez les Suédois mais aussi chez les visiteurs venus des quatre coins du monde pour parcourir des étapes riches en surprises et en découvertes. La piste royale, Kungsleden en suédois, est l'un des sentiers de randonnée les plus réputés d'Europe. Dès le XIXe siècle, la piste est empruntée par quelques marcheurs expérimentés. Parce qu'elle traverse des sites magnifiques, elle est surnommée « the king of trails », King's Trail. Chaque année, des milliers de marcheurs arpentent les vallées et pics que la piste révèle sur près de 400 km. Les meilleures périodes pour découvrir la piste royale se situent entre juin et septembre, pour découvrir le soleil de minuit, et février et avril, pour parcourir la piste en ski. Le parc abrite quelques espèces végétales rares et de plus en plus menacées comme l'orchidée lapone. Il existe une quinzaine de lodges sur la piste, répartis tous les 10 à 20 km. On peut y dormir, s'y restaurer, acheter quelques provisions et on y trouve parfois même un sauna ! Une nuit coûte en moyenne 350 SEK par personne, si vous avez la carte de membre STF, sinon compter 100 SEK de plus. Un repas peut varier entre 100 et 300 SEK (sur la quinzaine d'hébergements, une dizaine vend de quoi manger). Attention toutefois, entre Kvikkjokk et Aigert, il n'y a aucun logement proposé par le parc national. En revanche, on peut quitter la piste pour loger dans les petits villages voisins. Nous vous conseillons de réserver vos lits à l'avance en saison car les places sont peu nombreuses. En ce qui concerne l'équipement, le site www.stfturist.se dresse une liste de ce qu'il faut emporter en fonction de la saison. D'une manière générale, soyez préparé à tout car, même en été, le temps est très changeant. Ne vous aventurez pas sur les sentiers si la météo ne le permet pas. Il est indispensable d'avoir avec soi les essentiels comme : une carte, une boussole, un sifflet, un kit de premiers secours, une couverture de survie, des vêtements chauds et imperméables, de quoi manger, ainsi que de l'anti-moustique acheté sur place si vous randonnez l'été. Pensez à prévenir quelqu'un de votre départ et de vos étapes.

197

ABISKO ★★

STOCKHOLM ★★★★

Cité maritime autant que lacustre, terre d'accueil, la capitale suédoise se déploie sur quatorze îles qui possèdent toutes une beauté singulière, là où le lac Mälaren rejoint la mer Baltique. De pont en pont, de quai en quai, Stockholm révèle les richesses de son histoire agitée, son architecture élégante, colorée et hétéroclite, sa nature omniprésente. Entre éco-quartiers avant-gardistes, façades nobles, ruelles étroites médiévales, style baroque et Art nouveau, Stockholm offre autant de visages que d'attraits, avec l'avantage inestimable de posséder un cœur peu étendu, un trafic aéré et un rythme de vie paisible.

Visiter Stockholm, c'est sans conteste s'ouvrir à une autre manière de vivre. Plus tempérée, elle fait la part belle au compromis, et à une certaine forme de sagesse. Les habitants vous parleront de leur ville avec passion, avec au fond de l'œil la fierté de vivre dans une métropole moderne. Stockholm a été élue première « Capitale verte européenne » en 2010 pour son respect de la biodiversité et sa manière de voir loin en avant, plaçant l'homme et la nature au même niveau. Ici, les galeries d'art et de design raviront autant les passionnés que les néophytes qui prendront aussi plaisir à parcourir les musées emplis de pièces mondialement connues : le magnifique et unique galion *Vasa,* ou les habitations traditionnelles déplacées des quatre coins de la Scandinavie pour peupler le musée Skansen... Stockholm, c'est aussi le passé viking et le site de Birka, le prestige royal et ses fleurons de Drottningholm, l'atmosphère étonnante de Södermalm, consacrée par le best-seller *Millénium*. Sans oublier Gamla Stan, cœur de la ville posé sur son propre îlot, et qui a conservé ses rues étroites et piétonnes, ses murs ocre qui respirent le temps passé, son imposant palais royal et des clochers dont le cuivre s'est oxydé avec les siècles. Ville lumière, paradis des photographes lorsque le soleil rase l'horizon vous aimerez la ville sous la neige de décembre, lorsque les chants et les marchés de Noël lui donnent ce romantisme traditionnel, au cœur de l'été, quand la clarté baigne la nuit et que les rues animées ne dorment jamais. Stockholm en résumé, c'est la vitalité de sa scène artistique, sa population cosmopolite, ses cuisiniers étoilés au Michelin qui intronisent une autre idée de la gastronomie, sa multitude de parcs bordés d'eau, une « Venise du Nord » décidément bien agréable à vivre.

Transports

- L'aéroport international de Stockholm, Arlanda (www.swedavia.com/arlanda - +46 10 109 10 00), est le plus grand aéroport de Suède et constitue un carrefour important pour la région de Stockholm et toute la Scandinavie, grâce à des vols vers 181 destinations. Arlanda se trouve à 42 kilomètres au nord de la capitale, 36 kilomètres depuis le centre d'Uppsala. Depuis le centre de Stockholm, il faut emprunter l'autoroute E4 en direction du nord et suivre les panneaux indiquant l'aéroport. Depuis Uppsala, prendre l'autoroute E4 vers le sud et surveiller les indications.

- City Terminalen est un grand bâtiment moderniste situé dans le centre-ville de Stockholm (juste en face de T-centralen). C'est la gare routière la plus grande de la ville. Chaque jour, environ 800 bus utilisent City Terminalen comme point d'arrivée et de départ. De là, vous pouvez voyager dans toute la Suède, ainsi que dans une grande partie de l'Europe. Vous trouverez ici les navettes pour les aéroports de Skavsta, Bromma et Arlanda. Des cafés-restaurants, des accès à Internet, un bureau de change, une boîte postale, une cabine photographique, un bureau des objets trouvés (en cas notamment de perte de bagages à l'aéroport), des consignes pour laisser vos bagages et les guichets de toutes les compagnies de bus.

- Tallink Silja Line (www.tallinksilja.com). Voyagez confortablement entre la Suède et la Finlande, ainsi que dans les pays baltes, à bord des paquebots de croisière Tallink Silja Line. Départs quotidiens toute l'année depuis chaque port. De Stockholm, port de Värtahamnen vers Helsinki, Turku, Tallinn. Et depuis Stockholm Frihammen vers Riga et Aland. Plusieurs types de cabines, un choix varié de restaurants, boutiques hors taxes, animation internationale, salon de beauté et casino vous attendent à bord.

- **Venir de France.** Le meilleur moyen pour rejoindre Stockholm est de prendre l'avion. Vols directs (2 heures 30) de Paris-CDG vers Arlanda Airport, à partir de 150 € l'hiver, 300 € l'été. Des vols *low cost*, opérés par Ryanair au départ de Beauvais ou Marseille atterrissent à Svasta Airport, à partir de 100 € si vous vous y prenez à l'avance.

- **Rejoindre la Laponie suédoise.** On peut rejoindre Luleå en avion, 1 heure 20 de trajet et entre 150 et 300 €. Même chose pour Kiruna, 1 heure 30 de trajet et à partir de 200 €. Le train est également possible, mais il faudra compter 13 heures de trajet ! En voiture, comptez 10 heures de route et 900 km, en suivant la route qui longe le golfe de Botnie. Il n'y a pas de bus direct au départ de Stockholm pour rejoindre la Laponie.

ABBA THE MUSEUM ★★★★

68 Djurgårdsvägen ✆ +46 7 717 575 75
www.abbathemuseum.com
Ouvert tous les jours. Voir horaire selon saison. Entrée : 250 SEK pour les adultes. Guide audio 20 SEK.

ABBA The Museum est un musée consacrée au célèbre groupe pop suédois, depuis sa création en 1970 jusqu'à sa séparation en 1983. Depuis son ouverture en 2013, il fait un carton ! On y découvre les costumes, les instruments, les disques d'or et d'autres objets ayant appartenu au groupe. On y entre en marchant et on en sort en dansant…

Vous marcherez sur les traces d'ABBA, à travers les répliques exactes des lieux où ABBA a vécu et travaillé, également à travers les objets personnels d'ABBA et vous pourrez même vous glisser dans la peau d'un membre du groupe !

CENTRE SUÉDOIS POUR L'ARCHITECTURE ET LE DESIGN ★★

4 Exercisplan ✆ +46 8 520 235 00
www.arkdes.se
Ouvert du mardi au dimanche de 10h à 18h. Entrée gratuite.

Musée situé sur l'île de Skeppsholmen, Arkdes nous emmène à la découverte de l'architecture et du design suédois à travers les âges. Ce lieu accueille une formidable collection permanente constituée de nombreuses maquettes, de projections et de plans de bâtiments en tous genres, construits en Suède ou à l'étranger par des architectes suédois. La visite n'est pas très longue mais présente un réel intérêt pour les passionnés d'architecture, de design et d'urbanisme scandinave.

CATHÉDRALE [STORKYRKAN] ✞ ★★★★

1 Trångsund ✆ +46 87 23 30 00
www.stockholmsdomkyrkoforsamling.se
Ouverte tous les jours, de 9h à 16h, l'été jusqu'à 18h. 60 SEK pour les adultes.

La Storkyrkan, la cathédrale de Stockholm, est la deuxième plus ancienne église de la ville. Elle se situe dans le cœur médiéval de la vieille ville, près du Palais royal. L'histoire raconte qu'au XIIIe siècle, le fondateur de la ville, Birger Jarl, a fait construire sur le point le plus élevé de Stadsholmen [actuelle Gamla Stan], une chapelle en bois. La construction brûla et à son emplacement fut bâtie une église plus vaste, inaugurée en 1306. Agrandie, élevée et embellie dans le style gothique au cours du XVe siècle, elle devint la « Cathédrale aux 5 nefs ».

ÉGLISE ADOLPHE FRÉDÉRIC [ADOLF FREDRIKS KYRKA] ★★

16 Holländargatan ✆ +468207076
www.svenskakyrkan.se/adolffredrik
L'eglise est ouverte tous les jours sauf le samedi, les horaires varient en fonction des évènements qui ont lieu.

Une église bâtie entre 1768 et 1774, rénovée à plusieurs reprises jusqu'en 1997. Elle mérite une courte halte pour son intérieur néoclassique et ses ornements rococo, la fresque de son dôme et le *Monument de Descartes*, sculpture de l'artiste Johan Tobias Sergel dédiée au philosophe français qui est décédé à Stockholm après son passage à la Cour de Suède pendant le règne de la reine Christine. Dans le cimetière qui entoure l'édifice repose le Premier ministre assassiné Olof Palme.

© MIKHAIL MARKOVSKIY - FOTOLIA

Intérieur de la cathédrale de Stockholm.

SUÈDE

Vue aérienne de Stockholm.

ÉGLISE DE RIDDARHOLMEN [RIDDARHOLMSKYRKAN] ★★

Kungliga slottet
✆ +46 8 402 61 30
www.kungahuset.se
Ouverte tous les jours. Adulte : 50 SEK, réduit : 25 SEK

Riddarholmskyrkan (l'église des Chevaliers) est la seule église médiévale encore visible à Stockholm. Elle abrite les sépultures des rois de Suède. C'est ici que reposent Gustave II Adolf, Charles XII, Charles XIV Jean, Gustave V et leurs épouses. Y sont aussi exposés les blasons des chevaliers de l'ordre royal du Séraphin, qui tapissent une partie des murs de l'édifice. L'église, à l'origine un monastère franciscain, fut construite en 1280. Son clocher domine l'île de Riddarholmen.

ÉGLISE DE SAINTE-CLAIRE [SANKT KLARA KYRKA] ★★

37 Klarabergsgatan
✆ +46 8 411 73 24
www.klarakyrka.se
Ouvert tous les jours de 8h à 17h. Entrée libre.

Bâtie à l'emplacement de l'ancien couvent Sainte-Claire fondé en 1280, l'église actuelle date des XVIIIe et XIXe siècles. Cette belle construction de briques rouges, plantée au cœur du centre moderne, est parée du plus impressionnant (et sans doute du plus haut) clocher de la ville. Fraîchement rénové, il lance une flèche de cuivre vers le ciel et abrite le plus gros carillon de Stockholm. La façade sud est couverte de lierre, donnant au jardin une touche poétique.

ÉGLISE DE SAINT-JEAN [JOHANNES RÖDAKORSKRETS] ★★★

12 Kammakargatan
✆ +46 77 119 95 00
Ouvert du mardi au samedi de 11h à 16h.

Édifiée sur une excroissance de terrain rocheux appelée Brunkebergsåsen, l'église Saint-Jean a été bâtie en six années seulement et achevée en 1890. L'intérieur, dans un style néogothique pur, vaut largement le coup d'œil. L'orgue et les vitraux sont superbes, les couleurs brunes et orangées qui ornent les piliers et les ogives sont suffisamment originales pour surprendre le visiteur. Autour de l'église, le parc est plutôt joli et les Stockholmois y font bronzette l'été.

ÉGLISE GUSTAVE VASA [GUSTAF VASA KYRKA] ★★

1-5 Karlbergsvägen
✆ +46 8 508 886 00
www.svenskakyrkan.se/gustafvasa
L'église est ouverte du lundi au jeudi de 11h à 18h, du vendredi au dimanche de 11h à 15h.

La façade, en forme de croix grecque, évoque les temples antiques. Inaugurée en 1906, cette église abrite un intérieur calme et spacieux. Le dôme, décoré d'une fresque représentant la transfiguration du Christ, dégage un vaste puits de lumière. Sont représentés, à l'intersection des transepts, les quatre évangélistes. L'autel avait été originellement créé pour orner la cathédrale d'Uppsala mais fut finalement installé ici après un long séjour au Musée nordique de Skansen.

FABRIQUE DE SOIE [ALMGRENS SIDENVÄVERI] ★★

15A Repslagargatan ✆ +46 86 42 56 16
www.kasiden.se

Les horaires varient selon la saison. Adulte : 75 SEK, moins de 12 ans : gratuit. Appeler pour visite en français.

Une fabrique de soie a occupé ce bâtiment dont l'essentiel a été préservé depuis sa fermeture. Ouvert par Knut Augst Almgren, l'atelier de production fut l'un des plus importants du pays et fournissait la cour royale, la bourgeoisie et la noblesse de Stockholm. La visite propose de découvrir cette manufacture, témoin de l'histoire précoce de l'industrialisation en Suède. Le premier étage expose les machines d'époque tandis qu'au grenier, on en apprend plus sur l'histoire de la soie.

GALERIE D'ART CONTEMPORAIN BONNIER ★★

19 Torsgatan ✆ +46 87 36 42 48
www.bonnierskonsthall.se

Du jeudi au dimanche, de 12h à 17h, mercredi de 12h à 20h. Fermé lundi et mardi. Entrée 100 SEK. Vendredi gratuit.

Le plus grand musée privé de Stockholm et aussi l'une des plus importantes galeries d'art contemporain de Suède. Il est la propriété du puissant empire médiatique de la famille Bonnier, et a été créé à l'initiative de Charlotte Bonnier en mémoire de sa défunte fille qui étudiait l'art. Y est exposée la collection privée de la famille pour qui l'art est devenu un trait de caractère. Vous y trouverez aussi des expositions d'artistes contemporains provenant du monde entier.

JUNIBACKEN ★

8 Galärvarvsvägen
✆ +46 8 587 230 00
www.junibacken.se

Ouvert l'été tous les jours sauf le lundi. Entrée : 149 SEK pour les enfants et 179 SEK pour les adultes.

Cet espace ludique et éducatif est un vrai paradis pour les enfants : le train magique les mène à travers les histoires d'Astrid Lindgren, auteure de la célèbre Fifi Brindacier. On y rencontre tous les personnages merveilleux des récits de l'écrivaine : Zozo la tornade, Bertrand du pays des lutins ou Ronya, fille de brigand... Le parcours, conté en français, s'achève chez les frères Cœur de Lion. Les enfants peuvent aussi s'amuser dans la maison aux mille illusions de leur rouquine favorite et se prendre pour les héros des contes. Un restaurant sur place.

MUSÉE AUGUST STRINDBERG [STRINDBERGSMUSEET] ★★

85 Drottningatan
✆ +46 8 441 91 70
www.strindbergsmuseet.se

Ouvert du mardi au dimanche de midi à 16h. Entrée : adulte 75 SEK. Visite guidée pour 20 SEK de plus par personne.

Le numéro 85 de Drottningatan fut la dernière demeure du plus célèbre auteur suédois. Il y emménagea en 1908. Il loua aussi au septième étage du même immeuble une pièce où il installa sa bibliothèque, riche d'environ 6 800 volumes. C'est dans la tour Bleue, appelée ainsi à cause de la couleur de l'escalier, qu'il écrivit en 1909 sa dernière pièce de théâtre *La Grand-Route*. 1910 et 1911 furent les années de la querelle Strindberg, querelle autour des quelque 500 articles politiques où il prit parti pour la classe ouvrière. Et c'est ici qu'il reçut, le jour de ses 60 ans, un premier hommage massif des couches populaires. Plus tard, lorsqu'on comprit qu'il ne recevrait pas le prix Nobel, une collecte fut organisée. Elle procura 45 000 couronnes, et constitua une sorte de prix anti-Nobel du peuple. Cette somme lui fut remise à l'occasion de son 63e anniversaire et, dans la soirée du 22 janvier 1912, les ouvriers de Stockholm formèrent d'Odenplan à Tegnérslunden une marche aux flambeaux qui regroupa 20 000 personnes. Strindberg apparut à son balcon, souleva son haut-de-forme et remercia. Il mourut quelques mois après, le 14 mai, et 60 000 personnes l'accompagnèrent jusqu'à sa dernière demeure. L'appartement de Strindberg a été reconstitué d'après des témoignages et des photographies de l'époque. Par souci de préservation, la visite de l'appartement impose que vous vous soumettiez à une petite contrainte : enfiler des chaussons afin de protéger le parquet original des lieux.

MUSÉE D'ART MODERNE [MODERNA MUSEET] ★★★

Skeppsholmen
✆ +46 8 520 235 00
www.modernamuseet.se

Mardi & vendredi 10h-20h, mercredi & jeudi 10h-18h. De 11h à 18h le week-end. Entrée gratuite.

Niché dans un long bâtiment de plein pied de l'époque industriel, ce musée d'art moderne jouit d'une réputation mondiale. C'est ici que le célèbre Andy Warhol a exposé en son nom pour la première fois en Europe. Il offre, outre différentes expositions temporaires, la collection d'œuvres modernes la plus importante du pays. Environ 6 000 peintures, sculptures et installations, 25 000 aquarelles et dessins, ainsi qu'une très belle collection de près de 100 000 photographies.

HÔTEL DE VILLE [STOCKHOLMS STADSHUS] ★★★

1 Hantverkargatan
✆ +46 8 508 290 58
www.stockholm.se/cityhall
Pas de visite individuelle. Visites guidées tous les jours. Vérifier horaires et tarifs sur le site Internet.

Création de l'architecte Ragnar Östberg, l'hôtel de ville de Stockholm fut inauguré en 1923 après 12 années de travaux. Magnifiquement situé au bord du lac Mälaren, cet édifice d'un nouveau style architectural, le national romantisme, devint aussitôt le symbole de la ville. Aujourd'hui, il abrite les salles du conseil municipal, de la commission centrale, du comité des Echevins ainsi que les bureaux de l'administration centrale de la ville et les salons d'apparat.

▸ **La Tour** [ouverte seulement de mai à septembre]. A l'angle du bâtiment, elle s'élève à 106 m de hauteur et est surmontée de trois couronnes, symbole national. On peut accéder à ses différents niveaux par un étroit escalier en colimaçon. Du sommet, on a une vue complète et impressionnante sur la ville. Les tickets [seulement 30 délivrés chaque heure] sont accompagnés d'un horaire de passage. Il faut donc les réserver au plus tôt.

▸ **Le Hall bleu (Blå Hallen).** Cette immense cour abritée accueille chaque année le grand dîner de remise des prix Nobel. Largement inspirée du baroque italien, avec ses balconnets et ses arcades, elle honore mal son nom car il n'y a pas trace d'azur ici. La raison en est simple : l'architecte a changé d'avis sur la couleur de la pièce plusieurs mois après l'avoir nommée. Ainsi, l'appellation est restée...

▸ **La salle du Conseil (Rådsalen).** Les 101 membres élus s'y réunissent deux lundis par mois. La structure de la toiture est entièrement visible, référence aux Vikings, qui tenaient anciennement leurs conseils sous la coque de leurs navires retournés. Un coin de ciel bleu apparaît au plafond entre les chevrons par une baie peinte en trompe l'œil. Là encore, le bâtisseur a voulu rappeler les habitations des ancêtres suédois dont les toits étaient fendus d'une ouverture pour évacuer la fumée. La couleur rouge – fréquente en Suède – des poutres, des textiles et du cuir souligne le caractère solennel de la salle.

▸ **L'Ovale (Ovalen).** L'antichambre des salons d'apparat sert de salon pour les mariages civils les samedis de 14h à 18h. Cette salle est aussi appelée « française » de par les tapisseries issues de la manufacture royale de Beauvais autour desquelles est conçue la pièce.

▸ **La galerie du Prince (Prinsens Galleri).** C'est une salle de fêtes longue de 47 m. Elle est éclairée par sept portes-fenêtres qui ouvrent sur le parc, le lac Mälaren et les rives de Stockholm. En face des fenêtres, ce vaste panorama se trouve reflété dans des fresques peintes par le prince Eugène. Trois lustres en chêne sculpté et doré sont suspendus au plafond de la salle des Trois Couronnes [Salen Tre Kronor]. On y remarquera en particulier une toile parmi les plus représentatives de l'époque gustavienne, *Stockholm vue de Mosebacke*, par Elias Martin. Elle représente la vieille ville qui, depuis deux siècles, a su demeurer telle quelle.

▸ **La Salle dorée (Gyllene Salen).** Œuvre du maître Einar Forseth, cette salle des banquets a été réalisée en seulement deux ans et constitue sans doute le clou de la visite. Le lieu est aussi original que somptueux : les murs sont entièrement couverts de mosaïques d'or et de verre qui représentent l'histoire des rois suédois [notamment les scènes du « bain de sang » de Gamla Stan en 1520 et l'avènement de Gustave Vasa trois ans plus tard] et, sur le mur du fond, l'Orient et l'Occident rendant hommage à Stockholm, dépeinte sous les traits d'une étrange femme déesse.

SUÈDE

© PHILIPPE GUERSAN

Hôtel de ville.

MUSÉE DE LA PHOTO [FOTOGRAFISKA MUSEET] ★★★

22 Stadsgårdshamnen ✆ +46 8 50 900 500
www.fotografiska.eu

Ouvert du dimanche au mercredi de 9h à 23h, du jeudi au samedi jusqu'à 1h. Entrée : 145 SEK, réduit : 115 SEK.

À quelques dizaines de mètres du métro Slussen, sa façade en briques rouges est intacte. Fotografiska est l'un des plus grands lieux dédiés à la photographie contemporaine. Ouvert en 2010, ce musée est un bonheur pour les passionnés de photographie. Au cœur d'un bâtiment du début du XXe siècle, ce sont 5 500 m² d'espace moderne qui accueillent quatre grandes expositions et une vingtaine plus petites chaque année. La scénographie est agréable et fluide. À ne pas manquer !

MUSÉE MARITIME [SJÖHISTORISKA MUSEET] ★★

24 Djurgårdsbrunnvägen
✆ +46 8 519 549 70
www.sjohistoriska.se

Ouvert du mardi au dimanche de 10h à 17h. Entrée gratuite.

C'est un paradis pour les passionnés d'histoire navale et de maquettes de navires. Ici sont exposées les reproductions de magnifiques trois-mâts du XIXe siècle, de voiliers marchands et autres vaisseaux de guerre, de sous-marins modernes, de croiseurs du début du XXe siècle… Des photos, objets de navigation de toutes sortes et peintures retracent l'histoire de la navigation suédoise et internationale à travers les âges. Peu d'explications en anglais (aucune en français), dommage.

MUSÉE DES ANTIQUITÉS MÉDITERRANÉENNES ★★★

2 Fredsgatan ✆ +46 10 456 12 98
www.medelhavsmuseet.se

Vérifier les horaires car ils varient en fonction de la saison, des vacances et des jours fériés. Entrée gratuite.

Ici, à deux pas de la place Gustav Adolf, sont présentés les vestiges de plusieurs cultures antiques méditerranéenne et du Moyen-Orient, collections d'objets datés pour certains de 5 000 ans av. J.-C. Chypre, Égypte, Iran, empires romain et grec, Maghreb... Le musée vous entraîne dans un passé fascinant. Les points les plus marquants de la visite sont sans doute les deux salles égyptiennes avec leurs magnifiques sarcophages et leurs momies humaines et animales.

MUSÉE NATIONAL [NATIONAL MUSEUM] ★★

Södra Blasieholmshamnen ✆ +46 8 519 543 00
www.nationalmuseum.se

Mardi, mercredi, samedi et dimanche de 11h à 17h, jeudi de 11h à 21h et vendredi de 11h à 19h. Entrée gratuite.

Le Nationalmuseum est le premier musée d'art et de design de Suède. Son fonds est principalement constitué de peintures, sculptures, dessins et gravures allant de la Renaissance au XIXe siècle. La collection d'arts appliqués et de design s'étend de la fin du Moyen Âge à nos jours. Rouvert récemment (octobre 2018) et magnifiquement rénové, il comprend à présent beaucoup plus d'œuvres qu'auparavant ainsi qu'une nouvelle « salle aux trésors ». Un must depuis sa réouverture.

MUSÉE HISTORIQUE DE STOCKHOLM [HISTORISKA MUSEET] ★★★

13-17 Narvavägen ✆ +46 8 519 556 00
www.historiska.se

Ouvert tous les jours de 11h à 17h. Juin à fin août : à partir de 10h. Entrée gratuite.

Le musée historique de Stockholm propose des collections uniques, regroupées autour de cinq thèmes majeurs : la Préhistoire, les Vikings, l'art médiéval, le textile et l'or. La section la plus visitée est celle qui est dédiée au peuple viking, où se trouvent entre autres une immense maquette de la ville fortifiée de Birka (l'une des plus anciennes de Suède), des restes de navires et une collection abondante de bijoux, d'armes et outils de ces brillants navigateurs nordiques.

MUSÉE VASA [VASAMUSEET] ★★★★

14 Galärvarsvägen ✆ +46 8 519 548 80
www.vasamuseet.se

Jan-mai/sept-déc 10h-17h (20h mer). Juin-août 8h30-18h. 24, 31/12 10h-15h. 25-26/12 & 01/01, 10h-17h. 150 SEK.

Ce musée est le produit d'un concours d'architecture internordique gagné en 1981 par deux Suédois, Marianne Dahlbäck et Göran Månsson. Il expose le seul navire du XVIIe siècle entièrement conservé, et est le plus visité du pays. À l'intérieur, outre l'immense navire visible de tous les endroits du musée, des squelettes de marins morts durant le naufrage, des films sur l'histoire du vaisseau royal, des centaines d'objets retrouvés dans l'épave, des simulateurs informatiques pour voir si vous auriez pu éviter au bateau de couler dès sa sortie inaugurale…

SUÈDE

MUSÉE NOBEL (NOBELMUSEUM) ★★★★

2 Stortorget ✆ +46 8 534 818 00
www.nobelmuseet.se
ouvert du jeudi au dimanche, 11h - 17h. Audio-guide en français sur l'application du musée. Adultes : 130 SEK.

Situé sur la jolie place de Börshuset aux maisons étroites et hautes, vertes, rouges et jaunes, que l'on retrouve sur tous les magnets souvenirs. Derrière les murs de l'ancienne bourse, le musée présente la vie d'Alfred Nobel et l'histoire des prix et des lauréats depuis 1901, date de la remise des premières récompenses. Depuis plus d'un siècle, des personnalités ayant apporté la plus grande contribution aux domaines de la physique, de la chimie, de la médecine, de la littérature et de la paix lors de l'année écoulée sont récompensées par ce prix mondialement connu. Depuis 1969, un sixième prix est décerné, récompensant les plus grands économistes. Il faut préciser que le prix Nobel de la paix n'est pas décerné à Stockholm, mais à Oslo selon la volonté d'Alfred Nobel.

Avant le musée, Alfred Nobel. Si la dynamite a fait sa renommée, Alfred Nobel, né à Stockholm en octobre 1833, fut dépositaire de 350 brevets scientifiques de son vivant. Issu d'une famille d'ingénieurs, Alfred Nobel passe son adolescence à Saint-Pétersbourg, puis étudie la chimie aux États-Unis. Il vivra de longues années à Paris avant de déménager en Italie, où il mourra d'un AVC en 1896. Un an avant, le 27 novembre 1895, dans son bureau au cercle suédois et norvégien de la rue de Rivoli, Alfred Nobel décidait de léguer par testament une fortune colossale pour la création d'un prix décerné à ceux qui auront rendu service à l'humanité dans les domaines de la paix, la diplomatie, la littérature, la chimie, la physiologie/médecine, la physique ; et ne tenant absolument pas compte de la nationalité des lauréats. Événement mondial dès sa création, voilà comment est né le prix Nobel.

Un musée instructif. Comptez 45 minutes pour la visite. Le musée est séparé en deux parties : l'une consacrée à la vie de Nobel, inventeur de la dynamite, et l'autre aux lauréats du prix depuis sa création. Des visites guidées ont lieu plusieurs fois par jour et sont comprises dans le prix du billet. Visites en suédois et en anglais. Audio-guide disponible en français. Le musée Nobel est également un lieu où vous pourrez trouver de très belles expositions temporaires.

Pause café ou déjeuner. Inspiré par la culture des cafés viennois, parisien et berlinois, le musée est aussi un lieu idéal pour faire une pause et déguster l'incontournable glace spéciale Nobel, accompagnée entre autres de son petit médaillon en chocolat. Et entre nous, vous serez surpris de ce que vous trouverez sous les chaises du restaurant.

MUSÉE NORDIQUE (NORDISKA MUSEET) ★★★

6-16 Djurgårdsvägen ✆ +46 8 519 56 00
www.nordiskamuseet.se
Ouvert tous les jours de 10h à 17h et en été, de 9h à 18h. Le mercredi jusqu'à 20h. Entrée adulte : 140 SEK.

Le plus grand musée d'histoire culturelle de Suède. Un énorme bâtiment de style Renaissance qui abrite des collections consacrées aux populations nordiques et à leur vie au fil des époques. L'une des salles d'exposition retrace l'histoire du seul peuple indigène de Suède, les Samis, au travers d'objets du quotidien documentés.

L'imposant bâtiment fut édifié entre 1889 et 1907 par Isak Gustaf Clason. Son architecture, à l'instar des châteaux du XVIe siècle, arbore des cimes dorées en cuivre. C'est Artur Hazelius, créateur du musée de plein air Skansen, qui commença une collection ethnographique en 1873. Celle-ci, considérablement enrichie par de nombreux dons, a permis l'ouverture du Musée nordique en 1907. On y trouve costumes, ustensiles de cuisine, photographies, outils, meubles, tapisseries, jouets, bref, tout ce qui fait le cadre de vie des Suédois depuis 1520, un témoignage précieux de l'histoire culturelle du pays. La présentation des collections, conçue de manière vivante, met en scène des moments de la vie quotidienne. Le rez-de-chaussée est consacré à la culture lapone ; le 2e étage à l'art populaire, avec une galerie de costumes, d'alimentation et de jouets ; et au 3e étage se tient une rétrospective des meubles et de l'habitat du pays. Dans le hall d'entrée du 1er étage, et sous l'œil attentif du roi Gustave Vasa dont la statue fut édifiée en 1925 par Carl Milles, on découvre le musée des enfants ainsi qu'une librairie et un restaurant.

© PHILIPPE GUERSAN

SUÈDE

PALAIS ROYAL DE STOCKHOLM [KUNGLIGA SLOTTET] ★★★★

1 Slottsbacken ✆ +46 08 402 61 00
www.royalpalaces.se
Entrée : ticket total [château, trésor, musée Tre Kronor et musée des Antiquités seulement l'été] 160 SEK/adulte.

Édifié peu à peu, à partir d'un donjon datant de la fin du XIIe siècle, le château de Stockholm, connu sous le nom de « Tre Kronor » [Trois Couronnes], ne cessa de s'agrandir au cours du temps. Le roi Gustave Ier Vasa [1521-1560], fondateur de l'Etat moderne suédois, compte parmi ceux qui renforcèrent la défense de l'ancien château fort. Son fils, Jean III [1569-1592], s'intéressait plutôt à l'aspect esthétique, et fit remanier la sévère construction médiévale dans un opulent style Renaissance.

Le Palais royal de Stockholm offre au visiteur un parcours riche de trésors artistiques et historiques. Le musée du château, situé dans les caves de l'aile nord, expose des objets médiévaux illustrant le passé de l'ancien château fort. Les façades, les escaliers d'honneur, les somptueuses salles de réception nous restituent l'époque de la grande puissance du royaume de Suède. L'élégance éclatante du rococo, sa richesse et le classicisme du temps de Gustave III dominent dans les appartements plus intimes du palais. Ont été conservés également quelques exemples intéressants des styles historiques caractéristiques du XIXe siècle.

Le château royal est encore de nos jours une résidence du roi [même si la famille royale habite le château de Drottningholm], et la plupart des fonctions représentatives de la monarchie suédoise s'y déroulent. Mais heureusement ces salles restent accessibles au public restent accessibles une bonne partie de l'année.

© PHILIPPE GUERSAN

QUARTIER DE VITA BERGEN ★★★

Vitabergsparken

Le quartier de Vita Bergen [la Montagne blanche] fut l'un des plus pauvres de la banlieue de Stockholm jusqu'au début du XXe siècle. Plusieurs installations industrielles y furent implantées au XVIIIe siècle et sont toujours visibles, notamment dans la rue Malmgårdsvägen, où les bâtiments qui abritaient un abattoir, une brasserie et une fabrique textile sont encore debout. On peut même accéder à l'arrière cour et aux jardins de ces bâtisses [par la porte surmontée d'une lanterne], devenues appartements. L'impression de remonter le temps est évidente. Portes basses, escaliers de bois, jardins paisibles et parfumés... On entre ensuite dans le parc Vitabergsparken, construit sur une butte au sommet de laquelle se dresse l'église Sainte-Sofia [élevée en 1904]. Arrivé devant l'église, on note les nombreuses petites maisons de bois rouge Falun qui s'alignent dans la pente. Il s'agit de Bergsprängagränd, l'une des rues de cet ancien quartier d'artisans pauvres. La route n'est pas bétonnée et presque toutes les maisons y ont été conservées telles qu'au début du siècle. Une petite promenade dans ce cœur historique de Södermalm permet d'imaginer plus facilement le fossé qui sépare la vie à Stockholm en 1910 de celle de nos jours. On pourra profiter de cette visite pour faire des petites emplettes, puisque de nombreux magasins très mignons se trouvent dans ce quartier. Il est aussi impératif de s'accorder un *fika* dans l'une des petites rues du quartier, car c'est l'un des lieux préférés des Suédois.

SKANSEN ★★★

49-51 Djurgårdsslätten
✆ +468442 82 00
www.skansen.se
Parc ouvert toutes l'année, prix et horaires variables. De nombreux évènements toute l'année, programmation sur le site.

Skansen, le plus ancien musée de plein air au monde, montre le cadre de vie, les travaux et les conditions d'existence d'autrefois dans les différentes régions du royaume de Suède. Créé en 1891 par le professeur et spécialiste des langues nordiques Artur Hazelius, il abrite 150 bâtiments, vieux de 50 à 600 ans. Se côtoient sur un même territoire, la ferme scannienne, la ferme de Delsbo du Hälsingland, et tant d'autres. Malgré quelques entorses inévitables, Skansen offre la possibilité au visiteur de découvrir l'histoire de l'habitat et des coutumes en Suède.

SUÈDE

VIKINGALIV

48 Djurgårdsvägen ✆ +46 8 400 229 90
www.vikingaliv.se/en
De 10h à 18h entre début juin et fin août (17h le reste de l'année). Adulte 159 SEK. Audioguide sur l'application.

Vous plongerez au cœur de la vie du peuple légendaire et découvrirez comment hommes, femmes et enfants travaillaient la terre et voyageaient. Unique au monde : un mannequin grandeur nature a été reproduit à partir de l'ADN retrouvé sur le squelette d'un de ces aventuriers. La copie est d'une grande précision puisqu'elle respecterait à 99 % les caractéristiques physiques de l'homme qui aurait vécu ! Mais le clou du musée reste encore le train qui vous fait voyager à travers l'histoire de Ragnfrid et Harald. Un musée ludique et interactif sur les Vikings !

FÖRENINGEN STOCKHOLMS AUKTORISERADE GUIDER ★★★★

www.guidestockholm.com

L'association des guides agréés de Stockholm (FSAG), à but non lucratif, fut fondée en 1953. Son objectif est d'encourager l'industrie touristique de Stockholm à travers plusieurs formats possibles de visites guidées dans une trentaine de langues différentes, y compris la langue des signes. L'association offre la possibilité aux clients de contacter les guides par leur site Internet ou bien à l'aide d'un catalogue qui est distribué aux offices de tourisme chaque année.

LE MILLENNIUM TOUR ★★★

✆ +46 8 508 316 20
www.stadsmuseum.stockholm.se
Le musée de la ville organise des visites guidées (2 heures - 130 SEK) sur le thème des 4 tomes de Stieg Larsson.

Vu le succès mondial du thriller et de son adaptation cinématographique, le musée de la Ville a décidé de suivre le mouvement et propose un tour qui entraîne le visiteur sur les différents sites phares du roman. Il est aussi possible de se procurer la carte où sont indiqués ces lieux et de réaliser la balade à son rythme, principalement dans le quartier de Södermalm où vivent les héros du roman, mais aussi sur Kungsholmen (station centrale de police, appartement de l'agent Monica Figuerola...), et à Norrmalm (bureau et appartement de l'avocat Nils Bjurman).

STOCKHOLM ADVENTURES

21 Kungsbro Strand
✆ +46 8 33 60 01
www.stockholmadventures.com
Activités variées, tarifs sur le site, à partir de 490 SEK.

Vous rêvez d'aventures dans les pays scandinaves ? En été, chassez l'ordinaire et partez en safari pour découvrir la faune sauvage aux alentours de Stockholm, optez pour une visite guidée de la ville en Segway ou en vélo, ou encore enfilez votre maillot de bain pour un tour en canoë. En hiver, chaussez vos patins et partez en rando sur les nombreux lacs gelés qui entourent la capitale ! Ici, on vous propose une grande diversité d'activités de plein air toute l'année et qui sortent de l'ordinaire. Le service est impeccable et le prix presque toujours *all inclusive*.

STORY TOURS

✆ +46 704 906 269
www.storytours.eu
Tarifs entre 195 SEK par personne (120 SEK pour les étudiants et gratuit pour les enfants de moins 12 ans) à 2 250 SEK.

Toutes les histoires, les faits et les anecdotes qu'ils racontent ont un lien avec les charmantes rues, bâtiments historiques comme la place de la Vieille ville de marché, l'Église allemande, les étroites ruelles de Stockholm, la maison qui était autrefois le foyer de deux membres d'ABBA, le palais royal et la cathédrale. Lydie, guide française, vous apportera bien plus qu'une simple découverte. Plusieurs types de tours sont proposés, pensez à réserver à l'avance pour garantir de la place. Une valeur sure pour le seul tour guidé en français de la ville.

VISITE GUIDÉE ARTISTIQUE DU MÉTRO ★★★★

✆ +46 8 600 10 00
Une visite guidée par semaine. Le jour, l'heure et le point de rendez-vous changent chaque semaine. Voir site. Gratuit.

Les stations de métro de Stockholm ont toutes été décorées par des artistes, dans une volonté de faire des transports souterrains un théâtre d'expression. Il s'agit, selon le terme local, de « la plus longue galerie d'art du monde ». Grâce à des guides certifiés et spécialistes de l'art urbain et de la décoration dans le Tunnelbana, il est possible de comprendre les messages qu'ont voulu faire passer les décorateurs et de mieux saisir leurs œuvres. Les visites durent environ une heure.

CITY BACKPACKERS HOSTEL €

2A Upplandsgatan
✆ +46 8 20 69 20
www.citybackpackers.org
Lits en dortoir (4, 6, 7, 8 et 12 lits), chambres doubles privées. Wifi gratuit.

Auberge de jeunesse parfaitement située (à deux pas de la gare, près du centre historique et de Centralbadet). Configuration et mobilier éclectique. Ambiance conviviale et chaleureuse, pièces communes agréables avec de gros canapés en cuir. Autre ingrédient qui témoigne de l'hospitalité du lieu : l'auberge offre sa tournée de pâtes certains soirs ! Logement idéal pour un séjour entre amis, ou même sans. L'endroit n'est jamais vide, et on ne s'y sent jamais seul. Le restaurant Nomad Swedish Food & Bar à proximité est apprécié par la clientèle locale et touristique.

SKANSTULLS VANDRARHEM €

135 Ringvägen
✆ +46 8 643 02 04
www.skanstulls.se
Dortoir dès 185 SEK/pers. Chambre double dès 550 SEK. Draps et serviette, 50 SEK. Petit déjeuner en sus.

Auberge dans l'entresol qui rappelle la cale d'un bateau où l'on se sent étrangement bien. L'atmosphère y est sympathique grâce aux petits éléments de déco et aux aménagements pratiques. Les livres filent le long des tuyaux d'évacuation d'eau, les murs de la cuisine sont des tableaux noirs où les petits mots s'accumulent, etc. La pièce de vie est très conviviale et les rencontres y sont aisées. Renseignez-vous à la réception avant de réserver votre chambre, car certaines ne possèdent pas de fenêtre. Expérience atypique, et adresse plus que centrale !

STF AF CHAPMAN & SKEPPSHOLMEN €

8 Flaggmansvägen ✆ +46 8 463 22 80
www.stfchapman.com
Lits à partir de 310 SEK. Chambres 2 lits : à partir de 475 SEK par pers. Chambre privée : à partir de 620 SEK par pers.

Sans doute l'auberge la plus atypique et la mieux située de Stockholm ! Au cœur de la ville, STF af Chapman & Skeppsholmen saura vous séduire avec son cadre agréable et sa vue sur la vieille ville et sur le château royal. Vous pourrez choisir entre une cabine confortable sur le navire, ou bien une jolie chambre dans une ancienne maison d'artisan juste en face. Sur le navire, vous avez le choix entre des chambres doubles, des dortoirs ou chambre privée dans la cabine du capitaine.

STF VANDRARHEM LÅNGHOLMEN €

20 Långholmsmuren ✆ +46 8 720 85 00
www.langholmen.com
Dortoir à partir de 300 SEK/personne. Chambres doubles à partir de 1 195 SEK. Petit déjeuner : 98 SEK par adulte.

Sur l'île de Långholmen, ce bâtiment est une ancienne prison transformée en auberge de jeunesse et hôtel. La recette était simple : il suffisait d'oublier le passé et de transformer les cellules en chambres de 2 à 4 personnes (les cellules sont adaptées aux personnes handicapées). Moyennant quoi, aucun maton ne viendra vous réveiller avec son trousseau de clefs. Restaurant, possibilité de préparer son repas, Internet, wifi, machines à laver, salles télé et un petit musée.

CLARION SIGN HOTEL €€

33 Östra Järnvägsgatan
✆ +46 8 676 98 00
www.clarionsign.com
Chambre double à partir de 1 400 SEK.

Bâtiment composé de granit et de verre, créé par l'architecte suédois Gert Wingårdh, situé à 400 mètres du terminal express de l'aéroport Arlanda de Stockholm et par conséquent de la gare principale. Le Clarion Design Hotel est une adresse qui conjugue à la fois un côté pratique très apprécié lors de voyages d'affaire et un dépaysement nordique convaincant à travers une décoration soignée et du mobilier contemporain renforcé par une multitude de fauteuils signés par des designers scandinaves tels que Arne Jacobsen. Rooftop avec vue, incontournable !

HELLSTEN GLASHUS €€

13 Wollmar Yxkullsgatan
✆ +46 8 460 079 00
www.hellstensglashus.se
A partir de 790 SEK la chambre simple et 1 290 SEK la chambre double. Petit déjeuner inclus.

Caché derrière l'immense façade de verre d'où il tire son nom, le Hellstens Glashus séduira les amateurs d'univers décalés. Dès votre arrivée dans l'immense hall, vous pourrez observer la brique apparente et, sur le sol, la pierre d'origine qui font toutes deux l'authenticité des hôtels du propriétaire, l'anthropologue et photographe suédois Per Hellsten. Ce dernier a tout fait pour conserver dans ces murs l'âme du lieu. Les chambres, réparties sur 5 étages sont lumineuses douillettes et colorées avec de grandes fenêtres, une télévision à écran plat et un bureau.

SCANDIC MÄLMEN €€

49-51 Götgatan
✆ +46 8 517 347 00
www.scandichotels.com

Comptez au minimum 1 400 SEK pour une chambre double. Buffet petit déjeuner.

Alors qu'à l'étage, la quiétude règne dans les chambres au décor moderne, au rez-de-chaussée, plusieurs options s'offrent aux visiteurs. Un lounge, un restaurant, un bar plus animé (même en semaine) ; bref, c'est un lieu de rendez-vous pour les Södermalmois ! Pas de sauna mais une petite salle de sport au sous-sol pour les plus accros. Bon service et petit déjeuner copieux. L'endroit est situé en plein milieu de l'île, proche des bars, magasins et autres distractions ! Au cœur du tumulte de la ville, c'est une position stratégique.

GRAND HOTEL €€€

8 Södra Blasieholmshamnen
✆ +46 8 679 35 00
www.grandhotel.se

Chambre double à partir de 2 800 SEK. Chambre simple à partir de 1 900 SEK.

C'est des fenêtres de cet immense bâtiment qui lance ses drapeaux vers le ciel que la vieille ville a la réputation d'être la plus belle. Il est situé sur le quai Blaisieholmskajen, à côté des jardins Kungsträdgården et en face du château royal, et sa situation géographique est imprenable. Le Grand Hôtel a été édifié en 1874 par le Français Régis Cadier et est devenu durant ses 145 années d'existence le fleuron de l'hôtellerie stockholmoise accueillant moult stars de cinéma, sportifs de haut niveau et autres. Restauration gastronomique, piano-bar, terrasse.

HOTEL KUNGSTRÄDGÅRDEN €€€

11 B Västra Trädgårdsgatan
✆ +46 8 440 6650
www.hotelkungstradgarden.se

À partir de 1 200 SEK la chambre standard. Petit déjeuner buffet inclus.

Dans un bâtiment du XVIIIe siècle, rénové dans ce style gustavien classique à l'élégance intemporelle, si caractéristique de l'architecture locale, cet établissement familial privé se situe à mi-chemin entre tradition et modernité. L'hôtel est idéalement situé à côté du jardin royal (Kungsträdgården), entre l'île aux musées et le vieux Stockholm, point d'ancrage idéal, pour les voyageurs en quête d'authenticité et de calme. Il possède également un restaurant de qualité : la brasserie Makalös avec un chef français à sa tête. Un véritable coup de cœur à Stockholm !

MISS CLARA €€€

48 Sveavägen
✆ +46 8 440 67 00
www.missclarahotel.com

Chambre double à partir de 1 890 SEK, suite à partir de 4 000 SEK. Sauna. Salle de sport. Parking.

Tout en finesse et dans un style presque industriel qui passe du marron au blanc cassé, Miss Clara ne décevra pas les amateurs de design suédois. De l'ancienne école de filles dont la construction se termina en 1910, l'hôtel a gardé une touche subtile d'Art nouveau, revisitée par la vision moderne de l'architecte maintes fois primé Gert Wingårdh. La salle à manger est accueillante avec ses couleurs chaudes et ses ampoules enrobées de verre stylisé ; parfait pour profiter du buffet du petit déjeuner varié et tout simplement délicieux.

RADISSON BLU WATERFRONT HOTEL €€€

4 Nils Ericsons Plan
✆ +46 8 505 060 00

Chambre double à partir de 1 200 SEK.

Parmi un large panel de 414 chambres et suites avec des équipements tels que le wifi haut débit gratuit, un restaurant RBG Bar & Grill et une vraie salle de sport digne de ce nom. Certaines chambres de qualité supérieure disposent d'une vue panoramique sur la ville et d'autres sur la mer. La proximité de l'hôtel avec le centre des congrès Waterfront est idéale pour les voyageurs d'affaires, mais également pour les touristes, étant proche des lieux à visiter.

VILLA KÄLLHAGEN €€€

10 Djurgårdsbrunnvägen
✆ +46 8 665 03 00
www.kallhagen.se

Chambre simple autour de 2 250 SEK et double autour de 2 450 SEK, offres packages sur Internet.

Un des hôtels les plus paisibles et enchanteurs de Stockholm, notamment grâce à son cadre idéal pour ceux qui souhaitent s'isoler de la vie urbaine sans trop s'en éloigner. Situé à seulement 10 minutes du centre-ville, vous entrez dans une bulle de nature. L'hôtel 4 étoiles offre une vue splendide sur le lac et une tranquillité unique dans la capitale. L'hôtel en compte aujourd'hui 86, à la décoration sobre mais efficace, et toutes fort bien équipées. Le petit plus non négligeable : le sauna qu'il est possible de privatiser !

BOULEBAR €

85 Tantogatan
✆ +46 8 714 04 20
www.boulebar.se

Lundi au vendredi de 15h à minuit, samedi de 10h30 à minuit, dimanche de 10h30 à 22h. Cour à partir de 150 SEK par pers.

Cela peut paraître étrange de venir en Suède pour retrouver le charme français, mais c'est l'atmosphère du lieu qui vaut le détour. Ici on peut jouer à la pétanque, boire un verre de pastis et déguster un repas flirtant délicieusement avec la cuisine du Sud de la France. En été, les habitants de la capitale s'y rendent pour passer un bon moment ensemble, c'est donc un bon lieu de détente et de rencontre ! Boulebar comprend plusieurs restaurants dans Stockholm où l'on peut jouer à l'extérieur tout l'été. Étrange, mais c'est un incontournable de la capitale !

GNARLY BURGER & GRILL €

20 Roslagsgatan ✆ +46 8 519 423 00
www.gnarlyburger.se/

Horaires et menu sur le site. Entre 169 et 189 SEK pour un hamburger. Entre 99 et 219 SEK pour un starter.

L'un des burgers les plus réputés de la ville en plein cœur de Vasastan ! La viande est cuite selon vos goûts, les nachos couverts de fromage fondu de qualité et les frites croustillantes à souhait ! Vous avez le choix entre une panoplie assez large de saveurs, à accompagner d'une bière ou d'un cocktail. De quoi faire rougir les Américains ! En plus, le restaurant dispose de tables de billard qui vous donneront envie de rester ! Si vous n'êtes pas dans le coin, vous retrouverez l'ambiance unique des lieux dans les quartiers de Kungsholmen, Stureplan et Norrmalm.

CHOKLADKOPPEN €

18 Stortorget
✆ +46 8 20 31 70
www.chokladkoppen.se

Ouvert du lundi au mercredi, de 10h à 22h, vendredi de 10h à 23h, samedi de 9h à 23h et dimanche de 9h à 22h.

Ce petit café-restaurant est l'un des plus populaires de la vieille ville, fréquenté en partie par la communauté gay. Il mêle étudiants, touristes et amateurs de bons chocolats chauds, de muffins et de sandwiches croustillants. Chokladkoppen est bien agréable en toute saison : on s'installe à l'intérieur dans une ambiance bruyante et chaleureuse l'hiver et, en été, la terrasse offre une superbe situation sur la plus jolie place de Gamla Stan. On y sert aussi des plats simples comme des tartes aux épinards, des lasagnes végétariennes ou un poulet au curry.

PETITE FRANCE €

6 John Ericssonsgatan
✆ +46 8 618 28 00
www.petitefrance.se

Mardi au vendredi 7h-19h, week-end 7h-17h, lundi 7h-18h. Petit déjeuner environ 105 SEK, déjeuner de 100 à 200 SEK.

Petit déjeuner, déjeuner ou dîner, Johan et son personnel francophone sauront vous accueillir chaleureusement ! Ce petit restaurant-boulangerie d'une trentaine de tables a été créé par Sébastien Boudet. Boulanger français tombé amoureux de la Suède, il a su recréer en ce lieu l'atmosphère d'une « petite France » avant de céder la place au suédois Johan. Dans sa boulangerie, pain au levain et croissant au beurre vous feront retrouver le goût de nos traditions. Côté restaurant, la cuisine aussi est plutôt française, mêlée au meilleur de la cuisine suédoise.

GILDAS RUM €

78 Skånegatan

Ouvert de 7h30 à 20h30 du lundi au vendredi, les samedis et dimanches à partir de 9h.

Un beau café situé sur la jolie place Nytorget, d'influence Paris années 1970 : les motifs floraux alternent avec du papier peint rayé aux tons rouge et or et des murs en bibliothèque trompe-l'œil. Les fauteuils confortables donnent le sentiment d'une ancienne salle de lecture. De gros lampions colorés participent à l'intimité tamisée. Accueil sympa, pâtisseries maison et sandwiches à prix corrects. Un point de passage obligé en cas de balade dans SoFo, pour déjeuner ou simplement boire un café. Un endoit charmant qui ne s'oublie pas !

ECOBAREN €€

88 Drottninggatan
✆ +46 8 24 10 81
www.ecobaren.se

Du lundi au vendredi : 11h-19h. Samedi & dimanche 11h-16h30. Plat autour de 150 SEK.

Au bout de l'adorable petit parc ombragé, véritable havre de paix qui permet de s'isoler du brouhaha du centre-ville, se cache, sous les verrières du grand bassin et des feuillages épais, un restaurant biologique, niché à l'entrée du spa Centralbadet. Ecobaren est une prise de conscience de la santé de l'homme et du respect de la nature. Cela se reflète dans la carte du restaurant qui propose des plats originaux et raffinés dont les produits sont tous issus de l'agriculture biologique. Une superbe terrasse est à disposition, ressourcement garanti.

KVARNEN €€

4 Tjärhovsgatan
✆ +46 86 43 03 80
www.kvarnen.com
Dîner dès 16h. Du dimanche au mardi jusqu'à 23h, du mercredi au samedi jusqu'à 3h du matin. Plats environ 220 SEK.

Situé sur l'ile de Södermalm, à deux pas du métro Medborgarplatsen, Kvarnen est une institution dans le quartier depuis plus de 100 ans. Le temps semble s'être arrêté dans ce restaurant légendaire qui propose de savoureux plats suédois, soigneusement préparés de génération en génération. Les connaisseurs se rappelleront du pub préféré de Lisbeth dans la série ***Millenium***. On y sert des plats typiques tels que le ragoût de renne, les toasts de hareng, pommes de terre et oignons ou encore les fameuses *meatballs* ainsi qu'un important choix de bières et de cocktails.

ÖSTGÖTAKÄLLAREN €€

41 Östgötagatan
✆ +46 8 643 22 40
www.ostgotakallaren.se
Du mardi au vendredi 16h-1h et à partir de 12h le week-end. Plat 135 SEK-235 SEK. Offres spéciales.

Östgötakällaren est un lieu historique et atypique qui a ouvert ses portes en 1986. Ici, vous trouverez une belle salle à manger dont la décoration vaut le détour ainsi qu'un bar qui sert une importante sélection de bières. On y déguste des plats de Scandinavie et d'Europe centrale avec de grosses influences d'Autriche et d'Allemagne. De belles proportions à arroser avec des gorgées de bonne bière mousseuse en direct de la cave du restaurant. Une taverne classique de Södermalm, conviviale, rustique et abordable, en immersion totale avec les locaux.

RESTAURANGEN BLÅ PORTEN €€

64 Djurgårdsvägen ✆ +46 8 743 07 43
www.blaporten.com
Ouvert en semaine de 10h30 à tard. A partir de 13h le week-end. Plats entre 150 et 260 SEK.

Idéal par une journée ensoleillée, ce restaurant possède une superbe cour intérieure où vous pourrez déjeuner au calme. Situé juste à côté du musée Liljevalchs Konstall, il est également proche de Skansen, du Nordiska Museet et du musée Vasa. Cuisine typique suédoise : saumon bouilli avec pommes de terre et carottes marinées (142 SEK), hareng au four, herbes et pommes de terre (135 SEK) ou saumon mariné à la moutarde et à l'aneth (165 SEK). L'occasion de faire une pause, abordable pour une fois, et de se régaler entre deux visites !

URBAN DELI €€

4 Nytorget
✆ +46 8 425 500 30
www.urbandeli.org
Ouvert entre 8h et minuit tous les jours (jusqu'à 1h le samedi). A noter, formules et brunchs très sympas le week-end.

Au cœur de SoFo, après l'épicerie truffée de produits bio et éco présentés avec soin dans des packagings coquets qui vous donnent l'eau à la bouche et les plateaux repas à emporter, la salle s'ouvre sur un bar, puis sur le restaurant chaleureux. Le *Fiskgryta*, un plat de poisson, crevettes, moules, poivrons finement coupés et safran, est succulent ! Service en continu, on vous propose des plats atypiques, l'occasion d'essayer quelque chose de nouveau avant de repartir à la conquête de la capitale ! Terrasse très agréable l'été, ne serait-ce que pour un verre.

EKSTEDT €€€

17 Humlegårdsgatan
✆ +46 8 611 12 10
www.ekstedt.nu
Mardi au samedi le soir de 18h à 0h. A partir de 17h le vendredi et 16h le samedi. Réservation impérative.

A la recherche d'un temps perdu, ce restaurant gastronomique propose un concept unique car le Chef Niklas Ekstedt et son équipe n'utilise ni électricité ni gaz dans le processus de cuisson. Les aliments sont cuisinés à la cheminée avec du bois de bouleau qui rappelle la cuisine traditionnelle, lente et rustique des forêts de Jämtland. En se situant à l'opposé complet de la gastronomie moléculaire et des procédés futuristes, le Chef participe à l'émergence d'une nouvelle cuisine suédoise fière de ses racines que l'on voit resurgir depuis une dizaine d'année.

FRANTZÈN €€€

26 Klara Norra kyrkogata ✆ +46 08 20 85 80
www.restaurantfrantzen.com/
Service du midi, vendredi et samedi. Service du soir, à partir de 17h, du mercredi au samedi. Menu à 3 000 SEK.

Le restaurant Frantzén, du nom du chef Björn Frantzén, est l'un des restaurants les plus ambitieux de Stockholm depuis de nombreuses décennies. Avec seulement 23 couverts, c'est un restaurant très prisé où l'on sert un menu fixe qui se déguste avec lenteur (comptez plusieurs heures !). La nourriture est d'influence suédoise, moderne, avec des saveurs de l'Asie de l'Est. En février 2018, Frantzén devient le premier restaurant suédois à obtenir trois étoiles au Guide Michelin. Le nouveau Frantzen est une collaboration avec l'agence de designers suédois Joyn studio.

CAFÉ PASCAL

4 Norrtullsgatan
✆ +46 08 31 61 10
cafepascal.se
Ouvert du lundi au vendredi, de 7h à 18h, le week-end de 9h à 17h.

Café Pascal est un lieu accueillant comme on souhaiterait toujours en avoir en bas de chez soi. Décoration soignée, murs clairs contrastants avec les briques apparentes et les grandes fenêtres, une belle symphonie de couleurs pastels qui semblent inspirées de Miami Beach. Vous y dégusterez des produits frais et gourmands. Le café est délicieux et dans tous ses états ! Idéal pour ceux qui voudraient découvrir les pâtisseries ou autres plats du pays dans un cadre on ne peut plus suédois. L'hiver, difficile de s'arracher à cette ambiance cosy.

CARMEN

14 Tjärhovsgatan
✆ +46 86 41 24 12
Ouvert tous les jours de 16h à 1h du matin. Entre 40 et 60 SEK la pinte.

Carmen est un pub étudiant incontournable de Stockholm, jamais vide, jamais ennuyeux. Décor sobre mais atmosphère chaleureuse, on s'y rend pour les pressions pas chères et l'ambiance conviviale. Au rez-de-chaussée, larges banquettes, atmosphère bruyante et quelques jeux de casinos et, au sous-sol (ouvert uniquement en fin de semaine), musique et promiscuité propices aux rencontres. Un bar à chaque étage qui sert des pressions et un choix de bières bouteille suédoises, tchèques, belges, danoises et finlandaises autour de 45 SEK.

CENTRALBADET

88 Drottninggatan
✆ +46 8 545 213 00
www.centralbadet.se
Ouvert du lundi au samedi de 8h à 19h30. Dimanche de 8h à 17h30. Plat autour de 150 SEK.

C'est le café-restaurant des bains de Stockholm. Surtout recommandé pendant les beaux jours, lorsque la terrasse ombragée permet de s'isoler du brouhaha du centre-ville. Sous les verrières du grand bassin et les feuillages épais, on déguste une bière ou un thé sans même entendre le bruit des moteurs des voitures. Ici, tout est biologique, sans gluten, sain, énergisant, frais mais aussi goûteux. Un bel endroit pour faire une pause au cœur de la ville et pour se ressourcer après une longue après-midi de shopping ou de visites !

HORNHUSET

Långholmsgatan 15b
www.hornhuset.se/
Voir horaires des différents lieux sur le site.

Hornhuset, c'est l'endroit où l'on va, peu importe l'heure où son humeur du jour, parce qu'on y trouve tout ! Pour manger, regarder un match et discuter un verre à la main : c'est Enzo's ! Ambiance chaleureuse et vivante dans ce restau italien. Plutôt besoin d'une ambiance cosy genre dimanche pluvieux ou fin de journée ? Installez-vous à Laïka, on vous sert de quoi boire et grignoter dans un lit double. Pour les amateurs de bière, direction Biergarten. Un endroit qui ouvrera ses portes bientôt ; inspiré de la capitale allemande. Et pour le reste : rooftop !

PHARMARIUM

7 Stortorget ✆ +46 08 20 08 10
www.pharmarium.se
Ouvert tous les jours de 16h30 à 23h, jusqu'à minuit les mercredis et jeudis, jusqu'à 1h les vendredis et samedis.

Pharmarium est un bar à cocktails incontournable dans la vieille ville, inspiré par la première pharmacie suédoise, ouverte au public en 1575. Le choix de cocktails détermine le choix de la nourriture. Des cocktails signature ainsi que des plats de taille moyenne bien préparés sont servis, composés d'ingrédients de saison et d'herbes médicinales traditionnelles. Tout comme son premier pharmacien Anthonius Busenius les propriétaires ont créé un lieu de médecine, de beauté et de magie. Ambiance chaleureuse, telle une scène tirée de *The Great Gatsby*.

TRÄDGÅRDEN

2 Hammardy Slussväg
✆ +46 8 644 20 23
www.tradgarden.com
De mai à septembre, les mercredis et vendredis de 17h à 3h, les samedis de 14h à 3h et les lundis et mardis de 20h à 3h.

Quand vient l'été, le club *underground* Under Bron déménage à l'extérieur et fait continuer la fête en plein air. Au pied des énormes piliers de béton, juste sous Johanneshovsbron, Trädgarden a installé en 2008 son univers étonnant : une scène, des petits gradins, des canapés montés sur roulettes disposés autour de tables basses, un long bar qui borde une maison perdue dans ce monde hostile, un bar à cocktail, des tables ombrée par les parasols...Un lieu à part, qui ferme tard le week-end dans une ambiance chaude de club en plein air.

SUÈDE

HELLASGÅRDEN

101 Ältavägen
✆ +46 08 716 39 61
www.hellasgarden.se
Lundi au vendredi 10h-21h, week-end 10h-18h. Sauna mixte lundi en journée, mercredi et vendredi à partir de 18h. 70 SEK.

Hellasgarden est le sauna favori des Stockholmois et Stockholmoise. Entouré d'une mince forêt, l'endroit est vraiment agréable et traditionnel. En hiver, l'expérience est encore plus saisissante, puisqu'on a la possibilité de plonger dans le lac glacé à l'arrière du bâtiment (grâce à un trou fait dans la glace) ! En été, on peut aussi faire du beach-volley, de la pétanque, du kayak ou du VTT dans ce centre sportif. Il est possible de privatiser le sauna pour 2 100 SEK (tarif plus élevé pour les hommes). Un endroit magnifique, en pleine forêt.

CAFÉ SIRAP

31A Surbrunnsgatan
✆ +46 8 612 94 19
www.cafesirap.se
Ouvert du lundi au vendredi de 9h à 15h. Le week-end de 10h à 16h.

Vous en rêviez ? Café Sirap l'a fait ! C'est le lieu que vous cherchiez pour vous jeter sur des pancakes moelleux et généreux, servis avec du sirop d'érable, bien sûr, ainsi que beaucoup d'autres accompagnements typiquement américains. Tout simplement délicieux avec des pommes caramélisées ou des myrtilles et saupoudrés de sucre glace. Menus petit-déjeuner et brunch, salades et sandwichs. Mieux vaut se lever tôt le week-end car l'endroit est souvent victime de son succès et donc très fréquenté. Une adresse idéale pour commencer la journée en douceur !

MAISON DES CONCERTS (KONSERTHUSET)

8 Hötorget
✆ +46 50 66 77 88
www.konserthuset.se
Box office ouvert du lundi au vendredi, de 11h à 18h, samedi de 11h à 15h.

Cette bâtisse bleu ciel, construite en 1926 et qui domine de sa façade néoclassique la place marchande Hötorget, accueille l'Orchestre philharmonique de Stockholm : plus de 100 concerts annuels. D'autres orchestres classiques, suédois et étrangers, s'y produisent également. C'est ici que se tiennent chaque année les cérémonies de remise des prix Nobel, le 10 décembre, jour de l'anniversaire de la mort d'Alfred Nobel. Visites guidées de l'édifice en anglais.

SLAKTHUSET

6 Slakthusgatan
✆ +46 8 39 51 50
www.slakthuset.nu
Horaires et jours d'ouvertures varient selon la programmation et la saison. Consulter leur site.

Club électro situé dans d'anciens abattoirs au sud de Stockholm, Slakthuset est un des clubs préférés des jeunes Stockholmois, et de fait, l'un des plus représentatifs de la fête à la suédoise. Des DJs nationaux et internationaux se produisent dans les salles du club et sur la grande terrasse pendant l'été. Un rooftop digne de ce nom, spot incontournable aux beaux jours. Styles variés, principalement électro, l'endroit est hétéroclite. Légèrement excentré, il vous faudra prendre le métro, et ne pas arriver trop tard sous peine de ne pas pouvoir rentrer.

STURECOMPAGNIET

4 Sturegatan
✆ +46 8 545 076 70
www.sturecompagniet.se
Ouvert de jeudi à samedi de 22h à 3h.

Un monument de la vie nocturne stockholmoise ! Ambiance au rendez-vous, et un reflet direct de la mentalité de la ville. Quatre salles sur deux étages, avec des alcôves et des plantes qui grimpent le long des murs... mais il faut savoir être patient car la file d'attente peut s'étaler sur le trottoir de manière impressionnante. Ici, la clientèle est plutôt jeune et les consommations plutôt chères... Sturecompagniet reste un endroit incontournable de la capitale : attention, tenue de soirée non pas exigée, mais recommandée pour avoir toutes ses chances de rentrer.

UNDER BRON

2 Hammarby Slussväg Katarina
✆ +46 8 644 20 23
www.underbron.com
Les horaires et jours d'ouvertures dépendent des événements et de la saison, se renseigner sur leur site.

Le club hype et branché par excellence, Under Bron est un passage obligatoire pour tous les fêtards et les amateurs *house* et *techno*. On danse jusqu'au bout de la nuit dans une ambiance *underground* sur les sons des DJs nationaux et internationaux qui donnent le meilleur d'eux-mêmes pour la jeunesse de la capitale. Situé sous un immense pont qui relie Södermalm à la banlieue sud, l'endroit est bien choisi. Dans cette immense maison, il y en a pour tous les goûts, du coin chill sur la terrasse au coin frites/saucisses, ou encore le sous-sol pour les plus en forme.

LULEÅ ★★

Ville portuaire au bord du golfe de Botnie, et porte d'entrée de la Laponie suédoise, Luleå compte un peu plus de 45 000 habitants. En été, son archipel devient le terrain de jeu des vacanciers profitant d'une virée en bateau. Et en hiver, sur la mer gelée sur une profondeur de plus de 50 cm, sont créées des routes de plusieurs dizaines de kilomètres qui relient les îles de l'archipel entre elles. Ville sportive, l'on y rencontre nombreux cyclistes et marcheurs. Et à quelques kilomètres de là, sur les hauteurs de la ville, la forêt cache des pistes de luge et chemins de randonnée (pour l'été) et pistes de ski de fond (pour l'hiver).

Tourisme

- Plage publique. Suivre la Norra Strandgatan, puis la Fagerlindsvägen, prendre le petit chemin ombragé qui mène à la petite plage publique de Gultzaudden, agréable et tranquille, quasiment en centre-ville.

Transports

- L'aéroport de Luleå-Kallax est situé à une dizaine de kilomètres au sud de Luleå. Il accueille une vingtaine de vols locaux et quelques vols charters à destination de l'Europe.
- La gare est située en plein centre et à quelques mètres de la gare routière. Des liaisons quotidiennes sont assurées depuis Stockholm et Göteborg.
- Gare routière. Départs quotidiens vers Kiruna, Gällivare, Arvidsjaur, Torneå. Également bus urbains pour découvrir la ville.

SUÈDE

© PARILOV - SHUTTERSTOCK.COM

Luleå.

MAISON DE LA CULTURE - KULTURENSHUS ★★

17 Skeppsbrogatan ✆ +46 92045 59 00
www.kulturenshus.com

Ouvert pour la galerie de 8h à 19h, vendredi jusqu'à 18h, samedi 11h à 16h et dimanche à partir de 12h. Gratuit.

Ouverte depuis 2007, c'est la fierté de la ville. Dessinés par un architecte suédois, les lieux abritent notamment l'office du tourisme, la bibliothèque municipale, une galerie d'art, un café et un restaurant. On peut circuler librement partout, profiter des sièges confortables et surtout de la vue sur la mer depuis les vastes baies vitrées qui entourent le bâtiment. Possible d'utiliser Internet depuis l'office du tourisme et la bibliothèque. Idéal pour se poser et préparer la suite !

MUSÉE RÉGIONAL NORRBOTTENS

2 Storgatan
✆ +46 92 02 43 502

Ouvert de mardi à vendredi de 10h à 16h (mercredi jusqu'à 20h), week-end et jours fériés de 11h à 16h. Entrée gratuite.

Super musée de la culture locale, moderne et interactif ! Les expositions, certaines fixes, d'autres temporaires, sont consacrées aux différents aspects de l'histoire de la région. On y parle de géologie, d'artisanat, de peinture, et de sujets plus spécifiques à l'histoire de Luleå. Un musée à découvrir absolument. Le musée organise également des événements ouverts à tous. A l'intérieur, on peut visiter la boutique de souvenirs et s'installer au café le temps d'un Fika.

TEKNIKENS HUS

2 Teknikens Hus väg
✆ +46 920 55 08 00
www.teknikenshus.se

Ouvert tous les jours de 10h à 16h. Fermé le lundi en hiver. 110 SEK l'entrée, gratuit pour les moins de 4 ans.

Un peu à l'écart du centre-ville, rattaché à l'université, ce centre permet aux petits et grands de découvrir certaines inventions technologiques modernes et d'en comprendre le fonctionnement. Une Cité des sciences en beaucoup plus petit ! Les thèmes principaux sont concentrés sur les grandes activités suédoises : mine, pêche, forêt, etc. Les textes en suédois sont souvent en anglais mais l'important c'est surtout de pouvoir toucher et tester ! Une introduction sympathique aux principales activités économiques de la Laponie suédoise.

LAPONIA REDERI ★

9 Storgatan
✆ +46 92 01 20 84
www.laponia.se

Départs depuis le port Nord. Informations à l'office de tourisme, juste à côté. A partir de 490 SEK.

Une croisière avec repas à bord, chant traditionnel et visite des îles, des minicroisières et des excursions sont organisées l'été par cette compagnie qui offre plusieurs formules pour partir à la découverte des archipels d'îles qui entourent la ville. Des balades extraordinaires que vous ne serez pas près d'oublier, à réserver pour les jours de beau temps. L'occasion de découvrir les paysages féeriques de l'archipel de Luleå et en été, les couleurs étonnantes du soleil de minuit. L'hiver, la compagnie vous propose de partir à la chasse aux aurores boréales.

CITY SLEEP HOSTEL €

18 Skeppsbrogatan
✆ +46 92 04 20 002
www.citysleep.se

Lit en chambre double à partir de 500 SEK, chambre familiale à partir de 740 SEK. Draps et serviettes 50 SEK.

Solution de dépannage pour les petits budgets, à 5 minutes du centre. Il faut réserver à l'avance car il n'y a que 33 chambres. Une cuisine collective, des sanitaires dans le couloir et des chambres claires et propres, sans fioriture. La réception se fait 10 m plus bas dans la même rue, à Meramedia, où il faut aussi récupérer le code d'accès au réseau Wifi. Possibilité de commander à l'avance son petit déjeuner qui est servi au Quality Hotel, en haut de la rue. Lors de la réservation, on vous remettra les codes d'entrée de l'immeuble et de votre chambre.

EFS SUNDET €

59 Gäddvikssundet
✆ +46 920 25 20 74
www.efsnorrbotten.nu

De juin à août. Emplacement à partir de 160 SEK, chambre 430 SEK, cabanes à partir de 490 SEK. Toutes commodités.

Sur les bords de Luleåälven se trouve Sundet, un petit coin de paradis à quelques kilomètres de Luleå seulement. L'été entre juin et août, on peut y louer un chalet, y poser la tente, la caravane ou le camping-car dans un décor idyllique et 100 % nature. L'endroit illustre parfaitement l'esprit suédois et la représentation des vacances rêvées : une cabane au bord de l'eau, le calme et la beauté d'un environnement sauvage. Rustiques et confortables, les cabanes rouges en bois sont ce que l'on fait de plus typique. Sundet n'attend que vous !

AMBER HOTEL €€

Stationsgatan 67
✆ +46 92 01 02 00
www.amber-hotell.se

Chambre simple à partir de 790 SEK, double 990 SEK. Petit déjeuner inclus. Parking 65 SEK.

Situé en centre-ville ce petit hôtel de 17 chambres propose des prix raisonnables pour des chambres récemment rénovées et tout confort. Ces dernières sont claires, plutôt grandes avec télé à écran plat et une déco moderne mouvance suédoise. Entouré d'un jardin avec transats et possibilité de barbecue aux beaux jours, cela donne un petit air de campagne alors que l'on est dans le centre. Un esprit qui reflète parfaitement la philosophie de la ville et de la région de manière générale. L'endroit est agréable et on s'y sent très facilement comme chez soi.

KALLAXGÅRDSHOTELL €€

441 Kallaxvägen
✆ +46 7 024 702 04
www.kallaxgardsbutik.se

Tarifs par appartement : environ 1 480 SEK pour une personne, 1 580 SEK pour deux. Wifi, parking, petit déjeuner.

À 5-10 min du centre de Luleå. Appartement bien équipé, avec petit jardin privé et véranda où vous pourrez vous prélasser et déjeuner au soleil (avec un peu de chance). L'établissement fait aussi office de boutique et propose des produits de la ferme, des objets artisanaux et de décoration. Un appartement avec beaucoup de charme dans un cadre des plus agréables, idéal pour ceux qui souhaitent profiter de la proximité du centre-ville tout en séjournant en pleine nature. La forêt et la côte sont à deux pas, de quoi profiter de tous les avantages qu'offre la région.

CLARION HOTEL SENSE €€€

Skeppsbrogatan 34
✆ +46 920 45 04 50
www.clarionsense.se

A partir de 1 900 SEK la chambre twin et 2 800 SEK la chambre double. Wifi, spa, piscine, salle de sport.

Cet hôtel 4-étoiles est le dernier né de la ville et offre des prestations luxueuses et soignées. Les vastes chambres sont plutôt *design*, la carte du restaurant recherchée, le spa, la piscine avec vue sur le fleuve et le centre de fitness ont une superbe vue panoramique et on s'y sent rapidement comme chez soi. Une adresse de qualité, à l'image de la chaîne. un confort irréprochable et une proximité avec l'ensemble des activités et divertissements que peut offrir la ville de Luleå. L'hôtel dispose aussi d'un bar et d'un restaurant, tous deux très chics.

SUÈDE

ELITE STADSHOTELLET €€€

15 Storgatan
✆ +46 92 02 74 000
www.elite.se
Chambres simples à partir de 790 SEK, doubles à partir de 990 SEK. A côté de l'hôtel de ville. Wifi.

Un grand et magnifique bâtiment datant de 1897, à l'atmosphère particulière. Les chambres sont entièrement équipées des dernières technologies et sont décorées de manière contemporaine et sobre. Superbe salle de banquet, restaurant (Tallkoten), pub (The Bishop's Arms) et discothèque le week-end. Une des meilleures offres hôtelières de la ville en termes de confort mais aussi de prix. L'hôtel, en plein centre-ville, donne accès à toutes les attractions de la ville, y compris les berges du fleuve, en quelques pas. Une adresse très recommandée.

ROASTERS €

Storgatan 43 ✆ +46 92 08 88 40
www.roasters.se
Ouvert du lundi au samedi de 10h à minuit et le dimanche de 12h à 19h. Compter de 70 à 150 SEK le plat.

Situé sur l'une des rues principales de Luleå, Roasters, au décor sobre et moderne, est le point de rendez-vous de la jeunesse branchée (mais pas seulement) qui se retrouve autour d'un verre. Egalement au menu : soupe de poissons, salades et sandwichs *homemade*, et spécialités le midi. Plats simples, mais assiettes copieuses et travaillées. Aux beaux jours, une terrasse est installée au milieu de la rue piétonne. Une adresse très fréquentée et presque incontournable de la ville. L'atmosphère y est chaleureuse, une valeur sûre que l'on recommande.

CORSICA €

14 Nygatan
✆ +46 920 158 40
www.restaurangcorsica.com
Ouvert en semaine de 11h à 23h, le week-end dès midi. Pizzas de 70 à 120 SEK.

Un restaurant qui n'a de corse que le nom et la grande enseigne à l'effigie de l'île de Beauté. Essentiellement des pizzas, mais aussi quelques plats dont certains noms évoquent un peu la France. L'ambiance est détendue et on y vient entre amis pour partager un bon moment. Au menu, pâtes, kebab, pizzas. Pas de grande cuisine mais un bon rapport qualité-prix. L'intérieur à la décoration hétéroclite et entièrement boisé, est plutôt chaleureux, tout comme l'accueil que l'on vous réserve. L'été, profitez des beaux jours pour vous installer en terrasse.

KITCHEN & TABLE €€

34 Skeppsbrogatan
✆ +46 920 45 04 50
www.kitchenandtable.se
Ouvert du lundi au vendredi de 17h à 23h, vendredi et samedi de 17h à 1h. De 180 à 300 SEK le plat.

Avis au amateurs de jolis panoramas et de bonne cuisine, à l'heure du dîner, la table du Clarion Hotel Sense propose une cuisine fusion de qualité et une déco digne d'un restaurant new-yorkais. Avec une superbe vue sur la baie et son port, que demander de plus ? Vous ne trouverez pas mieux pour profiter d'un dîner avec un cadre aussi exceptionnel. Les jours de beaux temps, et tout particulièrement en période de soleil de minuit, rien de tel qu'un bon petit plat en terrasse. Pour finir, on y sert aussi d'excellents cocktails...

RESTAURANG BAAN THAI €

22 Kungsgatan
✆ +46 920 23 18 18
www.baanthailulea.se
Du lundi au vendredi 10h30-22h, samedi de 11h à 22h, dimanche de 13h à 21h. Déjeuner à partir de 85 SEK.

Un petit restaurant recommandé pour sa formule midi avec buffet à volonté, dans une atmosphère rafraîchissante. Plusieurs tables sont abritées par des toits de palme et des petites paillottes donnent à quelques tables une certaine intimité. Sur les murs, déco orientale mais aussi des dizaines de panneaux en bois portant des indications parfois loufoques comme « location de motos ». La cuisine est fraîche et le service très cordial, une adresse très sympathique et qui ravira vos papilles. Si la cuisine est thaï, les prix eux, restent suédois.

RALPH LUNDSTENGÅRDEN €€

83 Ersnäsvägen
✆ +46 92 03 10 54
www.ralph-lundstengarden.com
Ouvert tous les jours de 12h à 16h. Menu 3 plats à partir de 650 SEK et 2 plats à partir de 525 SEK.

Un restaurant original situé à une vingtaine de kilomètres au sud de Luleå, installé dans une ferme datant de la fin du XVIIIe siècle entièrement réaménagée. Le lieu est dédié au musicien suédois Ralph Lundstengården. Au son de sa musique vous pourrez déguster des spécialités locales ou simplement siroter un café. Tout est cuisiné maison et le choix est vraiment difficile ! Une petite boutique d'artisanat se trouve dans la maison à côté ouverte aux mêmes horaires. C'est l'occasion de découvrir une architecture, un style et un mode de vie on ne peut plus suédois.

BBB - BISTROT BAR BRYGGA

Norra Hamnen
✆ +46 92 02 20 000
www.bistrobarbrygga.se
Ouvert l'été seulement, à partir de 17h tous les soirs. Fermé le dimanche.

C'est l'adresse incontournable de Luleå pour boire un verre, danser, sortir, rester tard, le soleil ne se couchant jamais autant en profiter ! Il s'agit tout simplement d'un bateau à quai qui accueille toute la jeunesse de la ville jusque tard, très tard le matin. L'endroit est fréquenté par les locaux de tous âges et on est certain d'y trouver de l'ambiance tous les soirs, que ce soit pour boire un simple verre ou pour se trémousser sur la piste de danse. En plus d'être animé, le Bistrot Bar Brygga est très bien situé, au cœur du port.

THE BISHOP'S ARMS

Storgatan 15
✆ +46 92 02 74 030
www.bishopsarms.com
Ouvert tous les jours à partir de 16h et entre 23h et 2h du matin selon les jours.

Un pub anglais traditionnel, tout ce qu'il y a de plus *british*, ici au nord de la Suède. On y retrouve une ambiance pourtant très suédoise, un parfait mélange des deux cultures. Pour boire une bière ou manger une spécialité anglaise qui vous changera peut-être du renne et de l'élan que l'on trouve partout. Au menu : salade césar, *fish & chips*, *hamburger*, classique ! C'est en tous cas ici qu'on vient entre collègues ou amis, pour partager un bon moment dans un cadre sympathique et tamisé. L'été, on ne se refuse pas une place en terrasse.

INVIT BAR X

Storgatan 17
✆ +46 92 02 01 040
Ouvert tous les soirs de 17h à 23h, de 16h à 1h du matin le vendredi, à partir de 18h le samedi.

En plein cœur du centre-ville, ce bar *lounge* propose une carte restreinte mais de qualité en ce qui concerne la nourriture. Les plats sont assez basiques mais bons. Dès qu'on en vient au choix des boissons et surtout des cocktails pour accompagner le repas, la carte devient de suite beaucoup plus extensive. Avis donc aux amateurs ! Atmosphère détendue pour sortir entre amis dans un *design* élégant et très moderne. Si l'endroit n'a rien d'exceptionnel il reste une bonne option pour passer un moment agréable en toute simplicité.

GAMMELSTAD ★★

Inscrit au patrimoine mondial de l'Unesco depuis 1996, le village-église de Gammelstad détient l'une des églises les plus vieilles de Suède, et respecte une certaine tradition religieuse depuis des siècles. Si l'on remonte 1 000 ans en arrière, l'actuel Gammelstad était une petite île, à l'embouchure du fleuve Lule. Son port était un lieu d'échanges important. La mer se trouvait 10 m au-dessus de son niveau actuel car, il y a 10 000 ans, les lieux étaient recouverts de plusieurs mètres de glace. Après la fin de l'ère glaciaire, petit à petit, la montée des terres va contraindre la population à se rapprocher de la côte et l'actuelle Luleå sera créée vers 1650.

Se restaurer

Pas vraiment de restauration dans le village, si ce n'est Kyrkkbyns krog, un snack qui vend des plats basiques : pizzas, grill, salade ; bon prix. Idéal pour se restaurer sur place lors d'une escapade.

Tourisme

- L'office de tourisme est situé au 1 Kyrk torget. Au rez-de-chaussée, brochures et souvenirs. À l'étage, petite exposition sur la vieille ville et son histoire, ainsi qu'une projection de diapositives sur Gammelstad au fil des saisons.
- Le long du fleuve Lule, entre Luleå et Södra Sunderby, se trouve de nombreuses plages de sable faciles d'accès. Hiver comme été, elles offrent un panorama splendide sur les rives.
- **À voir :** le concert de la Sainte-Lucie, le 13 décembre, et le grand marché de Noël, les 5 et 6 décembre.
- **La « ville-église ».** Tout autour de l'église, dans un désordre impropre à la rigueur suédoise, les pavillons de bois rouge forment des ruelles et passages sinueux que la neige envahit pendant l'hiver. Aujourd'hui encore, durant les fêtes religieuses, les paroissiens viennent dormir dans leur maisonnette, perpétuant cette tradition ancestrale. On peut visiter les maisons (*stockamyrsstugan*) 253 et 254, laissées en l'état, comme au début du XXe siècle.
- **Accès :** Bus 9 depuis le centre-ville en direction de Kyrkbyn. Tickets en vente auprès du chauffeur, environ 30 minutes de trajet).

Transports

- Au départ de Luleå, plusieurs départs par jour en bus. www.llt.lulea.se ; +46 77199 00 00

SUÈDE

Village.

ÉGLISE DE NEDERLULEÅ

Kyrktorget

Ouverte tous les jours de juin à août, le reste de l'année : en semaine et lors des services religieux.

Ancienne église catholique construite au XVe siècle et consacrée en 1492, l'intérieur possède de magnifiques fresques qui furent pendant un temps recouvertes (XVIIIe siècle), elles datent de la fin du Moyen Age et proviennent de l'école d'Albertus Pictor. Au centre, le tabernacle en bois relate la Passion du Christ, c'est l'un des plus beaux de Suède, réalisé à Anvers vers 1520 par un maître flamand. Les fonts baptismaux, la chaire, les fresques murales s'harmonisent parfaitement avec l'orgue inauguré en 1971, composé de 4 200 tuyaux réalisés à Gammelstad.

VILLAGE ★★

Ces maisonnettes rouges aux fenêtres et rebords blancs sont uniques. Construites pour permettre aux paroissiens qui habitaient loin de venir parfois assister au service de l'église et donc pouvoir rester quelques jours, elles ont pour cette raison une taille réduite. Encore aujourd'hui cette tradition est respectée et les propriétaires ne peuvent pas habiter ici à l'année ! Au numéro 253, situé Framlänningsvägen, le cottage *Kyrkstuga* est ouvert durant les mois d'été. Construit vers 1750, il reflète les constructions réalisées par les bourgeois à l'époque.

FRILUFTSMUSEET HÄGNAN ★

21 Gamla Hamngatan

✆ +46 920 45 38 09

www.lulea.se/hagnan

Ouvert en été tous les jours de 11h à 17h (entre 12h et 16h du 13 au 26 août). Entrée payante.

Ce musée permet de découvrir différents types d'habitations anciennes et présente la manière dont les habitants vivaient il y a 100 ans. En effet, Hägnan est un lieu archéologique du XIVe siècle où il y avait un presbytère. Aujourd'hui le village a été recréé autour de ce lieu symbolique. C'est un réel travail de reconstitution et non de reconstruction qui a été réalisé. Les plus vieilles maisons sont du XVIIIe siècle et l'intérieur des maisons est richement décoré et permet de donner une idée des conditions de vie en Suède au siècle dernier.

GAMMELSTADS GÄSTHEM €

11 Gamla Bodenvägen

✆ +46 70 550 67 00

www.gammelstadsgasthem.se

Hôtel à partir de 675 SEK. Auberge à partir de 525 SEK pour les membres STF, sinon + 50 SEK. Draps 75 SEK.

À quelques minutes du centre, ce B&B fait à la fois hôtel et auberge. Il propose des chambres, pour une jusqu'à 6 personnes, aux lignes épurées et charmantes, propres, confortables avec équipement moderne (télé écran plat). Un style qui reflète parfaitement l'esprit suédois. Pour la partie auberge, les toilettes et douches se trouvent sur le palier ; côté hôtel, toutes les chambres disposent de WC privés. Une grande cuisine permet de prendre son petit déjeuner, ambiance chaleureuse et intimiste très sympa. Tout ça dans un décor rural très appréciable !

BODEN

Ville de garnison sans grand charme à 25 km de Luleå. Départs de trains pour Luleå, Kiruna, Abisko, Narvik. Si vous êtes en voiture, vous pouvez tout de même faire un tour au Forvars Museum qui retrace l'histoire militaire de Boden. À l'extérieur de la ville, en direction du sud, se trouve Rödbergsfortet, un des derniers forts de défense de Laponie, utilisé pendant les deux guerres mondiales et fermé définitivement dans les années 2000. Le lieu est resté intact, et peut se visiter. Si la ville n'a pas grand intérêt, les paysages des environs ne sont pas plus décevants qu'ailleurs ! L'autre attraction est un hôtel construit dans les arbres !

FÖRSVARSMUSEUM BODEN

2 Granatvägen
✆ +46 70 225 31 64
www.forsvarsmuseum.se
Ouvert du mercredi au samedi de 11h à 16h.

Un musée abrité dans la caserne de l'ancien régiment A8, qui raconte l'histoire militaire de la Suède, en temps de paix comme en temps de guerre. Reconstitution miniature du fort de Boden, collection d'uniformes, d'insignes et surtout, à l'extérieur, de nombreux équipements de l'armée suédoise (chars, pièces d'artillerie, camions militaires…). Si vous voulez un peu d'histoire nationale, ce musée peut vous informer ! À quelques pas du Patinamuseet et près du bord de la rivière, vous pouvez passer voir le musée pendant votre promenades ou lors de vos visites.

BODENS VANDRARHEM €

Fabriksgatan 6
✆ +46 921 133 35
bodensvandrarhem.se
Ouvert toute l'année. Dortoir à partir de 210 SEK, chambre à partir de 380 SEK.

Un hébergement des plus recommandés à deux pas de la gare et du centre-ville de Boden. On peut y dormir dans des dortoirs de 6, hommes et femmes séparés, ou en dortoir de 2 à 4. Il est aussi possible de réserver des chambres simples ou doubles. L'ensemble de l'auberge est décoré de manière épurée et meublé de manière simple. Les chambres sont fonctionnelles, propres et équipées des essentiels. Les parties communes sont très accueillantes, confortables et lumineuses. Bref, l'endroit idéal pour les petits budgets qui souhaitent rester à proximité du centre-ville !

PENSIONAT DROTTNINGGATAN 11 €

5 Färgaregatan
✆ +46 921 757 75
www.drottninggatan11.se
Chambre double à partir de 800 SEK.

Une très belle adresse, récemment rénovée dans le centre-ville de Boden. L'établissement compte plusieurs chambres confortables mais aussi des appartements équipés d'une cuisine. On souligne la gentillesse du personnel et la proximité avec la nature environnante bien que l'établissement soit situé en ville. La formule avec petit déjeuner inclus et la décoration raffinée des chambres sont des atouts largement convaincants ! Petit bonus : la possibilité d'utiliser les machines à laver.

TREE HOTEL €€€

2A Edeforsvägen
✆ +46 928 103 00
www.treehotel.se
Chambre double : 4 500 SEK environ. Petit déjeuner inclus.

Le Tree Hotel semble être tout droit sorti d'un rêve. Son inspiration vient d'ailleurs du conte *The Tree Lover* de Jonas Selberg Augustsen, l'histoire de trois hommes qui redécouvrent leurs racines en construisant une maison dans les arbres. Le Tree Hotel propose en effet des chambres, au *design* contemporain, nichées en pleine forêt, entre 4 et 6 m de haut. Les chambres ont été pensées et construites par des designers suédois. Les constructions sont surprenantes et toutes donnent envie ! Nichées au creux de la forêt lapone, calme et sérénité sont au rendez-vous !

BASTARD BURGERS €€

Kungsgatan 23
✆ +46 921 520 10
bastardburgers.se
Ouvert du mardi au jeudi de 11h à 20h, le vendredi jusqu'à 21h, le samedi de midi à 21h.

Un endroit populaire, et à raison, de Boden. Bastard Burger a beau être une chaîne, elle ne se présente plus. On y vient pour l'ambiance décontractée et le style « boucherie chic ». Carreaux blanc dans tout le local, déco type industrielle, musique et bien sûr, un menu qui vous donnera du mal pour choisir. Un choix de burgers tous plus inventifs les uns que les autres, sans oublier le burger du mois. On y mange à sa faim et végans ou végétariens ne sont pas mis de côté et trouveront aussi leur bonheur. Un endroit vivement recommandé !

PANELEN €€

Kungsgatan 7
✆ +46 921 557 20
panelen.nu
Ouvert du lundi au jeudi 10h30-14h et 16h-21h, le vendredi jusqu'à 22h, le samedi et le dimanche de 15h à 22h.

Un restaurant sans prétention du centre-ville de Boden L'ambiance est charmante et on peut profiter d'une terrasse ensoleillée l'été. La décoration est épurée et le style sans grande folie, mais l'accueil est sympathique et on s'y sent vite à l'aise. On s'y retrouve entre collègues et souvent entre habitués. Côté menu, la cuisine est locale et continentale, l'occasion de goûter aux spécialités du coin ou de se cantonner à du connu. Le choix est large, il faudra prendre le temps de la réflexion. Une adresse conseillée du centre-ville !

HAPARANDA ★

À l'extrême nord du golfe de Botnie, cette curieuse ville est située à un kilomètre de la mer, à l'embouchure du fleuve Torne Alv qui fait aujourd'hui office de frontière naturelle entre la Suède et la Finlande. Avec son grand hôtel à l'allure de manoir, sa fontaine et son petit jardin, cette place ne manque d'ailleurs pas de charme. Pour l'anecdote, on y trouve la plus grande et la plus septentrionale enseigne Ikea au monde, et un outlet Naturkompaniet, la marque de vêtements et accessoires outdoor. On passe de Haparanda à Tornio en un clin d'œil, et donc de la Suède à la Finlande, n'oubliez pas le décalage horaire d'une heure et le retour à l'euro !

Histoire

En 1809, avec la fin de la guerre russo-suédoise, cette vallée de langue finnoise fut partagée entre la Suède et la Finlande. Alors que Tornio, de l'autre côté du fleuve, demeurait finnoise, Haparanda est devenue suédoise. Dans cette cité commerciale transitaient les marchandises échangées entre la Botnie et l'Arctique. D'une époque révolue, il reste quelques maisons en bois dans la rue Torggatan et autour de l'unique place (Torget). Par la suite, durant les deux guerres mondiales, Haparanda fut un important centre de transit pour des prisonniers de guerre. Construite en 1919, la gare, d'une taille imposante, montre à quel point les espoirs de développement ultérieur de la ville ont été déçus. Aujourd'hui la ville frappe avant tout par son silence, sa langueur, ses rues désertes. Les soirs d'été, alors que le soleil ne se couche guère, on perçoit, en longeant les rives du large fleuve, le bourdonnement des nuées de moustiques.

Tourisme

▸ L'office de tourisme est situé au 5 Kranngatan (www.haparandatornio.com ; info@haparandatornio.com ; +46 922 262 00). Il est ouvert du lundi au vendredi de 9h à 14h. Pour trouver toutes les informations sur Haparanda et Tornio.

Transports

▸ Gare routière.Liaison jusqu'à Luleå et Kemi en Finlande. La gare ferroviaire est réservée au fret. www.ltnbd.se ; lanstrafiken@ltnbd.se ; +46 771100 110

▸ Taxi. www.taxi-haparanda.se ; info@taxihaparanda.se ; +46 922 105 00

ÉGLISE DE ALATORNIO ★

85 Kirkonmäentie
Ouvert en été et pendant les offices le dimanche à 10 heures

© ROLAND MAGNUSSON - SHUTTERSTOCK.COM

Terminée en 1797, cette église de style néoclassique fait partie des points de mesure de l'arc géodésique de Struve qui fait partie du patrimoine mondial de l'Unesco. Le point situé sur la tour de l'église a été mesuré en 1842. Marqué dans la tour de l'horloge, on peut encore en voir la trace sur les murs. Il y avait probablement une église en bois à sa place déjà en 1208. Environnée par un terrain calme auprès de l'eau, vous pouvez y passer une journée avec une visite de l'église et pique-nique sur la pelouse. Lieu historique et pittoresque !

RIVER MOTELL & VANDRARHEM €

Strandgatan 18
✆ +46 922 611 71
rivermotell.com
Ouvert toute l'année. Chambre à partie de 350 SEK.

Un superbe motel dans le centre de Haparanda qui tous types de voyageurs. Plusieurs options, de la chambre simple aux chambres avec lits doubles et superposés. Rien n'est laissé au hasard : la décoration est sobre mais chaleureuse et typiquement scandinave : quelques touches boisées et des rennes par-ci par-là. Les chambres sont entièrement équipées et on s'y sent bien chez soi. L'hôtel peut aussi se targuer d'avoir l'une des terrasses les plus cosy de la ville !

SVEFI HOTELL & VANDRARHEM €

3 Torget ✆ +46 922 688 00
www.svefi.net
Ouvert toute l'année. Chambre dès 550 SEK. WC et salle de bains dans toutes les chambres. Petit déjeuner inclus.

A l'intérieur de ce bel et impressionnant bâtiment, un hébergement plutôt bon marché (pour la Suède). Les chambres sont plutôt sobres, avec une décoration épurée pour la plupart. Les chambres de plus haut standing sont décorées plus chiquement. Le confort est au rendez-vous dans toutes les chambres, qui possèdent toutes leurs propres toilettes et salle de bains. L'établissement est situé au centre de la ville et compte également un restaurant, Minerva, situé dans un bâtiment mitoyen.

STADSHOTELL €€

7 Torget
✆ +46 92 26 14 90
www.haparandastadshotell.se
Chambre simple de 995 à 1 375 SEK, double entre 1 250 et 1 610 SEK.

A 97 km du cercle polaire, l'établissement domine de son imposante bâtisse marron la grande place de la ville. Les 105 chambres luxueuses, décorées dans un style début de siècle, accueillent surtout des hommes d'affaires en tournée dans le nord de l'Europe. A l'étage, une prestigieuse salle de réception évoque quelque salon du château de Versailles. Un night-club, un bar à l'ambiance nostalgique, un sauna et des bains mousseux aident peut-être à occuper les longues nuits d'hiver qui durent ici plusieurs mois. Le restaurant propose quelques spécialités locales.

VUOLLERIM

À 15 km de Jokkmokk, le charmant village de Vuollerim, en plus de son hôtel et de ses possibilités d'hébergement, offre grâce au dynamisme de ses villageois qui s'investissent dans le maintien des lieux, de nombreuses activités tout au long de l'année. On découvre notamment quelques sites assez originaux qui valent le détour comme cette base secrète militaire, construite en cas de riposte contre des attaques russes ou ce musée archéologique qui révèle la présence d'habitations datant de 6 000 ans. Bref, on ne peut que recommander de prévoir un peu de temps pour une escapade dans les environs, entre culture, histoire et nature bien évidemment.

ARCTIC CIRCLE CENTER ★★

Murjeksvägen 31
✆ +46 97 61 01 65
www.thearcticcircle.se
Ouvert de mi-juin à mi-août tous les jours de 10h à 16h.

Ce musée est dédié aux découvertes archéologiques réalisées à 2 km d'ici dans le delta où se rejoignent les rivières. En effet, en 1983, il a été mis au jour des habitations datant de 6 000 ans. Le musée présente les objets trouvés sur place, mais surtout des reproductions des outils utilisés à l'âge de pierre. Ludique, il offre la possibilité d'essayer des habits en peau de renne, d'essayer de faire du feu avec un silex et enfin de pénétrer à l'intérieur de la reconstitution du site à l'âge de pierre. Une bonne manière de découvrir la région.

LAPLAND VUOLLERIM €€

Bodenvägen 7
✆ +46 976 10660
www.gastgiveriet.se
Ouvert toute l'année. Hôtel, restaurant, activités estivales et hivernales.

Chez Lapland Vuollerim on vous propose de découvrir la région sous toutes ses coutures ! On vous emmène à l'aventure en toutes saisons, et il y en a pour tout le monde. De la soirée contes autour du feu, à la pêche, en passant par les balades à cheval ou par les sessions sauna sous le soleil de minuit, vous n'aurez pas le temps de vous ennuyer. Vous trouverez également un hôtel et un restaurant, de quoi passer un séjour complet et authentique. Situé au cœur des terres lapones, Vuollerim est un immense coin de paradis où l'aventure n'attend que vous.

ARVIDSJAUR ★★

Arvidsjaur, ville-étape d'un peu plus de 5 000 habitants. L'hiver, on s'attardera ici pour la tour isolée, de laquelle on peut observer les aurores boréales, pour les très nombreux sentiers de randonnée à travers les parcs nationaux et forestiers, et pour les quelques stations de ski des environs. L'été, en plus des marches dans la région, on peut s'essayer à la draisine, au rafting, à la pêche... L'église, saumon à l'extérieur et bleutée à l'intérieur, ainsi que le village lapon préservé sont des visites très sympathiques. Pour la petite histoire, sachez qu'Arvidsjaur veut dire « lac généreux » en langue same. Pas étonnant quand on sait qu'il y a 4 000 lacs sur la commune !

Se loger

On trouve de nombreux logements à Arvidsjaur. De l'hôtel de luxe avec spa, comme l'Hôtel Laponia, au camping du Camp Gielas par exemple ou encore au chalet loué à la semaine, vous avez le choix ! À nouveau, l'office de tourisme est un bon moyen pour obtenir des informations complètes (et en français !).

Se restaurer

▸ À première vue en se promenant dans la rue principale, on se dit que les restaurants ne sont pas nombreux à Arvidsjaur. Ce n'est pas tout à fait faux, mais il y a tout de même quelques petites adresses intéressantes dans le coin.

Shopping

▸ La rue principale propose quelques magasins, peu intéressants. Mais ce n'est pas pour autant qu'Arvidsjaur ne possède pas de bonnes adresses : promenez-vous plutôt dans les rues adjacentes ou du côté de Sörbyn.

▸ Lindmarks Knivmakeri (Hedgatan 9) vend des couteaux lapons de facture exceptionnelle !

Sports / Loisirs

▸ **Pistes de ski des environs** : Vittjåkk (à 8 km d'Arvidsjaur) de février à fin avril, Prästberget (à 1 km) pour les skieurs de bon niveau ; pistes éclairées la nuit à partir de début décembre.

▸ **Randonnées, traîneau, motoneige** : carte des sentiers et réservations à l'office de tourisme.

▸ Des randonnées, du sport, de la nature et un peu de culture lapone. Demandez une carte des sentiers à l'office de tourisme, et arrêtez-vous à l'église ainsi qu'au camp préservé de Lappstaden, au bout de la rue principale. Ensuite, suivez votre chemin jusqu'à la tour Lillberget, point de vue au sud de la ville. En hiver, il faut grimper sur cette petite tour Eiffel, depuis laquelle on peut espérer voir des aurores boréales (consultez les prévisions sur le site www.auroraforecast.com). On peut y accéder par la route ou par un petit sentier. Enfin, allez jeter un œil du côté du lac gelé d'Arvidsjaursjön où sont testées (secrètement) quelques voitures de grandes marques. Pour avoir plus de chances de les voir, filez à Arjeplog (à 86 km de là).

Tourisme

▸ L'office de tourisme est ouvert du lundi au vendredi de 10h à 16h, l'été du lundi au vendredi de 9h30 à 18h et le samedi et le dimanche de 12h à 16h30 (Storgatan 14B ; www.visitarvidsjaur.se/en ; arvidsjaurlappland@arvidsjaur.se ; +46 960 175 00)

Transports

▸ **En bus :** à partir d'Umeå, prendre les bus 98 (ligne 100) puis le 26, qui fait étape à Skellefteå. Le trajet dure environ 5 heures, mais avec le Wi-Fi dans le bus, ça passe vite ! Les bus de la région offrent pas mal de possibilités (renseignements à l'office de tourisme, ou à la gare routière, on y trouvera notamment un récapitulatif des trajets). L'idéal est tout de même d'avoir une voiture pour les déplacements locaux.

▸ **En train :** arrêt prévu pour l'*Inlandsbannan*.

▸ **Il y a également un aéroport.**

BÅTSUOJ SAMI CENTER

Le camp se situe près du village de Gasa, à environ 50 km d'Arjeplog et Arvidsjaur.
✆ +46 0960 651 026
www.batsuoj.se
Compter de 350 à 1 500 SEK en fonction de l'activité choisie.

Tom et Lotta Svensson sont des éleveurs de rennes. Ils vous montreront comment rassembler le troupeau, vous aideront à vous familiariser avec les huttes de stockage anti-ours et vous parleront chamanisme autour d'un bon feu et d'un café. Une façon intéressante, enrichissante et authentique de s'immerger dans la culture locale. Plusieurs tours sont disponibles, renseignez-vous auprès de l'établissement directement. L'été, il est possible d'un passer une ou plusieurs nuits en kåta, un abri traditionnel. Tout cela dans un décor naturel relaxant.

ÉGLISE [GLOMMERSTRÄSKS KYRKA] ★

27 Skillnadsgatan

✆ Congrégation : +46 0960 478 00

De juin à août, en semaine de 8h à 21h, le week-end de 10h à 21h. Le reste de l'année, ouvert de 8h à 16h.

Vous apprécierez l'ambiance de cette jolie église, dont l'intérieur devient bleu en hiver, à cause du reflet neigeux par les fenêtres. La représentation un peu naïve d'une aurore boréale qui se dessine derrière l'autel est vraiment magique. Cette église date de 1902 ; elle en remplace une plus ancienne qui a été démolie. Elle a été réalisée par l'architecte Gustaf Hermansson dans un style gothique expérimental et possède 3 nefs. Une belle visite.

VILLAGE SÂME DE LAPPSTADEN ★

Lappstadsgatan

Ouvert tous les jours de 10h à 19h (jusqu'à 18h de juin à août). Visite : 50 SEK.

La ville-église d'Arvidsjaur est extrêmement bien préservée. Ces tentes laponnes en forme de pyramide n'ont jamais été habitées de façon permanente par les Saami, mais servaient de logement pour la nuit lors de retraites religieuses. Les édifices sont encore aujourd'hui la propriété de ce peuple. C'est le plus grand village same préservé, avec notamment beaucoup de dépendances et de granges datant du XVIIIe siècle. A ne pas manquer si vous passez par Arvidsjaur !

LAPONIE MUSH ★

Dojom 3

✆ 06 32 92 33 14

www.laponiemush.com

Différents séjours de la journée à 7 jours, famille ou sportif. Matériel fournis. Activités en petits groupes.

Laponie Mush est tenue par un couple de Français et organise des randonnées en traîneau à chiens en petits groupes sur quelques heures à plusieurs jours. Également balades en raquettes à neige, pêche blanche, sauna, observation des aurores boréales... Possibilité d'être logé dans un chalet typiquement suédois (deux chambres doubles, cuisine, etc...). L'été, venez découvrir le soleil de minuit et profitez des longues journées ensoleillées. Des aventures à la portée de tous pour découvrir et profiter de ce vrai coin de paradis !

SILVER CROSS 45 €

Fjällströmsvägen 16

✆ +46 70 644 28 62

www.silvercross45.se

Compter de 300 à 600 SEK la chambre selon la taille et le standing.

La meilleure option pour se loger à bas prix. Silver Cross 45 est une auberge située au cœur du village et qui ne paye pas de mine, mais soyez sûr d'y être bien reçu ! L'ambiance est détendue, presque familiale, et si les locaux ne sont pas tout neufs, ils ont le mérite d'être confortables et abordables ! Les draps vous serons fournis, et pour ceux qui le veulent vous pourrez profiter d'un bain moussant ! A côté de ça, l'auberge propose plusieurs activités pour vous faire découvrir la beauté de la nature environnante ! On recommande sans hésitation.

LAPLAND LODGE €€

Östra Kyrkogatan 18

✆ +46 960 137 20

laplandlodge.se

Chambres entre 890 SEK et 1 990 SEK la nuit.

Un hôtel qui mélange bâtiments historiques et nouveau complexe, le tout dans un style très cosy à la scandinave. C'est l'endroit idéal pour les personnes qui sont à la recherche du confort mêlé à l'authenticité. Au total, 20 chambres sont disponibles, tout équipées et d'un confort égal. Vous avez également accès à un sauna et à un espace détente, ainsi qu'à des activités hivernales. Le tout en plein milieu du village, à quelques pas seulement de toutes les commodités mais aussi de la splendide nature lapone. Un hébergement vivement conseillé !

HOTELL LAPONIA €€€

Storgatan 45

✆ +46 0960 555 00

www.hotell-laponia.se

Compter 1 190 SEK la chambre simple, 1 290 SEK la double et 1 990 SEK la suite.

Plus qu'un hôtel, c'est une vraie institution. Ici, on s'occupe de vous avec soin et c'est un réel plaisir à bien des niveaux. Le spa et la piscine combleront votre besoin de détente, alors que le restaurant avec sa superbe salle à manger vous offre une cuisine fine et inspirée par la région. Enfin, l'hôtel se porte également garant de votre divertissement grâce à la panoplie d'activités proposées et à son bar en forme de tente same, juste de l'autre côté de la route. Impossible de passer à Arvidsjaur sans être à un moment ou l'autre tenté par ce géant de Laponie.

HANS PÅ HÖRNET - CAFÉ & FOOD €

Storgatan 21
✆ +46 0960 10 210
hanspahornet.blogspot.com
Ouvert du lundi au samedi de 10h à 17h. Compter 100 SEK.

Ce café est peut-être l'endroit le plus chaleureux de la ville, et on y mange bien. Une sensation de « comme à la maison », et tenez-vous bien, pour le même prix que dans un kebab, vous pourrez manger de la nourriture saine ! Il est également possible de prendre un café (toujours à volonté) et une petite pâtisserie. Ne ratez pas l'éternel Fika, c'est à cette occasion, entre 15h et 16h, que les locaux se retrouver pour papoter autour d'une boisson chaude et d'une gourmandise.

HOTELL LAPONIA €€

Storgatan 45
✆ +46 0960 555 00
www.hotell-laponia.se
Ouvert pour le petit déjeuner en semaine, du lundi au samedi pour le déjeuner et le dîner. Plat principal 165 à 350 SEK.

Le restaurant de l'hôtel Laponia est une des rares adresses où se restaurer à Arvidsjaur. On y trouve une cuisine extrêmement raffinée à base de produit locaux. Pour ceux qui souhaitent découvrir les spécialités culinaires du coin, c'est l'occasion rêvée. Pour les autres qui raffolent d'une cuisine aux standards européens, pas de panique, la carte vous laisse le choix. Le restaurant est très agréable, décoré dans un style assez sobre d'inspiration lapone bien sûr et orné de lustres. C'est en bref un restaurant très recommandé de la ville !

ANNA-LISA'S SOUVENIR SHOP

Stationsgatan 3
✆ +46 0960 106 33
www.presentbutiken.se
Ouvert du lundi au vendredi de 9h30 à 17h30 et le samedi de 9h30 à 14h.

Ce beau magasin, très chaleureux, est rempli d'objets traditionnels lapons. Le commerce se passe de mère en fille depuis 50 ans, et depuis toujours, on y trouve des bijoux en argent, des bourses en cuir de renne, des couteaux, des gants et des moufles... Tant d'objets artisanaux et plus classiques qui viennent remplir à ras bord les étagères de ce magasin. C'est un bon endroit pour faire des achats originaux, et peut-être même quelques cadeaux ! À ne pas manquer.

ARJEPLOG ★★

La commune d'Arjeplog est connue comme le « royaume des lacs » et ça lui va très bien ! Si vous aimez la nature, les sports d'hiver ou les randonnées, la pêche (blanche, en hiver) ou la chasse (de l'élan ou de l'oiseau blanc de la région), ce paysage est fait pour vous. Arjeplog abrite aussi le très beau musée de l'Argent (Silvermuseet). Profitez d'être dans la zone pour savourer des produits locaux (absolument délicieux !) comme le poisson sikar, un voisin du saumon. Enfin, sachez que statistiquement, les gens d'Arjeplog n'existent pas, la densité n'étant que de 0,3 hab./km^2 ! Allez tout de même leur rendre visite et profiter d'un sublime paysage d'eau et de collines.

Shopping

Le musée de l'Argent possède une jolie boutique. Sinon, traversez la rue et longez le supermarché sur la droite pour arriver au magasin le plus fourni de la zone (Viltbutiken).

Tourisme

- L'office de tourisme est ouvert du lundi au vendredi de 10h à 12h et de 13h à 17h et le samedi de 10h à 14h. L'office de tourisme se trouve dans le Silvermuseet. (Torget 1 ; www.polcirkeln.nu ; turist@arjeplog.se ; +46 961 145 00)
- Des randonnées, des sports d'hiver, et surtout le plaisir d'être dans la nature. Pour une session de pêche, de chasse ou autre, adressez-vous à l'office de tourisme, d'où vous pourrez réserver votre activité. Il est possible de profiter d'une incroyable vue sur la région en vous rendant à Galtispouda, à 15 km d'Arjeplog (si le ciel est dégagé, vous pouvez même apercevoir la Norvège, à l'ouest). La presqu'île de Skeppsholmen, qui est située sur le lac Hornavan, révèle quelques vestiges de l'architecture sami ; et en hiver, vous pourrez sûrement assister à des tests de conduite sur glace « secrets » avec des voitures de toutes marques. Derrière l'école de la ville, il y a une petite patinoire où les jeunes se retrouvent pour jouer au hockey.

Transports

- **En bus :** 2 à 4 trajets par jour à partir d'Arvidsjaur (environ 1h15). Attention, les bus ne roulent pas toujours le samedi.
- **En voiture :** Arjeplog est à 85 km au nord-ouest d'Arvidsjaur, et à 103 km de la frontière norvégienne.

ÉGLISE D'ARJEPLOG

2 Arjeplogs Församling Kyrkvägen
✆ +46 961 612 50
Ouverte jusqu'à 16h environ.

En s'approchant de l'église rose d'Arjeplog, on aurait presque l'impression qu'elle est en sucre. Une fois à l'intérieur, les bancs rouges et verts nous plongent dans l'atmosphère de Noël. En 1634, la découverte de la présence d'argent dans la région a engendré l'installation de quatre paroisses, dont celle d'Arjeplog. Cette église est particulière, car l'autel est tourné anormalement vers l'ouest. Les habitants expliquent cette excentricité pour des questions esthétiques ; la vue de l'église était bien plus jolie pour les bateaux qui arrivaient à Arjeplog.

SILVERMUSEET ★★

Torget 1
✆ +46 96 11 45 00
Ouvert du lundi au vendredi de 10h à 13h et de 14h à 16h et le samedi de 10h à 14h. Compter 80 SEK l'entrée.

Tout a commencé quand en 1922, un jeune docteur vient s'installer dans le village pour ne plus jamais en partir. On découvre sa vie, sa passion pour la nature et bien entendu la culture same omniprésente. En haut des escaliers, vous trouverez une salle de classe, de couture et une cuisine reconstituée avec des objets des années 1930 ; toute l'histoire des pionniers de l'époque. En bas est installée la collection d'objets en argent qui a rendu le musée célèbre, ainsi qu'un cinéma où l'on peut visionner un film d'un peu plus de 15 minutes.

KRAJA HOTEL €€

Silvervägen 1
✆ +46 961 315 00
silverresort.se
Ouvert toute l'année. Chambre à partir de 750 SEK, cabine à partir de 820 SEK, camping à partir de 200 SEK.

Camping, chalet, chambre d'hôtel : peut importe le type de séjour que vous imaginez, Kraja saura vous contenter. Ce beau complexe situé sur les rives du lac ne manque de rien. Piscine, sauna et même sauna flottant, nature omniprésente, charme, bar et restaurant mais aussi de nombreuses activités estivales pour satisfaire toutes vos envies ! Le confort est au rendez-vous peu importe le type d'hébergement, l'ambiance chaleureuse des lieux promet des vacances authentiques, à la scandinave ! Pas de doute, Kraja est une de nos adresses favorites !

LYKTAN €€

Lugnetvägen 4 ✆ +46 961 612 10
www.hotellyktan-arjeplog.se/
Hôtel ouvert toute l'année, chambre à partir de 950 SEK. Auberge ouverte de mai à octobre, à partir de 500 SEK.

Des chambres spacieuses, lumineuses et entièrement équipées. La décoration est épurée, typiquement scandinave, et le confort n'est pas laissé au hasard. Cet hôtel situé dans le centre d'Arjeplog est l'adresse idéale pour les personnes à la recherche d'un logement central avec de petits extras : sauna, restaurant, bar. L'hôtel est réservé à ceux qui peuvent se le permettre, mais sachez qu'il offre également un côté auberge de jeunesse ! Là encore, le style et le standard sont au-dessus de la moyenne. Chambre d'hôtel ou auberge, Lyktan a ce qu'il vous faut.

SUÈDE

© PETER LUNDGREN - SHUTTERSTOCK.COM

Aux alentours d'Arjeplog.

HORNAVAN HOTELL €€€

Västra Skeppsholmen 3
✆ +46 961 77 71 00
hornavanhotell.se
Ouvert toute l'année. Chambre à partir de 1 200 SEK.

Ouvert toute l'année et situé tout au bord de l'eau, l'hôtel Hornavan n'est rien d'autre qu'un petit aperçu du paradis. Enveloppé dans son écrin de neige en hiver, la féerie des lieux vous laissera bouche bée. En été, le lac offre de nouvelles possibilités et la promesses de paysages tout aussi spectaculaires. Les chambres sont confortables et décorées plutôt sobrement. Elles sont toutes entièrement équipées et beaucoup offrent une vue imprenable sur l'eau. Bonus : en terrasse de l'hôtel, face au lac, un bain à remous n'attend plus que vous.

STORUMANS BAD OCH CAMPING €

Lokgränd
✆ +46 95 11 43 00
www.storumancamping.se
Ouvert du 1er juin au 30 août. Emplacement à partir de 165 SEK, bungalow à partir de 590 SEK.

Des jolis bungalows rouges à la suédoise ont poussé comme des petits champignons autour du lac. Posée aux abords du rivage, on profite de la plateforme d'où il est possible de faire un plongeon d'une belle hauteur ! Un camping, tout ce qu'il y a de suédois, entouré de nature et où l'on passera les vacances les plus typiques qui soient. On peut y planter la tente, venir en caravane ou camping-car, ou s'offrir un petit chalet. L'ambiance y est chaleureuse et familiale !

STORUMAN

Ce village de 2 500 habitants à 356 km de Jokkmokk est situé sur la ligne de train intérieure appelée Inlandsbanan qui traverse la Suède d'Östersund, au sud, à Gällivare, en Laponie. Avec ses quelques hôtels, son auberge de jeunesse et son camping près du lac Storemansjön, Storuman peut constituer une étape dans la traversée nord-sud. C'est étalement un arrêt stratégique le long de la E12 qui vous mène en Norvège, à Mo i Rana plus précisément. La gare est une longue bâtisse en bois marron foncé construite dans les années 1920 qui héberge un restaurant. Rien de grandiose à visiter, mais un charme inhérent au village, de par son calme hivernal et ses mille couleurs estivales.

Tourisme

- Les curieux pourront aller voir le « sauvage », un géant de 7 m de hauteur, emblème de la Laponie et construit en 1994. Le vert et les feuilles représentent la forêt ; la massue en or, la richesse ; et la couleur rouge, la ténacité du peuple sâme.
- L'office de tourisme (Hemavan Tärnaby Turistbyrå ; ✆ +46 954 104 50 ; www.storuman.se/Uppleva--gora/Turistinformation ; info@hemavantarnaby.se) est situé au 1 Västra Strandvägen.

Transports

En quittant Arvidsjaur, on reprend la route 45 sur 160 km à travers l'interminable forêt de sapins jusqu'à Sorsele puis Storuman.

HOTELL TOPPEN €€

Blå vägen 238
✆ +46 951 777 00
hotelltoppen.se
Hôtel à partir de 990 SEK. Les prix fluctuent. Demande de réservation par e-mail ou sur le site.

Situé dans le centre de Storuman, à quelques pas seulement du bord du lac, l'hôtel Toppen propose des hébergements de différents standards pour toutes les bourses. Les budgets serrés choisiront l'auberge de jeunesse sans s'inquiéter du confort ou de la qualité, typiquement scandinave, alors que les budgets plus conséquents pourront profiter de chambres plus luxueuses. Salle de gym, spa, restaurant, bar et de nombreuses activités vous attendent en toutes saisons, de quoi profiter pleinement de tous les aspects d'un séjour dans le Grand Nord.

AVASUNDS FISKECAMP

Près de Rackosjön
✆ +46 95 11 03 45
www.avasund.se

Pour les amateurs et les amatrices de pêche. Dans la région de Kvarnbäck, on peut pêcher la truite, le hareng, l'ombre et la perche, un vrai régal. Ce lieu propose équipement pour la pêche, petits bateaux à rame. Il offre aussi la possibilité de séjourner dans un gîte rural, tout près de l'eau, avec des chambres avec ou sans douche et toilettes – en fonction du niveau d'aventure et de nature que vous souhaitez explorer ! Passez aussi par le sauna après votre baignade et profitez du barbecue pour faire griller votre poisson fraîchement pêché.

JOKKMOKK ★★★

Ce village, situé à 5 km au nord du cercle polaire, aligne ses maisons basses en bois entourées de jardins tout au long de Storgatan, la rue principale, elle-même bordée de bouleaux de taille imposante. Autour du village, un océan de forêts et de marécages constitue un véritable paradis pour les chasseurs, les cueilleurs de baies et les animaux sauvages. C'est de la forêt que cette commune de 7 000 habitants tire l'essentiel de ses ressources. Le parc national de Muddus, situé à l'est du village sur le territoire de la commune, abrite des forêts vierges où les arbres n'ont jamais été abattus. On y trouve aussi le plus vieil arbre de Suède, un pin de plus de 730 ans. Comme dans la plupart des lieux habités en Laponie, à Jokkmokk, l'hiver est dédié aux activités telles que la motoneige, le traîneau à chiens, les aventures avec des rennes et le peuple sâme... L'été, on y fait de belles randonnées, à la rencontre de la culture lapone. Mais ce qui fait la particularité de cet endroit est sans aucun doute le rendez-vous annuel au marché d'hiver. Enfin, n'oublions pas tous ces artisans, et le fameux musée Ajtte !

Histoire

Ce lieu, où la température en hiver tombe parfois en dessous de - 40 °C, a longtemps constitué un point de rassemblement pour les Sâmes de la région qui y passaient l'hiver. Les premiers bâtiments de Jokkmokk furent édifiés en 1602, date à laquelle le roi Charles IX décidait d'établir des marchés dans le nord du pays afin de financer, par un système de taxes, les dépenses de guerre. Une chapelle fut construite, puis un presbytère et quelques stands qui servaient à contrôler le commerce des Sâmes. Ainsi naquit, en 1605, le marché de Jokkmokk qui, depuis cette date, se tient traditionnellement les premiers jeudi, vendredi et samedi de février. Cette manifestation est l'occasion d'une grande fête hivernale qui rassemble beaucoup de monde malgré les rigueurs du climat. Jokkmokk n'a pas oublié son héritage lapon, et la petite ville a son musée de la montagne et de la culture same, des boutiques d'objets artisanaux et une curieuse église.

Se loger

Jokkmokk est un village où les logements ne manquent pas. Néanmoins, il est plus prudent de réserver à l'avance en été si vous désirez séjourner dans un endroit en particulier.

Se restaurer

Les restaurants ne foisonnent pas à Jokkmokk. Néanmoins, vous aurez le choix entre des pizzerias un peu tristes, et l'une ou l'autre bonne adresse pour manger des produits locaux (pas toujours ouvertes le soir). Le mieux est peut-être finalement de préparer son propre repas si vous avez une cuisine à disposition. Sinon, c'est l'occasion pour essayer de se faire inviter chez une famille sâme !

Shopping

Jokkmokk mériterait bien le surnom de « village des artistes » ! En effet, on y découvre plein de petits ateliers un peu partout (informations à l'office de tourisme).

Tourisme

- L'office de tourisme est ouvert du lundi au vendredi de 10h à 18h et le dimanche de 12h à 15h. (Stortorget 4 ; www.destinationjokkmokk.se ; info@destinationjokkmokk.se ; +46 97 12 22 50)

Transports

- **Bus.** La gare routière se trouve au bout de Berggatan, près des supermarchés. Depuis Gällivare, le trajet dure environ 1h50 et coûte 124 SEK. Direction Luleå : 207 SEK et 2h50 de route. Départs pour Luleå, Gällivare...
- **Voiture.** En quittant Gällivare, prendre la route 45 (appelée Inlandsvägen, « la route intérieure »), direction Porjus et Jokkmokk. Une bonne route goudronnée et bien droite, où les rencontres avec les rennes et les élans ne sont pas rares (surveillez votre vitesse), qui mène à Porjus, sur la rive du fleuve Luleälv (que sa centrale hydroélectrique rend aisément identifiable). Le village propose un magasin d'alimentation ICA et un poste à essence Shell. Les 44 km séparant Porjus de Jokkmokk s'effectuent sur une route moyenne, qui longe tout d'abord le fleuve Luleälv, par moments large comme un lac, avant de se faire sinueuse, s'élevant au milieu d'un paysage de sombres collines couvertes de forêts de conifères.
- **Train.** La gare se trouve au nord-est de la ville. Descendre à Stationgatan, en face de l'office de tourisme. L'*Inlandsbanan*, train touristique qui relie Gällivare à Östersund, passe par Jokkmokk pendant les mois d'été. Horaires à l'office de tourisme (ou sur www.inlandsbanan.se).

ÉGLISE LUTHÉRIENNE

Ouvert de 9h à 18h en juillet et de 9h à 16h en août ; et durant le marché d'hiver.

Construite en 1889, cette église blanche surmontée d'un toit vert pâle est plutôt originale dans les environs. On dirait un château de conte de fée ! Architecture d'inspiration gothique, mais l'intérieur est un modèle de sobriété – un vrai contraste. Par contre, le tableau au-dessus de l'autel n'est pas du tout banal : la Cène représentant le Christ entouré des Apôtres est très moderne, ce qui surprend il faut le dire. La visite vaut le détour et les amateurs d'art et d'architecture ne seront pas déçus par cette petite merveille !

JARDIN BOTANIQUE

Ouvert de juin à août en semaine de 11h à 17h. Et de fin juin à mi-août le week-end de 12h à 17h. Entrée 30 SEK.

à quelques mètres du musée Ajtte, le jardin se concentre principalement sur la flore montagnarde des environs. Les curieux peuvent y apprendre beaucoup de choses sur la nature et la flore des montagnes. On flâne le long des sentiers, on profite du paysage, et on découvre des fleurs rares aux couleurs merveilleuses. Le jardin est tenu avec beaucoup de soin et les jardiniers s'efforcent de recréer dans les plates-bandes de petits écosystèmes montagnards. L'ethnobiologie est également abordée, décrivant comment les populations du Nord utilisent les plantes sauvages.

ÉGLISE SÂME ★

Ouverte en été de 10h à 18h, entrée gratuite.

C'est l'ancienne église du village, construite en 1753. Un incendie l'a totalement détruite en 1972 et elle a été reconstruite à l'identique l'année suivante. C'est une église aux couleurs sames : bleu, rouge et jaune. Le bâtiment de l'église est un octogone allongé d'un seul étage, avec un toit voûté. Autour de l'église, un mur-rideau a été construit dans le style de celui qui existait au XIXe siècle. L'église a été reconsacrée en 1976. Les croix, les lustres et le tableau d'hymnes de l'église sont faits à base de bois provenant de l'église endommagée par le feu.

MUSÉE AJTTE ★

3 Kyrkogatan
© +46 97 11 70 17
www.ajtte.com

Lundi-vendredi 10h à 16h ; samedi-dimanche 12h à 16h. Voir horaire d'été sur le site. Entrée 90 SEK.

Musée très bien fait sur les montagnes suédoises et les Sames. En effet, Jokkmokk est le centre de la culture same suédoise, il est normal que le musée présente donc la Laponie suédoise et bien entendu la culture du peuple Saami. A travers huit salles, vous découvrez tous les aspects de la vie de ce peuple : artisanat, coutumes, traditions, folklore, histoire, mode de vie… Pensez à demander le guide explicatif en français disponible gratuitement à l'entrée, car les textes sont en suédois à l'intérieur du musée. Le nom Ajtte signifie en langue same « la grange ».

SUÈDE

L'église de Jokkmokk.

SÁMI DUODJI ★

4 Porjusvägen
✆ +46 97 11 28 94
Ouvert du lundi au vendredi de 10h à 16h. Entrée libre.

Une très belle galerie qui expose et vend de l'artisanat same. Le lieu développe sans cesse de nouveaux projets mettant en valeur les artisans sames et leurs savoir-faire. Récemment, un projet mêlant gastronomie same et artisanat a vu le jour, afin de rendre hommage aux personnes qui perpétuent des traditions ancestrales et qui continuent à développer leurs connaissances et leurs arts. Mérite un petit coup d'œil. On trouve aussi un restaurant et une boutique près de la galerie, pour faire quelques emplettes avant de partir !

ARTIC CAMP JOKKMOKK €

A quelques kilomètres au sud de Jokkmokk.
✆ +46 97 11 23 70
www.arcticcampjokkmokk.se
Camping ouvert seulement en été, chalets également en hiver. Tentes, caravanes, camping-cars et superbes chalets.

Près du lac dans un cadre ombragé, ce vaste camping 4-étoiles est idéal pour les familles. Aire de jeux pour enfants, piscine et jeux aquatiques gratuits. Comme tous les campings suédois, on apprécie tout particulièrement la proximité avec la nature, le calme et les espaces si bien tenus. Tentes et caravanes sont accueillies pour un prix abordable, les cabines sont plus coûteuses mais idéales pour les amateurs de confort. Certaines ont même un sauna attenant ! Un bel endroit pour profiter d'un séjour relaxant, dans une ville emblématique de la culture same.

MARCHÉ DE JOKKMOKK

Lorsque le marché a été créé, il y a environ 400 ans, l'événement n'était pas si important. À l'époque, le marché était purement un lieu de commerce et de rencontre. Les Sâmes se réunissaient pour échanger des marchandises et se rencontrer. Aujourd'hui, c'est un véritable évènement en ville. Le premier jeudi, vendredi et samedi de février, la foule remplit les rues enneigées de Jokkmokk. Idéal pour dénicher peaux de bêtes, produits dérivés du renne, et perles de l'artisanat same. Il est aussi possible de faire des balades en traîneau ou de la motoneige.

KVIKJOKK FJALLSTATION €

Storvägen 19
✆ +46 971 210 22
www.kvikkjokkfjallstation.se
Lit en dortoir à partir de 295 SEK et chambre simple à partir de 610 SEK.

Cette station n'appartient plus au réseau STF mais au propriétaire du bel hôtel Hellsten de Stockholm. Le confort y a été amélioré et des chambres de standard hôtel ont été ajoutées aux dortoirs et chambres style auberge. Deux grandes bâtisses de bois rouge Falun plantées au bord d'une rivière tumultueuse et d'une immensité magique... Les prix restent abordables, et l'endroit tout aussi fréquenté. C'est un point de passage stratégique pour tout randonneur. On s'y arrête volontiers, le temps d'une nuit ou deux, pour se ressourcer, entouré de nature et rien d'autre.

HOTEL AKERLUND €€

1 Herrevägen
✆ +46 971 100 12
Chambre simple à 950 SEK, double à 1 195 SEK. Un peu moins cher en été.

Ne vous fiez pas à la façade, cet hôtel d'allure modeste est en réalité d'un bon standing, avec sauna et des parties communes joliment redécorées. Les chambres rénovées sont agréables et confortables. Le restaurant propose des plats locaux et l'une de ses trois salles est conçue en forme de hutte lapone, avec cheminée, et animaux empaillés en décoration. L'établissement est en outre situé en plein centre, à 200 m de l'Office de tourisme, parfait si vous souhaitez découvrir la ville et les activités qu'elle a à offrir. Tarifs plutôt élevés suivant la saison.

HOTEL JOKKMOKK €€

45 Solgatan
✆ +46 97 11 77 700
www.hoteljokkmokk.se
En hiver, chambre simple à partir de 935 SEK. En été, tarifs plus élevés. Consulter site internet.

Situé au milieu des pins au bord du petit lac Talvatissjön, cet hôtel de luxe à la façade de bois rouge est surtout fréquenté par des hommes d'affaires et des chasseurs. Les chambres sont propres et claires mais la salle de bains est assez rudimentaire. Le sauna, gratuit, se trouve dans un petit chalet au bord d'un lac. Au sous-sol, salle de gymnastique et salle de détente avec cheminée. La salle de restaurant, aux baies vitrées donnant sur le lac, est étincelante et spécialisée dans les plats de poisson et de viande de la région. Pas de service le midi.

AJTTE RESTAURANG €

3 Kyrkogatan
✆ +46 971 170 91
www.ajtte.com
Ouvert du lundi au vendredi de 10h à 16h, samedi et dimanche de 12h à 16h. Compter de 95 à 150 SEK le plat à la carte.

Donnant directement sur le musée Ajtte, ce restaurant est idéal pour la pause de midi. On y croise les habitants de Jokkmokk tout en dégustant un plat bien de chez eux. Au-dessus de vos têtes, des grands posters représentant l'artisanat du peuple same. Certains soirs, on peut assister à des performances de *joik*, le chant traditionnel sami. Idéal pour les visiteurs du musée, qui après avoir découvert la culture same pourront approfondir leur connaissance en matière de cuisine locale ! Décor simple, mais comme toujours très accueillant.

CAFÉ GASSKAS

Porjusvägen 7
✆ +46 70 365 97 48
www.gasskas.se
Ouvert du lundi au vendredi de 16h à 22h.

Difficile de deviner ce petit café à l'accueil sympathique où il fait bon déguster une pâtisserie bien crémeuse ou les traditionnelles *smörgås* (les tartines salées). On peut y écouter de la musique *live* et se laisser séduire par les multiples spécialités du chef. L'endroit est plus que charmant, délicieusement décoré entre style local et café stockholmois, et très rarement vide. On y retrouve ses amis, sa famille, pour papoter ou partager une douceur. L'hiver, tout particulièrement, il fait bon s'y réfugier pour se réchauffer autour d'une boisson chaude. Cosy !

JOKKMOKKS TENN

Järnvägsgatan 19
✆ +46 97 15 54 20
www.jokkmokkstenn.com
Ouvert du lundi au jeudi de 7h30 à 16h30 et le vendredi de 7h30 à 13h.

Une très belle boutique artisanale same autour du travail de l'étain. On y trouve essentiellement des bijoux, d'autres objets en tout genre. Très beaux produits, assez coûteux, que l'on s'imagine bien s'acheter ou bien offrir. Si vous être à la recherche d'un cadeau raffiné et authentique, c'est sans doute ici que vous le trouverez ! À l'entrée, un petit comptoir qui vous servira volontiers un café, à déguster avec quelques biscuits, le temps de se réchauffer ou bien juste pour papoter avec celui qui est assis à côté de vous. Une boutique qui vaut le détour.

KULTURHUSET GAMLA APOTEKET

15 Västra Torggatan
✆ +46 971120 80
Ouvert tous les jours, les horaires changent selon les saisons.

Plusieurs artistes se sont rassemblés ici pour exposer et vous proposer des objets d'art nés de leur savoir-faire : petites sculptures en bois d'oiseaux de la région, bijoux, accessoires en cuir, en feutre, en étain (*tenn* en suédois)... Un plaisir pour les yeux ! Si vous désirez observer les techniques des différents artisans (ou même participer !), contactez le magasin un peu à l'avance et ils tenteront d'arranger quelque chose (petit atelier, visite, démonstration...)

JOKKMOKK GUIDERNA

201 Skabram
✆ +46 97 11 22 20
www.jokkmokkguiderna.com
Activités en fonction des saisons. Voir site internet.

Jokkmokk Guiderna vous emmène à la découverte de leur terrain de jeu favori, la Laponie. Ils la connaissent sur le bout des doigts en toutes saisons. Du chien de traîneau à la randonnée en passant par les sorties canoë et la chasse aux aurores boréales, tout le monde trouvera chaussure à son pied. Passionnés par leur métier, vos guides feront tout pour vous transmettre leur savoir et leur amour pour cette région. Pensez à réserver à l'avance, la région et les activités sont prisées, notamment sur la période du marché de Jokkmokk, en février-mars.

PARCS NATIONAUX STORA SJÖFALLET ET SAREK

Des parcs nationaux superbes, immenses territoires protégés et restés vierges de (presque) toute activité humaine. Les randonneurs se renseigneront au préalable sur la météo et les conditions d'accès aux deux parcs en passant à l'office du tourisme de Jokkmokk. Il leur sera indiqué les différentes cabanes de trappeurs et refuges où il est possible de passer la nuit (pas à Sarek). Certaines traversées de cours d'eau peuvent être délicates. Il ne faut donc pas s'aventurer dans ces parcs sans un minimum d'expérience de la randonnée en montagne. Ils sont accessibles par les chemins de randonnée Kungsleden et Padjelantaleden.

GÄLLIVARE ★

Gällivare est un foyer toujours vivace de culture sâme. Avec la découverte de réserves de fer et de cuivre à la fin du XIXe siècle, la population est passée de 147 à presque 10 000 habitants en dix ans. À 100 km au nord du cercle polaire, Gällivare n'a pas vraiment d'attrait particulier. Les lieux sont surtout intéressants pour les excursions alentour comme les réserves naturelles du mont Dundret, le parc Muddus, ou celui de Stora Sjöfallet, tous accessibles en bus. Plus près du centre, on peut faire une visite guidée des deux mines, dévaler des pistes de ski en hiver ou visiter le musée de la ville. À l'extérieur de la ville se trouve la colline de Drundret (800 m). Une randonnée de 6 km aller-retour depuis le parking situé vers Fjällstugan Dundret et par des sentiers faciles mène au refuge du sommet qui déploie un beau panorama sur Gällivare et ses environs. Une balade recommandée en toutes saisons, les jours de beau temps. En hiver le café Fjällstugan Dundret se rejoint en télésiège.

Tourisme

L'office de tourisme (Centralplan 4 - +46 97 01 66 60 - www.gellivarelapland.se) est ouvert du lundi au vendredi de 9h à 17h et de fin juin à mi-août tous les jours de 7h à 22h. Possibilité de trouver des infos pratiques sur toutes les excursions et visites en ville et dans la région.

Transports

- **Voiture.** En venant d'Abisko, reprendre la E10, direction Kiruna et Luleå. 112 km après Kiruna, à Sakajärvi, prendre à droite, direction Gällivare.
- **Bus.** Depuis Kiruna, la compagnie Norrbotens rallie Gällivare en un peu plus de 2 heures (155 SEK). Acheter le billet auprès du chauffeur. Départs vers Jokkmokk et Luleå à la gare routière. Départs quotidiens en bus pour Kiruna, Jokkmokk, Luleå avec la compagnie Länstrafiken Norrboten (www.ltnbd.se).
- **Train touristique.** L'*Inlandsbanan* est un train historique de deux wagons qui parcourt les 962 km séparant Gällivare d'Östersund. Il circule tous les jours de début juin à fin août (départ tous les jours à 6h50). Ce long trajet est entrecoupé de pauses pour se restaurer et de nuits dans les auberges. Informations : www.grandnordic.se – ✆ (0771) 53 53 53.

MUSÉE DE GÄLLIVARE ★

Storgatan 16
✆ +46 970 186 92

Ouvert toute l'année de mardi à vendredi de 11h à 15h30. Voir horaires d'été sur le site. Entrée libre.

Un musée qui retrace l'histoire de la région depuis que les hommes s'y sont installés. Trois grandes salles, au troisième étage, font voyager le visiteur de la forêt, avec ses loups et trappeurs, à la maison typique du Norrboten du XIXe siècle. Des objets d'époque, des animaux empaillés et une ambiance sonore en font une petite visite agréable. On y explique aussi l'évolution de l'extraction du minerai de fer depuis plus d'un siècle et la calamité que représente le moustique dans la région ! Au second étage, boutique et collection d'appareils photos anciens.

PARC NATIONAL DE MUDDUS

Muddus
✆ +46 971 222 50

Riche en animaux, forêts, marais, prairies, le site de Muddus fait partie du Patrimoine mondial de l'Unesco en Laponie. Parfait pour de longues randonnées, on y trouve des cabanes de trappeurs pour passer la nuit. Ici vivent des lynxs, des ours, et une flore remarquable. Renseignements à l'office de tourisme, où l'on peut demander les services de guides. En vous promenant sur les sentiers, vous apercevrez les traces des personnes qui ont vécu dans cette région il y a longtemps. Par exemple, on peut voir les fondations de maisons construites il y a 100 ans.

SUÈDE

L'INLANDSBANAN

Dès les années 1840, alors que le transport des passagers en train venait de voir le jour, des sociétés anglaises montrèrent le fonctionnement des lignes de chemin de fer aux ingénieurs suédois. Afin de contrôler le développement du réseau ferré, le gouvernement suédois décida, dans les années 1850, d'installer un chemin de fer sous tutelle gouvernementale. Le train fut, au début, considéré comme un complément au fret maritime, ainsi qu'un moyen d'accélérer le développement les zones peu peuplées du pays. Les secteurs public et privé croyaient fermement au potentiel économique du Nord de la Suède, avec une industrie du bois en pleine croissance, de nombreuses mines et cascades favorisant l'énergie hydraulique. La construction du réseau, suivant une organisation minutieuse et mille fois réfléchie, s'étendit de 1854 à 1937.Après la Seconde Guerre mondiale, l'essor de l'industrie automobile frappa de plein fouet l'élan du train. L'Inlandsbanan fut contraint de fermer certaines de ses sections. La fermeture de la ligne dans son entier fut alors imminente. Toutefois, la situation fut renversée : au début des années 1980, l'accent fut mis sur le fret et le tourisme, permettant au vieux train du Nord de s'assurer une carrière. Aujourd'hui, tout au long de la saison estivale, le convoi affiche un départ par jour. Au cours des quinze dernières années, une focalisation sur la valeur culturelle de Inlandsbanan n'a cessé de croître. Pour emprunter le train de l'intérieur suédois : https://res.inlandsbanan.se/en

SUÈDE

RÉSERVE NATURELLE DUNDRET ★

Dundret

Une réserve intéressante puisque accessible rapidement depuis le centre. Destination touristique importante depuis plus d'un siècle, cette zone protégée abrite une large variété d'animaux (beaucoup d'oiseaux comme le pluvier intrépide, le pluvier doré ou le lagopède) et de plantes (plus de 200 variétés dont des pédiculaires de Laponie, des azalées rares, de la bruyère de montagne...). A 820 m au-dessus du niveau de la mer, Dundret offre un panorma superbe.

VISITE DES MINES - LKAB ★

Tourist office

✆ +46970 166 60

www.gellivarelapland.se

Visites guidées à 9h30 tous les jours de mi-juin à mi-août. Adulte 340 SEK. Contactez l'office de tourisme.

Moteur de l'économie locale et raison de l'expansion de la ville, l'activité minière est cruciale pour la Laponie. Deux entreprises exploitent ici les gisements : LKAB pour le fer et AITIK pour le cuivre. Il est donc possible de descendre sous terre pour comprendre comment le minerai de fer est extrait ou de découvrir l'impressionnante faille d'où le cuivre provient. On y découvre le rôle des différentes machines et des mineurs, ainsi que l'importance de ces matériaux dans notre vie de tous les jours. Visites originales et instructives.

Paysage lapon à Gällivare.

KOHLERS LANTBRUK - TOURS EN CALÈCHE

Nattavaaravägen 528
✆ +46 97 01 08 76
www.kohlerslantbruk.com

Depuis sa ferme aux alentours de Gällivare, Olav propose des balade en calèche en pleine forêt, et une surprise : une visite au père Noël ! Au programme : grillades au feu de bois, *pepparkakor* (biscuits au poivre et à la cannelle) et *glögg* (vin chaud à la cannelle) avec le père Noël ! Une belle expérience pour petits et grands ! Une manière très agréable et pittoresque de visiter l'arrière-pays suédois dans une ambiance paysanne accueillante et bon enfant.

RANDONNÉES EN MONTAGNE

✆ +46 97 34 00 70
www.gellivarelapland.se

Renseignements et cartes à l'office de tourisme.

En quittant Gällivare, prenez la route 45, appelée Inlandsvägen (« route de l'intérieur »), direction Porjus et Jokkmokk. Par une bonne route goudronnée et bien droite on arrive à Porjus, qui se trouve sur la rive du fleuve Luleälv, que sa centrale hydroélectrique rend aisément identifiable.

Les 44 km séparant Porjus de Jokkmokk s'effectuent sur une route moyenne qui longe tout d'abord le fleuve Luleälv, par moments large comme un lac. Puis elle devient sinueuse et s'élève au milieu d'un paysage de sombres collines couvertes de forêts de conifères.

GÄLLIVARE B&B €

Leastadiusvägen 18
✆ +46 97 01 56 56
www.bbgaellivare.se

Chambre simple avec draps et petit déjeuner : 650 SEK ; chambre double à 750 SEK. Cabine pour 4 personnes : 675 SEK

Marita propose une trentaine de lits, répartis en 7 chambres doubles et cabines dans le jardin, dans sa maison située dans un quartier calme et résidentiel sur les hauteurs de Gällivare. Entre kitsch et coquettes, les chambres sont agréables, avec une belle vue sur la montagne. Le style, typiquement suédois, vous plongera sans plus tarder dans la culture du nord. En été, c'est un véritable petit coin de paradis. Salle d'eau et WC sur le palier, et cuisine à disposition. Parlez de la France à Marita, et ses yeux s'émerveilleront !

GÄLLIVARE CAMPING €

Hembygdsområdet
✆ +46 97 01 00 10
www.gellivarecamping.com

Lits à 300 SEK et bungalows pour 2 personnes à partir de 750 SEK par nuit. Compter 200 SEK l'emplacement de caravane.

Joli site, situé en bordure de rivière. Un endroit très vert l'été, pour profiter des longues journées, et un site également ouvert l'hiver (auberge de jeunesse avec lits en dortoirs et bungalows). Camping familial et international, les lieux sont bien tenus, qu'il s'agisse de l'auberge, des cabines ou du camping en été. De nombreuses activités sont proposées tout au long de l'année, en plus de toutes les balades et autres découvertes locales à faire aux alentours de Gällivare. De quoi faire une halte agréable, pour des prix raisonnables.

GRAND HOTEL LAPLAND €€

Björnfallan
✆ +46 970772290

A partir de 690 SEK pour une chambre simple, 940 SEK pour une double. Prix évolutifs, consulter le site.

Depuis la haute montagne, cet hôtel domine la ville et les environs. Il est situé au cœur du parc de Dundret et se prête donc parfaitement aux départs pour de longues excursions ainsi que pour skier sur les pistes aménagées en montagne. De là, on peut aussi traquer les aurores boréales, loin des lumières de la ville. Entièrement refait à neuf, l'endroit se veut légèrement luxueux, mais toujours très chaleureux. Tout en bois, le lieu est charmant, surtout lorsqu'il est illuminé et couvert de neige. Equipé d'un sauna, bien entendu !

SKOGSHOTELL €€

Skyttegatan 40
✆ +46 97 03 06 50
www.skogshotell.com

Ouvert toute l'année. Chambre simple à partir de 560 SEK ; double 860 SEK ; maison pour 6 personnes à 1 500 SEK.

À une dizaine de kilomètres au sud de Gällivare, sur la commune de Koskullskulle, Skogshotell est un véritable havre de paix au milieu de la forêt, proposant 2 grandes cabines de 100 m² pour 6 personnes, 4 chambres doubles (salle d'eau et WC sur le palier) et des emplacements de camping. Parmi les services proposés : restaurant, saunas extérieur et intérieur, tentes pour se réchauffer et faire des barbecues. Idéal pour passer un moment en pleine nature ! L'endroit est chaleureux, soyez sûrs de profiter du meilleur de ce que la région a à offrir.

KIRUNA ★★★

Située à 68° de latitude nord au-dessus du cercle polaire, cette cité, plongée en hiver dans l'obscurité et la neige pendant plusieurs mois, porte un nom qui, en lapon, signifie « perdrix blanche ». On peut y admirer le soleil de minuit entre le 31 mai et le 14 juillet. Kiruna fut édifiée à partir du XVIe siècle par des chasseurs sâmes qui devinrent par la suite éleveurs de rennes. Elle se targue d'avoir été pendant longtemps la municipalité la plus étendue du monde avec 20 000 km^2 ! De nos jours, ils ne sont plus que quelques centaines de Sâmes, sur une population de 18 000 habitants. C'est à partir de 1900, lorsque débuta l'exploitation du minerai de fer dans les montagnes environnantes, que Kiruna connut un véritable essor. Aujourd'hui, surplombant de sa masse orangée la plaine steppique ainsi que la petite ville, la mine de Kiirunavaara est une des plus grandes mines souterraines du monde. À ce titre, elle est ouverte aux visiteurs qui peuvent découvrir, à plusieurs centaines de mètres sous terre, les méthodes d'extraction et de traitement du minerai, opérées par LKAB. La ville en elle-même est dénuée de tout charme et le plaisir d'y résider se trouve dans la nature environnante et les nombreuses activités qu'elle offre !
En plus de toutes les activités typiques de la Laponie (traîneau à chiens, ski, randonnées dans des paysages fabuleux, découverte de la culture sâme, etc.), la mine de Kiruna fait partie des immanquables. Aussi, on peut y découvrir une curieuse église de bois rouge construite en 1912 sur le modèle d'une hutte de Sâmes, ainsi que la plus vieille église de bois de toute la Laponie. Dans un style plus moderne, sa mairie est également insolite : datant de 1964, c'est une bâtisse rectangulaire de briques rouges d'où émerge une tour métallique couronnée d'horloges sur ses quatre côtés.

Histoire

Déplacement de Kiruna : un projet pharaonique. Kiruna existe depuis le début du XXe siècle, lorsque les premiers travailleurs de la mine ont construit leurs habitations au plus près de leur lieu de travail. Le village s'est développé au fil du temps, jusqu'à ce que, au milieu du XXe siècle, on s'aperçoive que le terrain était instable et s'affaissait à cause des galeries souterraines. Le sol s'est mis à bouger, les premières fissures sont apparues. Aujourd'hui, la mine ne cesse de s'agrandir, et un nouveau niveau est en train d'être creusé sous la ville. Toutes les nuits aux alentours d'une heure du matin, les résidents du centre-ville et ceux qui habitent aux plus près de la mine sente le sol trembler. En effet, toutes les nuits, une à deux explosions ont lieu dans la mine de Kiruna et ses habitants vivent depuis toujours et encore aujourd'hui de la mine, la ville ne peut donc pas exister sans elle. Il était donc essentiel de conserver l'activité et l'exploitation de la mine, et de trouver une solution. Puisque l'on ne pouvait pas déménager la mine, c'était la ville qui se déplacerait. Depuis les années 2000, des travaux ont donc été entrepris pour relocaliser, dans les années à venir, la ville tout entière à 7 km de là, sur un terrain protégé des fissures. Les câbles électriques, la nouvelle centrale de distribution d'énergie, l'égout central et le chauffage urbain ont déjà été construits. Concernant les bâtiments, il a été décidé qu'il fallait conserver l'horloge de l'hôtel de ville (mais pas le bâtiment) et l'église de 1912 pour les générations futures. Ainsi, le bâtiment sera déplacé entièrement, en étant soulevé directement du sol pour être replacé ailleurs. Un projet colossal pour sauver la mine et la ville. D'ici quelques années, Kiruna existera toujours, mais aura changé de position sur la carte et d'aspect, car de nombreux logements neufs sont prévus pour reloger les habitants. La zone abandonnée sera transformée en parc. Même si pourrez remarquer les travaux en cours lors de votre passage, l'essentiel du déplacement est prévu pour 2033, le nouveau Kiruna ne sera achevé qu'à la fin... du siècle !

Pratique

- En plus de l'hébergement, l'Ice Hotel (Marknadsvagen 63 - www.icehotel.com - +46 980 668 00) fonctionne comme un office de tourisme pour le petit village de Jukkasjarvi. Même si vous ne résidez pas à l'hôtel, vous pouvez réserver une activité par ce biais. En fonction de la saison, tout est proposé : chiens de traîneau, raquettes, ski de fond, *snowmobile*, randonnée « soleil de minuit », pêche, stand-up paddle sur la rivière, vélo...
- Ordinateur et Wi-Fi à l'office de tourisme ; on le capte aussi au Kafé Rost, juste au-dessus. Difficile de trouver une connexion gratuite dans d'autres lieux publics.
- Pour réserver une activité (motoneige, chiens de traîneau, découverte de la culture sâme, chasse à l'aurore boréale, pêche, rafting...), adressez-vous à l'office de tourisme. La boutique de Guidetur Kiruna, juste à sa droite, propose aussi des activités.

Se loger

Le parc hôtelier de Kiruna est vaste mais souvent bien occupé en été. Plusieurs auberges proposent des lits à des prix abordables, et pour les plus gros budgets, on trouve de beaux établissements (avec parfois un style sâme remarquable).

En hiver, de décembre à avril, il est évidemment recommandé de passer une nuit à Jukkasjärvi, dans le célèbre Ice Hotel. À noter que de nombreux hôtels proposent des « packages » logement + activités.
À 25 minutes de Kiruna en voiture ou en bus (plusieurs aller-retour du bus 501 sur la journée), Jukkasjärvi est un incontournable ! En plus de sa jolie église sâme et du camp Nutti Sámi Siida où l'on découvre le mode de vie des Sâmes avec leurs rennes, c'est là que s'installe chaque année le célèbre Ice Hotel ! Puisant d'énormes blocs de glace dans le lac, les constructeurs et artistes venant du monde entier ont ainsi une matière première toute naturelle pour sculpter des chambres uniques ! Fait de glace et de « *snice* » (un mot propre à la maison né du mélange de *snow* and *ice*), ce petit palais offre à ses visiteurs d'un jour ou d'une nuit un spectacle hors du commun ! (... et également des activités comme des cours de sculpture de glace) ! À la fin de l'hiver et à la fonte des glaces, le lac reprend ce qu'il a prêté le temps d'une saison...
Notons que la « petite sœur » de l'Ice Hotel prend le relais pendant l'été ; de quoi montrer un aperçu aux vacanciers de cette période de l'année).

Se restaurer

Les hôtels possèdent en général de très bons restaurants (comme celui du Camp Ripan). Si vous êtes en mode pique-nique, pensez au parc Järnvägsparken, juste à côté du centre, d'où l'on a une vue dégagée sur le mont Kiirunavaara. Quant à la pause gourmande, le Café Safari est vraiment idéal ; il est réellement cosy (surtout à l'étage) et le café est excellent. Pas trop mal non plus, le Café Oscar (dans la petite galerie commerçante) ou le Kafé Rost, où l'on peut se connecter en Wi-Fi (au-dessus de l'office de tourisme).

Sortir

Kiruna n'est pas une ville très dynamique sur ce plan. On peut quand même aller prendre un pot au Landström Kök & Bar, puis aller danser au Scandic Hotell Ferrum.

Transports

- Pour un itinéraire en transport en commun, le plus facile est d'utiliser Google Maps. Choisissez l'option « itinéraire », puis cliquez sur l'icône de bus. Vérifiez bien la date ! Lorsqu'il n'y a pas de transports disponibles pour le jour choisi, le site vous redirige automatiquement vers le jour suivant. Les résultats sont plutôt fiables.
- Trains pour et en direction du sud (Stockholm et Göteborg), et en direction de Narvik. Une nouvelle gare ferroviaire temporaire a été ouverte en 2013, afin de remplacer l'ancienne trop proche de la mine et en attendant la construction d'une gare définitive. Renseignement sur www.sj.se. Trains de nuit à partir de Stockholm (environ 725 SEK). Trains de jour vers Gällivare, Luleå...
- Avec Taxi Kiruna Ab (+46 98 01 20 20 - www.taxikiruna.se), compter 350 SEK par personne pour la navette entre l'aéroport et le centre-ville et 450 SEK pour l'Ice Hotel .
- Les bus desservent les longs trajets tout comme les destinations locales (www.ltnbd.se). Depuis Kiruna, avec la ligne 501, deux départs par jour pour Jukkäsjarvi, vers 9h et vers 15h. Le bus s'arrête à l'Ice Hotel et également devant l'église. Compter environ 30 minutes. Attention, les bus de Länstrafiken ne roulent pas le samedi. Impossible donc de rejoindre Kiruna ou d'en sortir ce jour-là s'il n'y a pas de liaisons en train. C'est le cas par exemple des liaisons avec Jokkmokk ou Arvidsjaur. En tout cas, si le trajet a été long et que votre camarade de voyage a crié famine des heures durant, le restaurant-cafétéria Svarta Björn (« L'ours noir »), auquel on accède via la salle d'attente des bus, est extrêmement recommandable. Café à 15 SEK, repas à 75 SEK environ.

BONNE MINE

La nuit, la mine ressemble à un énorme paquebot à quai, avec ses petites lumières régulières et son unique cheminée. À environ 1 km sous la terre, l'abattage du minerai se fait à l'explosif. La production remonte ensuite à la surface grâce à des chargeuses qui peuvent soulever jusqu'à 30 tonnes. Le minerai brut passe par une centrale de tri, puis par une centrale d'enrichissement et de fabrication de granulés. En effet, une fois séparé de la gangue, le minerai de fer roule dans un tonneau en rotation et forme des billes qui seront ensuite « cuites » à 1 250 °C. Le tout est finalement acheminé par chariots au port de chargement de Narvik (ou à Luleå).

© VICHIE81 - ISTOCKPHOTO

Eglise enneigée de Kiruna.

ÉGLISE DE BOIS ROUGE - KIRUNA KYRKA

Kiruna Kyrka

✆ +46 98 06 78 12

Ouvert tous les jours de 10h à 17h, hors services religieux. Entrée libre.

Datant de 1912, cette très jolie église construite sur le modèle d'une hutte lapone mérite d'être vue. En s'approchant, on remarque qu'elle semble être entièrement recouverte de tuiles de bois rouges. Les éclatantes statues plaquées or qui l'ornent créent un contraste saisissant avec la couleur rouge sombre du reste de l'édifice. A l'intérieur, on remarquera la magnifique sculpture de *Saint Georges et le dragon*, l'autel et, juste au-dessus, la frise peinte par Lotten Zeinwoldt.

HÔTEL DE VILLE - STADHUSET

Hjalmar Lundbohmsvagen

✆ +46 98 07 00 00

Ouvert du lundi au vendredi de 8h à 17h. Entrée gratuite.

Vaste bâtiment que vous ne pourrez pas manquer avec sa tour et son horloge, on peut jeter un coup d'œil à l'intérieur pour son architecture minimaliste assez impressionnante et le musée d'art du comté qui s'y trouve. Ce musée est un projet de collaboration entre la région de Norrbotten et la municipalité de Kiruna, et il est ouvert à certaines heures de la journée (en dehors des heures de bureau généralement). Attention, les expositions sont souvent en suédois.

ESRANGE SPACE CENTER & SPACEPORT ★

Esrange Space Center

www.ssc.se

Visites guidées organisées de manière aléatoire. Renseignements à l'Office de tourisme.

Ce site est unique en son genre. C'est la seule base spatiale ouverte (de manière intermittente) aux civils. Ici, on procède à des lancements de fusées et de ballons atmosphériques. Un circuit comprenant le transport jusqu'à Esrange, la présentation, la visite guidée est possible. Pour ceux qui ont moins de temps et un plus petit budget, un Visitor Center est ouvert en été sur place, où l'on peut avoir une version plus courte et plus légère de la visite. Réserver à l'avance.

MINE DE FER LKAB ★★

✆ +46 98 01 88 80

www.lkab.com

Visites tous les jours en été. Adulte : 380 SEK ; étudiant : 280 SEK. Réservation et départ à l'Office du tourisme.

Une visite guidée de la plus grande mine souterraine de minerai de fer du monde. Une descente à 540 m sous terre vous est proposée, sur une voie souterraine que le bus peut emprunter (la mine en compte 400 km) ! On y explique dans les grandes lignes le développement de la mine, son impact sur la ville - et le déplacement en cours de certains quartiers, le traitement du fer, avant de montrer quelques anciennes machines et autres outils dans un petit musée. Visite de 2h45, intéressante mais longue. On apprécierait quelques fun facts !

MUSÉE SAAMI

14 Bytaregatan
✆ +46 98 01 70 29
www.hotellsamegarden.se

Ouvert en été du lundi au vendredi de 7h à 12h et de 13h à 16h. Fermé le week-end. Entrée 20 SEK.

Au sous-sol de cette grande bâtisse, un musée est dédié à la mémoire du peuple same, aujourd'hui largement minoritaire sur son territoire historique. Des objets, vêtements, accessoires utilisés par ce peuple sont exposés et une tente traditionnelle same est reproduite. Seulement trois pièces, pas bien vastes mais intéressantes si l'on prend le temps de lire les explications en anglais. Ainsi, on en apprendra plus sur le *noaidi*, ce prêtre-médecin qui assurait le lien entre les esprits et le monde naturel, ou bien sur Lars Nilsson, martyr same brûlé pour l'exemple.

NUTTI SÁMI SIIDA - MUSÉE SAME

Marknadsvägen 84 ✆ +46 98 02 13 29
www.nutti.se

Ouvert de début novembre à fin avril et de juin à août tous les jours de 10h à 16h. 220 SEK l'entrée pour les adultes.

Un camp same traditionnel, expliquant le mode de vie des Sames, leurs coutumes, etc. Au fond du musée, un enclos dans lequel on peut côtoyer librement des rennes. On passera aussi par le petit magasin qui vend de l'artisanat sami. Egalement, possibilité de loger dans un chalet ou une tente et de profiter des sports de neige typiques de la région. L'endroit est dans tous les cas une sorte de passage logique, une fois arrivé à Jukkasjärvi. Bonus : balades en rennes de traîneau !

OFFICE DE TOURISME

Lars Janssonsgatan 17
✆ +46 980 188 80
www.kirunalapland.se

Ouvert toute l'année du lundi au vendredi de 8h30 à 17h et le samedi de 8h30 à 11h15 et de 12h à 15h.

Il faut s'y arrêter en arrivant à Kiruna, car l'équipe est au courant de tout, la structure est très bien conçue. C'est de là que vous pourrez organiser vos excursions et sorties dans les environs : canoë, balades, VTT, pêche, rafting, balades en traîneau, ski, scooter des neiges en hiver, et bien d'autres choses encore... C'est ici aussi que l'on réserve la visite de la mine LKAB. L'équipe de l'office de tourisme, anglophone, est aussi compétente que passionnée et se fera un plaisir de vous assister dans l'organisation de votre séjour à Kiruna.

AÉROPORT DE KIRUNA

A 7 km à l'est de la ville.
✆ +46 10 109 46 00
www.swedavia.se/kiruna

C'est l'aéroport le plus au nord de la Suède, et donc l'endroit idéal pour atterrir si vous voulez visiter la Laponie. Liaisons directes vers Stockholm, Gällivare et Luleå. La commune assure les transferts entre plusieurs arrêts en centre ville et l'aéroport via la compagnie Hörvalls bus (https://www.horvalls.se/airport-transfer.html). Achetez votre ticket à bord par carte ou en espèces. Sur le site de l'aéroport vous retrouverez les possibilités de transfert vers Nikkaluokta, Abisko, Björkliden, Riksgränsen et Narvik par différents opérateurs.

SPIS €

Bergmästaregatan 7
✆ +460980 170 00
www.spiskiruna.se

Lit en dortoir à partir de 285 SEK, chambre simple à partir de 895 SEK. Buanderie. Parking gratuit. Wifi.

Hébergement en plein centre de Kiruna à côté du restaurant du même nom. Vous pouvez choisir entre un lit en dortoir, femme ou homme, et des chambres d'hôtel. Pour ceux qui voyagent à plusieurs, vous avez la possibilité de louer un dortoir complet, entre 4 et 6 lits. Les prix sont parmi les plus abordables de la ville et la location est idéale ! Le petit déjeuner est inclus dans le prix de la chambre d'hôtel. Standard habituel, des espaces confortables et fonctionnels, peu importe la catégorie. Décoration très simple et des locaux propres et soignés.

THE YELLOW HOUSE €

Hantverkargatan 25
✆ +46 98 01 37 50
www.yellowhouse.nu

Chambre entre 1 et 4 personnes. Chambre simple à partir de 350 SEK.

Yellow House est certainement l'auberge la plus sympathique de Kiruna. Logée dans une petite ruelle, elle n'est pas facile à trouver, mais elle vaut la peine de chercher. Dans le bâtiment de droite, la réception. Franchissez la porte, elle est toujours ouverte. La décoration, comme les bâtiments, est d'époque, et c'est bien ce qui donne sont côté rétro et cosy à la Yellow House. Au creux de l'hiver, des petites loupiotes donnent à la maison une ambiance féerique et typiquement suédoise. L'été, profitez de la cour intérieure pour faire un barbecue.

CAMP RIPAN €€

Campingvägen 5
✆ +46 98 06 30 00
www.ripan.se
Chambre double à partir de 1 650 SEK. Camping de mai à septembre. Piscine, spa, sauna, salle de gym, restaurant.

Été comme hiver, cet endroit est absolument fantastique ! Tout près du centre-ville, il baigne toutefois en pleine nature. En été, on profite de la grande piscine, gratuite et garnie d'un petit igloo, ainsi que des randonnées dans les environs. L'hiver, on peut chausser des raquettes ou passer sa soirée à chasser les aurores depuis une salle dans la forêt. On peut aussi prendre des cours de cuisine sami avec un chef renommé ! De nombreuses activités sont proposées également tout au long de l'année dans l'esprit calme, confort et liberté !

HOTELL KEBNE €€

Konduktörsgatan 7
✆ +46 98 06 81 80
www.hotellkebne.com
Chambre simple dès 1 190 SEK en semaine (970 SEK le we et en été), double 1 490 SEK (1 070 SEK le we et en été).

Ce petit hôtel à la façade vert anis se trouve en plein centre, à 300 m de la gare et une centaine de mètres de l'office du tourisme. Situé dans une petite ruelle calme, il offre tout le confort moderne. Les chambres sont lumineuses et confortables, entièrement équipées et décorées à la suédoise. Le restaurant de l'hôtel vous fera découvrir la cuisine traditionnelle suédoise. Un sauna et un solarium sont aussi à la disposition de la clientèle de l'hôtel ! Une alternative tout confort pour séjourner au cœur de la ville et à proximité de toutes les activités.

ICEHOTEL €€

Marknadsvagen 63
✆ +46 980 668 00
www.icehotel.com
En été, hébergement dans les chalets uniquement. L'hiver, hébergement dans les chalets et dans l'hôtel de glace.

C'est l'attraction numéro 1 de Jukkasjärvi. Cet hôtel de glace est le tout premier du genre dans le monde et c'est aussi le plus grand. Depuis plus de vingt ans, chaque année une quarantaine d'artistes internationaux, aidés de toute une équipe de spécialistes, sculptent la glace de la rivière Torne - l'une des plus pures rivières d'Europe - et donnent forme à cet édifice temporaire. Ils construisent également un Ice Bar et une église de glace. Les clients dorment par -5 °C, dans des sacs de couchage fournis par l'hôtel, sur un lit de glace. Expérience magique.

SCANDIC HOTEL FERRUM €€

15 Lars Janssonsgatan
✆ +46 98 03 98 600
www.scandic-hotels.com
Chambre à partir de 1 100 SEK. Petit déjeuner inclus. Légèrement moins cher le week-end.

Un hôtel immanquable installé sur la place centrale. L'immense bâtiment abrite 171 chambres en plein de cœur de ville. Les chambres sont confortables et la plupart offrent une superbe vue sur Kiruna et ses montagnes. L'endroit est très populaire et son Lounge Solsidan rassemble gens de passage et locaux presque tous les soirs. Le midi, un superbe buffet est servi au premier étage. De grandes vitres vous font profiter d'une luminosité particulière en toutes saisons. Au dernier étage, salle de gym et sauna offrent une vue tout simplement époustouflante.

HOTEL ARCTIC EDEN €€€

18 Föraregatan
✆ +46 98 06 11 86
www.hotelarcticeden.se
Chambre simple à partir de 1 145 SEK, double à partir de 1 185 SEK.

Le nouveau must de Kiruna, qui combine décoration et culture esthétique lapone avec modernité et luxe. Un bâtiment pas forcément très attrayant de l'extérieur avec ses murs de briques sombres, mais des chambres évidemment superbes et entièrement équipées. Central, l'Arctic Eden propose aussi à sa clientèle un sauna, un superbe restaurant design à l'ambiance tamisée, une salle de sport et une piscine... Pour les plus chanceux, vous pourrez profiter d'un bain à bulles dans la salle de bains de la suite ! C'est la référence luxe de Kiruna.

STEJK €

22 Konduktörsgatan
✆ +46 7 67 86 35 01
Ouvert du mardi au dimanche de 11h à 21h. A partir de 100 SEK.

Impossible de passer à Kiruna sans s'arrêter à Stejk. Grand incontournable de la ville, c'est le food truck favoris des locaux. On y mange les classiques de la restauration rapide : burgers, frites, salades... à des prix raisonnables étant donné la taille des portions. Ce qu'il y a de spécial chez Stejk, c'est les choix de viande : rennes (suovas) ou élan, façon cuisine traditionnelle ! L'occasion de goûter les produits locaux version street food. Vous pourrez choisir de commander à emporter, ou de vous installer en extérieur l'été, et dans le *lavvu* en hiver.

SUÈDE

EMPES GATUKOK €

Mommagatan 1
✆ +46 980 128 39
www.empes.se
Ouvert du lundi au jeudi de 10h à 22h, du vendredi au dimanche jusqu'à 23h. Compter de 70 SEK à 130 SEK.

Empes Gatukök est un restaurant qui sert des grillades, des viandes et tout ce qui va avec. Ici, vous pouvez choisir entre barbecue, hamburgers, schnitzel, oignons, souvas, kebabs, poulet, saucisses, mais aussi quelques plats végétariens. Ce fast-food est un grand classique pour les locaux, et ils vous le recommanderont sans doute si vous demandez où vous restaurer. En effet, l'institution est à Kiruna depuis 70 ans et a donc fait ses preuves. Burgers pour tous les goûts, frites... Rien de bien fou, mais pratique pour manger pas cher et sur le pouce.

FIKA BY SPIS €

1 Meschplan
✆ +46 9 801 70 00
www.spiskiruna.se
Ouvert du lundi au vendredi de 8h à 18h, le samedi et le dimanche de 10h à 17h.

Ce café, également tenu par SPiS, offre un cadre agréable et chaleureux dans lequel on viendra boire un café tout comme se restaurer. Installé sur de grandes banquettes ou dans l'un des quelques fauteuils, on ne verra pas le temps passer. Si les prix grimpent vite, le cadre mérite en tout cas que l'on s'y attarde. Au menu, des plats salés simples, sandwiches, salades..., et pour le sucré, de nombreuses pâtisseries alléchantes ! On peut bien sûr aussi venir boire un verre, avant de repartir pour de nouvelles aventures. On s'y retrouvera rarement seul !

LANDSTRÖM KÖK & BAR €

14 Lars Janssonsgatan ✆ +46 98 01 33 55
www.landstroms.net
Lundi, mardi, jeudi 18h-23h, vendredi et samedi 18h-1h. Fermé dimanche. Réservation par téléphone. Plats dès 185 SEK.

Recommandé par les habitants de Kiruna, ce restaurant sert une cuisine traditionnelle de qualité dans une vaste salle chaleureuse. C'est aussi l'un des pubs les plus fréquentés de la ville. L'ambiance est conviviale et tout le monde se connaît. Le week-end après le dîner, la musique est un peu plus forte et les jeunes des environs n'hésitent pas à venir s'installer pour venir boire un coup avant d'enchaîner avec le Royal juste en face. Côté restaurant on sert des spécialités de la Laponie suédoise. En été, on profite, en terrasse, du soleil qui ne se couche pas.

RESTAURANG RIPAN €€

Campingvägen 5
✆ +46 98 06 30 00
www.ripan.se
Ouvert tous les jours, toute l'année. Plat principal à partir de 195 SEK.

Le restaurant propose midi et soir une formule buffet à volonté avec café, eau et fruit inclus également. Prix raisonnables et très bonne qualité. Le soir, à la carte, c'est plus cher mais c'est une cuisine raffinée et de qualité qui permet de découvrir des plats lapons notamment le renne, produit phare de la région. Bonnes suggestions de vins. Petit conseil, le restaurant s'apprécie encore mieux après une bonne séance de spa, à quelques mètres ! L'été, le restaurant propos des concerts, et sa grande terrasse vous permet de profiter pleinement du soleil de minuit.

THE OLD HOMESTEAD €€

Marknadsvägen
✆ +46 980 66 800
www.icehotel.com
Tarifs et réservations auprès de la réservation de l'icehotel, ou sur le site. Plats autour de 300 SEK.

Ce restaurant appartient à l'Ice Hotel. Situé dans une ancienne école, dans un bâtiment de bois restauré datant de 1768, l'établissement ne manque pas de charme. Son cadre, sur les bords de la rivière Torne, au milieu d'anciennes maisonnettes traditionnelles, ainsi que son menu plutôt traditionnel, en font une halte de choix à Jukkasjärvi. On y mange tout aussi bien que dans le restaurant face à l'hôtel, dans un cadre tout à fait différent cependant. Été comme hiver, l'endroit invite à la détente et à la contemplation. Pensez à réserver bien à l'avance.

ICEHOTEL RESTAURANT €€€

Marknadsvägen
✆ +46 980 66 800
www.icehotel.com
Ouvert de décembre à avril, tous les jours de 11h à 14h30 et de 18h à 22h (21h pour la dernière commande).

Le restaurant de l'Ice Hotel est une excellente table tenue par le chef étoilé Alexander Meier. On s'y régale d'une cuisine fusion inspirée des spécialités du coin. L'Ice hotel est classé meilleur restaurant de Kiruna et troisième en Laponie suédoise par le White Guide. Avec en prime un cadre unique, voilà la promesse d'une soirée exceptionnelle aux confins de l'Arctique. L'équipe de cuisine étant internationale, une touche cosmopolite est données aux ingrédients locaux, provenant des rivières, des montagnes, des marais et des forêts de la région.

SUÈDE

CAFÉ SAFARI

Geologgatan 4
✆ +46 980 174 60
www.cafesafari.se
Ouvert du lundi au vendredi de 8h à 18h et le samedi de 10h à 16h.

Un café sur deux étages dans une maison traditionnelle. C'est le café le plus chaleureux et fréquenté de Kiruna ! L'intérieur est cosy, très lumineux en été. On s'y assoit volontiers pour prendre le fameux fika suédois en milieu d'après-midi. L'occasion de goûter une *kanelbulle*, brioche à la cannelle, si ce n'est pas déjà fait. Pour ceux qui voudront s'essayer à autre chose, le choix ne sera pas facile car les pâtisseries ont toutes l'air aussi bonnes les unes que les autres ! Si vous avez de quelque chose de plus copieux, des plats salés sont vendus en continu.

CARL WENNBERG [SOUVENIRS LAPONS]

Bergmästaregatan 2
✆ +46 98 01 00 79
www.wennberg.com
Ouvert de 10h à 18h en semaine, de 10h à 13h le samedi.

Depuis 1907, on trouve dans ce très beau magasin à peu près tous les objets lapons : bracelets en *tenn*, bijoux en argent, couteaux, chaussons, articles en fourrure... beaucoup de qualité, et définitivement de quoi satisfaire tous les goûts. Le personnel est à l'écoute, et vous conseillera au mieux. Idéal si vous cherchez quelque chose de très local pour vous-même ou à offrir. Si le cadeau ne plaît pas ou ne va pas, il est souvent possible de le renvoyer pour échange.

HENRIK TAUBE ACTIVITY

Vakkakoski
✆ +4670312 85 65
taubeactivity.vpsite.se
Excursions d'une journée ou plusieurs journées, équipement compris. A partir de 1000 SEK.

Henrik Taube et son équipe proposent différentes activités typiques de Laponie : la balade en chiens de traîneau, le ski de fond, les raquettes, le *rafting*, la pêche dans la glace, etc. Une expérience extraordinaire, le long de la rivière au nord de Kiruna. Loin de la ville, un camp accessible en motoneige seulement vous attend. Perdu au bout du monde, des paysages extraordinaires et des expériences inédites sont au rendez-vous ! Passez la nuit dans un kota sami, et profitez d'un sauna, entre deux chasses aux aurores boréales.

HUSKY VOICE

Luossajokivagen 2
✆ +46 072 72 68 807
Horaires, tarifs variables. A partir de 1250 SEK. Visiter le site pour plus d'information. Réservation par mail.

C'est une randonnée bien accompagnée que celle-ci, avec un guide et un attelage de ces beaux chiens, typiques de Laponie. Chaque participant a son compagnon attitré, qui guidera ses pas le temps d'une balade. Un moyen fantastique de découvrir la richesse de la forêt scandinave. Une expérience inoubliable à conseiller à tout le monde [petits et grands], pour un pur moment de détente de dépaysement, loin de tout, perdu dans les paysages figés de la Laponie suédoise. Vous pourrez aussi choisir de partir à la chasse aux aurores boréales !

OFELAS ISLANDHÄSTAR ET GUIDE SERVICE

✆ +46 98 05 00 13
www.ofelas.se
Compter entre 450 SEK et 1 750 SEK pour une excursion. Excursions sur plusieurs jours possibles.

Ofelaš en Sami signifie «celui qui montre le chemin». Selon les saisons, différentes formules de balades à dos de solides et trapus chevaux islandais : le safari des élans, la balade sous le soleil de minuit, la randonnée de plusieurs jours dans les montagnes... En été et en automne, les excursions d'une journée commencent à partir du village de Nikkaluokta, au pied des montagnes Kebnekaise. Le reste de l'année, départ de Puoltsa, un village entre Nikkaluokta et la ville de Kiruna.

ROYAL

Föreningsgatan 9
✆ +46722152582
Ouvert le vendredi et le samedi de 21h à 03h. Entrée et vestiaire 150 SEK.

Le Royal ce n'est pas une simple boîte de nuit. C'est là où tout se passe ! C'est à la fois la meilleure et la pire, puisque c'est en réalité la seule dans les environs. Raison de plus pour y faire un tour ! Le vendredi, la piste est presque déserte et on joue les tubes internationaux les plus incontournables. Le samedi, la moyenne d'âge est nettement plus basse et on enchaîne les tubes électro et les remix. N'oubliez pas de faire une petite photo souvenir au photomaton. Bref, un must pour ceux qui veulent se faire une idée de la vie nocturne en Laponie suédoise !

ABISKO ★★

Située à 35 km de la frontière norvégienne et à 380 m d'altitude dans une vallée du nord de la Laponie, la minuscule bourgade d'Abisko est découpée en deux parties, à 2 km l'une de l'autre, et qui surplombent les eaux d'un bleu métallique du lac Torne Träsk. Le village d'Abisko Östra en lui-même est dénué de charme. Ce ne sont que quelques maisonnettes, avec une pompe à essence, une supérette, un petit hôtel et une gare située sur la ligne de train Luleå-Narvik via Kiruna. On peut s'y ravitailler (chichement) avant d'arriver au parc national d'Abisko, situé deux kilomètres plus loin. Les environs d'Abisko sont des prétextes à plusieurs randonnées de tous niveaux. Situés entre lac et montagne, tous les styles de paysages s'offrent à vous. Plusieurs randonnées sont organisées depuis Abisko Turistation (à 2 km d'Abisko Ostra) en compagnie de guides expérimentés qui vous montreront les spécificités des environs avec passion.

Pratique

Mieux vaut se ravitailler et s'équiper à Kiruna ou à Narvik, avant d'arriver à Abisko car on ne trouve presque rien sur place.

▶ Abisko Butik Fjällboden. Ouvert tous les jours de 8h à 18h. À l'intérieur d'Abisko Turiststation se trouve cette boutique d'équipement pour la montagne, vêtements, chaussures et matériel de camping. Attention, c'est assez cher. On peut aussi y acheter quelques denrées et boissons.

Tourisme

▶ Office de tourisme. Toutes les informations sur https://www.visitabisko.com.

▶ Parc national d'Abisko. Toutes les informations sur : http://www.nationalparksofsweden.se/choose-park---list/abisko-national-park/. Établi en 1909, à la date des premières lois sur la conservation de la nature, le Parc national d'Abisko s'étire sur 77 km² de plaines, de lacs, de montagnes... des paysages magnifiques et variés qui ne manquent pas de surprendre en toutes saisons. Abisko Turiststation constitue aussi l'entrée nord de la piste royale, Kungsleden Trail, qui s'étend d'Abisko à Hemavan, quelque 400 km plus au sud.

Transports

▶ Train. Compter entre 1h15 et 1h30 depuis Kiruna, 1h30 depuis Narvik. L'arrêt Abisko Östra dessert le village tandis que l'arrêt Abisko Tursistation dessert le Parc national, situé à 2 km du village.

▶ Bus. (www.ltnbd.se). Compter 1h15 depuis Kiruna et 1h30 depuis Narvik. Un départ par jour pour Narvik (Norvège) et deux départs pour Kiruna : attention, les départs ont quelquefois lieu devant la gare ferroviaire.

▶ **En voiture à partir de Kiruna.** Cet itinéraire de 98 km de moyenne montagne, à travers les Alpes scandinaves, emprunte une assez bonne route goudronnée.

▶ **En train à partir de Luleå : ligne Luleå-Narvik.** 2 trains par jour, en matinée. Durée du trajet : 6h30 pour environ 400 SEK. Quelques arrêts sur la ligne Luleå-Narvik : Boden, Gällivare et Kiruna (train 96). Depuis Kiruna, le trajet dure environ 1h40 et coûte autour de 100 SEK.

▶ **En poursuivant la route le long de la ligne de train,** à 1 km environ d'Abisko Östra, on atteint Abisko Turiststation, où se concentre l'essentiel de l'activité touristique de la région.

AURORA SKY STATION ★

✆ +46 980 40 200

www.auroraskystation.se

Ouvert tous les jours. Tarifs variables en fonction de la saison. Visite de nuit l'hiver à 645 SEK/adulte. Restaurant.

A Abisko, on a la possibilité de voir des aurores boréales 200 jours par an. La station Aurora Sky est installée en hauteur, loin des lumières artificielles ; on peut s'asseoir dehors avec une couverture en les attendant. En été, la station se transforme en un observatoire du soleil de minuit (de la mi-juin à la mi-juillet). On y trouve également un restaurant pour un dîner inoubliable. La visite guidée, bien qu'instructive, n'est pas indispensable. On monte volontiers pour la vue panoramique sur la parc d'Abisko, et pour un goûter avec vue !

MONTAGNE NUOLJA ★

C'est la montagne où se situe la station d'observation Aurora Sky, à laquelle on accède par le téléphérique. Du télésiège, une vue superbe se déploie sur toute la vallée. Au sommet, vous attend un refuge. On ne peut hélas pas y dormir mais l'endroit est magique pour déguster, assis près du poêle, un café ou un thé bien chaud accompagnés de gâteaux suédois. Ensuite, en suivant la pente douce de la montagne avec ses quelques névés, vous pourrez gagner une plate-forme déserte, un endroit très mystérieux couvert de petits monticules de pierres plates superposées.

SUÈDE

NATURUM ABISKO - NATURE CENTRE

Abisko Turiststation
✆ +46 980 788 60

Ouvert de février à avril et de juillet à septembre tous les jours de 9h à 18h.

Ce petit centre d'informations n'appartient pas à Abisko Turiststation bien qu'il se trouve juste à côté. C'est un centre d'information du parc national, qui axe ses services sur la découverte de la nature. il organise des visites guidées gratuites tout l'été et donne des infos sur les sentiers « nature ». Également des ouvrages pour reconnaître la faune et la flore des environs. Ludique et très intéressant, on y passe volontiers une bonne heure et demie.

STF ABISKO TURISTSTATION €

Abisko Turiststation
✆ +46 98 04 02 00
www.svenskaturistforeningen.se

Lit dans les chalets à partir de 295 SEK, chambre double sans salle de bains à partir de 885 SEK, avec 1 580 SEK.

Cette organisation gère l'hébergement dans le parc. Deux options principales s'offrent à vous : loger dans la station. Le bâtiment principal compte des chambres simples ou doubles très fonctionnelles, avec douche et WC à l'étage. Ambiance très conviviale et chaleureuse. L'autre option consiste à séjourner au cœur du parc, dans les refuges STF. Gardé l'été uniquement. Le logement ne peut pas être réservé à l'avance. Le droit de gîte dans les chalets commence à 295 SEK par personne. Les membres du Touring Club bénéficient d'une réduction.

STF ABISKO TURISTSTATION

Abisko Turiststation
✆ +46 98 04 02 00
www.svenskaturistforeningen.se

Ouvert toute l'année, tous les jours de 8h à 19h, 17h en hiver.

C'est ici, à Abisko Turiststation, que se concentre l'essentiel de l'activité touristique de la région. Ce petit complexe grouille de monde en été. C'est en effet le point de départ de la fameuse piste royale Kungsleden. On y trouve à la fois un refuge, une boutique d'alimentation, un écomusée et 14 chalets. Le bâtiment principal de la localité, un immeuble de 2 étages en brique marron, propose des chambres. Au rez-de-chaussée, la superbe salle de restaurant offre par ses grandes baies vitrées une vue superbe sur le lac et le sommet Njulla (1 169 m).

ABISKO GUESTHOUSE €€

✆ +46 0 70 652 12 64
https://www.abiskoguesthouse.com

Chambre double à partir de 695 SEK. Simple, mais comfortable.

Une grande maison jaune à trois étages, réparties en chambres individuelles ou partagées. On vous recommande fortement le dernier étage, qui en plus d'une vaste cuisine/salon, offre la possibilité aux résidents de l'étage d'accéder à un sauna. Accès plutôt incongru, puisqu'il faut passer par l'unique salle de bains commune de l'étage, qui n'a qu'une douche vitrée... L'auberge propose aussi des tours de motoneige pour vous faire profiter des paysages splendides des environs, et paradoxalement, vous expliquer les effets néfastes du réchauffement climatique.

ABISKO FJÄLLTURER AB €

Lapportsv. 34 A
✆ +46 980 40103
www.abisko.net

Dortoir 225 SEK/lit, chambre double 800 SEK, quadruple 1 000 SEK. Draps 90 SEK. Cuisine partagée et sauna.

Il faut reconnaître que cette auberge, située juste au-dessus de la gare, est un peu tristounette de l'extérieur. Cela dit, l'ambiance y est chaleureuse et le service très sympa. On dort soit en dortoir, soit dans des chambres privées avec salle de bains. L'avantage de cette auberge, c'est que de nombreuses activités y sont organisées, été comme hiver, du tour en traîneau à l'excursion en ski de fond. Et en plus, c'est peu cher, comparé aux logements dans Abisko Turistation. Quoi qu'il en soit, l'endroit est bien situé et l'aventure est au rendez-vous.

KUNGSLEDEN

Abisko

Au début des années 1900, l'Association suédoise du tourisme a créé le Kungsleden, un sentier de randonnée continu dans l'univers montagneux de la Laponie suédoise. 450 kilomètres de piste parsemée de chalets et refuges au cœur de la Laponie ! La piste passe par les plus beaux paysages de la région, d'où son nom, « le sentier roi ». Pour les amateurs de grands espaces et d'aventure, rien de tel que de se lancer dans cette aventure. Le sentier est désormais célèbre dans le monde entier, et il est très fréquenté à la belle saison.

FINLANDE

Si Rovaniemi est à 830 km d'Helsinki, Kilpisjarvi 1 200 km et Utsjoki 1 350 km, ce n'est qu'une petite idée des distances qu'il faut parcourir pour arriver en Laponie finlandaise. Cette partie du pays abrite plus de rennes que d'êtres humains et la nature y prédomine. En ces terres sauvages, les montagnes aux sommets arrondis (tunturis) n'atteignent pas des hauteurs considérables, à peine plus de 1 000 m. Elles ondulent à perte de vue dans ces dernières terres sauvages d'Europe, couvertes de forêts de sapins, de pins et de bouleaux. Entre lacs, marais et forêts, mille aventures vous attendent sur la route du Grand Nord ! Ski, kayak, pêche, rafting ou randonnée, vous ne serez jamais à court d'idées pour explorer la Laponie finlandaise.

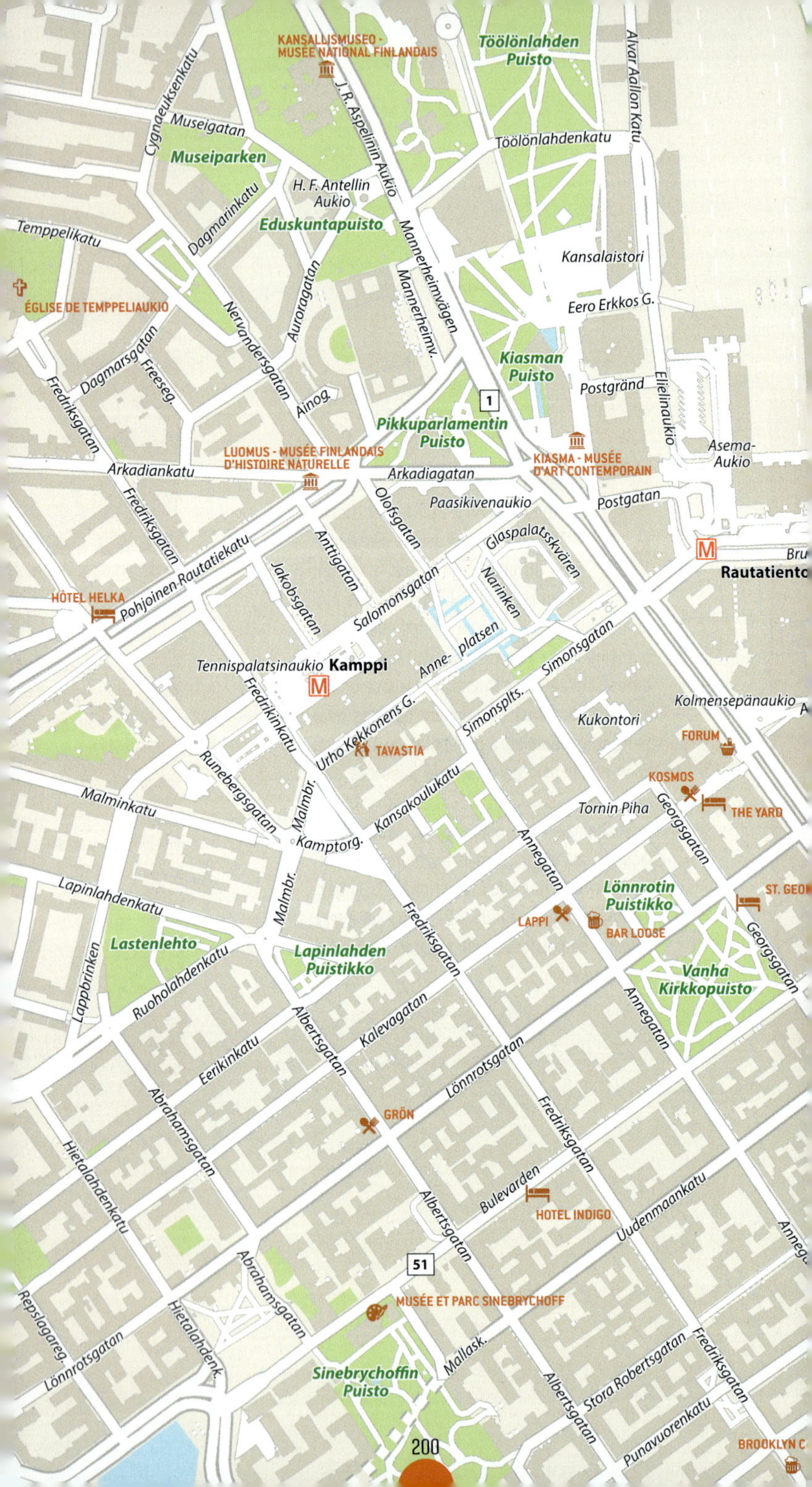
KANSALLISMUSEO - MUSÉE NATIONAL FINLANDAIS
Töölönlahden Puisto
Alvar Aallon Katu
Cygnaeuksenkatu
Museigatan
J. R. Aspelinin Aukio
Museiparken
Töölönlahdenkatu
H. F. Antellin Aukio
Dagmarinkatu
Eduskuntapuisto
Temppelikatu
Mannerheimintie
Mannerheimvägen
Kansalaistori
ÉGLISE DE TEMPPELIAUKIO
Nervandersgatan
Auroragatan
Mannerheimv.
Eero Erkkos G.
Dagmarsgatan
Freeseg.
Kiasman Puisto
Fredriksgatan
Ainog.
Postgränd
Elielinaukio
1
Pikkuparlamentin Puisto
Asema-Aukio
LUOMUS - MUSÉE FINLANDAIS D'HISTOIRE NATURELLE
KIASMA - MUSÉE D'ART CONTEMPORAIN
Arkadiankatu
Arkadiagatan
Postgatan
Paasikivenaukio
Olofsgatan
Glaspalatsskvären
Anttigatan
Fredriksgatan
Pohjoinen Rautatiekatu
Rautatientori
HÔTEL HELKA
Jakobsgatan
Narinken
Salomonsgatan
Anne-platsen
Simonsgatan
Tennispalatsinaukio
Kamppi
Fredrikinkatu
Kolmensepänaukio
Urho Kekkonens G.
Simonsplts.
Kukontori
FORUM
TAVASTIA
Runebergsgatan
KOSMOS
Malminkatu
Malmbr.
Kansakoulukatu
Tornin Piha
THE YARD
Georgsgatan
Kamptorg.
Annegatan
Lapinlahdenkatu
Lönnrotin Puistikko
ST. GEO
Malmbr.
LAPPI
BAR LOOSE
Fredriksgatan
Lastenlehto
Lapinlahden Puistikko
Vanha Kirkkopuisto
Georgsgatan
Ruoholahdenkatu
Lappbrinken
Annegatan
Albertsgatan
Kalevagatan
Eerikinkatu
Lönnrotsgatan
Abrahamsgatan
GRÖN
Fredriksgatan
Hietalahdenkatu
Bulevarden
HOTEL INDIGO
Uudenmaankatu
Albertsgatan
Anneg.
51
Abrahamsgatan
MUSÉE ET PARC SINEBRYCHOFF
Repslagareg.
Hietalahdenk.
Fredriksgatan
Lönnrotsgatan
Mallask.
Stora Robertsgatan
Sinebrychoffin Puisto
Albertsgatan
Punavuorenkatu
BROOKLYN C

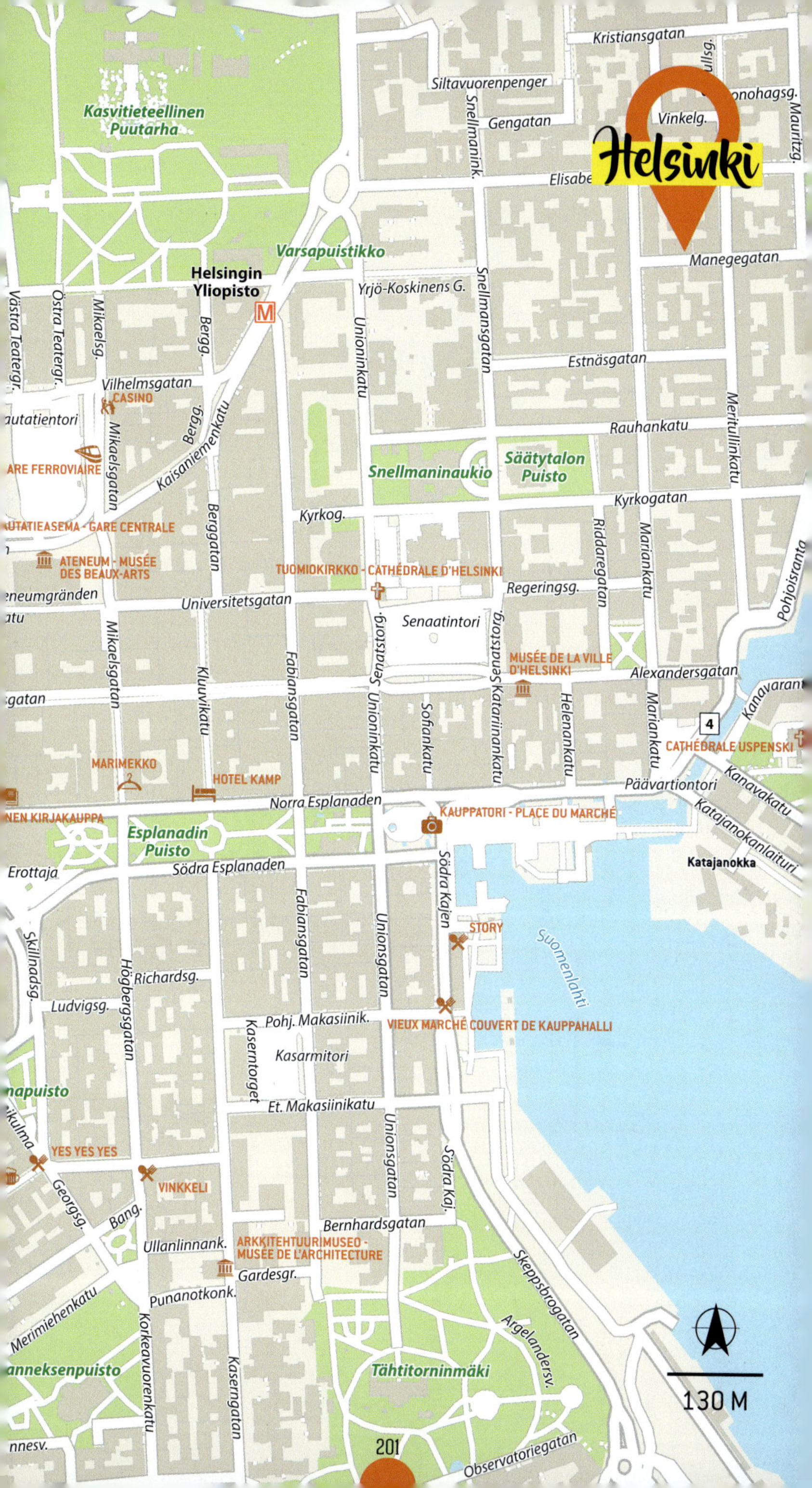
Helsinki
Kasvitieteellinen Puutarha
Varsapuistikko
Helsingin Yliopisto
Kristiansgatan
Siltavuorenpenger
Gengatan
Vinkelg.
Elisabe
Manegegatan
Yrjö-Koskinens G.
Estnäsgatan
Rauhankatu
Snellmaninaukio
Säätytalon Puisto
Kyrkogatan
Kyrkog.
Vilhelmsgatan
CASINO
ARE FERROVIAIRE
UTATIEASEMA - GARE CENTRALE
ATENEUM - MUSÉE DES BEAUX-ARTS
TUOMIOKIRKKO - CATHÉDRALE D'HELSINKI
Regeringsg.
Universitetsgatan
Senaatintori
MUSÉE DE LA VILLE D'HELSINKI
Alexandersgatan
CATHÉDRALE USPENSKI
MARIMEKKO
HOTEL KAMP
Norra Esplanaden
KAUPPATORI - PLACE DU MARCHÉ
Päävartiontori
NEN KIRJAKAUPPA
Esplanadin Puisto
Södra Esplanaden
Erottaja
Katajanokka
STORY
Suomenlahti
Richardsg.
Ludvigsg.
Pohj. Makasiinik.
VIEUX MARCHÉ COUVERT DE KAUPPAHALLI
Kasarmitori
Et. Makasiinikatu
YES YES YES
VINKKELI
Bernhardsgatan
ARKKITEHTUURIMUSEO - MUSÉE DE L'ARCHITECTURE
Ullanlinnank.
Gardesgr.
Punanotkonk.
Merimiehenkatu
anneksenpuisto
Tähtitorninmäki
Observatoriegatan
130 M

Tverrelvdalen
Eiby
Storslett
Olderdalen
Kåfjordbotn
NORVÈGE
50 KM
Karasjok
Reisa
KILPISJÄRVI
Kautokeino
Øvre
Anarjokka
Pöyrisjärven
Erämaa-Alue
ENONTEKIÖ
Karesuando
HETTA
Palojoensuu
Pallas-
Yllästunturin
Kans. Puisto
Kätkäsuvanto
Yli-Muonio
Torneträsk-
Soppero
Fjällurskog
UTSJOKI
Kaldoaivin
Erämaa-Alue
Bugøyfjord
Pasvik
Vätsärin
Erämaa-Alue
KAAMANEN
Rayakoski
INARI
NELLIM
LEMMENJOKI
Koppelo
IVALO
Lemmenjoen
Kansallispuisto
Törmänen
Svetliy
SAARISELKA
RUSSIE
Urho Kekkosen
Kansallispuisto
Vuotso

Finlande
SUÈDE
Lina Fjällurskog
Muddus Nationalpark
Svappavaara
Gällivare
Junosuando
Tärendö
Vuollerim
Vidsel
Boden
Sävastön
Gunnarsbyn
Morjärv
Töre
Råneå
Pålång
Kalix
Båtskärsnäs
Perämeri
Seskarö
Överkalix
Kangosjärvi
ÄKÄSLOMPOLO
YLLÄSJÄRVI
KOLARI
Pajala
Sieppijärvi
Orajärvi
Pello
Svanstein
Juoksengi
AAVASAKSA
YLITORNIO
Hedenäset
Kainuunkylä
Karungi
Aapajärvi
Kourilehto
Yli-Liakka
TORNIO
Keminmaa
KEMI
LEVI
KITTILÄ
Kaukonen
Kallo
Alakylä
Tepsa
Jeesiö
Vaalajärvi
Sattanen
SODANKYLÄ
Aska
Torvinen
Unari
Vuojärvi
LUOSTO
Pelkosenniemi
SAVUKOSKI
Martti
Kuosku
Saija
PYHÄTUNTURI
Vuostimo
Tapionniemi
Meltaus
SIRKKA
Raanujärvi
Marraskoski
Tapionkylä
Sonka
Nivankylä
Misi
ROVANIEMI
Leukumanpää
Oikarainen
Muurola
Viirinkylä
Juotasniemi
Autti
Petäjäskoski
Koivu
TERVOLA
Korpijärvi
Itäkoski
Ranua
Kelankylä
KEMIJÄRVI
Isokylä
Kursu
Joutsijärvi
Salmivaara
SALLA
Sallatunturi
Onkamo
Kayraly
Hautajärvi
Oulangan Kansallispuisto
Paanayarvi
Käylä
Riisitunturin Kansallispuisto
Posio
Vasaraperä
Määttälänvaara
Jyrkänkoski
Kuusamo
Syötteen Kansallispuisto

PAGES

HELSINKI ★★★★

Helsinki, Helsingfors en suédois, 642 045 habitants en 2018, est une ville résolument active et moderne. Ville du Nord typique, elle est harmonieuse et séduisante, avec ses grands bâtiments néoclassiques dans les tons pastel et ses larges avenues. La nature est omniprésente avec les grands ports maritimes ouverts sur le large, les îles et les parcs au cœur de la ville. Très bien située au nord de la Baltique, la présence des ferries rappelle qu'Helsinki est aussi une porte vers Tallinn ou Stockholm. La plupart de ses sites touristiques peuvent se visiter à pied ou à vélo et les déplacements sont faciles. En 2000, 450 ans après sa fondation, elle fut à juste titre choisie comme l'une des capitales culturelles de l'Union européenne, dont la Finlande est membre depuis 1995.

Helsinki, c'est une atmosphère particulière d'abord, difficilement saisissable presque paradoxale. Entre belle et banale, neuve et ancienne, tendance et démodée, Helsinki peut être déconcertante. La ville est un point de rencontre entre l'Est et l'Ouest. L'impression d'être dans un petit Saint-Pétersbourg perdure dans les quartiers centraux. Un peu plus loin, l'Europe du Nord reprend ses droits avec son architecture moderne, massive et design. En se dirigeant vers le bord de mer ou vers les grands parcs, on ressent alors l'omniprésence de la nature. Se balader dans les différents quartiers permet de saisir la complexité de la ville.

L'audace de la ville dans bon nombre de domaines ne se dément pas. Les étonnantes sculptures cariatides hommes (style Art nouveau) de la gare ferroviaire sur la place centrale, l'ensemble néoclassique de la place du Sénat, l'architecture hyperfonctionnelle du palais Finlandia d'Alvar Aalto couplée aux nouveautés d'avant-garde entre verre et acier comme le musée d'Art contemporain (1998), l'immeuble Sanomatalo (1999), le centre High-Tech (2001) et l'annexe du Parlement (2004), parlent, à leur manière, des constructions d'hier et de demain. Parallèlement, tout confirme la tonicité de la jeunesse et la vitalité d'une ville qui va de l'avant. La sensualité d'une *Havis Amanda*, cette statue féminine de la fontaine éponyme qui est à la fois l'égérie des étudiants et la déesse de la Baltique ; le vent qui joue dans les tuyaux d'orgue du monument Sibelius ; la foule joyeuse sur la double Esplanade pendant les festivals d'été ; les petits matins blêmes au Kauppatori, le marché estival coloré sur le port en plein centre-ville ; le goût des habitants de la capitale pour la musique et le théâtre ; le côté désuet des « dancings de tango ». L'insertion réussie d'Helsinki dans son environnement naturel avec l'omniprésence de l'eau et des espaces verts combine intelligemment les nécessités de la vie urbaine et les délices d'un « week-end à la campagne ». Ajouter à cela, que la ville a vécu durant plus d'un siècle sous domination russe, et vous aurez en tête l'alchimie sous-jacente. L'exotisme et la beauté de la cathédrale orthodoxe Uspenski (1868) témoigne ainsi à la fois du passé et de la géographie. Une fois franchie l'ultime frontière finlandaise et septentrionale de l'Union européenne, c'est en effet la Russie.

Transports

- **Venir de France.** Il est très facile de rejoindre Helsinki de Paris, en 2 heures de vol direct, au départ de Roissy avec Finnair (vols quotidiens à partir de 150 €), ou bien en direct d'Orly avec la compagnie *low cost* Norwegian Shuttle.
- **Rejoindre la Laponie.** Là aussi, Helsinki est plutôt bien reliée à la Laponie, comparé à la Norvège et la Suède. On peut tout simplement prendre un avion jusqu'à Rovaniemi, Kittilä et Ivalo. Sinon, il y a le bus (compter 13 heures de voyage) ou le train (compter 10 heures de voyage). La voiture est aussi envisageable, mais il y a tout de même plus de 1 000 km à parcourir.

FINLANDE

ARKKITEHTUURIMUSEO - MUSÉE DE L'ARCHITECTURE ★★

Kasarmikatu 24 ✆ +358 9 8567 5100
www.mfa.fi
Mardi au dimanche 11h-18h (mercredi 11h-20h). Adulte 10 €. Gratuit -18ans, Helsinki Card et le 1er vendredi du mois.

A une centaine de mètres du musée du Design, le musée de l'Architecture finlandaise réunit une importante collection d'archives et de documents. Des photographies, des articles, des livres, des maquettes et des films font connaître aux visiteurs les réalisations des architectes d'hier (Eliel Saarinen, Herman Gesellius, Armas Lindgren) ou comme celles des architectes plus contemporains tels que Alvar Aalto et Reima Pietilä. Le plus : un espace jeux pour les enfants.

ATENEUM - MUSÉE DES BEAUX-ARTS ★★

Kaivokatu 2 ✆ +358 2 9450 0401
www.ateneum.fi
Mardi et vendredi 10h-18h, mercredi et jeudi 10h-20h, le week-end de 10h à 17h. Adulte : 17 €. Gratuit Helsinki Card.

Ce somptueux bâtiment néo-Renaissance ouvrit ses portes en 1888. Il abritait alors aussi bien les collections d'art de la nation finlandaise émergente que des ateliers pour les artistes contemporains de l'époque, sans oublier une école d'art d'importance nationale. Si les collections permanentes valent le coup, les expositions temporaires sont toujours remarquables.

▶ **Au premier étage,** le musée présente les travaux de grands peintres finlandais du XIXe siècle et du début du XXe siècle tels qu'Akseli Gallen-Kallela, Helena Schjerfbeck ou encore Pekka Halonen. Gallen-Kallela fut longtemps considéré comme le peintre majeur de sa génération. Parmi ses nombreuses œuvres exposées, celles qui sont inspirées par le *Kalevala* comportent *La Mère de Lemminkäinen* et *Ilmarinen forge le Sampo*. Albert Edelfelt est présent avec une série de tableaux inspirés par Paris et des portraits. Sa toile intitulée *Le Christ et Madeleine*, exécutée dans le parc du manoir de Haikko, est l'une des plus significatives du romantisme national. Œuvres également de Gauguin, Cézanne, Chagall, Dufy et Munch dont l'influence sur l'expressionnisme nordique fut déterminante. L'Ateneum fut notamment le premier musée du monde à acheter un Van Gogh, *Rue d'Auvers-sur-Oise*, que l'on peut toujours y admirer.

▶ **Au deuxième étage,** une collection moins importante aborde quelques grands courants de la peinture moderne et post-moderne finnoise et internationale (David Hockney, Andy Warhol et Yves Klein y sont notamment représentés).

CATHÉDRALE USPENSKI ★

Kanavakatu 1
✆ + 358 9 8564 6200
www.hos.fi/uspenskin-katedraali
Mardi-vendredi 9h30-16h (20h l'été), samedi 10h-15h, dimanche 12h-15h. Office orthodoxe samedi 18h et dimanche 10h.

Construite en 1868, la cathédrale de rite orthodoxe, offre un superbe exemple du style byzantin-slave. Depuis l'esplanade, la vue est imprenable. Elle fut érigée d'après les plans de l'architecte A.M. Gornoschtaev. A l'époque, deux cultures de notables distinctes cohabitent : les Finlandais de langue suédoise et les notables russes. Quant à la population de langue finnoise, majoritaire, elle imposera progressivement ses vues à la fin du XIXe siècle. Elle demeure l'église de confession gréco-orthodoxe la plus importante d'Europe occidentale et on y reste debout.

KALLION KIRKKO - ÉGLISE DE KALLIO ★★

Itäinen Papinkatu 2
✆ + 358 9 2340 3600
Ouverte en semaine de 7h à 21h et le week-end de 9h à 19h.

Dans l'ancien quartier ouvrier d'Helsinki, en haut de la colline (ou du rocher, d'où le nom de *kallio*), l'église conçue par Lars Sonck entre 1908 et 1912 donne un bon aperçu de l'école nationale romantique et de l'influence de l'Art Nouveau dans l'architecture de la ville. Lars Sonck (1870-1956) est un architecte qui dessina entre autres la résidence Ainola de Jean Sibelius, la cathédrale de Tampere, l'église Mikael Agricole (non loin du quartier à Punavuori)...

FINLANDE

© OLEKSIY MARK - SHUTTERSTOCK.COM

Vieux port à Helsinki.

DIDRICHSEN TAIDEMUSEO - MUSÉE D'ART DIDRICHSEN ★★★

Kuusilahdenkuja 1
✆ +358 1 0219 3970
www.didrichsenmuseum.fi
Ouvert du mardi au dimanche de 11h à 18h. Entrée 14 €, réduit et détenteurs de la Helsinki Card 12 €.

Cette superbe maison des années 1960, œuvre de l'architecte Viljo Revell, abrite un beau petit musée privé d'art moderne et d'art précolombien caché sur une île au large de la baie de Töölö. On y accède facilement à vélo ou en bus, car l'île est reliée au continent par un pont. Marie-Louise et Gunnar Didrichsen, accumulèrent un patrimoine artistique tel qu'ils durent faire agrandir leur maison particulière pour en transformer une partie en musée. Aujourd'hui, on y donne des expositions d'art contemporain. Les expositions permanentes d'art précolombien sont logées au sous-sol. Dans le parc qui entoure la maison, on peut admirer de nombreuses sculptures modernes, dont la plus importante collection d'œuvres d'Henry Moore hors des frontières anglaises. L'architecture du musée est tout à fait remarquable. A l'origine, les Didrichsen s'étaient adressés pour la construction de leur maison à Alvar Aalto qui avait décliné l'offre, faute de temps, mais qui avait recommandé Viljo Revell comme le seul architecte capable de construire la demeure de leurs rêves. L'intérieur du musée a gardé quelques pièces de la maison intactes. Le salon avec sa bibliothèque d'art enchante l'esprit avec sa large baie vitrée qui donne sur les pins et la grève de galets en contrebas. La salle de bains, la salle à manger, les chambres surprennent par leur taille modeste et leur simplicité. Du vivant du couple Didrichsen, cet écrin d'architecture rationaliste donnait déjà toute la place aux œuvres d'art.

ÉGLISE DE TEMPPELIAUKIO ★★

Lutherinkatu 3
✆ +358 9 2340 6320
Lundi à samedi 10h-17h (17h45 l'été), dim 11h45-17h (17h45 l'été), (variables l'hiver), 3 €, gratuit avec Helsinki Card.

De confession luthérienne, c'est sans doute, à juste titre, l'un des monuments les plus visités de la capitale. Pour 2019, on estime le nombre de visiteurs a plus de 900 000, un record ! Sa situation à côté du Parlement la place au cœur de la ville. A première vue, impossible de deviner qu'on se trouve face à une église. Une fois franchis les hauts escaliers, on entre dans une église circulaire et dépouillée, sortie tout droit de l'imagination des frères Suomalainen. Radicalement différente des lieux de culte habituels, elle est construite au cœur d'un ensemble rocheux. Aucun pilier pour soutenir le dôme de cuivre quasi-hypnotique, uniquement maintenu par des armatures directement fixées entre les pierres. L'autel adossé à la roche est dominé par une immense baie vitrée qui laisse pénétrer la lumière du jour. Des bougies sont disposées dans les quelques niches du mur. Le recueillement prend un relief tout particulier, d'autant que l'excellente acoustique permet la tenue de nombreux concerts. Consacrée en 1969, c'est un exemple type de ces églises récentes à vocation polyvalente : lieu de prières, mais aussi lieu de rencontres et de manifestations vivantes. Nombre de chœurs et d'ensembles s'y produisent durant l'été et les périodes de festivals musicaux. Arto Paasilinna, l'auteur du *Lièvre de Vatanen*, a dit de cette église qu'elle a été creusée dans le sol « sans doute pour rapprocher les fidèles de l'enfer et les inciter à se préoccuper sérieusement du paradis ». Une visite (rapide) à ne pas manquer !

LUOMUS - MUSÉE FINLANDAIS D'HISTOIRE NATURELLE ★★

Pohjoinen Rautatiekatu 13 ✆ +358 2 9412 8800
www.luomus.fi
Du mardi au vendredi 9h-16h (jeudi jusqu'à 18h) et week-end 10h-16h. L'été, du mardi au dimanche 10h-17h. Adulte : 15 €

Ce musée intéressant et rénové en 2008 donne à voir les mystères de la faune et de la flore à travers quatre expositions permanentes (nature finlandaise, nature du monde, histoire de la vie et histoire des os) ainsi que des expositions temporaires. Les jardins botaniques de Kaisaniemi et Kumpula ainsi que le cabinet des minéraux (3e étage de l'Arppeanum, Snellmaninkatu 3) sont les extensions du musée. Bon plan : il est gratuit les deux dernières heures du premier jeudi de chaque mois.

MONUMENT SIBELIUS ★★

Mechelininkatu 38
Accès libre au parc.

Ce monument est dédié au grand compositeur finlandais Jean Sibelius (1865-1967). Cette œuvre, créée par la sculptrice finlandaise Eila Hiltunen et intitulée *Passio Musicae*, s'est rapidement imposée comme l'un des chefs-d'œuvre d'Helsinki. « La forêt d'acier », provoqua bien des controverses à son inauguration en 1967. Formé de plus de 600 tubes en acier inoxydable, de longueur inégale, à l'image d'un orgue imaginaire. Se trouve à côté un portrait de Sibelius. Vous pouvez circuler sous l'œuvre pour entendre les échos du vent ou vous amusez à en générer vous-même…

FORTERESSE SUOMENLINNA ★★

Suomenlinna ✆ +358 2 9533 8410
www.suomenlinna.fi
Visite guidée 7j/7 l'été à 11h, 12h30 et 14h30 et seulement le week-end sinon à 13h30. 10 € adulte, 4 € enfant.

La forteresse Suomenlinna, inscrite au patrimoine mondial de l'UNESCO, est bâtie sur plusieurs îles dans la rade d'Helsinki. Ses tunnels ressemblent à des caves et ses meurtrières à canons sont d'une rare beauté ! On trouve, dans les parages, galeries d'arts, ateliers et musées, une église-phare, un sous-marin transformé en musée, des cafés et restaurants. La « forteresse de Finlande » est édifiée en 1748 par l'amiral suédois Augustin Ehrensvärd sur un groupe d'îles et d'îlots. D'abord nommée « Sveaborg », cette place forte visait à défendre la ville contre l'expansionnisme russe. Longtemps considérée comme inviolable, elle est livrée aux troupes du tsar sans combattre. La Finlande est alors intégrée à l'Empire russe. Pendant la guerre de Crimée (1854), elle participe activement et efficacement à la défense de la Russie contre les forces navales françaises et britanniques. En 1918, après l'indépendance de la Finlande, elle prend le nom finnois de Suomenlinna. Les bulbes du clocher de son église, symboles de la religion orthodoxe, sont abattus et remplacés par un fanal. Quelques artistes y ont également installé leurs ateliers. Galeries, musées, représentations théâtrales en été sont autant d'invitations à la promenade. Mais, au-delà des visites culturelles, le site se suffit à lui-même. Cependant, évitez la visite de l'île en automne et en hiver car vous seriez déçus : même si les arbres couleur de feu ou la traversée en bateau entre deux blocs de glace sont dépaysants, la plupart des musées et des cafés sont fermés !

KANSALLISMUSEO - MUSÉE NATIONAL FINLANDAIS ★

Mannerheimintie 34
✆ +358 295 33 6000
www.kansallismuseo.fi
Du mardi au dimanche 11h-18h, mercredi 11h-20h. 7j/7 de mai à août. Adulte 14 €, 10 € réduit. Gratuit vendredi 16h-18h.

Ce musée national est installé dans un superbe bâtiment aux airs d'église baroque ou de château de conte de fées. Edifié en 1910 selon les plans des trois célèbres architectes, Eliel Saarinen, Armas Lindgren et Herman Gesellius, il illustre bien le style Art nouveau finlandais. On y trouve trois départements : Préhistoire, Histoire du Moyen Age à nos jours et Ethnographie, avec une très importante section finno-ougrienne (Hongrois, peuples de la Volga, Caréliens, Sames et Esquimaux). Admirez le trône pourpre et or du tsar Alexandre Ier, coiffé de l'aigle bicéphale russe, et le salon au mobilier de style gustavien. Au premier étage, importante collection vestimentaire traditionnelle (Sames, Caréliens, Vepsiens et Votes). Ces deux derniers groupes vivaient autour du lac Ladoga annexé par les Russes durant la Seconde Guerre mondiale. Les expos temporaires font souvent la part belle à la Finlande d'aujourd'hui. Si la collection est extrêmement riche, la scénographie, fort inégale, aurait bien besoin d'un coup de jeune. Egalement intéressante exposition interactive au 3e étage, l'atelier *vintti* (littéralement grenier), destinée aux petits et grands enfants, pour apprendre l'histoire en s'amusant. Le musée accueille constamment des expositions temporaires passionnantes. Comme par exemple, «Ingrians. the Forgotten Finns» sur les Finnois d'Ingrie, ce peuple finnois d'une ancienne région, aujourd'hui situé en Russie, au bord du golfe de Finlande.

Forteresse Suomenlinna.

KIASMA - MUSÉE D'ART CONTEMPORAIN ★★

Mannerheiminaukio 2
+358 2 9450 0501
www.kiasma.fi
Le mardi 10h-17h, du mercredi au vendredi 10h-20h30, samedi 10h-18h et dimanche 10h-17h. Entrée 14 €, réduit 12 €.

Le musée s'emploie à faire reculer les limites traditionnelles des musées d'Art en suivant en continu le développement des arts plastiques : l'originalité et la nouveauté sont les maîtres mots des expositions. Le musée présente des collections contemporaines postérieures à 1960 dans un superbe bâtiment achevé en 1998 sur les plans de Steven Holl : des peintures, des œuvres médiatiques, des œuvres spatiales et des photographies. Plusieurs étages où le blanc domine très largement avec une place exceptionnelle laissée à la lumière naturelle et un remarquable travail sur les volumes. Le musée acquiert chaque année une centaine d'œuvres supplémentaires d'artistes finlandais ou étrangers. La salle X met en scène les pièces les plus récentes quand la section Printti fait la part belle aux arts graphiques. Au rez-de-chaussée, café-restaurant très agréable avec wi-fi. Kiasma dispose aussi d'une salle de spectacle où sont régulièrement présentés des événements en lien avec toutes les formes contemporaines des arts du spectacle (danse, théâtre, musique) et souvent en collaboration avec des festivals. L'agenda des expositions est disponible sur leur site Internet ainsi que les programmations du théâtre et des performances. En 2020 fut programmée une exposition interactive de Liisa Lounila avec vidéos, réalités virtuelles, photos, sons… C'est le musée le plus visité de Finlande ! Gratuit avec la Helsinki Card et tous les premiers vendredis du mois.

MUSÉE DE LA VILLE D'HELSINKI (KAUPUNGINMUSEO) ★

Aleksanterinkatu 16
+358 9 3103 6630
www.helsinginkaupunginmuseo.fi
Ouvert du lundi au vendredi de 11h à 19h, le week-end de 11h à 17h. Entrée libre.

Un musée interactif et ludique particulièrement divertissant pour les enfants, avec sa « ville des enfants » ! La « Ville des Enfants » (*Lasten Kaupunki*) est un musée créé pour sensibiliser les enfants à l'art et à la culture d'une manière ludique. Ce site passe en revue l'histoire d'Helsinki durant le XVIIIe siècle : les petits peuvent découvrir les rues d'époque en entrant dans des magasins et des ateliers reconstitués, ils peuvent mesurer leur force en chargeant la cargaison sur un navire de commerce, se déguiser avec des habits d'époque, écrire sur un tableau… A l'étage, il y a une école primaire datant de 1930 avec la discipline des Mormons et une maison des années 1970 avec des jeux qui rappelleront forcément des souvenirs aux parents. Mais ce musée est aussi fort apprécié des adultes grâce à sa scénographie très vivante et pleine de surprises qui nous fait remonter le temps dans la ville. Au quatrième étage, une installation étonnante invite le visiteur à parcourir un Helsinki olfactif, allongé sur des coussins. N'hésitez pas à aller vous aventurer dans les extensions du musée, à la Villa Hakasalmi (Mannerheimintie 13 B), la maison Burgher, plus vieille maison en bois de la ville datant de 1818 décorée dans le style d'un foyer d'une classe moyenne des années 1860 (Kristianinkatu 12), le musée du logement ouvrier (Kirstinkuja 4), donnant une idée des logements sociaux du début du XXe siècle, et le musée du tram (Töölönkatu 51 A).

MUSÉE DE SUOMENLINNA

Suomenlinna C 74
+358 9 684 1850
www.suomenlinna.fi
Mai à fin septembre, 10h-18h, sinon 10h30-16h30. 7 € adulte. Ticket pour les 6 musées de Suomenlinna : 18 €.

Ce musée retrace l'histoire de la forteresse du XVIIIe siècle à nos jours : en particulier sa construction ainsi que la vie de la base navale et de la garnison. Toutes les 30 minutes, la projection du film *Suomenlinna Experience* se fait dans l'auditorium, 9 langues sont disponibles dont le français. C'est un film historique de 25 min sur grand écran qui résume bien toute l'histoire de la forteresse de Suomenlinna. Cela permet de bien comprendre le passé de ce site et ses enjeux notamment. Ouvert toute l'année, c'est gratuit avec la Helsinki Card.

TAMMINIEMI ★★

Seurasaarentie 15 +358 9 4050 9650
www.kansallismuseo.fi/en/tamminiemi
Oct-mars : weekend 11h-17h, avril à sept : merc-dim 11h-17h. Adulte 10 €, enfant 4 €. Gratuit avec Helsinki Card.

La résidence officielle d'Urho Kekkonen, président finlandais de 1956 à 1981, était connue comme le centre de la vie politique et gouvernemental de la Finlande. Tamminiemi est restée meublée comme elle l'était à l'époque de Kekkonen et le musée abrite une collection d'art finlandais et de cadeaux reçus des visiteurs étrangers. Du mois de mai 2019 et jusqu'à fin 2020, une belle exposition temporaire y a pris place : les photographies de presse autour d'Urho Kekkonen de 1952 à 1980, en particulier lorsqu'il était en vacances ou pendant ses temps libres.

MUSÉE ET PARC SINEBRYCHOFF ★★★★

Bulevardi 40

✆ +358 2 9450 0460

www.sinebrychoffintaidemuseo.fi

Mardi-vend 11h-18h (mercredi 20h), week-end 10h-17h. Entrée 15 €. Gratuit -18 ans et le 1er mercredi du mois 15h-18h.

Belle maison ancienne du fondateur russe de la brasserie Koff, bière populaire en Finlande. Amateurs d'art, Paul et Fanny Sinebrychoff ont collectionné des peintures européennes (flamandes et italiennes en particulier) des XVIIe et XVIIIe siècles. Depuis, la collection s'est enrichie de donations d'art allant du XIVe au XIXe siècle. Le musée Sinebrychoff est le seul musée du pays présentant une collection d'œuvres de maîtres européens du XIVe au début du XIXe siècle. Cette collection comprend des peintures suédoises, italiennes et aussi flamandes (dont un Rembrandt), mais aussi des meubles, de l'argenterie, des porcelaines et une collection de plus de 400 miniatures. A l'origine de ce musée se trouve la donation de Paul et Fanny Sinebrychoff de leur collection privée à l'Etat finlandais en 1921. On peut la visiter dans les salles de leur ancienne résidence. Cette collection a été complétée par les œuvres anciennes d'origine étrangère du Musée Ateneum. Le musée Sinebrychoff présente régulièrement des expositions temporaires qui cherchent à combiner tradition européenne et approche des expressions culturelles extra-européennes. Mais le plus intéressant est sans doute la succession de salles meublées dans des styles traversant les siècles...

A voir aussi : le parc Sinebrychoff, lieu de pique-nique populaire en saison, mais également apprécié des adeptes de luge en hiver (une colline à la descente parfaite le jour de *laiskianen*, Mardi gras finlandais) et le café Fanny adjacent.

TUOMIOKIRKKO - CATHÉDRALE D'HELSINKI ✝ ★★

Unioninkatu 29

✆ +358 9 23406120

La cathédrale est ouverte tous les jours de 9h à 18h, jusqu'à minuit de juin à fin août.

Construite d'après les plans de Carl Ludvig Engel, elle chapeaute la place du Sénat. Magnifique église, elle offre une vue agréable sur la ville en haut des marches. Aujourd'hui de confession luthérienne, elle fut d'abord consacrée à saint Nicolas, patron des marchands et des navigateurs. Comme ceux de l'église Saint-Isaac de Saint-Pétersbourg, ses quatre frontons cardinaux sont ornés des douze apôtres coulés dans le zinc. Son nom, Tuomiokirkko « Grande Eglise » date de 1959.

RAUTATIEASEMA - GARE CENTRALE ★

Kaivokatu 1

Construction en granit du début du XXe siècle (1909-1919), cette superbe gare est l'œuvre de l'architecte Eliel Saarinen et marque un tournant dans l'architecture finlandaise. Au style romantique national seront peu à peu préférées des lignes plus épurées. L'édifice de la gare mêle Art nouveau et fonctionnalisme. Sa façade d'aspect sévère, fleuron de l'Art nouveau, est atténuée par la subtilité des couronnements et l'intégration des éléments figurés. Quatre bustes d'hommes massifs et solennels, porteurs de globes lumineux, encadrent l'entrée principale - signées par le sculpteur finlandais Emil Wikström. Le duo de couples de sculptures a même un nom : Lyhdynkantajat, qu'on peut plus ou moins traduire par « les porteurs de lanterne » (Emil Wikström a aussi réalisé la sculpture d'ours, qu'on trouve devant le musée national). La tour de 48 m au toit vert-de-gris comporte une horloge de 3 m de diamètre. Elle est considérée comme la plus importante œuvre du romantisme national. À l'intérieur de la gare, la fresque du Pullman au deuxième étage est signée par Eero Järnefelt, l'un des grands artistes finlandais. La gare donne accès à la plus grande station de métro et à un passage commerçant souterrain. Cette gare est souvent citée parmi les plus belles gares d'Europe et du monde. La gare a été souvent mise à l'honneur dans les publicités des transports ferroviaires de Finlande. En 2013, les statues ont été restaurées et les luminaires des globes ont été remplacés par des leds.

© SERGE OLIVIER - AUTHOR'S IMAGE

SEURASAARI OPEN-AIR MUSEUM ★

Seurasaari
✆ +358 2 9533 6912
www.seurasaari.fi
Mai et septembre, lundi-vendredi 9h-15h, week-end 11h-17h. L'été 7j/7 11h-17h. Adulte 10 €. Gratuit avec l'Helsinki Card.

Ce musée évoque la vie des Finlandais d'autrefois. Des fermes et des habitations de différentes régions de Finlande sont reconstituées sur cet agréable terrain. On se balade des unes aux autres à la découverte des intérieurs de ces habitations qui frappent par le beau dépouillement de leur décoration intérieure, axée autour de lits clos et de tapis muraux (*ryiji*). Très caractéristique, une grande maison traditionnelle carélienne, en rondins de bois. Pendant la saison touristique, un musicien joue même du kantele. La grande résidence domaniale du XVIIIe siècle, entièrement en bois, abrite un mobilier de style gustavien intéressant (Gustave III, roi de Suède, correspond au Louis XV français). Voir également la petite et très spartiate cabane où Aleksis Kivi écrivit son roman *Les Sept Frères*. Service religieux le dimanche dans une petite église en bois du XVIIe siècle où, en guise d'appliques murales, une rangée de bras sculptés en bois portent des cierges. Faites aussi un tour à l'ancien sauna de fumée et au vieux moulin. Des objets rappellent les années de grande misère et de famine, telles les chaussures en écorce de bouleau tressée. Attention, le musée est ouvert seulement du 15 mai au 15 septembre. Sur place, pour ceux qui veulent, on peut faire des visites guidées (en anglais) du 15 juin au 15 août, tous les jours à 15h. Bar et restaurant sont à disposition pour une pause durant la balade. Le musée dispose aussi d'une jolie boutique de souvenirs.

VILLA GYLLENBERG ★★

Kuusisaarenpolku 11
✆ +358 9 481 333
www.villagyllenberg.fi
Ouvert le mercredi de 14h à 19h et le week-end de 12h à 17h. Adulte : 10 €, réduit : 8 €. Gratuit avec la Helsinki Card.

Propriété de la Fondation Signe et Ane Gyllenberg, le musée est situé dans l'ancienne demeure de ses donateurs, à Kuusisaari, dans l'ouest d'Helsinki. Banquier prospère et collectionneur d'art reconnu, Ane Gyllenberg (1891-1977) a regroupé des œuvres de grands artistes finlandais. Le musée a été rénové au printemps 2013 et se transforme régulièrement en lieu de concert classique de choix. Une fois par an, une exposition temporaire prend place dans ce lieu .

HELSINKI TOURIST INFORMATION - OFFICE DU TOURISME

Kaivokatu 1
✆ +358 9 3101 3300
www.myhelsinki.fi/en
Du lundi au vendredi de 9h30 à 17h30, le week-end de 10h à 16h.

Cet office de tourisme est situé dans la gare centrale d'Helsinki, au niveau des ventes de tickets VR. On y trouve des informations sur les activités, les événements, les restaurants et bars de la ville. Mais aussi des plans d'Helsinki gratuits. Les employés sont accueillants et vous orientent si vous avez besoin d'aide ou des questions. Un autre bureau de l'office de tourisme est situé au rez-de-chaussée sur la droite de la bibliothèque Oodi, en plein centre.

EUROHOSTEL €

Linnankatu 9
✆ +358 9 622 0470
www.eurohostel.eu
Chambre simple à partir de 40 €, chambre double à partir de 53 €.

Cet établissement de très bonne qualité offre des chambres simples mais agréables, des sanitaires très propres. Le restaurant mérite une mention spéciale : bon et copieux, budget très raisonnable, du sandwich chaud au saumon mariné. Bonne situation sur la presqu'île de Katajanokka : à pied ou par le tramway 4, le centre-ville et la gare sont tout près. Réservation indispensable en été. Salle de bains hors des chambres et cuisines équipées à tous les étages. Machine à laver, consignes, couvertures, draps et sauna (en journée) inclus.

THE YARD €

Kalevankatu 3 A 45
✆ +358 400 909 118
www.theyard.fi
A partir de 35 € en dortoirs, 89 € la chambre simple, 120 € la chambre double.

The Yard est une auberge de jeunesse en plein centre-ville d'Helsinki, à deux pas du musée Amos Rex, du centre commercial Forum ou des magasins Stockmann et à 400 mètres de la gare. Elle propose des chambres privées (simples, doubles ou quadruples) et des dortoirs de 8, 6 ou 4 lits. Salle de bains et toilettes sont partagées, les draps sont fournis et une serviette peut être fournie en supplément. On apprécie sa propreté, son design, son calme et l'équipement des dortoirs : lampe, rideau sur chaque lit, canapé, sèche-cheveux, placards... Un coup de cœur !

FINLANDE

HOTEL INDIGO €€

Bulevardi 26

✆ +358 2 0048 105

www.hotelindigo.com

Chambre double standard à partir de 91 €. Sauna, salle de gym et petit déjeuner inclus.

Voici un hôtel tout confort et d'excellent standing, idéalement situé au cœur du quartier bohème et branché de Punavuori, avec ses multiples cafés, boutiques de charme et restaurants. La décoration intérieure, moderne et épurée, n'a rien d'original, mais c'est chose commune en Finlande. Le petit déjeuner est bon, mais vous préférerez peut-être aller bruncher en face, au légendaire Café Ekberg, qui n'a pas volé sa réputation de pâtissier à la française... Un petit plus : le site Internet de l'hôtel est disponible en français.

HOTEL KATAJANOKKA €€

Merikasarminkatu 1 A

✆ +358 9 686 450

www.hotelkatajanokka.fi

Chambre simple ou double à partir de 116 €. Offres en ligne.

La prison de Katajanokka a fermé en 2002 et depuis 2007, elle s'est transformée en hôtel. Mais rassurez-vous, les cellules étroites de la prison ont été regroupées pour former des chambres équipées de tout le confort moderne : télé, minibar, grand lit dans chaque chambre, sèche-cheveux... Sur place, salle de sport et sauna accessible. L'hôtel est bien situé et à proximité d'un parc. Le restaurant vous offre une cuisine internationale de très grande qualité. On peut aussi y voir une cellule d'origine. Les fans de *Prison Break* seront ravis !

HOTEL CLARION €€€

Tyynenmerenkatu 2

✆ +358 1 0850 3820

www.nordicchoicehotels.fi

Chambre double à partir de 114 €, suite junior à partir de 300 €.

Sa vue sur le port et sur la ville, depuis son *sky bar*, est à couper le souffle ! Ses chambres sont sobres, très confortables et bien équipées, mais c'est décidément pour ses grandes baies vitrées que l'on y séjourne avec plaisir, afin d'admirer à tout instant la vue sur la cité et sur l'onde calme... Inoubliable, le plongeon dans la piscine chauffée aux parois transparentes, perchée sur le toit de l'hôtel. Il vous faudra ouvrir les yeux sous l'eau ou vous munir de lunettes de natation... afin d'avoir la sensation de vous jeter dans le port d'Helsinki !

HELLSTEN HELSINKI SENATE €€

Kauppiaankatu 5

✆ +358 9 251 1050

www.hellstenhotels.fi

Studio à partir de 78 €. Pas de service de réception, réservation par Internet obligatoire.

En plein cœur d'Helsinki, au coeur de la presqu'île de Katajanokka, à deux pas de la place du Sénat. L'hôtel dispose de 52 chambres avec kitchenette, téléphone, TV satellite et accès Internet gratuit. Certains appartements disposent même de leur propre sauna. Ce vieux bâtiment rénové est un hôtel d'appartements de différentes tailles allant de 28 m² à la suite de 160 m². Une superbe occasion de séjourner dans une chambre d'hôtel stylée à un prix bon marché avec un sauna commun et un service de laverie. Proximité, rentabilité et confort sont les maîtres mots.

LE VIEUX MARCHÉ COUVERT DE KAUPPAHALLI €

Eteläranta

✆ +358 93 10 23 550

www.vanhakauppahalli.fi

Ouvert tous les jours de 8h à 18h.

Situé à proximité de la place du marché, la vieille halle de Vanha Kauppahalli de 1889 n'attire pas l'œil au premier abord mais vous serez sous le charme par la chaleur de ses étals tout en bois et l'accueil chaleureux des commerçants ! Vous y trouverez le meilleur de la gastronomie finlandaise artisanale (ours, élan, saumon, pain...) où les autochtones tout comme les voyageurs viennent se réapprovisionner. Il est possible de manger sur place dans plusieurs petits cafés typiques.

FLYING DUTCH €

Pitkänsillanranta 2

✆ +358 40 13 26 009

Ouvert de 14h à 00h, la cuisine ferme plus tôt. Comptez environ 15 € pour un plat.

Petit coup de cœur pour ce vieux bateau hollandais au charme incontestable datant de 1897 ! Son nom est directement inspiré du plus célèbre des navires fantômes : le *Hollandais volant* (popularisé récemment par les films de Disney *Le Pirate des Caraïbes*). Sur l'eau et au calme, Flying Dutch permet une vraie coupure de la ville. Idéal pour venir boire un verre sur la terrasse en été entre amis ou déguster leurs plats savoureux entre soupe de poisson, burgers maison ou une salade rafraîchissante. Équipe fort sympathique dans une ambiance conviviale et chaleureuse.

KUSTAA VAASA €

Pöytävaraukset
✆ 358 9767706
www.kustaavaasa.fi

Ouvert du mardi au dimanche de 16h à 22h et de 11h à 22h le week-end. Plats de 16 € à 24 €, burger dès 16 €.

Un établissement *underground*, devenu à la mode en peu de temps. Ici l'ambiance est *hypster*. Dès l'entrée entourée de ses tags jusqu'à la décoration intérieure tout en bois. Des plats qui tiennent bien au ventre et des portions généreuses, le tout avec un service très sympathique. A noter que la viande est finlandaise. Une belle sélection de bonnes bières. Pour l'anecdote, en ce qui concerne le nom, Kustaa Vaasa, en français «Gustave Ier Vasa», était régent de Suède de 1521 à 1523 avant d'être roi de Suède la même année et ce, jusqu'à sa mort en 1560.

GRÖN €€

Albertinkatu 36
✆ +358 50 3289181
www.restaurantgron.com

Ouvert du mardi au samedi de 17h à minuit. Comptez 68 € pour le menu dégustation.

Énorme coup de cœur pour ce restaurant gastronomique qui propose deux menus dégustations (un normal et un végétarien) à prix unique. L'ambiance est intimiste dans un décor très soigné où la cuisine est visible depuis la salle afin d'observer le silencieux et concentré ballet des chefs Toni Kostian et Lauri Kähkönen... Chaque plat est une surprise et une expérience sensorielle unique pour vos papilles. Les menus sont concoctés à base de produits de saisons bio, sauvages et scandinaves. Un réel hommage à la créativité, à la nature et à vous, chers convives !

MUMIN KAFFE €

Fabianinkatu 29
✆ +358 46 92 23 822

Ouvert tous les jours de 10h à 18h.

Un café et une boutique au cœur d'Helsinki sur le thème des fameux Moomines. Pour ceux qui ne connaissent pas, les Moomines, c'est un des symboles de la culture finlandaise. Ce sont des personnages de fiction ressemblant à des hippopotames, créés dans les années 1940 par l'artiste Tove Jannson. Si, au départ, c'était une bande dessinée, au vu du succès pour ces petits personnages, c'est devenu ensuite un dessin animé populaire. Idéal pour prendre un café, un sandwich ou une viennoiserie en bonne compagnie ! Pratique avec des enfants.

KOSMOS €€

Kalevankatu 3 ✆ +358 9 647 255
www.kosmos.fi

Du lundi au vendredi 11h30-1h et samedi 16h-1h. Carte dès 30 €. Entre 20 et 30 € pour une viande ou un poisson.

Implantée dans le quartier depuis 1924, l'adresse constitue l'une des institutions de la ville. La salle principale, dont Alvar Aalto a assuré le design, a longtemps été le repaire des intellectuels finlandais. Avec de la chance, vous croiserez les frères Kaurismäki, célèbres cinéastes. À l'heure du déjeuner, les jeunes cadres dynamiques prennent le relais. Pourtant loin d'être prétentieux, ce restaurant accueille tout le monde et continue à nous charmer avec son atmosphère délicate. Nous vous recommandons spécialement les poissons. Belle terrasse l'été.

STORY €

Vanha Kauppahalli
www.restaurantstory.fi

Ouvert du lundi au samedi de 8h à 18h. Déjeuner autour de 14 €.

Dans les ravissantes halles en brique rouge du vieux marché, sur le port, ce restaurant vivant et très couru par une clientèle locale, aussi bien que par les branchés d'Helsinki, est réputé pour ses burgers parfaits. Mais c'est à la soupe crémeuse au saumon, aux pommes de terre et à l'aneth que nous vous recommandons de goûter, car ce plat traditionnel y est préparé à la perfection ! On y déguste aussi un savoureux brunch le matin avec d'excellents œufs Bénédicte ou un très bon porridge aux fruits de la passion par exemple. On recommande.

KUUKUU €€

Museokatu 17 ✆ +358 9 2709 0974
www.kuukuu.fi

Du lundi au jeudi 11h-23h, vendredi 11h-00h, samedi 12h-00h et dimanche 12h-22h. Menu dès 42 €, plat dès 20 €.

Ne pas confondre avec Kuu. Si vous voulez trouver une cuisine simple et authentique comme l'on pourrait trouver chez une grand-mère finlandaise, KuuKuu est votre lieu. Il faut absolument essayer les boulettes de viande préparées à la perfection et réputées dans tout Helsinki. Accompagnées d'une purée exquise, elles font un repas excellent pour une somme modique. Vous pouvez aussi y venir pour déguster un verre du côté bar et KuuKuu vous propose une terrasse ensoleillée en été. Il est recommandé de réserver pour les week-ends où les soirées deviennent plus animées.

LAPPI €€

Annankatu 22

✆ +358 9 645 550

www.lappires.com

Ouvert du lundi au samedi de 16h à 22h. Comptez de 20 € à 70 € pour les viandes et les poissons.

Un restaurant typique et idéal pour découvrir les spécialités du Nord. Cadre très chouette entièrement en bois avec l'impression d'entrer directement au pays des Sâmes. En hiver, demandez une table près de la cheminée pour être les mieux placés. Les serveuses sont en tenue traditionnelle. Bonne cuisine typiquement lapone (renne braisé, élan, œufs de poisson, lavaret, baie des marais…). Un plat végétarien est toutefois proposé. Même aux toilettes, vous aurez l'impression d'avoir franchi le cercle arctique. Réservation fortement conseillée.

VINKKELI €€

Pieni Roobertinkatu 8 ✆ +358 2 9180 0222

www.ravintolavinkkeli.fi

Lundi 11h30-14h, du mardi au vendredi 11h30-14h et 17h-00h, samedi 17h-00h. Menu dès 54 €, plats 26-30 €.

Vinkkeli, ouvert en 2016, est un succès tel qu'il vous sera impossible d'y déjeuner ou d'y dîner sans avoir réservé votre table. Dans un cadre à l'élégance moderne et épurée, une clientèle d'affaires et de retraités chics vient goûter à cette exquise cuisine d'inspiration finlandaise. La soupe crémeuse au céleri fumé est une réussite, le rôti de bœuf est tendre et parfaitement assorti d'une ratatouille de pois chiches aux parfums orientaux. Les desserts d'inspiration finno-française sont également impeccables et le service est de grand standing, comme il se doit.

YES YES YES €€

Iso Roobertinkatu 1

✆ +358 9 61285130

yesyesyes.fi

Du lundi au jeudi 16h-23h, vendredi 16h-1h, samedi 12h-01h.

Couleurs pastel et ambiance féminine décontractée pour ce très bon restaurant, qui mérite amplement son nom : Yes Yes Yes ! Côté *food*, nul doute, on se régale dans un *mood* healthy. Ce qui nous séduit particulièrement, c'est son brunch du samedi : une franche réussite. Au menu : des *munchies* (grignotines) avec du halloumi grillé, de la grenade, de la coriandre… Ou encore de délicieuses tartes sucrées au citron et chocolat blanc par exemple. Bon à savoir : c'est 100 % végétarien. Belle carte des vins du monde et de cocktails.

OLO €€€

Pohjoisesplanadi 5

✆ +358 1 0320 6250

www.olo-ravintola.fi

Ouvert du mardi au samedi 18h-00h. Menu à 93 € (samedi de 16h à 17h). Menu du chef dès 139 € sans boisson.

L'un des restaurants les plus gourmets et les plus réputés de la capitale finlandaise, fier de son étoile Michelin obtenu en 2011. Dans les assiettes, un style épuré mettant en valeur des produits frais et locaux, variant au fil des saisons, comme le hiramasa, nom japonais de la sériole, et son wasabi, la langoustine accompagnée de butternut, ou du canard à la framboise… Avant de découvrir la carte des desserts, superbe. Le menu change à chaque saison et peut s'accompagner des recommandations du sommelier pour le vin. Cher, mais divin.

SAVOY €€€

Eteläesplanadi 14

✆ +358 9 6128 5300

www.ravintolasavoy.fi

Ouvert du lundi au vendredi de 11h30-14h30 et de 18h-22h et samedi de 18h-22h. Menu déjeuner 67 €, dîner 93 €.

Situé au 8e étage, on y va pour la gastronomie, l'architecture et la superbe vue qui domine la ville. Alvar Aalto en a dessiné les plans en 1937, les lampes et les chaises sont d'ailleurs d'origine. Mannerheim y avait également sa table. C'est tout dire… Très classe et service irréprochable. Au menu, on déguste entre autres une salade de crabe avec son velouté ou une salade de crudités avec de la truffe d'hiver et du fromage… Avant de céder pour un risotto ou une des excellentes viandes proposées, toujours très bien accompagnées. Tout est parfait.

BAR LOOSE

Annankatu 21

✆ +358 9 586 1819

www.barloose.com

Du mercredi au samedi 18h-4h30, dimanche 20h-4h30. Dès 18h, 18 ans min, dès 23h, 20 ans min.

Résolument non-conformistes, les lieux aux fauteuils dépareillés, aux murs rouges et à la tuyauterie apparente, cultivent le côté rebelle. Servie notamment par une excellente musique rock, penchant affirmé pour les années 1960, la programmation tient toutes ses promesses. Le juke-box est réputé le meilleur de la ville et la crème du rock se rencontre ici. Chaque soir, un, deux ou trois concerts *live* se succèdent. Un DJ prend ensuite le relais. Une très bonne adresse pour faire la fête avec les Finlandais et écouter de la bonne musique rétro.

CAFÉ PEQUEÑO

Vaasankatu 11

✆ +358 4 5159 4995

Ouvert du lundi au vendredi de 9h à 18h, le week-end de 11h à 18h. Wi-fi gratuit. Formule déjeuner 10 €.

Pour le moins original, ce café à l'ambiance chaleureuse abrite, sous la même enseigne, un salon de coiffure baptisé «Dandy»... le tout est une affaire de famille. Le frère est aux fourneaux et propose des *empanadas* maison dont il tient la recette de sa mère argentine ou des cupcakes préparés par une amie finno-américaine, sa sœur coupe et coiffe et sa femme est la barista finlandaise de ce lieu qui prône l'amour du bon café ! Clin d'œil à la clientèle francophone, ici on parle français couramment confortablement enfoncé dans un fauteuil moelleux. Coup de cœur !

HELSINKI DISTILLING COMPANY

Työpajankatu 2a R3

✆ +358 40 7060388

https://hdco.fi/

Mercredi et jeudi de 16h à 23h, vendredi et samedi de 16h à 2h.

En plein quartier de Kallio, se trouve la distillerie de gin de la ville. L'endroit est particulièrement animé, au sein de l'abattoir Teurastamo, un lieu culturel. Le bar à l'étage est particulièrement chaleureux. Quant aux cocktails, ils sont à tomber ! Et si on s'interroge sur comment faire du gin, on file au rez-de-chaussée et on s'inscrit pour participer aux visites guidées. Un de nos bars coup de cœur du quartier : entre amis ou en amoureux, on y passe une très bonne soirée.

MOLLY MALONE'S

Kaisaniemenkatu 1 C

✆ +358 02 0719 1970

www.mollymalones.fi

Ouvert tous les jours de midi à 4h.

Molly Malone's, c'est un peu le pub irlandais de la capitale finlandaise et ce, depuis 1994. Plusieurs ambiances musicales et pistes de danse pour ce pub très fréquenté par les étudiants Erasmus et les expatriés. On y parle toutes les langues et on y danse jusqu'au bout de la nuit sur des rythmes endiablés. De la musique *live* tous les soirs. Ce bar avec une belle terrasse est devenu un incontournable d'Helsinki. Tout le monde connait le Molly Malone's et y a passé au moins une soirée mémorable. Une bonne adresse pour les fêtards.

PUB MAGNEETTI

Mäkelänkatu 20 B

✆ +358 9 7515 4227

Ouvert du lundi au samedi de 18h à 2h du matin.

C'est le pub tendance du moment à Helsinki, fréquenté aussi bien par des jeunes de 20 ans que par des trentenaires. Tous connaisseurs de la vie nocturne à Helsinki, ils semblent avoir trouvé refuge dans ce bar qu'ils se réservent jalousement. Vous verrez vite que la plupart des clients se connaissent. La décoration est informelle, l'atmosphère intimiste et conviviale. Il faut dire que la bière et le vin sont beaucoup moins chers qu'ailleurs et que ça rend les Finlandais moins timides... Musique jazz et funk généralement. Également des concerts de temps en temps.

SKY BAR DE L'HÔTEL CLARION

Tyynenmerenkatu 2

Ouvert du dimanche au mardi de midi à minuit, du mercredi au samedi de midi à 2h.

Au dernier étage de l'hôtel Clarion, sur le port ouest d'Helsinki, la vue sur la ville est absolument imprenable. Sur place, nous attendent de délicieux cocktails et une belle sélection de vins à des prix pourtant pas excessifs, dans un cadre design pour admirer le coucher du soleil. Si vous cherchez un endroit calme le soir, en amoureux ou pour chiller entre amis, c'est l'endroit parfait, la vue avec la ville éclairée est époustouflante. Interdit aux mineurs après 20h.

THE RIFF

Iso Roobertinkatu 3

✆ +358 40 74 61 090

www.theriff.fi

Ouvert tous les jours de 14h à 4h.

Ouvert depuis 2015, sans doute que The Riff est aujourd'hui l'un des cafés les plus rock'n'roll de la capitale. Et puisqu'Helsinki est un fief de la musique rock et métal, un voyage ici mérite un petit détour dans une de ces soirées. Ce bar rock vous accueille avec une décoration déjantée avec guitares (dont celle de Chris Kael, le bassiste de Five Finger Death Punch !) et batteries au mur, photos de Slash (guitariste de Guns N'Roses) et de divers groupes de métal. Soirée mémorable garantie avec concerts et festivités ensuite ! Terrasse en été.

AKATEEMINEN KIRJAKAUPPA

Keskuskatu 1
✆ + 358 9 12 141
www.akateeminen.com
Ouvert du lundi au vendredi de 9h à 21h, le samedi de 9h à 19h et le dimanche de 11h à 18h.

En français, bibliothèque du livre académique. Un paradis pour les livres, dans un bâtiment conçu entièrement par Alvar Aalto, qui abrite aussi un petit café. Un très beau rayon d'ouvrages en langues étrangères, dont un rayon français bien achalandé, et des livres sur la Finlande et la langue finnoise. Passage obligé donc dans cet endroit qui vous donnera l'occasion de remplir votre bibliothèque au retour ! C'est aussi et surtout l'occasion d'admirer un des nombreux ouvrages d'Alvar Aalto, intitulé *la Maison du livre* et datant de 1969.

MARIMEKKO

Mikonkatu 1
www.marimekko.fi
Ouvert du lundi au vendredi de 10h à 20h, le samedi de 10h à 17h et le dimanche de 12h à 17h.

Marimekko s'est fait connaître il y a cinquante ans déjà avec son tissu à coquelicots colorés, *unikko*. Marimekko est la marque de plusieurs créateurs associés autour d'une même idée. Depuis les petites robes du début (d'où le nom de « robe de Mari »), la marque s'est également fait un nom dans le domaine de la décoration intérieure à la nordique mais reste célèbre pour sa mode femme, homme et enfant avec sa touche originale et toute finlandaise. Une petite griffe de grande qualité, qui a fait bien du chemin au niveau mondial.

FARGO VINTAGE

Fleminginkatu 20
✆ +358 4 4543 7750
www.fargoshop.fi
Mercredi 15h-19h, samedi 12h-16h.

Voici un bric-à-brac qui a de l'allure et une âme ! Armé d'une tasse de café, l'on peut y déambuler, comme pour mieux remonter le temps, à la recherche du trésor caché parmi une bonne sélection *vintage* de vêtements, mobilier, objets *design* et musique *soul* et *jazzy*. Si on trouve de belles pièces comme des armoires, des bureaux et compagnie, on peut aussi y dénicher de plus petits accessoires de décoration tels que des lampes, des affiches… Boutique en ligne. Plutôt pour les très bons budgets, cependant c'est intéressant aussi pour découvrir le design finlandais.

MOOMIN SHOP

Forum, Mannerheimintie 20 ✆ +358 4 0192 0720
www.moominshop.fi
Ouvert tous les jours, du lundi au vendredi de 9h à 21h, le samedi de 9h à 18h et dimanche de midi à 18h.

Au deuxième étage du centre commercial Forum, on retrouve cette boutique pour en mettre plein les yeux aux inconditionnels des Moumines ! Au programme : vaisselle, accessoires, jouets, vêtements, et même sucreries aux couleurs des Moumines. De quoi trouver une belle idée-cadeau pour les petits – et même les plus grands – fans des personnages tendres créés par Tove Jansson. Et si on ne les connaît pas, c'est l'occasion de découvrir cette histoire très populaire ici. En 2020, la boutique a fêté les 75 ans de la création de ces petits personnages. Boutique en ligne.

HIETALAHDEN KAUPPAHALLI - HALLES DE HIETALAHTI

Lönnrotinkatu 34
✆ +358 9 3102 3565
www.hietalahdenkauppahalli.fi
Lundi et mardi de 8h à 18h, jusqu'à 20h mercredi et jeudi et 22h vendredi et samedi.

Réouvertes récemment, ces halles couvertes chaleureuses et lumineuses au cœur d'Helsinki abritent de nombreuses échoppes en bois à l'ancienne, dont certaines, « pop-up », qui changent tous les mois. On y trouve des produits locaux et bio de qualité, que l'on peut également déguster sur place. Arrêtez-vous chez le boucher Roslund pour y goûter le meilleur hamburger de la ville, dégustez de la *street food* japonaise, des pâtes italiennes, ou réchauffez-vous encore autour d'une soupe.

HELSINGIN MELONTAKESKUS - CENTRE DE CANOË

Rajasaarenpenger 8
✆ +358 9 436 2500
www.helsinginmelontakeskus.fi
Location de canoës l'été, en semaine, 14h-20h, samedi 10h-16h et dimanche 12h-18h. 30 €/heure, 80 € la journée.

Ce centre de canoë offre un bon rapport qualité-prix et surtout un emplacement idéal pour cette base créée il y a 20 ans. Profitez-en par exemple, pour faire un tour du côté de Seurasaari. Les horaires peuvent varier selon la météo. On y trouve des kayaks simples, des kayaks doubles, des canoës ainsi que des SUP (stand-up paddle). Ils organisent aussi des activités groupées, n'hésitez pas à vous renseigner.

KULTTURISAUNA

Hakaniemenranta 17
www.kulttuurisauna.fi
Du mercredi au dimanche 16h-20h. Adultes : 15 €, étudiants et retraités : 12 €. Location de serviette de bain : 4 €.

Situé tout au bout du quai Hakaniemenranta, au bord de la Baltique, avec vue sur la presqu'île de Tervasaari et au loin la cathédrale orthodoxe Uspenski, ce sauna culturel tenu par un couple finno-nippon apporte sérénité et zénitude ! Vous aurez l'impression d'être reçu par Madame Butterfly, envoûté par un air d'opéra à l'accueil, avant de rejoindre les deux saunas de 18 places (l'un pour les femmes, l'autre pour les hommes), construits tout en bois. Possibilité de se rafraîchir par une baignade dans la mer, depuis la terrasse à l'arrière.

SEAPOOL ALLAS

Katajanokanlaituri 2 ✆ +358 40 565 6582
www.allasseapool.fi
Piscines et saunas : du lundi au vendredi 6h30-21h, samedi 9h-21h, dimanche 9h-20h. Adulte : 14 €, enfant : 7 €.

Commencez par aller vous prélasser dans l'un des saunas du centre (femme, homme ou mixte) avec vue directe sur Helsinki, continuez en allant vous baigner dans l'une des piscines extérieures (les plus téméraires opteront pour l'eau froide tandis que les plus frileux opteront pour l'eau chaude) qui donne directement sur la mer et terminez enfin à l'étage dans le somptueux restaurant qui offre une vue panoramique sur toute la ville avec ses grandes baies vitrées... Le cadre est sublime. Le personnel est également très accueillant. Alors, vous hésitez encore ?

CASINO

Mikonkatu 19
✆ +358 9 680 800
www.casinohelsinki.fi
7j/7, de 13h à 4h. Interdit aux moins de 18 ans. Pièce d'identité avec photographie obligatoire.

Fait relativement rare, mais à Helsinki, le casino est tenu par l'État. L'ensemble des recettes est reversé au secteur de la santé ! Aucune culpabilité donc à délier les cordons de la bourse. Ce très beau casino est le seul de la ville. Les mises minimales peuvent être élevées. N'oubliez pas de vous munir d'une pièce d'identité avec photo, sans quoi l'entrée vous sera refusée. A l'intérieur un espace restaurant et spectacle, avec des shows musicaux organisés régulièrement. Côté tenue, pas de dress code mais un minimum est exigé : pas de tenue de sport.

KAIKU

Kaikukatu 4
✆ +358 4 5111 1466
www.clubkaiku.fi
Ouvert du mercredi au samedi de 22h à 5h. Entrée environ 15 €, selon les soirées.

C'est LE club électro d'Helsinki, le seul dont la programmation puisse se hisser à la hauteur des clubs de Berlin ou de Londres. Branché, jeune, un poil trash, il est logé dans le bel entrepôt en brique rouge qui abrite également le bar Siltanen, où il est de bon ton de commencer la soirée. L'agenda est disponible sur leur site Internet, très varié, il fait preuve d'une belle qualité. Côté DJ français, Laurent Garnier mixe parfois là-bas. On y voit aussi beaucoup de DJ américains. On recommande chaudement ! (Attention, le club est interdit au moins de 20 ans.)

SILTANEN

Hämeentie 13 B
✆ +358 04 4066 0530
www.siltanen.org
Ouvert du lundi au jeudi de 11h à 2h, du vendredi au samedi de 11h à 3h, le dimanche de 23h à 3h.

Un bon choix pour commencer une soirée au cœur de Kallio. On y retrouve des DJ électro pointus, une sélection éclectique pour ce bar-club ultra-branché. Et on peut même y venir très tôt, puisqu'ils servent aussi bien des petits déjeuners, des déjeuners que des dîners. Ils sont même spécialisés dans la cuisine de produits frais et sans gluten, avec beaucoup de choix vegan. Très belle terrasse l'été. Et si le soir ça ferme trop tôt pour vous, bonne nouvelle, il est toujours temps de terminer la soirée juste à côté, au club Kaiku.

TAVASTIA

Urho Kekkosen katu 6
✆ +358 9 7746 7420
www.tavastiaklubi.fi
Du dimanche au jeudi de 20h à 1h, vendredi 21h-4h, samedi 20h-4h30. Prix selon concert (réduction en ligne). 18 ans min.

Créé au début des années 1970, le Tavastia est l'un des plus vieux clubs d'Europe encore ouvert et l'un des plus populaires de la capitale finlandaise. La programme y est de très grande qualité, oscillant entre rock, pop, électro, rap et bien sûr, Helsinki obige, du heavy metal. C'est ici que se produisent les grands noms de la musique lors de leur passage à Helsinki. On peut aussi y découvrir les rockstars de demain. On peut aussi y manger midi et soir, ainsi qu'un lounas la semaine dans la partie restaurant ouverte depuis 1932 !

ROVANIEMI ★★★★

Construite à quelques kilomètres au sud du cercle polaire arctique, c'est la capitale de la Laponie finlandaise et accessoirement la ville du Finlandais mondialement connu, le Père Noël ! Avec 60 000 habitants, Rovaniemi, s'est imposée comme le centre économique de la région. Entièrement détruite en 1944 par l'armée allemande, Rovaniemi sera rebâtie selon les plans d'Alvar Aalto selon la forme des bois de rennes. On s'y arrête pour rayonner dans la région et visiter le formidable musée Arktikum consacré à l'environnement, l'histoire et les peuples arctiques. On y trouve aussi des compagnies proposant des tours dans toute la Finlande.

Balade

Une balade agréable à faire se situe le long de la rivière Kemijoki. Les rives ont été aménagées, pour les joggers, les marcheurs et autres cyclistes. L'endroit est paisible et l'on a une vue intéressante sur l'est de la ville et notamment la colline d'Ounasvaara de l'autre côté de la rivière.

Tourisme

- Office de tourisme ouvert du lundi au vendredi de 9h à 17h, le samedi de 10h à 15h. En été et pendant les vacances de Noël, également le samedi et le dimanche de 9h à 17h. C'est le point névralgique, le lieu où le monde entier vient glaner les dernières informations sur la localisation de Santa Claus, alias le Père Noël. Vous pourrez ainsi programmer des safaris ou vous renseigner sur les événements et festivités à venir.

Transports

- Aéroport de Rovaniemi. (www.finavia.fi). À 10 km du centre-ville. Des navettes permettent de rallier le centre-ville en 15 minutes environ. Cet aéroport est considéré comme la tête de pont de la Laponie mais aussi de la Russie proche.
- Airport Bus. (www.airportbus.fi). Les horaires des bus correspondent aux horaires des avions. Cette navette relie l'aéroport au centre-ville, et à tous les hôtels principaux en une vingtaine de minutes.
- Gare routière. (Lapinkävijäntie 2 - Tél. +358 200 4000 - yritykset.pakettipalvelut@matkahuolto.fi) Ouvert du lundi au vendredi de 7h à 19h30 et le week-end de 8h à 19h30. Consigne. Compter 13 heures de trajet (minimum) pour rejoindre Rovaniemi au départ d'Helsinki. Au départ de Rovaniemi, des bus (la plupart avec toilettes et wifi) rejoignent quasiment toutes les villes et villages de la Laponie finlandaise.
- Taxi Rovaniemi. Station à la gare routière.

ARKTIKUM ★★

Pohjoisranta 4 ✆ +358 16 322 3260
www.arktikum.fi

Ouvert à la période de Noël et en été tous les jours de 10h à 18h, fermé le lundi le reste de l'année. Adultes 15 euros.

Site culturel et architectural incontournable à Rovaniemi avec sa verrière qui s'étend sur plus de 170 m sur les berges de la rivière Ounasjoki. Regroupant le centre arctique de l'université de Rovaniemi et le musée provincial de Laponie, l'ensemble est consacré à la nature et aux cultures des peuples du Grand Nord. L'histoire n'est pas oubliée avec l'épisode douloureux de la Seconde Guerre mondiale : en octobre 1944, l'armée allemande détruisit 90% de Rovaniemi.

Difficile de ne pas être emballé par la qualité des expositions et l'aspect toujours très pédagogique des mises en scène. On apprend une foule de choses, comme par exemple que « arctique » vient de *Arktikos* en same, qui signifie « terre du grand ours », ou encore que le crabe géant a été introduit par l'homme dans la mer de Barents, déséquilibrant tout l'écosystème. Bref, cette visite ludique est très instructive. Elle expose des objets du quotidien et projette de bons films qui permettent d'en apprendre plus sur les Sames. Prévoir au moins 2 heures de visite.

Le musée propose très régulièrement des expositions temporaires, dont l'accès est moins coûteux (comptez généralement 5 euros), et permet de redécouvrir sans cesse les lieux. Elles permettent aussi une approche moins longue et différente du musée, pour les visiteurs pressés qui voudrait tout de même pénétrer dans cet incroyable bâtiment. On le répète, c'est un must-see !

- **Petit plus :** le café-restaurant du centre est délicieux ! Parfait pour faire une pause gourmande après votre visite.

FERME DE RENNES - KONTTANIEMI REINDEER FARM ★

Tamsintie 76
✆ +358 400 991 530
www.porofarmi.fi

Accueil de groupes sur réservation deux jours à l'avance au plus tard à 15h, minimum 2 adultes. Ouvert en semaine.

La ferme est située le long de la rivière Ounasjoki et est traversée par le cercle arctique. Vous pouvez y faire des balades en traineaux tirés par des rennes, vous restaurer et même dormir en gîte, en écoutant les légendes et les histoires du maître des lieux, intarissable sur les rennes. Endroit féerique et hors du temps, idéal pour aller à la rencontre de ces bêtes si attachantes et qui nourrissent depuis des siècles les contes et légendes des peuples du Nord.

FINLANDE

LAPPIA HALL

Hallituskatu 11
✆ +358 400 698 154
www.visitrovaniemi.fi

Ouvert toute l'année du lundi au vendredi de 8h à 16h.

Œuvre d'Alvar Aalto qui impose une nouvelle fois sa touche. Belle salle culturelle destinée à la fois au théâtre et aux concerts. Le centre des congrès accueille dans ses 3 salles, des concerts, des cocktails, des conférences, et toutes sortes de manifestations. Dans sa plus grande salle, il peut accueillir jusqu'à 419 personnes. Voyez également la bibliothèque située en face et largement remaniée sur les plans du maître architecte (1965). Souci esthétique et nécessité pratique se marient à merveille. Superbe travail sur la lumière notamment.

MUSÉE D'ART - KORUNDI ★★

Lapinkävijäntie 4 ✆ +358 16 322 2822
www.korundi.fi

Ouvert du mardi au dimanche de 11h à 18h. Ouvert avec entrée gratuite le jeudi de 18h à 20h. Entrée adulte à 10 €.

Construit dans un ancien dépôt postal datant de 1933, l'espace propose grand nombre d'événements culturels, essentiellement musicaux, mais il possède aussi une solide collection d'art contemporain. C'est également le siège de l'orchestre de chambre de Laponie. Les expositions temporaires changent quatre fois par an. C'est un lieu de culture important pour la ville, mais on peut aussi s'y retrouver pour admirer la beauté des locaux, en parfaite adéquation avec l'esprit du lieu, et le temps d'un café ou un moment de tranquillité dans la bibliothèque du complexe.

MUSÉE FORESTIER

Metsämuseontie 7
✆ +358 40 536 0080
www.lapinmetsamuseo.fi

Lapin Metsämuseo. Ouvert du 1er juin au 31 août, du mercredi au samedi de 11h à 17h. Entrée adulte à 6 €.

Le musée s'attarde sur le travail et la vie des bûcherons au XXe siècle, avec des photographies sur l'abattage et le flottage des arbres. Passionnant pour comprendre l'évolution d'une ressource et d'une industrie encore centrales en Laponie. Le bois est une ressource cruciale et historique, au cœur de l'économie du pays, que ce soit en Finlande ou dans les autres pays de Laponie. Le bois est présent partout et sa part dans la culture des peuples nordiques lui vaut bien ce joli musée, aussi charmant qu'intéressant. Idéal pour flâner.

PILKE SCIENCE CENTRE ★

Ounasjoentie 6
✆ +358 20 564 7820
www.tiedekeskus-pilke.fi

Ouvert toute l'année du mardi au vendredi de 9h à 18h et le samedi et dimanche de 10h à 16h. Adulte à 7 €, enfant 5€.

Centre ouvert le lundi en pleine saison, le week-end jusqu'à 18h. Un site moderne et interactif où vous apprendrez pleins de choses sur l'exploitation durable des forêts. Les expos sont bien faites pour les enfants, qui comprendront rapidement le processus de la photosynthèse, ou encore le principe d'écoresponsabilité. On pourra aussi se perdre dans une forêt de bouleaux reconstituée, pour ressentir la vie de la forêt en pleine nuit. Guichet d'information sur les parcs nationaux pour connaître les sites de randonnée et de pêche (vente de cartes).

Rovaniemi.

RANUA WILDLIFE PARK

Ranua Wildlife Park
✆ +358 16 3551921
www.ranuazoo.com

Ouvert toute l'année, de 9h à 19h en juin-juillet-août, 10h à 16h de septembre à mai. Adultes 18,50 €, enfants à 16 €.

Un zoo particulièrement agréable, qui donne l'occasion d'une belle balade dans les bois. On peut y voir deux ours polaires, des ours bruns, des loups et des gloutons, des lynx, des renards polaires et bien d'autres animaux natifs de Laponie. En plus, une petite ferme permet d'approcher des cochons, des chèvres, et offre même l'occasion pour les enfants de faire un petit tour à dos d'âne ! Plusieurs tours opérateurs proposent des excursions aller-retour pour aller au zoo, notamment en traîneau à chiens durant l'hiver. Belle excursion en famille !

SANTA CLAUS SECRET FOREST - JOULUKKA ★★★

Eteläranta 11A ✆ +358 50 571 6989
https://santaparkarcticworld.com

Réservation obligatoire sur le site Internet ou auprès de l'office de tourisme. Compter 179 € par adulte.

Les elfes ont enfin autorisé la divulgation de l'emplacement de ce lieu unique installé au cœur de la forêt où chacun peut découvrir la véritable histoire de Noël. Les vrais amoureux de traditions seront heureux de découvrir cette adresse perdue en pleine nature, où plein de superbes activités les attendent. Mais ce rêve a un prix (cher), car pas question de venir en voiture et de nuire à l'atmosphère féerique. On viendra vous chercher en ville ou il vous faudra prendre une navette.

SANTA CLAUS VILLAGE ★★

Napapiiri
✆ +358 16 346270
www.santaclausvillage.info

Les horaires peuvent varier en fonction des boutiques. Ouvert toute l'année, entrée libre.

Le voici, le fameux village qui attire les foules du monde entier. Le lieu de travail du Père Noël. D'ailleurs, on voit le vieux barbu, on peut même prendre une photo avec lui, ou même envoyer une carte depuis son bureau de poste ! Pour le reste, le village du Père Noël n'est autre qu'un centre commercial en plein air, où l'on trouve absolument tous les souvenirs de Laponie que l'on puisse imaginer, de l'artisanat lapon aux décorations de Noël, et où l'on peut s'offrir toutes les activités typiques. L'endroit est amusant, mais les prix sont exorbitants.

SANTA PARK

Tarvantie 1
✆ +358 600 301 203
www.santapark.com

Réouverture en 2021, novembre-janvier. Tous les jours de 10h à 18h (17h en novembre). Adulte 35 €, enfants 29 €.

Un parc d'attraction souterrain, dont le thème principal est bien sûr le Père Noël. On y rencontre donc les elfes, les rennes et toute la logistique qui fait le miracle de Noël ! Amusant avec les enfants, l'atmosphère est joyeuse, dépaysante, et malgré les prix élevés et la foule permanente, c'est une dimension supplémentaire au Santa Claus Secret Forest qui s'apprécie. Réservation conseillée. Tickets valables sur l'ensemble des attractions, sur deux jours consécutifs.

SNOWMAN WORLD ★

Joulumaantie 5
✆ +358 40 519 4444
www.snowmanworld.fi

Ouvert de début décembre à fin mars de 11h à 17h. Compter 25 € l'entrée.

Ce petit village de glace est un immanquable lorsque l'on va rendre visite au père Noël ! Quelques attractions pour divertir petits et grands comme une descente dans un pneu sur un toboggan glacé, un Ice Bar pour déguster un cocktail, un restaurant pour se régaler... Le tout dans une ambiance igloo, et la possibilité de dormir dans l'igloo, sans risque de prendre froid, bien emmitouflé dans une couverture... Bref, il y a ici de quoi profiter de tout ce que le pays du père Noël a à offrir. Idéal pour faire rêver les enfants !

ARTIC LIFESTYLE

Koskikatu 6
✆ +358 50 343 9100
www.arcticlifestyle.fi

Ouvert toute l'année. Voir site pour le détail des expéditions par saisons et tarifs.

Voilà une agence (très) sérieuse, à taille humaine et où on vous reçoit avec le sourire ! Et même en français si vous croisez Elodie à l'accueil. En hiver, ce sont évidemment les activités neige qui sont au programme avec des randonnées de motoneige en tout genre, y compris la nuit pour partir à la recherche des aurores boréales, des balades en traîneau à huskies, des visites de fermes de rennes, des sessions de pêche sous la glace, etc. En été, place aux randonnées rafting et jet-ski ou aux sessions de paintball. Aussi bar, restaurant, hébergement.

LAPLAND SAFARIS

Koskikatu 1
✆ +358 16 3311 200
www.laplandsafaris.fi

Tours dans toute la Laponie, en toutes saisons. Consulter le site pour activités, tarifs et destinations.

Lapland Safaris vous propose des excursions aussi bien en hiver qu´en été pour enrichir votre séjour et vous divertir. En hiver, balade en motoneige, traîneau tiré par un renne ou des chiens huskies, pêche au trou, dîner et nuit en igloo… En été, croisière en barque traditionnelle, visite d'un élevage de rennes et nombreuses activités à faire en complète autonomie. Grâce à son réseau de prestataires, l'agence propose des séjours dans toute la Laponie. Attention toutefois, on est ici sur du tourisme de groupes et vous serez souvent avec des groupes imposants.

SAFARTICA

Koskikatu 9
✆ +358 16 311 485
www.safartica.com

De 69 € à 162 € l'activité, à réserver par internet ou directement à l'agence.

Une agence à la fois professionnelle et à taille humaine. Ici, vous ne serez pas noyé dans des groupes de touristes. Vous aurez l'embarras du choix côté excursions : sortie nocturne en motoneige à la découverte des aurores boréales, circuit magique en chiens de traîneau, randonnée en raquettes sur les hauteurs de Rovaniemi, sorties en ski de fond... L'été, vous pourrez descendre une rivière en rafting, et bien plus encore ! En plus, les guides viennent vous chercher et vous ramènent à votre logement, et les tenues vous sont fournies en hiver de la tête aux pieds !

B&B AARIA €

Rannanmukka 6
✆ +358 40 023 8235
www.bbaaria.com

Comptez de 50 € à 150 € la chambre simple et de 95 € à 200 € la chambre. Petit déjeuner compris. Sauna à 25 € l'heure.

Rare dans le paysage de Rovaniemi, ce charmant petit B&B (5 chambres doubles et 2 lofts) propose un accueil chaleureux et une situation agréable. La situation est idéale pour ce pied à terre où l'on peut se promener le long de la rivière et skier en saison (la station de ski alpin et de ski de fond et le télésiège de Ounasvaara est en face). La maison est typique de la région, de couleur rouge et décorée à la scandinave. Le B&B dispose d'un sauna, qui sera très apprécié été comme hiver ! Attention les disponibilités sont limitées, réserver à l'avance.

CAMPING OUNASKOSKI €

Jäämerentie 1
✆ +358 16 345 304
www.ounaskoski-camping-rovaniemi.com

Ouvert de fin mai à mi-septembre. Réception ouverte de 8h à 22h. A partir de 17 € pour une tente ou une caravane.

Situé au bord de la rivière, au niveau du pont, face à la ville. Une bonne option, même si vous n'avez pas de voiture car le centre est rapidement accessible à pied et l'ensemble est plutôt verdoyant en été. Ce n'est pas l'emplacement le plus charmant, étant proche du centre-ville, mais on doit lui reconnaître son côté pratique. Le camping est tout de même au bord de l'eau et l'été, les lieux sont verdoyants et agréables ! Toutes les commodités habituelles sont au rendez-vous : Internet, laverie, douches chaudes inclues et sauna. Un bon compromis en somme !

HOSTEL RUDOLF - SANTAS €

Koskikatu 41-43
✆ +358 16 321 321
www.rudolf.fi

Comptez de 49 à 73 € la chambre simple et de 63 € à 108 € la chambre double.

Cet établissement bon marché et à la façade peu réjouissante, situé à 500 m de l'office de tourisme, dépend du grand hôtel Santa Claus. C'est d'ailleurs là que vous devrez prendre vos clefs car il n'y a pas de réception, et éventuellement prendre votre petit déjeuner moyennant supplément. Une option correcte pour les petits budgets, qui offre plusieurs dispositions de chambres. Toutes sont meublées et décorées très sobrement, en rouge et beige, et sans fioritures. Le confort reste essentiel mais bien présent, on y séjourne sans problème.

BOREAL CORNERS €€

Väinämöisentie 17
✆ +358 407 062 583

Comptez 140 € pour une nuit sur place (maximum 3 personnes).

Antero est un hôte exceptionnel qui se fera un plaisir de vous renseigner sur la région et de vous faire vivre une expérience agréable dans un joli appartement situé dans le meilleur quartier au cœur de la ville de Rovaniemi. L'intérieur est constitué d'une chambre avec un lit double (possibilité de rajouter une couchette pour une personne) et d'un salon doté d'une décoration minimaliste et épurée. Mais surtout Antero propose des activités locales typiques. Une expérience 100 % locale pour les voyageurs à la recherche d'authenticité !

CITY HÔTEL €€

Pekankatu 9

✆ +358 16 330 0111

www.cityhotel.fi

Comptez de 109 € à 280 € la chambre double. Suite à 330 €. Petit déjeuner et sauna compris.

Situé en plein centre-ville, cet établissement est une référence à Rovaniemi depuis bientôt 40 ans. Des chambres décorées avec goût, modernes et bien équipées, 55 au total, de la chambre twin à la suite. Un très bon rapport qualité-prix pour cet hôtel 4-étoiles. Le plus ? Le bon restaurant Monte Rossa qui propose d'excellents recettes locales à base de renne et de poissons du coin. En bref, une adresse recommandée pour ceux qui souhaitent un hôtel chic, sans être guindé. Mention particulière pour la qualité et la gentillesse du personnel.

HOSTEL CAFÉ KOTI €€

Valtakatu 21

✆ +358 44 796 1333

www.hostelcafekoti.fi

Dés 57 € la chambre double, dés 25 € le lit en dortoir.

Ouvert fin 2016, voilà le nouveau spot à la mode pour les petits et moyens budgets. Avec quelques dortoirs mixtes ou non, et des chambres au style sobre et affirmé, l'hostel Koti est vite devenu incontournable à Rovaniemi. Les options d'hébergement sont multiples, on vous accueille avec le sourire, on est en plein centre-ville et le petit déjeuner dans le café attenant (ouvert tous les jours de 7h à 23h ou 1h30 certains soirs) est gargantuesque et bio. Bref, on ne trouve pas meilleur rapport qualité-prix à dans la ville... On adore.

LAPLAND HOTEL SKY OUNASVAARA €€

Colline d'Ounasvaara

✆ +358 16 323 400

www.laplandhotels.com

Chambre double entre 98 € (été) et 256 € (hiver) en moyenne. Petit déjeuner inclus.

Vue panoramique et chemins de randonnée au pied de l'hôtel. Les chambres ont vraiment une vue magique sur la forêt environnante. Quasi toutes les salles de bains sont équipées d'un sauna privatif : quel bonheur de s'y prélasser après une longue randonnée en plein hiver ! Le buffet du petit déjeuner, particulièrement copieux, est un régal. Le restaurant est quant à lui classé parmi les meilleurs de Finlande et ses baies vitrées offrent une vue incroyable sur la nature environnante.

SCANDIC HOTEL - POHJANHOVI €€

Pohjanpuistikko 2

✆ +358 16 33 711

https://resort.cumulus.fi

Chambre double dès 96 € si réservation en avance non modifiable, sinon dès 120 €.

Comme son homologue le Polar, voilà un autre gros porteur du tourisme à Rovaniemi. Reste que ses 220 chambres sont agréables et assez spacieuses et que la plupart donnent sur la rivière et le pont, emblème de la ville. Décoration très classique, comme à l'habitude des hôtels Scandic. Rien de spectaculaire mais un confort au rendez-vous et des chambres de la twin à la suite. Vaste restaurant attenant au night-club (ouvert le vendredi et le samedi), et bien sûr, sauna.

ARCTIC LIGHT HOTEL €€€

Valtakatu, 18

✆ +358 20 171 0100

arcticlighthotel.fi

Dès 160 €

Superbe hôtel de 57 chambres. L'architecture du bâtiment donne une identité unique à cet hôtel que vous ne voudrez plus quitter ! Que ce soient les œuvres d'art qui s'exposent un peu partout, les agréables lounges propices à la détente ou les très grandes chambres (toutes uniques) qui permettent notamment de grands écrans et des lits King size, c'est partout un bonheur pour vos yeux et votre détente ! Enfin, le petit-déjeuner préparé par un chef reconnu, Sara La Fountain, est à tomber par terre, ce qui ne gâche évidemment rien.

ARCTIC SNOW HOTEL €€€

Lehtoahontie 27

✆ +358 40 845 3774

www.arcticsnowhotel.fi

De décembre à mars. Comptez de 200 € à 390 € la chambre double. Glass igloo de 350 € à 900 € la nuit pour 2 personnes.

Un magnifique hôtel de glace ! C'est Ville Haavikko qui est à l'origine de cette œuvre conçue en 2008. Il la reconstruit chaque année dès la mi-novembre. Les chambres sont confortables avec des matelas douillets, des peaux de rennes et des duvets bien chauds fournis. Autre option, les *glass igloos*, adjacents à l'hôtel, et dont le toit de verre offre une vue magnifique sur les aurores boréales. Même principe que l'hôtel, on dort bien au chaud dans ces cabines privées. Une petite chapelle est à louer pour les mariages (la température est constante à - 3 degrés).

CHALETS LAKITUVAT €€

Hiihtomajantie 8
✆ +358 500 968 558
www.ounasvaaranlakituvat.fi/fr
Selon la saison, de 150 € à 590 € la nuit.

Ces 20 chalets de 67 m² sur deux étages sont luxueusement équipés avec deux chambres doubles, deux salles de bains avec douche, WC et sauna, une cuisine et un salon avec cheminée... Possibilité d'avoir deux lits d'appoint. Une très bonne option si vous venez en famille ou entre amis ! Même si vous n'avez pas de voiture, les guides de Safartica viennent vous chercher pour vos activités et une formule demi-pension est possible avec le restaurant Sky. Il n'y a pas de réception, vous recevrez un code d'accès pour récupérer la clé au moment de votre réservation.

GOLDEN CIRCLE SUITES €€€

Korkalonkatu 19,
✆ +358 44 244 2729
goldencirclesuites.com
Dès 95 € pour un appartement pour 2 avec sauna privée et dès 255 € pour un appartement de 4 personnes avec sauna.

Idéal pour louer une suite personnelle dans le centre de Rovaniemi. Les 25 suites dispatchées sur 5 étages et décorées dans un style lapon moderne avec sa décoration en bois, sont toutes lumineuses et très spacieuses avec sauna privé, cuisine et parfois même dotées d'un agréable balcon pour certaines. On adore les couleurs chaudes qui donnent un côté cosy au lieu, et on se sent vite ici, comme à la maison... C'est sublime et réconfortant ! Pour manger ou prendre un verre, on peut s'installer dans un des bars ou restaurants du Golden Circle Suites.

KAUPPAYHTIÖ - PURE BURGER €

Valtakatu 24 ✆ +358 16 342 2422
www.kauppayhtio.fi
Du mardi au vendredi de 11h à 22h, week-end de 13h à 22h le samedi, 21h le dimanche. Plats environ 20 €.

Ce café branché propose aussi les meilleurs burgers de la ville. Faits maison, de bœuf ou de renne, ils régalent la jeunesse de Rovaniemi. Et une déco *vintage* composée d'objets collector et de meubles récupérés chez des antiquaires, ou des designers ambiance le tout. Côté boissons, vous aurez droit à un vrai espresso mais aussi à une grande variété de thés et de bières maison. Ambiance DJ dans la salle du sous-sol pour prolonger la soirée et une des nuits les plus cools de la ville.

RAVINTOLA ROKA STREET BISTRO €

Ainonkatu 3
✆ +358 50 311 6411
www.ravintolaroka.fi
Du lundi au jeudi 11h-21h, vendredi 11h-22h, samedi 12h-23h. Environ 20 € le plat.

Visite obligatoire ! Cette petite adresse, qui attire les locaux depuis 2015, est l'établissement à découvrir à Rovaniemi. Ambiance tendance et bistronomie finlandaise, voilà un bon spot pour goûter les spécialités locales, délicieusement revisitées, à petits prix. On aime l'accueil, l'ambiance chaleureuse et la cuisine de qualité. La traditionnelle soupe au saumon finlandaise est excellente, tout compte le risotto de champignons. Et les desserts sont à la hauteur du reste !

NILI €€

Valtakatu 20
✆ +358 400 369 669
www.nili.fi
Du lundi au samedi 17h-22h, jusqu'à 23h le vendredi et samedi. Menu 5 plats 59 €, plats en moyenne 25 €.

Un restaurant installé dans une sorte de grand chalet traditionnel. La décoration est typique mais un peu chargée : des tables et chaises en bois, des peaux d'ours, un plafond sombre et décoré... Heureusement les plats sont délicieux et vous pourrez y manger toutes les spécialités lapones : du renne, de l'élan et même du rôti d'ours, ce qui est rare car la chasse de l'animal est soumise à des quotas. Le saumon est particulièrement délicieux ! Bon accueil et service souriant. C'est un peu cher, mais la qualité est au rendez-vous.

PIANO BAR €€

Korkalonkatu 19,
✆ +358 442 440 111
accesslapland.com/en/piano-bar/
Ouvert vendredi et samedi soir. Réservations recommandées de décembre à mars.

C'est le Piano Bar qui appartient au Golden Circles Suites ! Et, comme pour leur logement, la qualité est au rendez-vous. Comme son nom l'indique, ce restaurant de 60 couverts maximum est rempli de musique. Le long piano à queue au doux son ne vous laissera pas de marbre. Profitez de ce cadre cosy pour y déguster un plat ou simplement pour y boire un verre. À noter qu'une fois par mois, une scène ouverte est à disposition pour tous ceux qui veulent tenter d'improviser un solo ou de jouer leur chanson préférée. Avis aux amateurs !

ARCTIC BOULEVARD €€€

Valtakatu, 20
www.arcticboulevard.fi
Ouvert tous les jours de 17h à 22h. Menu dès 52 €. Plats de 16,50 € à 34,50 €.

Un restaurant typique et idéal pour découvrir la cuisine du Grand Nord. C'est un semi-gastro à des prix accessibles. Un cuisine arctique composée en majorité des produits de la terre lapone. On prend place dans un cadre très raffiné et très chouette, tout comme la présentation de vos assiettes. Les plats sont préparés avec soins et le chef créatif y apporte toujours un soupçon d'originalité. Si le renne fumé est maître ici, nous vous recommandons toutefois le *whitefish* du lac Inarijavi, un régal croquant et tendre à la fois.

SKY OUSNASVAARA €€€

Lapland Sky Hôtel
✆ +358 16 323 400
www.laplandhotels.com
Du lundi au dimanche de 18h à 21h. Compter entre 25 et 35 € le plat. Menu à 59 €. Petit-déjeuner 25 €.

Un restaurant à la vue somptueuse sur la forêt lapone, grâce à son immense baie vitrée. Une ambiance tamisée, un service averti et des plats gastronomiques... On découvre la viande de renne, un excellent risotto, une salade de saumon fumé... Rien d'étonnant si le Sky figure parmi les meilleurs restaurants de Laponie. Une très bonne adresse ! Bon à savoir : désormais, on peut aussi prendre son petit déjeuner ici, avec d'excellents choix de produits salés comme sucrés, 7h-10h en semaine et 8h-11h le week-end. Un régal qu'on recommande !

CAFE BAR 21

Rovakatu 21
✆ +358 40 811 7037
www.cafebar21.fi
Du lundi au jeudi 11h-21h, jusqu'à 00h le vendredi, samedi 12h-00h, dimanche 12h-18h. Lounas 10,50 €.

Un café très tendance couru par la jeunesse de Rovaniemi. Les gourmands connaissent bien cette adresse pour leurs généreuses salades, leurs bonnes pâtisseries et leurs savoureuses tapas. Les lounas sont toujours de qualité et très copieux, c'est assurément un excellent rapport qualité/prix. Après avoir choisi son plat sur un iPad, on profite du cadre *lounge* le long d'une large baie vitrée pour préparer sa journée du lendemain, planifier la suite des visites, ou simplement profiter de l'instant... À noter que leurs gaufres sont excellentes !

MARTTIINI

Vartiokatu 32
✆ +358 40 311 0604
www.marttiini.fi
Ouvert en semaine de 10h à 18h et jusqu'à 16h le week-end.

L'histoire de cette usine de couteaux fait partie intégrante de celle de la ville. La vieille usine a été construite durant la guerre d'Hiver en 1940. Et sa destruction totale par les Allemands a été évitée grâce à un jeune homme qui a pu déjouer l'attentat après s'être caché dans un four. Malheureusement, vous ne trouverez pas ici de détails sur cette histoire, mais surtout un magasin exposant des couteaux réputés au-delà du pays. Ils sont vendus à des prix inférieurs à ceux disponibles dans les boutiques du pays et vous pouvez demander une gravure personnalisée.

HUSKY & YOGA NATURE

Sierijärventie 328
www.yoganature.fi
Les contacter directement pour les tarifs.

Super-accueil par cette passionnante famille française propriétaire d'une ferme de huskies à côté de Rovaniemi (13 km). La famille propose avec originalité des séjours bien-être axés autour des bienfaits de la nature en pratiquant la méditation, le yoga, la marche, le kayak, la natation, la cueillette, la thérapie auprès des chiens ou d'autres pratiques similaires. Toute une philosophie de vie ! Sans oublier les plaisirs du sauna et d'une cuisine locale. Expérience unique en Laponie ! Les contacter directement pour réserver, ou plus d'info.

SKI & PARC SPORTIF

Taunontie 14
✆ +358 44 764 2830
www.ounasvaara.fi
Station ouverte de mi-novembre à mi-avril. Horaires variables. Forfait : 37 € / jour. En été, le parc est ouvert 7j/7.

Ounasvaara est la colline de Rovaniemi. Transformée en parc d'activités sportives estivales comme hivernales, c'est ici que se retrouvent les locaux pour pratiquer leur sport favori. En hiver, on y trouve une dizaine de pistes de ski alpin accessibles, une zone de freeride et un snowpark. Possibilité également de faire de la luge dans une bouée sur une piste de 800 m et atteindre les 50 km/h ! Pour les amateurs, il est aussi possible de profiter de 100 km de pistes de ski de fond. Le reste de l'année, de nombreux itinéraires pédestres.

LUOSTO ★★

Le village de Luosto, à 130 km au nord-est de Rovaniemi, est à une dizaine de kilomètres du parc national Pyhätunturi (49 km²). C'est une zone idéale pour s'imprégner de la nature arctique et profiter des infinis sentiers de randonnée. C'est à Luosto que l'on peut faire ses courses et organiser son séjour, car le parc est entièrement sauvage, on y trouve quelques chalets à réserver auprès du Naava Center. Les activités alternent selon les saisons : canoë et marche à pied en été et en hiver, les pistes de descente et de fond sont ouvertes dès le mois de novembre. La forêt se prête également aux excursions en traîneau (rennes ou huskies) ou raquettes.

PARC NATIONAL PYHÄ-LUOSTO ★★

Pyha-Luosto
✆ +358 40 767 1144
www.nationalparks.fi

Ce parc national Pyha-Luosto de 142 km² offre de magnifiques sentiers de randonnée avec des monts pelés et des gorges assez profondes. Les montagnes du parc sont réputées les plus vieilles du monde, elles dateraient d'il y a 2 millions d'années ! Un sentier de 5 km en boucle commence au centre des visiteurs Naava. Il y a plusieurs autres sentiers d'une dizaine de kilomètres et au plus de 30 km. On trouve aussi 150 km de sentiers de ski de randonnée.

MINE D'AMÉTHYSTE ★★

Pyhä-Luostontie 2
✆ +358 16 624 334
www.amethystmine.fi
Horaires variables selon les saisons.

Créée il y a plus de 2 000 millions d'années, la mine d'améthyste s'est formée dans les entrailles d'anciennes montagnes. Seule mine d'améthyste en Europe, vous pourrez admirer cette pierre et découvrir comment on l'extrait. Durant la visite, en plus de bénéficier, du haut de la colline, d'une superbe vue, vous pouvez même creuser vous-même pour rapporter votre propre pierre devenue entre-temps un porte-bonheur. La visite est passionnante et on apprend beaucoup ! Sur place, vous pouvez ensuite prendre un goûter ou une boisson auprès du Lampivaara café.

ARCTIC HORIZONS

Javaruksentie 46
✆ +358 040 536 3085
www.arctic-horizons.com
Renseignements par mail

Coup de cœur pour les tours privés organisés par Pascal, un Français qui vit ici depuis 1998 après avoir décidé de poursuivre ses rêves d'enfants du grand Nord ! La philosophie d'Arctic Horizons est de proposer des excursions en petits groupes afin de conserver un esprit de solitude et de silence arctique, loin du brouhaha des tours opérateurs multilingues. Vous pourrez ainsi profiter de la nature lapone sans bruits de fond, en toute intimité. Et surtout accompagné de Pascal, un formidable guide jovial et intarissable sur la culture et les activités locales.

FINLANDE

Randonnée vers Luosto.

SANTA'S HOTEL AURORA €€€

Luppokeino 1
+358 400 102 200
www.hotelaurora.fi
Dès 100 € la chambre double.

Les jolies chambres de cet hôtel allant de 25 à 40 m² sont spacieuses et confortables. Elles sont toutes équipées de leur propre sauna, et certaines même d'une cheminée... Que demander de plus ? Et, depuis 2015, l'établissement propose 10 superbes igloos de verre en pleine nature. Magnifiquement décorés, ils sont une opportunité unique de profiter des aurores boréales en hiver, du soleil de minuit en été, des couleurs uniques de l'automne... Une expérience coûteuse mais inoubliable ! Le restaurant sur place est délicieux et l'accueil chaleureux.

RAVINTOLA VAISKO €€

Hartsutie 1
+358 44 780 4419
www.eatlappi.fi
Ouvert du lundi au samedi de 12h à 22h et le dimanche de 16h à 22h, et hors saison tous les jours de 16h à 23h.

Une très bonne table, à l'ambiance chaleureuse, qui travaille bien les saveurs régionales. Malgré des prix un peu élevés, la qualité est au rendez-vous et c'est un endroit parfait pour goûter aux poissons de l'Arctique ou aux spécialités de renne. Les assiettes séduisent d'abord les pupilles, avant de régaler par leur finesse et leur qualité les papilles. De l'entrée au dessert on est conquis ! Belle carte des vins pour accompagner le tout, avec aussi du bon whisky ! L'ambiance est chaleureuse, le service aux petits soins... Que demander de plus ?

LAPLAND SAFARIS

Luppokeino 2
+358 16 624 336
www.laplandsafaris.com
Prix selon les activités.

En hiver, Lapland Safaris propose tous les grands classiques de la région : safaris en motoneige, en traîneau à chiens, pêche sous la glace, visite de fermes de rennes, du ski de fond, alpin ou encore une excursion de plusieurs jours... En été, le programme est toujours aussi sportif avec au choix du quad, une balade en canoë, des randonnées VTT, une sortie pêche ou bien encore de l'équitation mais aussi des découvertes gastronomiques et culturelles. Un tour opérateur de confiance avec des expériences de qualité, vous pouvez y aller sans aucune hésitation.

SODANKYLÄ ★

Après 130 km depuis Rovaniemi, presque à mi-chemin en direction d'Ivalo, Sodankylä (8 000 habitants) fait presque figure de capitale au cœur de l'impressionnante nature lapone. Bien utile donc pour faire étape avant de prolonger votre voyage à travers l'immensité du nord. Historiquement, Sodankylä constituait déjà au début du XVIe siècle un carrefour important pour les communautés sâmes. À voir la belle église en bois. La région est également un site naturel de premier plan. Si vous y êtes mi-juin, profitez-en pour faire un tour au festival de cinéma lancé par les frères Kaurismäki, le Midnight Sun Film Festival. Plus d'infos sur www.msfilmfestival.fi

© PECOLD - SHUTTERSTOCK.COM

L'église de Sodankylä.

ÉGLISE EN BOIS VANHA KIRKKO ★

Kemijarviente
+358 400 190 406
Ouverte de juin à août, tous les jours de 9h à 18h. Entrée libre.

Située à l'extérieur de la ville, l'église Vanha Kirkko est entourée de verdures et d'arbres. Édifiée en 1689, c'est l'une des églises les plus anciennes et les mieux conservées de Laponie, et même de Finlande car elle a été épargnée par la déroute de l'armée allemande. À l'époque, c'était seulement la troisième église construite en Laponie après celle d'Inari et de Kemijärvi. Tout en bois, elle est coiffée d'un toit d'écailles de bois, de la forme d'un bateau renversé.

MAISON DES AURORES BORÉALES

Välisuvannontie 13 ✆ +358 40 514 2858
www.arcticacademy.fi
Sur réservation. Tarif : 25 € pour la version courte et 30 € pour la version longue. 8 personnes minimum.

Au cœur de cette maison, comme son nom l'indique, vous partirez à la découverte des aurores boréales. Ça commence par l'histoire des aurores boréales à travers un film de 45 minutes et photos qui vous expliqueront les anciennes croyances autour de ce phénomène jusqu'aux dernières études scientifiques. Si le temps et toutes les autres conditions sont réunis, ils organisent aussi des excursions en soirée pour les admirer car les alentours sont sans pollution lumineuse.

OFFICE DE TOURISME

Jäämerentie 3
✆ +358 40 746 9776
www.visitsodankyla.fi
Ouvert du lundi au vendredi de 9h à 16h.

Vous y trouverez la documentation sur la mine d'améthyste, la Maison des aurores boréales, la statue *Le Renne et le Lapon* à voir dans la région et des informations sur toutes les activités à faire. On trouve des renseignements sur les safaris en motoneige, la pêche sous la glace, la location et les excursions en canoë, la location de bicyclette ou les chemins de randonnée à pied ou à vélos... Ça mérite le détour : à l'étage, une belle galerie d'art qui expose les œuvres de l'artiste local Andreas Alariesto d'inspiration same.

SALLA

Située à 64 km à l'est de Kemijärvi et à 80 km au sud de Savukoski, Salla est un petit village paisible de 5 000 habitants doté d'une agréable station de ski. C'est aussi la commune lapone la plus proche de la Russie. Une partie du village a été détruit par les Allemands pendant la Seconde Guerre mondiale, tout comme la voie ferrée qui le reliait à la Russie. Comme cette voie n'a toujours pas été remise en état, seuls des bus permettent d'aller en Russie deux fois par semaine (le lundi et le jeudi) mais il faut penser à faire établir son visa russe à l'avance. Sans passer la frontière, la nature tout autour, côté finlandais, n'es pas moins attirante !

Tourisme

- Office de tourisme. (Myllytie 1 - Tél. +358 40 026 9838 - www.salla.fi - tourist.info@salla.fi). Ouvert du lundi au vendredi de 10h à 16h ; en juin et juillet, tous les jours de 10h à 17h. Pratique pour trouver quelques informations sur ce coin perdu. N'hésitez pas à vous renseigner sur les possibilités de balades, d'activités et de visites guider pour profiter au mieux du calme et de la beauté des environs.

Transports

- Bus. Un bus quotidien pour/depuis Rovaniemi. Compter 2 heures 20 de trajet pour environ 30 euros.

CAMPING NILIMELLA €

Kelukoskentie 5
✆ +358 45 676 9274
www.nilimella.fi
Ouvert toute l'année. Chalet 4 personnes dès 80 €. Emplacement de tente : 10 €, + 4 € par adulte et 2 € par enfant.

Le camping, situé sur la rivière Kitinen, est parfaitement adapté à ceux qui veulent bouger ! En effet, Nilimella propose plusieurs activités en été comme en hiver : paintball, pêche sous la glace, randonnée à raquettes, mais aussi location de canoës… L'établissement abrite aussi un pub pour des soirées bien animées. Côté logement, il y a à disposition des emplacements de tente, des emplacements de caravanes, la possibilité de louer des chalets accueillant de 4 personnes à 6 personnes, avec ou sans sauna privatif... Bref, il y en a pour tous !

PARC DE RENNES - SALLA POROPUISTO ★

Hautajärventie 111
✆ +358 16 837 771
www.sallareindeerpark.fi
Ouvert d'octobre à avril du lundi au vendredi de 10h à 16h et de juin à fin septembre tous les jours de 10h à 16h.

Dans ce superbe parc de Salla Poropuisto, se trouve une trentaine de rennes qui se laissent approcher assez facilement. Pour plus de complicité, vous pouvez faire un circuit tracté par un renne. Possibilité également de faire une randonnée en traîneau à chiens et même l'été en canoë. Un très bel endroit, à visiter en toutes saisons, pour faire l'expérience de la Finlande comme on l'aime ! On y trouve des activités pour tous, à des prix abordables.

OULANKA NATIONAL PARK ★

Oulanka National park ✆ +358 20 639 6850
www.nationalparks.fi
Accès gratuit. Plus d'informations sur le parc, ses caractéristiques et les activités à pratiquer sur le site.

© JARMO PIIRONEN - SHUTTERSTOCK.COM

Ce parc national se situe à la frontière russe. Il est notamment connu pour le sentier Karhunkierros Trail, qui est l'un des sentiers de randonnée les plus parcourus de Finlande. On peut y observer toute la nature environnante, du haut des collines du parc, à travers les forêts de pins et le long des rivières. Il est adapté aux débutants comme aux marcheurs confirmés. On trouvera des cartes et toutes les informations pour les sites de camping dans le parc au centre des visiteurs de Hautajärvi. Un lieu de pleine nature accessible et ressourçant !

CENTRE DES VISITEURS DE HAUTAJÄRVI

Hautajärventie 414
✆ +358 40 834 6814
www.nationalparks.fi
De février à mai et le mois d'octobre, ouvert du mardi au vendredi de 9h à 16h. L'été, ouvert ts les jours de 9h à 17h.

Fermé de novembre à février. Ce centre des visiteurs de Hautajärvi propose de nombreuses informations sur les parcs nationaux d'Oulanka et Riisitunturi, ainsi que sur les réserves naturelles des environs : cartes avec itinéraires et idées de balades, faune et flore... Et on peut même d'ici réserver des tours guidés pour mieux découvrir le parc. Il y a aussi l'office de tourisme sur Myllytie 1, pratique pour trouver quelques informations sur ce coin perdu.

HOLIDAY CLUB SALLA REVONTULI €€

Revontulentie 1
✆ +358 3 068 600
www.holidayclubresorts.com
Studio à partir de 75 €, chambre à partir de 100 €. Appartement pour 6-8 personnes à partir de 200 €.

Le Holiday Club Salla Revontuli est un bel hôtel, au pied des pistes de ski. Les chambres sont modernes et confortables. Dans l'appartement, cuisine parfaitement équipée et sauna. Les clients ont également accès à un restaurant, un sauna et une piscine. Tout est à portée de main. L'hôtel peut aussi organiser des excursions dans les environs avec des guides locaux. Revontuli reste un centre de vacances, on est donc au calme avec de grands espaces silencieux.

KIELA €€

Hangasjärventie 2
✆ + 358 16 831 931
www.sallatunturi.fi
Ouvert tous les jours de 8h à 23h. Compter de 20 € à 30 € le plat.

LE restaurant du coin pour déguster de savoureuses spécialités lapones. D'excellentes soupes différentes tous les soirs. Et on vous recommande les plats de renne et de saumon ! Bonne carte des vins, ce qui ne gâche rien. L'atmosphère est charmante et décontractée, les lieux sont décorés à la scandinave : bois et métaux sont alliés parfaitement, enjolivés par de belles lumières. Une ambiance typique et une cuisine satisfaisante pour des prix abordables, Kiela vous attend pour vous faire découvrir le meilleur de la culture finlandaise.

STATION DE SKI

Revontulentie 7
✆ +358 40 577 0645
www.ski.salla.fi
Ouvert de mi-décembre à début mai. Forfait journée à 30 € environ par jour pour un adulte. Prix dégressifs.

Quinze pistes en bas de la montagne Sallan Pyhätunturit (477 m), un snow-park, et tout autour 160 km de pistes de ski de fond, dont 43 éclairés. Également une piscine sur place. Un resort familial et qui offre de quoi s'amuser à tout type de public ! Rien à voir avec nos stations, mais les paysages et leurs splendides lumières sont au rendez-vous ! Un endroit où passer de belles vacances et l'occasion d'apprécier la Finlande et ses activités outdoor. L'été, de nombreux sentiers de randonnée permettent d'explorer la forêt et ses points de vue.

FINLANDE

KEMIJÄRVI ★★

La route E63-5 qui relie Kuusamo à Kemijärvi préfigure les solitudes polaires qui vous attendent plus au nord. Les paysages changent imperceptiblement pour faire place à des collines plus imposantes. Cet univers silencieux contraste avec les épaisses forêts de Carélie qui ont vu naître l'épopée du *Kalevala*. Les chants millénaires font place aux *joik* (chant traditionnel) du peuple de Laponie : les Sâmes. Kemijarvi est situé sur les rives du lac Kemijarvi. C'est un village riche de traditions et d'activités liées à la nature. On peut découvrir les environs en faisant une balade en chiens de traîneau, à cheval, ou en traîneau tiré par des rennes.

Tourisme

▶ Office de tourisme. (Vapaudenkatu 8 - 1er étage - Tél. +358 40 189 2050 - www.visitkemijarvi.fi - info.visit@kemijarvi.fi). Ouvert du lundi au vendredi de 9h à 15h30. Ouvre également quelques week-ends en été.Pour trouver toutes les informations sur le coin. Vous pouvez vous faire accompagner par un guide pour les randonnées en raquettes ou en snowmobile. L'office de tourisme met en contact les visiteurs avec différents guides des environs.

Transports

Bus. Du lundi au vendredi, bus pour Rovaniemi. Compter 1 heure 15 et 17,30 €. Train. Tous les jours, un train pour/depuis Helsinki, via Rovaniemi.

MUSÉE DE LA SNOWMOBILE ★

Varastotie 11

✆ +358 400 290 751

www.moottorikelkkamuseo.fi

Ouvre sur demande.

Ceux qui veulent en savoir plus sur la *snowmobile* et la vie des bûcherons dans les environs trouveront toutes les infos ici. Une grande collection d'engins et de tronçonneuses est exposée. La collection retrace l'histoire de ce moyen de locomotion indispensable aux populations locales. Si elle est aujourd'hui beaucoup utilisée par les touristes pour découvrir l'immensité des paysages de Laponie, elle a de nombreuses applications, jusque dans les fermes de rennes. On y trouve aussi un musée de la scierie... C'est à la fois typique et atypique !

OFF-PISTE ADVENTURES - CENTRE ÉQUESTRE

✆ +358 40 963 9807

www.offpisteadventures.com

Ouvert du lundi au samedi de 8h à 20h en saison.

À 10 kilomètres de Kemijärvi, direction Off-piste adventures, un centre équestre qui organise des randonnées à cheval toute l'année. Ici, on monte sur des chevaux de race finlandaise, protégés par l'Union européenne. On peut aussi profiter du centre pour améliorer sa technique, grâce aux manèges extérieurs pour les sauts à cheval notamment. En hiver, on pourra également faire un tour en traîneau tiré par des rennes, ou tout simplement découvrir les rennes à la ferme l'été.

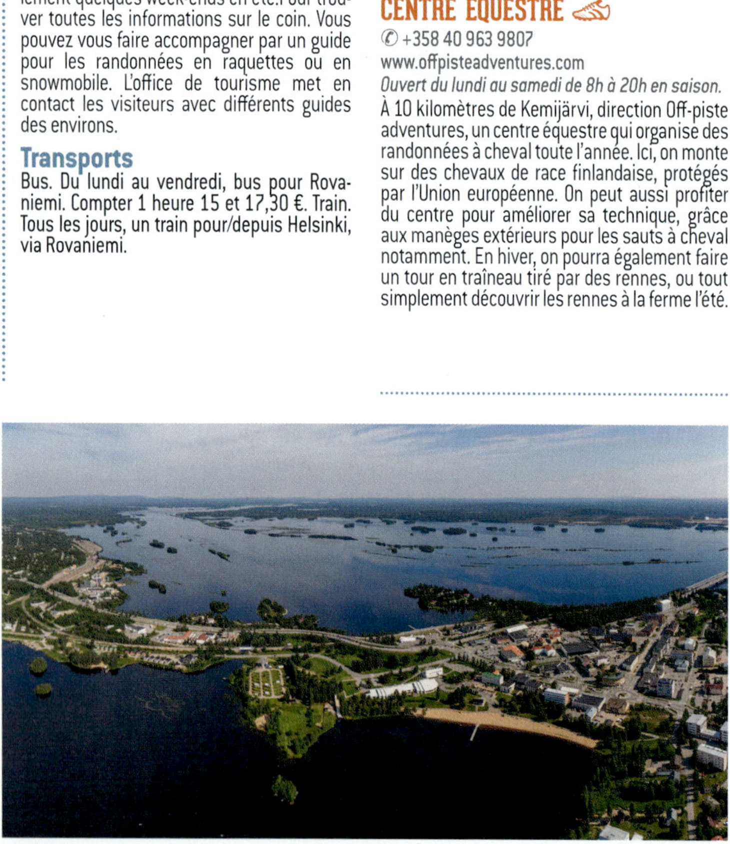

Kemijärvi.

FINLANDE

KEMI ★★

La ville portuaire de Kemi est célèbre pour son château de glace, mais aussi pour ses bateaux brise-glace, qui maintiennent le Golfe de Botnie accessible, en scindant l'épaisse couche gelée pour tracer les chenaux indispensables à la navigation et à la sécurité des ferries. En effet, le Golfe de Botnie, sur lequel donne la ville, gèle en grande partie l'hiver. Les visiteurs y passent pour réserver une activité dans les environs, le port reste un endroit agréable, avec sa promenade et ses cafés ouverts l'été. Pour le reste, la ville est un peu morne et on ne s'y attardera pas longtemps. Mieux vaut continuer vers le nord, en direction de Rovaniemi.

Transports

- L'aéroport est situé à 6 km au nord-ouest. Compter 20 € environ pour rejoindre le centre-ville en taxi. Finnair assure une liaison régulière avec Helsinki.
- Gare ferroviaire (Rautatiekatu - Tél. +358 600 41 902 - www.vr.fi - viestinta@vr.fi). La compagnie nationale VR relie Rovaniemi en 1h20 (environ 22 €) et Oulu (même prix) notamment.
- Gare routière (Meripuistokatu - Tél. +358 200 4000 - www.matkahuolto.fi). Joignable par téléphone du lundi au vendredi de 7h à 19h. Matkahuolto réunit la majorité des transporteurs finlandais. Sur Internet, vous trouverez les liaisons en autocar, leurs prix et leurs horaires. Comptez 1h50 pour rejoindre Rovaniemi (entre 20 € et 30 €).

BUREAU DU PÈRE NOËL

Rantabulevardi 10
✆ +358 40 6370 653
www.experience365.fi

Ouvert de décembre à avril du jeudi au samedi. Comptez 49 € pour une activité de 2 heures.

Adorable maison traditionnelle en bois sur le port dotée d'un véritable esprit de Noël ! En hiver, la neige et la glace lui confèrent un charme unique, tandis qu'en été, la terrasse extérieure constitue un lieu agréable pour flâner. Possibilité d'organiser des rencontres privées avec le Père Noël, lui poster une lettre à la mer dans une bouteille ou encore d'assister à un atelier de décoration de pain d'épice ou d'elfes marins pour apprendre à faire des nœuds solides pour sauver le Père Noël. Idéal pour s'arrêter déjeuner ou prendre un café en famille.

CROISIERE SAMPO ICE BREAKER

✆ +358 16 258 878

Comptez 299 € pour une excursion de 3h. Horaires et dates sur le site internet. Navette depuis Kemi et Rovaniemi.

Comme le Polar Explorer, le brise-glace *Sampo* offre une aventure incroyable et mémorable au sein de la nature arctique avec l'expérience unique de nager dans glace. *Sampo* est comme un musée en mouvement qui a fidèlement conservé sa structure d'origine des années 1960. Vous sentirez à bord la gloire passée du navire ! Restaurant et café sur place. Possibilité d'opter pour une croisière luxe avec salle et guide privés avec mets arctiques et safari motoneige.

GEMSTONE GALLERY - EXPOSITION PIERRES PRÉCIEUSES ★★

Rantabulevardi 2
✆ +358 16 258 878

Ouvert toute l'année du lundi au vendredi de 10h à 16h. Comptez 10 € l'entrée par adulte et 7 € par enfant.

Près de 3 000 pierres précieuses et semi-précieuses sont conservées dans cette galerie intéressante qui ne paie vraiment pas de mine. À l'étage, on pourra aussi voir une mini-exposition sur les joyaux ornant les couronnes d'Europe les plus célèbres, dont la véritable couronne du roi de Finlande. Pour chaque bijou, il y a une explication avec un peu d'histoire. Également reproduction des joyaux de la couronne d'Elizabeth II et du collier de Marie-Antoinette.

POLAR EXPLORER ICE BREAKER ★★

✆ +358 20 7437 100
www.icebreaker.fi

Dès 199 € par personne.Départ du port de Båtskärsnäs à 73 km de Kemi, dates et horaires variables.

Le Polar Explorer, un brise-glace datant de 1960 reconverti en bateau de croisière pour touristes, transporte jusqu'à 150 personnes pour des safaris polaires de 3h. On regarde les morceaux de glace craquer puis être expulsés avec une certaine fascination. Le clou du voyage, c'est le bain dans l'eau glacée. On vous prête une combinaison de survie, avant de vous faire descendre dans l'eau. Possibilité de voir un film de présentation et visiter la salle des machines accompagné d'un guide.

TAXARI TRAVEL AGENCY

Kauppakatu 29
✆ +358 40 72 20 595
www.taxari.com
Compter à partir de 195 € pour 3h de chiens de traîneau, à partir de 230 € pour 3h30 de motoneige.

Cette agence de voyage propose plusieurs activités tout au long de l'année : safaris avec chiens de traîneaux, rennes, randonnées en motoneige, raquettes, pêche sous la glace, sauna à fumée… On peut aussi réserver ici les excursions sur les bateaux brise-glaces : le Polar Explorer et le Sampo Arctic. En été, on part plutôt sur des activités comme le canoë, le rafting, la pêche ou encore des cours de cuisine laponne ! L'agence propose des nombreuses activités aussi au départ de Tornio ou Rovaniemi. Très bon accueil et équipe de bons conseils.

HÔTEL MERIHOVI €€

Keskuspuistokatu 6-8
✆ +358 16 458 0100
www.merihovi.fi
Comptez de 100 € à 135 € la chambre double, sauna et petit déjeuner inclus.

Ne vous fiez pas à son apparence extérieure, le Merihovi est un bon hôtel. Notez les portraits des personnalités politiques de premier plan qui y ont séjourné. Avec son style des années 1950, il cultive une certaine nostalgie. Le *must* de l'établissement est sans aucun doute son restaurant rétro, avec ses piliers de marbre et sa salle de danse. On y prend un petit-déjeuner très complet, et note également un restaurant très élégant. On y sert essentiellement une cuisine principalement occidentale mais la carte vous laissera le choix de goûter à des plats locaux.

HOTELLI YÖPUU €€

Eteläntie 227
✆ +358 16 232 034
www.hotelliyopuu.com
Chambre double à partir de 78 €. Restaurant ouvert tous les jours jusqu'à 22h (fermeture des cuisines à 20h).

À proximité de Kemi, ce charmant petit hôtel Yöpuu d'une vingtaine de chambres qui disposent de tout le confort nécessaire. Le plus : l'hôtel donne accès au traditionnel sauna, et on peut même avoir un sauna privé dans certaines chambres également munies de kitchenettes pour une plus grande indépendance. Côté équipement, l'hôtel dispose aussi d'une bibliothèque, d'un barbecue, d'un jardin… Le plus : tout au long de l'année, il expose des œuvres d'artistes locaux. Son restaurant propose une délicieuse cuisine internationale.

SIMON WANHA PAPPILA €€

Pappilantie 10
✆ +358 40 822 3400
www.wanhapappila.com
Ouvert toute l'année. Chalet 2 pers. à partir de 90 € et pour 4 pers. à partir de 230 €. Petit déjeuner compris.

En face du golfe de Botnie avec une belle vue sur la mer et la nature, 10 immenses chalets en bois. Très chaleureux et tout équipés pour accueillir jusqu'à 6 personnes, ils constituent un bon pied-à-terre pour découvrir les environs. Très bon restaurant juste à côté, où le petit déjeuner est servi le matin. Ari, le patron, est très sympa et vient souvent parler avec les clients. Le lieu est idéal pour ceux qui recherchent repos et liberté, avec de belles opportunités de balades aux alentours, et un décor définitivement dépaysant !

CHÂTEAU DE GLACE - THE SNOWCASTLE €€€

Lumilinnankatu 15
✆ +358 16 258 878
www.experience365.fi/snowcastle
Ouvert de fin janvier à début avril. Chambre double dès 310 €.

C'est l'attraction numéro 1 de Kemi. Chaque année, et plus précisément chaque hiver, la ville reconstruit un château de glace, qui comprend un hôtel, un restaurant et une chapelle ! Dans la chambre, il fait -5 °C, mais pas d'inquiétude, les sacs de couchage et les couvertures sont à la hauteur des températures. Même la télévision est posée sur une table de glace. L'établissement possède également un bon restaurant et un Ice Bar pour déguster des cocktails.

PIZZERIA SAN MILANO / PUISTOPAVILJONKI €€

Meripuistonpolku 11 ✆ +358 16 223 110
www.puistopaviljonki.fi
Lundi-jeudi de 10h30 à 18h, vendredi 19h, samedi de 13h -19h, dimanche de 13h à 17h. Compter de 11 € à 14 € la pizza.

Dans une vieille maison pleine de charme, ce restaurant sert de bonnes pizzas et propose une carte de viandes et de poissons. Voilà une bonne adresse pour se mettre à table lors d'un passage à Kemi, d'autant que l'accueil est plutôt agréable. On s'y rend autant pour le menu varié que pour le lieu, en plein milieu du parc et très proche de la rive, plutôt inhabituel pour une pizzeria ! Attention, le site est entièrement en finlandais, pour un peu d'anglais, voir «Pizzalista».

TORNIO ★

Au nord-ouest, à la frontière suédoise, on peut faire une halte dans cette agréable petite ville de 23 000 habitants, porte d'entrée de la Laponie et située à l'embouchure du fleuve Tornionjoki, qui délimite la frontière finno-suédoise. Si la frontière existe sur les cartes, en réalité Tornio et Haparanda – ville suédoise sur l'autre rive – sont des villes jumelles fonctionnant sur le même mode. On y trouve de quoi sortir, faire du shopping et se balader le long de la côte. On peut d'ailleurs s'équiper à l'outlet de Naturkompaniet à Haparanda, avant un séjour vers le nord. Lors d'un passage en Suède, attention à l'heure de décalage !

Tourisme

- Office de tourisme (Krannigatan 5 - Dans le Travel Center à Haparanda - Tél. +358 505 900 562 - +46 922 262 00 - www.haparandatornio.com - tourist@haparandatornio.com). Ouvert du lundi au vendredi de 9h à 17h (heure finlandaise). Cet office de tourisme, commun à Haparanda et Tornio, se trouve… en Suède, côté Haparanda. Les horaires sont donc suédois (1 heure de décalage).

Transports

- Gare routière (Torikatu - Tél. +358 200 4000 - www.tornio.fi/kaupunkilinja). Guichets ouverts de 7h45 à 17h en semaine. Des bus connectent Tornio à Kemi toute la journée, à Rovaniemi et à Luleå 2 à 3 fois par jour.

BALADE EN VILLE ★

Seminaarinkatu
✆ +358 40 556 8676
www.tornio.seurakunta.net

En vous baladant dans Tornio, ne manquez pas l'église sur Seminaarinkatu. Certainement l'une des plus belles églises en bois du pays. Achevée en 1686, l'église a été élevée en l'honneur de la reine suédoise Eléonore. Une deuxième église est visible sur Lukiokatu. C'est en 1825 que le tsar Alexandre Ier décide de faire ériger un lieu de culte orthodoxe. Le bâtiment actuel, dédié à saint Pierre et saint Paul, date de 1884. On peut aussi visiter le musée de la Vallée du Torne pour en savoir plus sur les us et coutumes de la région.

MUSÉE D'ART AINE

Torikatu 2
✆ +358 50 594 6868
www.tornio.fi

Ouvert du mardi au jeudi de 11h à 18h et du vendredi au dimanche de 11h à 15h. Adulte 5 €. Gratuit pour les - de 18 ans.

Le musée d'art Aine est situé en plein centre de Tornio, dans le même bâtiment qui abrite la bibliothèque principale de la ville. Ce musée offre une exposition permanente mais aussi des expositions temporaires qui changent tous les 4 à 6 ans. Eila et Veli Aine, passionnés d'art, ont rassemblé un grand nombre d'œuvres léguées depuis au musée. Au programme : peintures finlandaises d'inspiration expressionniste. À voir si vous avez un peu de temps dans les environs (ou qu'il pleut !). Le plus : nombreux événements et ateliers d'éducations artistiques.

MUSÉE DE LA VALLÉE DU TORNE

Keskikatu 22
www.tornio.fi/museo

Ouvert du mardi au jeudi de 11h à 18h et du vendredi au dimanche de 11h à 15h. Entrée adulte à 5 €, enfant à 3 €.

Visiter ce musée est une bonne idée pour en savoir plus sur les us et coutumes de la région, notamment grâce à une collection d'objets et de costumes. On y trouve des expositions permanentes, ainsi que plusieurs expositions temporaires qui changent tous les 2 à 4 ans. En plein cœur de la ville, c'est un lieu incontournable pour les visiteurs de la ville curieux d'en savoir plus sur le passé et les valeurs de la région, sur lesquels sont fondées les communautés d'aujourd'hui.

RAPIDES DE KUKKOLANKOSKI ★★

Koskitie 130
✆ +358 400 69 23 01
www.nordicsafaris.com

Les rapides de Kukkolankoski (d'environ trois kilomètres et demi de long) sont les plus importants de toute la Finlande. Déjà au Moyen Âge, les eaux étaient réputées pour être poissonneuses et un festival de pêche s'y tient chaque année fin juillet. Innombrables itinéraires fluviaux et lacustres de toutes catégories, idéal pour le rafting ou le canoë. La Course de canoë-kayak arctique (53 km) descend le fleuve Tornionjoki jusqu'au golfe de Botnie. La compagnie Nordic Safaris organise des descentes en kayak et rafting sur la rivière.

FINLANDE

RAPIDES DE KUKKOLANKOSKI - NORDIC SAFARIS

Koskitie 130, Kukkola ✆ +358 400 69 23 01
www.nordicsafaris.com
De juin à septembre. La descente dure environ 1h30.

À 15 km au nord de Haparanda, les rapides de Kukkolankoski (3,5 km de long) sont les plus importants de Finlande. Le plus rude, la « Course de canoë-kayak arctique » (53 km) descend le fleuve Tornionjoki jusqu'au golfe de Botnie.

La compagnie Nordic Safaris propose, entre autres activités hivernales et estivales, la descente de ces rapides en rafting. Egalement possibilité d'hébergement en chalets, sauna... Licence pour la pêche à la journée ou à la semaine.

CAMPING TORNIO €

Matkailinjantie 9
✆ +358 16 445 945
www.campingtornio.com
Ouvert de début mai à fin septembre. Dès 54 € la cabine pour deux.

Ce camping s'étale sur cinq hectares en bordure de rivière. Sur place, on choisit entre la location de caravanes et ou d'un des quinze chalets tout équipés. On peut aussi simplement planter sa tente si on préfère. Côté activités et équipements, on peut s'installer et profiter de la plage, une aire de jeux pour les enfants est à disposition, des vélos sont en location et il y a même un court de tennis. Et bien entendu, les indispensables saunas vous attendent pour un moment de détente. Depuis peu, il y a une piscine pour compléter l'offre.

HOSTEL JOENTALO €

Kivirannantie 13
✆ +358 40 744 5260
www.ppopisto.fi
Ouvert uniquement en été. Réception de 8h à 16h. Chambre double à partir de 85 €.

Légèrement excentré, cet hôtel d'été est situé dans une école et propose un excellent rapport qualité-prix. En tout, trente chambres doubles sont disponibles avec une kitchenette et une salle de bains. La rivière est à deux pas et le centre-ville reste accessible par une simple balade le long de la rive, ou en transports en commun. Idéal pour les familles qui recherchent des espaces généreux à des prix raisonnables. Cet hôtel propose cependant tout le confort auquel on s'attend, dans un ancien bâtiment qui a son charme. Pas de doute, on recommande !

HOTEL MUSTAPARTA €€

Hallituskatu 6
✆ +358 400 105 800
www.mustaparta.fi
Chambre double dès 107 €.

Situé en plein centre, l'hôtel rend honneur au héros local Iisakki Mustaparta qui défia les droits des opprimés au XVIIIe siècle. Les chambres sont superbement décorées sur cette même thématique avec parquet, tapis en peau de bête, couverture en fourrure, cordes de bateau... Vous vous sentirez l'âme d'un pirate ! Son délicieux restaurant s'inspire de la même histoire avec une décoration cosy avec fauteuils en cuir, chandelles, poutres en bois, tonneaux, gouvernails, coques de bateau ou encore ancres. Probablement le meilleur hôtel et restaurant de la ville.

SLEEP INN BEAUTY €€

Kourilehdontie 203
✆ +358 40 1768 908
www.sleepinnbeauty.com
Ouvert toute l'année. Chambre double dès 69 €.

Situé à quelques kilomètres de Tornio dans une campagne paisible et au bord de la rivière Liakka, vous serez chaleureusement accueilli dans cette gigantesque maison. Il y a un total de 20 chambres sur deux étages avec toilettes privées et certaines avec douche privée et kitchenette sans oublier le sauna disponible sur demande. Billard à l'étage. Si plusieurs cuisines communes sont libres d'accès dans la maison, cela serait dommage de ne pas goûter les bons plats de la propriétaire des lieux qui s'avère être une cuisinière hors pair !

VILLA SAAGALA €€

Kiviranta
✆ +358 504 611 785
www.abnb.me/2AhjWLVOfR
Comptez 95 € pour une nuit pour 2 personnes avec possibilité d'héberger jusqu'à 6 personnes.

Adorable chalet en bois situé au bord d'un lac à 15 km de Tornio. Vous apprécierez particulièrement les grandes baies vitrées qui donnent directement sur le lac et desquelles vous pourrez observer des aurores boréales ! En été, vous pourrez profiter de la grande terrasse en pierre naturelle et des deux barbecues. Jolie décoration nordique avec équipement de qualité et cuisine, sans oublier le traditionnel sauna. Côté activités, on peut marcher en raquettes ou de faire de la pêche sur glace, du bateau vers des îles isolées et les parcs nationaux environnants...

NORDIC SAFARIS

Koskitie 130
✆ +358 400 69 23 01
www.nordicsafaris.com
Ouvert toute l'année. Réservations par mail et par téléphone possibles. Comptez à partir de 68 € l'activité.

Nordic Safaris est une compagnie qui propose une grande variété d'activités dans la région de Tornio et ses alentours. En fonction des saisons, les activités varient. L'hiver et tant que la neige est là, on découvre le traîneau à chien, les balades en raquettes, le fatbike aussi, qui se loue tout au long de l'année, la pêche sur glace... Dès l'arrivée de l'été et en automne, on fait du rafting dans les rapides dans la rivière, on se met au kayak, ou pourquoi pas une activité pêche et grillades juste après. Bon accueil, et activités pour tous les budgets.

TORNIO GOLF OY

Näräntie
✆ +358 16 431 711
www.torniogolf.fi
Comptez 30 € le parcours en semaine et 45 € le week-end.

La balle circule aisément de Finlande en Suède et vice-versa, sur ce parcours de golf 18 trous. Un endroit de calme et de partage, sur des pelouses toujours vertes et qui demandent peu de maintenance, dans des ces pays nordiques qui ne manquent pas d'eau ! Au bord de l'eau, et au plus proche de la nature, l'endroit idéal pour se détendre autant pour les initiées que pour les novices ! Et que serait un golf sans son restaurant ? Un menu très américain, et des prix très abordables, le tout avec une vue imprenable sur les cours.

FARM ESCAPE

Mustajärventie 456
✆ +358 50 4136 469
www.farmescape.fi
Ouvert toute l'année. Dès 120 € pour un escape game de 2 à 4 personnes.

Un escape game unique au monde organisé dans une ferme avec des animaux ! Vous serez formidablement accueilli pour résoudre des mystères passionnants pendant 1h et réussir à sortir à temps de la grange en compagnie de poules, lapins ou autres bestioles sympathiques. Les thématiques sont régulièrement changées et ne nécessitent pas de force physique, sinon de la réflexion et de l'observation en travail d'équipe. Un moment inédit et inoubliable à vivre avec amis ou en famille. Également la possibilité de manger sur place et de faire des balades à cheval.

KOLARI

Kolari est le terminus nord du réseau ferroviaire lapon. C'est donc une plate-forme d'échanges qui renvoie les visiteurs notamment vers les stations de ski d'Äkäslompolo et Yllasjärvi. Rien à voir de particulier dans cette petite ville, mais elle est située sur l'une des plus charmantes routes du pays, longeant le fleuve Torne. On s'y arrête volontiers un instant avant de repartir côté suédois, ou de continuer en Finlande. Les environs n'étant pas très peuplés, ils offrent de jolies opportunités de balade pour ceux qui choisiraient d'y séjourner plus ou moins longtemps. Autre option, suivre la route vers Muonio, jusqu'à Hetta et Kilpisjärvi.

ÄKÄSLOMPOLO ★

Au nord-est de Kolari, et à l'ouest de Kittilä, le silence règne en maître, annonçant le décor austère et accidenté du nord-ouest. La commune d'Äkäslompolo, située au bord d'un lac, s'étend au nord du mont Ylläs (le village des Sept Sommets), l'une des plus importantes stations de ski de descente du pays. La densité du réseau d'itinéraires balisés pour les randonneurs et les skieurs de fond, véritable terrain de jeux grandeur nature, rend la région particulièrement attractive. Äkäslompolo au nord, complété par Ylläsjarvi au sud, forment le camp de base pour les activités et les hébergements sur le mont Yllas et dans le parc national Pallas-Yllastunturi.

FINLANDE

© JOHANNES ASSLABER - STOCK.ADOBE.COM

Äkäslompolo.

KARILAN NAVETTAGALLERIA ★★

Karilantie 31 ✆ +358 400 589 638
www.navettagalleria.fi
Ouvert en septembre et de décembre à avril, tous les jours de 10h à 17h.

Ce café–galerie est absolument exceptionnel. Lea Kaulanen et son mari Juha en ont fait un endroit magique, empreint d'une atmosphère folklorique envoûtante et chaleureuse. Cela tient au fait que Lea et Juha fabriquent des marionnettes représentant les *maahinen*, petits habitants de la forêt issus des légendes lapones. On peut boire un café dans la grande salle chaleureuse, sur les tables en bois, en dégustant l'une des savoureuses pâtisseries de Lea. Et on ne manquera pas de l'écoute raconter l'une des légendes de la forêt lapone.

PALLAS-YLLÄSTUNTURI NATIONAL PARK ★

Route 940
✆ +358 400 267 868
www.nationalparks.fi
Informations au centre des visiteurs Kellokas.

Ce parc national de 1 020 km^2 a été fondé en 2005. Il s'étend sur plusieurs municipalités de Kolari (Akaslompolo, Yllasjarvi) au sud, à Enontekio au nord. Le paysage est très vallonné, et composé de *fells*, ces collines dénudées typiques de Laponie. Idéal pour se balader de cols en cols et pour observer les aurores boréales en hiver, c'est aussi un vrai petit paradis en été. Rien de mieux que d'observer le soleil de minuit, perché sur un tunturi !

CENTRE D'INFORMATION DU PARC NATIONAL KELLOKAS

Tunturintie 54 ✆ +358 400 267 868
www.nationalparks.fi
Ouvert de 9h à 18h. Fermé le week-end de mi-janvier à mi-février, en mai, en novembre et début décembre.

Ce complexe permet aux visiteurs de prendre leurs marques pour découvrir la région et notamment le parc national Pallas-Yllastunturi. Un auditorium présente un petit film d'une quinzaine de minutes sur la Laponie et ses paysages, une exposition temporaire revient sur les coutumes et les habitudes des habitants de la région, enfin un point d'information permet de trouver brochures, cartes, informations sur les activités possibles. Également une jolie boutique et un café.

HOTEL YLLÄS HUMINA €€

Tiurajärventie, 27
✆ +358 20 719 9820
www.yllashumina.com
Chambre double 155 €, lodge pour 2 personnes 221€.

Coup de cœur pour cette charmante adresse. Avec une décoration authentique et des prestations de qualité, les chambres offrent toutes une vue sur la nature superbe et intacte qui entoure l'hôtel. Pour les groupes, des chalets son également disponibles à la location dont certains avec cheminée. On peut louer ses skis sur place et y organiser toutes ses activités. Un sauna, un spa arctique et bain à remous en extérieur complètent les équipements. Et, pour ne rien gâcher, l'accueil est à la hauteur et le restaurant de l'hôtel est excellent.

DESTINATION LAPLAND €€

Ahdinkuja 1
✆ +358 16 510 3300
www.destinationlapland.com
Ouvert du lundi au vendredi de 9h à 17h.

Une centrale de réservation avec une équipe très compétente et disponible. Grande variété de locations possibles : du chalet sommaire au plus luxueux dans toute la commune d'Äkäslompolo. Mais aussi possibilité de réserver ses activités (VTT sur neige, motoneige, ski, etc.). On se tourne volontiers vers eux pour des conseils sur les différentes activités de la région et pour les incontournables de chaque saison, que ce soit à la journée ou pour des safaris de plusieurs jours ! Une bonne adresse locale et une position centrale.

YLLÄS-SKI

✆ +358 16 553 377
www.yllas.fi
Ouvert de novembre à avril. Forfait journée à partir de 40 € et semaine à environ 200 €.

La station d'Yllas-Ski est rattachée au village d'Akaslompolo. Elle est située sur le versant nord du mont Yllas. La station Sport Resort Yllas (Yllasjarvi) est reliée à la station Yllas Ski, les skieurs ont donc accès en tout à 63 pistes, étendues sur 53 km, et 23 remontées mécaniques. Le forfait est valable dans les deux stations. En termes d'activités, on peut aussi faire des raquettes, du ski-cross, du vélo de montagne, de la motoneige, des balades à cheval, mais aussi du sauna... Idéal pour toute la famille et tous les budgets.

YLLÄSJÄRVI ★

Ylläsjarvi est un village qui s'étend au sud du mont Ylläs. La station de ski Ylläs Ski Resort n'est qu'à 5 km. À l'inverse d'Akaslompolo, qui est un petit village animé, Ylläsjarvi est plutôt calme et l'animation se concentre autour de la station de ski. Côté nature, le village est situé près d'un lac et entouré de vert. Plusieurs randonnées peuvent se faire au départ d'Ylläsjärvi, qui a tout de même l'avantage d'offrir un cadre magnifique, plus calme, et proche de l'axe de circulation principal. On y trouve une petite boutique d'alimentation pour se ravitailler, et une belle plage où prendre un café.

L'AVANTO

C'est un trou dans la glace où l'on s'arrange pour que l'eau ne gèle jamais et où l'on va nager ou se tremper entre deux « séances » de sauna. Les dimensions sont parfois celles d'une petite piscine, mais le plus souvent l'avanto ferait plutôt penser à un puits (on y descend par une échelle de bois). On le pratique généralement en sortant d'un passage au sauna à haute température. De nos jours, l'avanto est considéré en Finlande comme un remède très efficace contre les rhumatismes et le vieillissement des articulations et des artères. Il suffit simplement de se plonger dans l'eau glacée au saut du lit, sans passer par le sauna... Facile ?

SPORT RESORT YLLAS ★

Sport Resort Yllas
✆ +358 16 510 3500
www.yllas.fi
Ouvert de début novembre à début mai. Dès 28 € le forfait pour la journée et dès 98 € pour la semaine.

Le village d'Ylläsjarvi est situé sur le flanc sud du mont Yllas. La station de ski est particulièrement bien équipée. On y trouve des boutiques de matériel, location et vente, des restaurants, un hôtel, et des télésièges et remonte-pente. La station Sport Resort Yllas est reliée à la station Yllas Ski (du côté d'Akaslompolo), les skieurs ont donc accès en tout à 63 pistes, étendues sur 53 km, et 23 remontées mécaniques. Le forfait est valable dans les deux stations.

Pour les amateurs de ski de fond, il y a 330 km de pistes, dont 38 km éclairées.

SAFARTICA

Ylläsjärventie 160
✆ +358 40 502 6458
www.safartica.com
Prestataire privé situé au pied du lac Ylläs ; un bureau ici ainsi qu'à Rovaniemi.

Jean-Philippe (Français vivant en Laponie), propose diverses activités plus ou moins sportives dans la région, tout au long de l'année. L'été, ils font la part belle aux randonnées à travers le parc naturel pour découvrir le soleil de minuit, à pied, à vélo ou en canoë. Ils font aussi partie des rares à proposer des randonnées longues de plusieurs jours pour traverser le parc national jusqu'au nord. L'hiver, les neiges offrent encore plus de possibilités : safaris en motoneige, avec des chiens de traîneau, des rennes et là encore sur plusieurs jours. Unique !

LAPLAND HOTEL SAAGA €€

Iso Ylläskentie 42
✆ +358 16 323 600
www.laplandhotels.com
Chambre double dès 151 €.

Le Saaga, qui fait désormais partie de la chaîne Holiday Club, a misé sur le haut de gamme. Le site bénéficie par ailleurs d'une vue exceptionnelle sur les environs et notamment les pistes de ski. L'établissement offre une gamme d'hébergement variée, pour tous les budgets. Certaines chambres possèdent un balcon. La décoration est soignée, tout en bois, les pièces sont lumineuses. Trois restaurants sont installés dans le complexe, ainsi qu'un centre complet de remise en forme, avec sauna, piscine, bain bouillonnant et massage.

LAINIO SNOW VILLAGE €€€

Entre Ylläsjärvi et Kittilä.
✆ +358 40 416 7227
www.snowvillage.fi
Ouvert de mi-décembre à mi-avril. Chambre double dès 151 €.

Comme tous les hôtels de glace, le Lainio Snow Village est reconstruit tous les hivers et offre un cadre incroyable à ses visiteurs de passage. Pour la construction du Lainio Snow, imaginez quand même que 20 millions de kilos de neige et 350 000 kilos de glace ont été nécessaires ! Des chambres uniques, où d'épais duvets sont fournis, un Ice Bar, un restaurant... Bref, tout pour passer un moment inoubliable en attendant les aurores boréales ! Le plus : possibilité de réserver une multitude d'activités depuis l'hôtel selon la saison.

AURORA ESTATE €€€

Tirroniementie 4 c
© +358 20 734 0800
https://auroraestate.fi/en/
Restaurant fermé en mars. Horaires variables.

Tout a commencé en 2015, quand deux amies Sirly et Heidi ont décidé de réaliser leur rêve. Côté hôtel, on profite des cinq chambres standard ou des deux de luxe. En 2018, le lieu a même été élu meilleur nouvel hôtel de charme en Europe. On peut y aller les yeux fermés ! Quant au restaurant, il est à la hauteur du reste. Sirly, une ancienne participante à Masterchef finlandais, vous offre des assiettes sublimes et délicieuses : des saveurs parfaitement mariées, des produits mis en valeur... Et le tout, dans un cadre incroyable. On recommande chaudement !

SAUNA GONDOLA

© +358 40 544 7743
www.yllas.fi/en/services/sauna-gondola
Ouvert de fin septembre à avril. Prix fixe à 1 350 €. Réservation indispensable.

Situé dans la station de ski Sport Ressort Yllas, c'est le seul et unique sauna au monde construit dans une télécabine ! Construit en mur boisé pour trois à quatre personnes, il vous amènera en 20 minutes au sommet d'Ylläs. La formule comprend 2 heures d'excursion pour une douzaine de personnes maximum avec l'accès à un sauna, à un bain à remous et à une cheminée en haut de la montagne. Si l'expérience est absolument incroyable et originale, elle a malheureusement un coût et pas des moindres ! Réservation de préférence, une semaine à l'avance.

FINLANDE

KITTILÄ

La commune de 6 385 habitants (2016) au nord du cercle polaire arctique s'étend sur 8 391 km² dont 167 km² de lacs et de rivières. C'est la porte d'entrée pour se rendre à la célèbre station de sports d'hiver Levi qui n'est qu'à une quinzaine de kilomètres au nord. Selon la légende, Kittilä tirerait son nom de Kitti, la fille du puissant sorcier Päiviö. C'était autrefois la plus grande place de marché sâme. Aujourd'hui, la foire estivale (début juillet) attire les gens de toute la Laponie. On n'y trouve pas d'autres attractions majeures mais de quoi faire les courses, sortir et profiter des plaisirs d'une petite ville avant de reprendre les routes sauvages.

Tourisme

- L'office de tourisme (www.levi.fi) très actif vous renseignera efficacement sur les hébergements et les activités : visites d'élevage de rennes, pêche sous la glace, randonnées en motoneige... Site en français.

Transports

- Aéroport de Kittilä (Levintie 259 - Tél. +358 20 01 4919 - www.finavia.fi/en/ - kittilaairlinerelations@finavia.fi). À 4 km au nord de la ville. Les liaisons régulières avec Helsinki sont assurées par la Finnair ou Blue 1 en 1h20. Également vols vers Ivalo. D'autres compagnies charters utilisent cette plateforme aéroportuaire qui met en relation avec le reste du monde les stations de ski de Levi et d'Ylläs, reliées tous les jours par une navette. Avion : l'aéroport de Kittilä assure des liaisons régulières avec Helsinki via Finnair ou Blue 1 en 1h20. Également des vols vers Ivalo. La navette Tunturilinjat assure des liaisons toute l'année entre l'aéroport et Levi (30 à 40 minutes de trajet).
- Tunturilinjat - Navette Aéroport (Aakenuksentie 78 - Tél. +358 400 694 927 - www.tunturilinjat.fi - info@tunturilinjat.fi). Ouvert en semaine de 9h à 15h et le week-end de 9h à 17h. Navette jusqu'à Levi à l'arrivée et au départ de chaque vol : compter 30 à 40 minutes de trajet et environ 15 euros l'aller-retour, et 10 euros pour un enfant de moins de 12 ans. Bus pour Kolari, environ 25 euros. La Pekkalan Tunturilinjat Oy est mandatée pour opérer les liaisons entre l'aéroport et Levi. Ce service existe toute l'année, en correspondance avec les vols de la Finnair.

TAATSIN SEITA TAATSINKIRKKO

Pokka
www.kittila.fi
Ouvert du lundi au samedi de 13h à 17h.

C'est un site historique à Kittilä, qui est aussi un ancien lieu de sacrifice des Sâmes sur la rive du lac Taatsi, à proximité du village de Pokka. Les alentours sont superbes pour se promener. Sur Myllyjoentie, on peut aussi aller faire un tour à l'office de tourisme très actif qui vous renseignera efficacement sur les hébergements et les activités : visites d'élevage de rennes, pêche sous la glace, randonnées en motoneige... Site en anglais (www.levi.fi).

SIRKKA - LEVI ★★

À 17 km au nord de Kittilä, en direction de Muonio, le petit village de Sirkka a su tirer parti de son environnement avec la construction de la plus grande station de sports d'hiver de Finlande sur le mont Levi, la seconde des pays nordiques.

Comme dans bien d'autres villages de Laponie, de nombreuses activités sont organisées été comme hiver avec un programme différent selon la saison. Ferme de rennes, safari en bateau, excursions en motoneige comme en chiens de traîneaux et golf de minuit sont quelques idées de ce que vous pouvez faire. Sans oublier la randonnée avec de nombreux sentiers balisés. C'est une ville rutilante et agréable. Des hôtels confortables, des restaurants, des boîtes de nuit, font de Levi la station de ski des personnalités et des jeunes.

Transports

- **Aéroport de Kittilä** : la ligne Tunturi Linjat propose des navettes régulières jusqu'à Levi et Sirkka en fonction des arrivées et des départs des vols : comptez 30 à 40 min de trajet et 8 € pour un adulte et 4,20 € pour un enfant de moins de 12 ans (www.tunturilinjat.fi).
- **Gare routière** : comptez 3h et 32 € pour aller à Rovaniemi et pas moins de 17h et 35 € pour gagner la capitale Helsinki avec une correspondance à Rovaniemi (www.matkahuolto.fi).
- **Gare ferroviaire** : la gare la plus proche se trouve à Rovaniemi à 170 km, ou Kolari à 70 km (www.vr.fi)

SAMILAND ★

Tunturitie 205

✆ +358 16 336 3133

www.samiland.fi

Tous les jours de 10h à 20h. En sept, du lundi au samedi 9h30-16h. Adulte : 12 €, enfant : 10 €.

Ouvert en décembre 2011, ce petit musée Samiland est l'occasion de découvrir le mode de vie traditionnel du peuple sâme, par le biais d'expositions intérieures (500 m²) et aussi en plein air avec ses 10 000 m² extérieur. Une visite intéressante pour mieux comprendre le passé de ce peuple, si important en Finlande et dans la région. Sur place, on voyage grâce aux anciens costumes présentés, aux nombreuses photos et objets mais aussi grâce aux vidéos diffusées. Possibilité de réserver une visite guidée. Sur place, café et restaurant.

KINOS SAFARI

Myllyjoentie 1

✆ +358 504 032 000

www.kinossafaris.com

Tarifs variables selon les activités.

Oy Kinos Safaris propose des excursions guidées et personnalisées. Les safaris les plus appréciés sont ceux en motoneige, husky, rennes, en canoë-kayak ou encore le parachute ascensionnel. Si des sorties de pêche et en VTT sont organisées en été, l'activité estivale la plus populaire reste la croisière Kota-Mikko. Sur place, Kinos Safari propose aussi simplement la location de matériel possible avec des motoneiges, des vélos, des petits bateaux, du matériel de pêche ou encore des canoës... Côté budget, il y en a pour toutes les bourses.

LEVI ICE GALLERY

Akantie 180

✆ +358 400 294 405

www.luvattumaa.fi

Ouvert tous les jours de 10h à 18h. Tarif : adulte 16 €, enfant 10 €. Dès 380 € pour une chambre double.

Construite sur la rive d'Ounasjoki, à moins d'une dizaine de kilomètres du centre de Levi – une dizaine de minutes en voiture –, la galerie de glace Luvattumaa de 10 000 m² ouvre ses portes au public en hiver. Vous trouverez à l'intérieur un bar, une chapelle et un hôtel glacés avec de belles sculptures et d'autres œuvres d'art. On peut découvrir l'hôtel pour une simple visite, réserver une nuit ou pourquoi pas, même se marier dans ce lieu inoubliable digne de la Reine des neiges ! Le plus : sauna pour une quinzaine de personnes.

HÔTEL HULLU PORO €€

Rakkavaarantie 5

✆ +358 16 651 0100

www.hulluporo.fi

Chambre double dès 150 €, moins cher en été.

Le complexe Hullu Poro (le « Renne fou ») offre une grande variété de services avec différents types de chambre (157 dont 21 avec leur propre sauna) situées dans le centre-ville. Il y a 7 restaurants dans l'hôtel, un salon de coiffure, un bar et une boîte de nuit. Et ce « Renne fou » détient aussi une auberge de jeunesse à 1,5 km du centre, à partir de 35 € la nuit en dortoir. Il y a aussi la possibilité de louer des appartements pour plus d'indépendance, pouvant accueillir de huit à dix personnes et disposant d'un sauna privatif.

HÔTEL K5 LEVI €€

Kätkänrannantie 2
✆ +358 16 639 1100
www.k5levi.fi
Ouvert de nov à avril. Dès 120 € la chambre double.

L'un des plus beaux hôtels de la station avec un peu moins d'une quarantaine de chambres superbes et bien équipées, allant de 25 à 45 m², avec un sauna privé la plupart du temps et une salle de sport commune. Également des appartements pouvant accueillir de 7 à 14 personnes de 281 m² ! Par ailleurs, l'établissement abrite le Bistro K5, une bonne table où l'on peut voir des rennes jouer dans leur enclos depuis les fenêtres du restaurant. Dans l'assiette, des spécialités laponnes et internationales de bonne facture. Bon rapport qualité/prix.

HOTEL LEVI PANORAMA €€

Tunturintie 205
✆ +358 16 336 3000
www.golevi.fi
Chambre double dès 92 €. Moins cher en été.

Le Levi Panorama a une situation idéale pour les skieurs, puisqu'il a eu la bonne idée d'élire domicile en plein milieu des pistes. Idéalement situé, on rejoint l'aéroport en seulement une quinzaine de minutes en voiture. Les chambres sont spacieuses, joliment décorées et offre une belle vue sur le domaine skiable. Sur place, tous les services sont proposés, de la location de matériel – et un endroit où les laisser entreposer – au très bon restaurant, en passant par le sauna. Très bon rapport qualité/prix, accueil agréable et personnel efficace.

LEVI ALPINE CHALETS €€

Hissitie 7B
✆ +358 20 786 6433
www.levinalppitalot.fi
Chambre double dès 192 €.

Du studio à l'appartement pour deux et pouvant accueillir jusqu'à quinze personnes en passant par les cottages en bois, on retrouve qualité, design et confort dans tous les hébergements du Levi Alpine Chalets. Le bâtiment principal, sur le front de neige face aux pistes, est évidemment le plus couru. C'est une option parfaite pour combiner le confort d'un grand hôtel et le côté pratique d'un appartement, afin de profiter au mieux des activités de la station. Et quel bonheur de se sentir chez soi au retour d'une grosse journée de ski !

LEVI SUITES UNNA MÀNNU €€

✆ +358 20 766 9850
www.levisuites.fi
Dès 95 € l'été le studio, appartement pour 4 personnes dès 100 € hors saison.

Voilà des appartements confortables, à la fois cosy et modernes, en plein cœur de la ville de Levi. Ils sont tous équipés de saunas et certains ont même des bains à remous pour un moment parfait de détente. La déco scandinave est sobre et soignée et les appartements répondent parfaitement au standard 4 ou 5 étoiles. Bref, c'est un endroit idéal pour poser ses valises à Levi et se sentir comme chez soi. Levi Suites possède également deux autres établissements, Levin Klubi (en pleine nature à 4 km du centre) et Levi Gold, sur le front de neige.

LEVI HOTEL SPA €€€

Levintie 1590
✆ +358 16 646 301
www.levihotelspa.fi
Chambre double dès 158 €.

À 5 minutes à pied des pistes de ski, cet hôtel abrite le plus grand spa de Laponie. C'est un excellent endroit pour se relaxer, profiter de la nature environnante et passer des vacances en famille. Au spa, on se réchauffe au sauna, on profite des piscines, on se détend au bain à remous extérieur – un bonheur la nuit, quand on peut en même temps regarder les étoiles, voire les aurores boréales ! Les chambres sont classiques, confortables et bien équipées. Tous les services sont proposés, de la réservation d'activité au restaurant traditionnel.

STATION DE SKI DE LEVI

Hissitie 4
✆ +358 20 7960 200
www.levi.fi/fr
La saison de ski s'étale de fin octobre à début mai. Tarifs variables.

C'est la plus grande station de ski en Finlande avec 43 pistes vertes, bleues, rouges et noires, sans oublier les deux snowparks. La plus longue piste mesure 2 500 m. Le soir, 15 pistes sont éclairées et il y a des restaurants sur la station. Tout autour, on trouve 230 km de pistes de ski de fond, damées tous les jours dont 28 km de pistes éclairés, 16 cabanes et aires de repos le long des pistes.

Trois boutiques pour louer vos équipements et prendre vos forfaits : pour les familles, pour les skieurs de niveau moyen et pour les pros (remontée mécanique n° 6).

FINLANDE

MUONIO

Muonio est un point de ravitaillement du nord-ouest de la Laponie, à la frontière de la Suède délimitée par la rivière Muonionjoki, et proche du célèbre parc national Pallas-Ounastunturi qui abrite notamment l'un des plus beaux itinéraires de randonnée de Finlande. À mi-chemin entre Enontekiö (Hetta) et Kittilä, la commune mérite donc une halte ne serait-ce que pour se renseigner sur les nombreuses activités sportives proposées autant en hiver qu'en été. L'office de tourisme se trouve à la gare routière et offre des infos touristiques et des infos sur la nature. Il est ouvert tous les jours de 10h à 18h. Fermé le dimanche en octobre et novembre.

Aurore boréale à Muonio.

AURORA LAPLAND TRAVEL

Lahenrannantie 69
✆ +358 40 550 8295
www.auroralaplandtravel.fi
Activités toute l'année, adaptées aux saisons. Programme détaillé sur le site Internet.

Cette agence organise des circuits dans le Grand Nord, mettant en valeur la culture lapone. De nombreuses activités sont proposées : raquettes, safaris en motoneige, traîneaux avec huskies ou rennes, ski de fond, pêche dans la glace, marche nordique, cueillette des baies et des champignons, observation des oiseaux, ou encore croisières en bateau sur le lac Inari. Les safaris sont réalisés dans un esprit d'écotourisme en privilégiant des structures familales, comme la GuestHouse Husky d'Ivalo, l'Hôtel Kultahovi d'Inari ou le Holiday Village Vallee d'Utsjoki.

HARRINIVA ★★

Harrinivantie 35
✆ +358 16 530 0300
www.harriniva.fi
Tarifs variables en fonction des activités.

Propriétaire d'une des plus grandes fermes de huskies (près de 450 chiens), le centre propose moult activités toute l'année. L'été, les guides vous présentent les animaux et leur travail en tant que chiens de traîneau, et l'hiver on passe à l'action grâce aux safaris. Egalement traîneaux à rennes, excursions en raquettes, ski de fond, nuit en igloo, randonnées de plusieurs jours. L'été, c'est canoë, rafting, pêche et randonnées. Notre coup de cœur safari dans la région avec un accueil chaleureux et de bons guides, n'hésitez pas à aller y faire un tour !

HARRINIVA €€

Harrinivantie 35
✆ +358 16 530 0300
www.harriniva.fi
Dès 150 € la chambre double.

Véritable coup de cœur pour ce centre de vacances installé au bord de la rivière avec toute une gamme d'hébergement : 64 chambres dans l'hôtel, 28 chalets et un terrain de camping. L'ambiance y est chaleureuse et accueillante avec un bar et un très bon restaurant sur place sans oublier l'inconditionnel sauna finlandais. L'hiver voit la construction des igloos ou d'incroyables dômes pour des nuits insolites avec une décoration différente pour chaque chambre. En été, vous pourrez découvrir la vie des Sâmes et passer la nuit dans une traditionnelle tente.

HÔTEL JERIS €€

Jerisjärventie 99
✆ +358 16 558 511
www.harriniva.fi
Chambre double dès 102 €.

Non loin des chutes d'eau de Keimiö, l'hôtel Jeris complète bien l'offre dans la région. À proximité se trouve aussi la station de ski Pallas-Ylläs et le lac Jeris. Côté hébergement, il propose moins d'une trentaine de chambres confortables et plutôt jolies, dont certaines avec vue, et une quarantaine de chalets pouvant accueillir jusqu'à sept personnes. Le sauna traditionnel et la fameuse piscine en plein air en hiver viennent compléter l'offre. En somme, bon rapport qualité/prix et accueil charmant qui en font une adresse sympathique.

KILPISJÄRVI ★★

La Finlande a aussi ses montagnes. Et c'est à Kilpisjärvi, cette commune de 90 âmes à la frontière avec la Norvège et la Suède, qu'elle le prouve. Là encore, à plus de 400 km au-dessus du cercle polaire, la nature impose sa force, sa densité et sa présence. Les perspectives changent, le relief s'élève. La vue du Saana, la montagne sacrée du peuple sâme, en dit long sur un univers minéral bordé par le lac Kilpisjärvi. On découvre aussi le lac Saanajärvi, et sa boucle facile de 4,5 km. Le centre des visiteurs de Kilpisjärvi permet notamment d'obtenir des informations sur la région et de réserver les refuges du parc national.

Balade

▶ **Lac Saanajärvi.** Boucle facile au départ de l'hôtel Kilpisjärven Retkeilykeskus. Pour s'imprégner de la magie du Saana sans forcément trop forcer ou pour ceux qui n'ont que peu de temps.

Tourisme

Au centre des visiteurs de Kilpisjärvi situé au Käsivarrentie 14145, vous trouverez des brochures et cartes sur la région, possibilité de réserver les refuges du parc national et d'obtenir un permis de pêche. Boutique et exposition. Centre d'informations plus petit que celui de Hetta.

Transports

▶ **Pour rejoindre la Laponie orientale : la plus belle route du Grand Nord.** Petite précision pour ceux qui souhaitent rejoindre Utsjoki, Inari ou Ivalo à l'est depuis Kilpisjärvi. Il vous faudra nécessairement redescendre d'abord par le sud jusqu'à Palojoensuu (route E8-21). Une fois sur place deux options :

▶ **Première possibilité :** rejoindre la Laponie orientale en passant par Kittilä et Sodankylä. C'est très long, mais les routes 79, 80 et E75-4 sont plus sûres en hiver.

▶ **Seconde possibilité :** remontez par Enontekiö/Hetta (route 93) et traversez le Finnmark norvégien avec étapes à Kautokeino et Karasjok (route 93 et 92). Beaucoup plus court et surtout exceptionnellement beau. Certainement l'une des plus belles routes qu'il soit donné de voir en Europe. Plein indispensable au départ d'Enontekiö ou à Kautokeino en Norvège sans quoi la panne risque de vous coûter très cher...

JARAMA FORTIFICATIONS ★

Kaaresuvanto
✆ +358 16 52 4605
www.tosilappi.fi
Ouvert de mi-juin à mi-septembre, du mardi au samedi de 11h à 18h. Adulte : 7 € ; enfant (6 à 16 ans) : 4 €.

Jarama Fortifications, c'est une manière de découvrir une partie de l'histoire de la région. Après une vidéo d'une dizaine de minutes, on peut accéder à ces anciennes tranchées qui datent de 1944. Pendant la guerre de Laponie, l'Allemagne a envahi cette partie de la Finlande. Or, à l'été 1944, elle élève des fortifications pour se défendre des Finlandais qui cherchent à regagner du terrain. De cette époque, il reste quelques *blockhaus*, à découvrir derrière le musée en empruntant les tranchées. Attention, on se perd facilement !

PALSA MOORS - LANDE ★

E8

En suivant la route E8 au départ de Kilpisjärvi, on atteint à environ 45 km au sud, un magnifique paysage de lande et de buissons. C'est l'occasion d'aller découvrir un peu la nature finlandaise loin des sapins. On peut s'arrêter sur le parking et emprunter un sentier de planches de bois surélevées pour découvrir ce très bel écosystème. Seuls les rennes et quelques lapins vivent parmi ces buissons désolés et la lande semble s'étendre à perte de vue. L'endroit est idéal autant pour un pique-nique que pour une balade facilement accessible à toute la famille.

TUNDREA €€

Käsivarrentie 14188
✆ +358 400 396 684
www.tundrea.com
Appartement pour 2 personnes dès 88 €. Chalet pour 6 personnes à partir de 112 €.

Voilà certainement ce qui est probablement la meilleure adresse de la ville. Tundrea c'est des chalets et les appartements qui sont très agréables et confortables. La totalité des logements est dotée de cuisines entièrement équipées et de saunas privatifs. Également des emplacements pour caravane. On peut aussi louer des logements avec des grandes baies et plafonds vitrés pour admirer les aurores boréales depuis son lit ! Excursions : pêche, randonnée et ski. Le restaurant est également une bonne option (de 13,50 € à 50 € le plat).

CENTRE D'INFORMATION POUR LA RANDONNÉE

Käsivarrentie 14663 - E8
✆ +358 20 564 7990
www.outdoors.fi
Ouvert de mars à mi-mai et juin à septembre du mardi au samedi de 9h à 17h.

Un lieu où aiment se retrouver les randonneurs qui trouveront ici de quoi se ravitailler avec le café-restaurant, de quoi s'orienter (nombreuses cartes et brochures) et de quoi s'équiper avec notamment la location de vélos, ainsi que la location d'équipement de ski... Juste à côté, au 14145, on trouve le centre des visiteurs de Kilpisjärvi avec des informations sur la région, possibilité de réserver les refuges du parc national et d'obtenir un permis de pêche...

MONT SAANA

Sa forme unique frappe dès l'arrivée sur Kilpisjärvi. Montagne sacrée depuis toujours pour les Sames, son sommet culmine à 1 029 m. Une fois en haut les efforts sont récompensés. Magnifique vue sur le lac et la montagne... et potentiellement sur les aurores boréales. Pour faire la montée et la descente, comptez environ 6 km, plutôt accessible à tous. Attention toutefois avec les enfants en bas âge, ça monte et ça peut être long. En termes de temps, prévoyez 4 heures voire 5 heures si vous voulez prendre votre temps, depuis le Centre de randonnées.

RANDONNÉE DES TROIS FRONTIÈRES

Parcours sportif de 22 km aller-retour entre la Norvège, la Suède et la Finlande.

C'est l'une des randonnées les plus populaires qui démarre sur la rive sud du Siilasjärvi avant la douane. Un sentier balisé conduit vers le point de rencontre entre la Finlande, la Suède et la Norvège à travers la réserve de Malla où tout prélèvement est strictement interdit. Prévoir des provisions en conséquence. En été, possibilité également de rejoindre l'endroit par le bateau *M/S Malla* depuis le lac Kilpisjärvi. Il ne vous reste alors que 6 km à parcourir aller-retour.

ENONTEKIÖ ★

C'est ici que l'on pénètre dans le « bras finlandais » qui s'enfonce à l'extrême Nord-Ouest du pays entre la frontière suédoise et norvégienne. Sur la route du Cap Nord, la commune constitue la troisième commune de Finlande par sa superficie (8 464 km²) et compte à peine plus de 2 000 habitants ! Aux portes du parc national Pallas-Yllästunturi, elle bénéficie également d'une situation idéale sur les rives de l'Ounasjärvi. L'élevage de rennes continue par ailleurs à occuper une place non négligeable pour les Sames, qui représentent 17 % de la population de Enontekiö. La finesse de l'artisanat local mérite également de s'attarder un peu sur une culture riche.

HETTA HUSKIES ★

Hetantie 211
✆ +358 16 641 590
www.hettahuskies.com
Ouvert toute l'année. Comptez à partir de 75 € pour une balade de 1h30. Packages de plusieurs jours possibles.

C'est l'une des attractions de Hetta les plus intéressantes. Cette ferme compte plus de 150 chiens de traîneau, des huskies, et des races répandues dans le Grand Nord. L'hiver, on part à la conquête des plaines environnantes. L'été, on découvre la ferme, le mode d'élevage, l'entraînement *agility*, etc. Cette ferme est l'une des plus appréciées en Laponie, par les locaux et les touristes. Cela tient au fait que les chiens y sont très bien traités – chaque soigneur connaît le nom et l'histoire de chaque chien – mais aussi pour le très bon accueil aux touristes.

HÔTEL HETAN MAJATALO €€

Riekontie 8
✆ +358 16 554 0400
www.hetan-majatalo.fi
Chambre double à 108 €, triple à 132 €, quadruple à 156 €.

Construit en 1924, c'est le plus ancien hôtel de tourisme de Laponie. Il a depuis été rénové et présente aujourd'hui un charme sans égal. L'ambiance est familiale, l'atmosphère chaleureuse. L'hiver, on se love avec plaisir devant le grand feu de cheminée, assis sur les banc de bois ; l'été on profite du cadre champêtre des petits chalets. Une tente lapone (*kota*), située derrière l'hôtel, accueille les clients autour d'un feu le soir. Une excellente adresse, tenue par une famille de passionnés, au très bon rapport qualité-prix.

SAARISELKÄ

Station de ski durant l'hiver, les pistes sont généralement praticables à partir de mi-octobre début novembre, dès les premières neiges et jusqu'à la fin du printemps. En été, place aux activités estivales. Centre touristique apprécié des Finlandais, la nature y est néanmoins restée intacte. Randonnées, excursions VTT, pêche, orpaillage et canoë… Pas de doute, vous êtes bien en Finlande ! Dans le village, bar, restaurants, spa promettent de bons moments et assurent une certaine convivialité aux visiteurs en toutes saisons. L'hiver, les chalets en bois sont recouverts de neige et ce petit village perdu au milieu de rien prend des allures de paradis. !

HOLIDAY CLUB €€

Saariseläntie 7

✆ +358 306 86 6000

www.holidayclubresorts.com

Chambre double dès 108 €. Petit déjeuner inclus. Nombreuses offres sur Internet.

À Saariselkä, on se retrouve vite en pleine nature ! Ici vous attend un hôtel spa grand confort avec chambres et appartements de vacances. Il possède également le The Northernmost spa avec piscine, centre de soins et massages... Sur place, on trouve aussi un restaurant, une salle de sport, un bowling, des excursions telles que la pêche ou des safaris renne et on peut même louer des *fat bikes*, des vélos aux pneus larges pour aller de partout. Un panel d'activités qui garantit de quoi bien s'occuper si la météo n'est pas de la partie !

SANTA'S RESORT

Kakslauttanen

✆ +358 1666 7100

www.santasresort.fi

Horaires et tarifs variables en fonction des saisons / activités.

Bienvenue dans l'antre du Père Noël ! Il vous accueillera en personne et distribuera des cadeaux aux enfants sages avec un goûter de pain d'épices et de boissons chaudes. Vous pourrez découvrir sa maison si typique, mais aussi vous balader pour découvrir la Tour de l'Elfe, la crèche avec les animaux de Laponie... Une rivière traverse la propriété : il s'agit de la rivière d'or qui regorge de pépites et qui permet, à l'aide d'une formule secrète, de réaliser des millions de cadeaux. Safaris en traîneaux de rennes et huskies, en motoneiges et des balades à cheval.

SANTAS HOTEL TUNTURI €€€

Lutontie 3

✆ +358 16 681 501

www.tunturihotelli.fi

Chambre double dès 99 €. Appartement une chambre dès 155 €.

Vaste hôtel de la grande chaîne Santas Hotels qui peut accueillir plus de 700 personnes sur plusieurs bâtiments aux styles différents, et qui comporte également un immense restaurant réputé dans les environs. Et si celui-là ne vous convient, l'hôtel en propose cinq au total, allant du plus gastro au style plus brasserie. En plus des chambres, on trouve de nombreuses activités sur place comme le sauna, la hutte lapone et l'aire de jeux pour les enfants. Le sérieux des prestations et la qualité de la restauration sont assurés.

FELL CENTRE KIILOPÄÄ €

Kiilopääntie 620

✆ +358 16 670 0700

www.kiilopaa.fi

Ouvert toute l'année. Chambre double dès 82 €, lit en dortoir dès 30 €.

Sur ce beau site qui culmine à 438 m d'altitude et qui sert de point de départ aux randonnées à pied, en raquettes ou en ski de fond, vous trouverez plusieurs types d'hébergement. Tout d'abord des chalets bien équipés pour deux, quatre ou dix personnes avec cuisine, cheminée, sauna (pour certains), terrasse (pour certains), draps et serviettes. Mais aussi un charmant hôtel qui propose des chambres doubles avec petit-déjeuner et une auberge de jeunesse avec des chambres de 2 à 6 lits avec sauna, draps et serviettes, mais sans petit déjeuner.

VILLAGE D'IGLOOS KAKSLAUTTANEN €€€

✆ +358 16 667 100

www.kakslauttanen.fi

Prix variables selon les saisons, nombreuses offres sur internet.

Cet hôtel semble classique avec sa trentaine de chalets de qualité, et pourtant… En hiver, une dizaine d'igloos de neige avec peaux de renne et tapis de laine sont construits. Température intérieure entre -3 °C et -6 °C... Pour les plus frileux, les igloos en verre sont très mignons et *design*. Et quel plaisir d'admirer de son lit, le ciel étoilé et le spectacle des aurores... Si l'hiver a été assez rigoureux, ne manquez pas la visite dans la chapelle et le bar-restaurant de glace !

MUOSSI GRILLI €

Saariseläntie 5

✆ +358 50 5644114

Ouvert tous les jours de 11h à 02h. Comptez en 6 et 12 euros.

Un fast food pas cher dans le centre de Saariselkä. On y commande des burgers, des hot dogs et autres spécialités avec ou sans frites pour des prix raisonnables. La qualité n'est pas exceptionnelle mais vous ne serez pas non plus déçu, et surtout vous sortirez repu ! C'est l'occasion de goûtez les produits locaux façon restauration rapide, comme le suovas, à base de viande de renne. Un vrai régal. C'est le seul établissement du coin à fermer aussi tard, pour le plus grand bonheur des danseurs exténués qui sortent de la boîte de nuit d'à côté.

LAANILAN KIEVARI €€

Rovaniementie 3410

✆ +358 40 023 9868

www.laanilankievari.fi

Du lundi au samedi 11h-15h, dîner sur résa 17h-22h. Compter 14,90 € la soupe pour déjeuner ; de 24,90 € à 39 € le plat.

Une cheminée, une ambiance chaleureuse, un coin perdu et une cuisine de qualité, voilà une adresse parfaite pour une soirée au nord du cercle polaire. En plus, l'épaule de renne au feu de bois, à commander pour deux, est délicieuse. Si on n'est pas fan de viande, on peut aussi se laisser tenter par la courge butternut rôtie et son fromage lapon ! La belle carte des vins vient parfaitement compléter le repas. Quant au service et à la gentillesse du personnel, rien à dire, tout est parfait. Laanilan Kievari : un refuge comme on les aime !

PETRONELLA €€€

Honkapolku 5

✆ +358 20 791 9601

www.ravintolapetronella.fi

Ouvert de fin novembre à avril tous les jours de 15h à 23h. Compter de 19 € à 43 € le plat. Menus de 53 € à 72 €.

Petronella fait référence à une femme intrépide, journaliste aventurière connue pour avoir participé à la ruée vers l'or en 1949 dans la région. C'est en 1989 que Saara Mehtäjärvi a créé ce restaurant qui lui rend hommage en proposant une cuisine qui met en valeur les produits scandinaves au coin du feu. Les assiettes sont superbes et délicieuses : tant la soupe de cèpes que le poisson du jour. En sucré, le millefeuille tout comme le fondant au chocolat sont exquis. L'atmosphère du restaurant est chaleureuse et on y passe une agréable soirée.

HUSKY & CO

En face de l'hôtel Holiday Club

✆ +358 400 693 071

www.huskyco.fi

En hiver, ouvert tous les jours de 9h à 18h. Horaires variables en fonction des activités.

Une agence sérieuse et très bien située, qui vous offre des prestations plus ou mois longues selon votre budget. Côté activité, on a, au choix, les classiques balades à la recherche des aurores boréales, traîneau à chien, motoneige, balade avec les rennes entre autres, pour l'hiver. L'été et à l'automne, on peut visiter la ferme des rennes ou des huskies, faire une balade à cheval ou à vélo... Bon à savoir et pratique : en cas d'absence à l'accueil, décrochez le téléphone devant l'agence, et un collaborateur anglophone décrochera.

PARC NATIONAL URHO KEKKONEN

✆ +358 20 564 7251

www.nationalparks.fi

Point d'informations au centre commercial Siula et à Tankavaara.

Ce vaste parc national Urho Kekkonen (2 550 km²) est le deuxième de Finlande et l'un des derniers grands espaces sauvages d'Europe. L'ensemble des caractéristiques de la nature arctique est réuni au cœur de ces forêts qui se prolongent au-delà de la frontière russe. Le parc est immense : les cartes sont absolument indispensables. Toutefois, plusieurs sentiers balisés sont à faire dans la journée : circuits entre 1 et 6 km ou un trek de 40 km le long de la rivière Nuorti.

STATION DE SKI

Kullanhuuhtojantie

✆ +358 16 668 882

www.skisaariselka.fi

Tous les jours de fin novembre à début mai de 10h à 17h. Pass journée à 43 € par adulte et 28 € par enfant.

Quinze pistes de ski alpin, une énorme piste de luge de plus d'1,2 km de longueur (on peut emprunter gratuitement les luges en bas de la piste) et un Freestyle Park. Sans oublier les 230 km de pistes de ski fond (dont 34 km éclairés). C'est à peu près le résumé de ce que l'on trouve à la station de ski de Saariselkä ! Le plus : la piste de luge, la plus longue du pays d'ailleurs, est éclairée la nuit ! École de ski avec possibilité de prendre simplement des cours de 90 minutes pour enfants et adultes. L'été : location de vélos et pistes.

THE NORTHERNMOST SPA

Saariseläntie 7
✆ +358 30 68 600
www.holidayclubresorts.com
Ouvert tous les jours de 10h à 20h30. Entrée à 20 € pour les adultes (pour 2h30) et 15 € pour les moins de 14 ans.

Implanté dans l'hôtel restaurant Holiday Club, c'est le spa le plus septentrional d'Europe ! Et bonne nouvelle, il est particulièrement adapté aux familles avec enfants ! On y trouve une large piscine (avec vagues toutes les heures) qui ravira les enfants, deux bains bouillonnants, une pataugeoire, une piscine pour les petits avec des jeux d'eau pour les divertir, deux toboggans, et deux saunas non mixtes. Massages et soins sur réservation. Le plus : certains sont prévus pour les enfants de 4 à 14 ans ! Idéal pour se prélasser et se calmer.

DESIGN HOUSE IDOLI

Ukonjärvi
✆ +358 40 019 7181
www.idoli.fi
Ouvert sur réservation uniquement.

Les Finlandais sont également très doués et dotés de talentueux *designers*. Cette maison du *design*, créée par un couple de passionnés, Hanneli et Pekka Sillfors, a ouvert ses portes en 2005. Installée en pleine nature, son atelier et sa salle d'exposition sont situés dans un beau bâtiment en bois accompagné d'une tente lapone. Ici on découvre tout le design contemporain : verre, bois, métal, luminaire tous les matériaux et toutes les formes sont envisagés. L'exposition change tous les ans et onze *designers* sont chaque fois mis en lumière.

IVALO ★

Difficile de rester insensible aux appels du Grand Nord ! Avec 4 500 habitants, Ivalo est une étape utile sur la route d'Inari, ou du Cap Nord en Norvège. Idéal pour se ravitailler avant de poursuivre le périple. Vous croiserez les fameux tunturis, ces collines lapones au sommet arrondi et dénuées de végétation. Quelques forêts clairsemées de bouleaux arctiques abritent les troupeaux de rennes. De mars à début mai, l'abondance de la neige, les températures plus acceptables et les journées souvent ensoleillées sont idéales pour les randonnées à skis, en raquettes ou en traîneau. L'été, on profite des lacs et de l'immensité des forêts alentour.

Transports

- Aéroport d'Ivalo (Lentokentäntie 290 - Tél. +358 20 708 8610 - www.finavia.fi). À 11 km au sud d'Ivalo. L'aéroport est ouvert pendant les rotations des avions, c'est le plus septentrional de Finlande.
- Bus. Liaisons quotidiennes pour Helsinki en 17h à 20h de trajet (125 € environ) et pour Rovaniemi en 4h30 (53 € environ).
- Taxi. Tél. +358 100 87 888 - www.ivalontaksit.com. Ce taxi dessert Inari, Kaamanen et Utsjoki.
- Kukkola Coach Company. (Rantatie 19 - Tél. +358 400 696 678 - www.kukkolanbussit.com- info@kukkolanbussit.com). Plusieurs tailles de bus : 8, 16, 48, 50, 55 et 56 sièges avec tout le confort. Transport vers la Norvège ou la Russie, mais jusqu'à Inari ou Kirkenes.

MONUMENT PETSAMO

Ivalontie

3 hommes et une femme tenant un enfant sont représentés sur cette sculpture. Ce monument commémore l'évacuation de la région de Petsamo (aujourd'hui russe) entre 1920 et 1944. Dans les années 1920, cette région autrefois finlandaise et peuplée de Sami Skolts, est annexée par les Soviétiques. Le traité de Paris (1947) confirme l'annexion. Pendant ces 20 ans, la population finlandaise, principalement sami skolt, quitte la région, pour venir s'installer de l'autre côté de la frontière, à l'est du lac Inari, notamment dans les villages de Nellim et de Sevettijärvi.

MONUMENTS DÉDIÉS AUX ORPAILLEURS

Ivalo était une ville d'orpailleurs dans les années 1870. La rivière Ivalojoki, aurifère et platinifère, drainait des dizaines de chercheurs d'or en quête de fortune. Plusieurs symboles sont aujourd'hui visibles à Ivalo. Une statue représente six orpailleurs à l'oeuvre, devant l'hôtel Kultahippu (« pépite d'or ») ; un tamis finlandais géant est installé sur le rond-point nord d'Ivalo.

Pour en savoir plus, rendez-vous au musée Gold Prospector de Tankavaara, à 60 km au sud d'Ivalo.

GUESTHOUSE HUSKY €€

Hirviniementie 65
✆ +358 16 66 33 77
www.guesthousehusky.fi
A 5 km d'Ivalo. Chambre simple dès 83 €, chambre double dès 104 €.

Vous trouverez ici 4 chambres doubles et 2 chambres familiales pour 4 personnes réparties dans une grande maison en bois que la famille a construite sur leur (grande) propriété. A côté, les 150 huskys de la maison n'entravent pas le calme des lieux. Si vous voulez participer aux safaris (différentes formules de 1h à plusieurs jours), vous bénéficierez de 10% de réduction. Egalement location de ski de fond et de raquettes pour découvrir la forêt et la rivière toute proche. Sauna et cuisine. Sans conteste une des meilleures expériences authentiques dans la région.

HÔTEL KULTAHIPPU €€

Petsamontie 1
✆ +358 16 320 8800
www.kultahippuhotel.fi
Dès 98 € la chambre double, dès 110 € la chambre double avec sauna.

Au bord de la rivière, l'hôtel Kultahippu (qui signifie « pépite d'or ») cultive le style trappeur–orpailleur, avec ses tons marron et son mobilier en bois brun. Les chambres sont bien équipées, avec salle de bains, parfois avec sauna, et lits confortables. L'hôtel est situé juste en face du grand supermarché d'Ivalo, pratique pour faire ses courses avant de partir en excursion. Le restaurant propose une cuisine traditionnelle avec une bière maison. On pourra admirer les têtes de rennes, trophées de chasse, pendant qu'on dîne.

FERME DE HUSKY

Hirviniementie 65
✆ +358 16 66 33 77
www.guesthousehusky.fi
Safari d'1h : 112 € ; safari de 4h avec lunch : 198 € ; et pour toute la journée : 310 €...

Le musher Juha-Pekka est l'un des premiers à avoir développé l'activité de chiens de traîneau en Laponie. Il connaît ses 150 chiens par leur nom et les dresse personnellement pour que chacun trouve sa place dans l'attelage. Plusieurs formules au choix pour les safaris : de 1h à plusieurs jours, au milieu de la forêt et de la nature. Pour info, les chiens parcourent environ 12 km en 1h. Une excursion forte et authentique, loin des sentiers battus et touristiques. Si vous ne voulez plus quitter cet endroit magique, vous pouvez réserver une chambre d'hôte.

NELLIM ★

Nellim est un charmant petit village de moins de 300 habitants, perdu au milieu d'une nature typique. Il s'étire sur la rive sud-est du lac Inari, à deux pas de la frontière russe, et à 40 km d'Ivalo. Ici se mêlent les Sames d'Inari, les familles finlandaises non sames, venues dans les années 1920, pour l'exploitation forestière, et les Sames skolts qui se réfugièrent ici après la Seconde Guerre mondiale après avoir fui les Allemands puis les Soviétiques. C'est ainsi devenu le carrefour de toutes les cultures du nord de la Finlande. Achevée en 1987, son église magnifique terminera de vous dépayser et de vous plonger dans cette ambiance du Grand Nord.

ÉGLISE ORTHODOXE ★

Siikajarventie
Ouvert seulement en semaine l'été.

Achevée en 1987, cette église magnifique terminera de vous dépayser et de vous plonger dans cette ambiance du Grand Nord. L'extérieur déja surprend : tout en bois, avec la forme d'un chalet, elle séduit tout de suite ! Cette église ne fut pas construite pour des ressortissants russes, mais pour les Sames skolts. Ces derniers ont fui la région de Petsamo à l'arrivée des Soviétiques et suite au développement catastrophique de l'exploitation du nickel. On retrouve également une communauté de Sames skolts à Sevettijärvi, plus au nord.

NELLIM WILDERNESS HOTEL €€

Nellimintie 4230
✆ +358 400 415 989
www.nellim.fi
Dès 109 € la chambre double.

Cette ancienne école reconvertie en hôtel représente une halte idéale pour ceux qui veulent savourer le calme des espaces vierges. Vous trouverez ici 22 chambres (simples, doubles et suite junior), toutes sont personnalisées et bien équipées. Egalement chalet de 2 à 4 personnes et de 4 à 8 personnes, un agréable restaurant lapon et un bar. Mari et Jouko Lappalainen sauront vous renseigner judicieusement sur les activités et excursions à faire dans le coin. L'hôtel propose aussi un igloo en verre pour observer les aurores boréales. Parfait !

INARI ★★★

La route qui mène d'Ivalo à Inari traverse un paysage de toute beauté épousant les échancrures du lac Inari, le 2ème plus grand du pays. La nature environnante et le passionnant centre culturel same (SIIDA) sont de bonnes raisons de séjourner dans la région ! En effet, cette commune concentre l'essentiel de la culture sâme en Finlande. En tout, près de 8 000 habitants sont ainsi répartis sur une superficie de 17 231 km² ! Inari constitue la meilleure porte d'entrée vers la culture sâme. Les amateurs de ski et randonnées vont être ravis car cet immense espace, dont 70 % du territoire est protégé, alterne parcs nationaux, monts, réserves et marais.

Tourisme

- L'office de tourisme est situé dans le hall du musée SIIDA. Il est indispensable d'y faire un tour pour ceux qui souhaiteraient découvrir les alentours riches en randonnées et en découvertes en tous genres : les îles du lac par exemple se rejoignent en canoë !
- Pielpajärvi Wilderness Church. Le sentier débute à 3 km du musée Siida. Ouvert pendant l'été, le week-end pour la messe. Achevée en 1752, l'église est située au cœur de la forêt. On y accède par un sentier de 5 km. C'est un endroit magique, où certains couples viennent se marier.

Transports

- Bus. Liaisons quotidiennes pour Helsinki via Ivalo, Rovaniemi (2 fois par jour en 5h) et Oulu. Pour Ivalo, compter 30 minutes et environ 10 €.

© NADINE FOLKERTSMA - SHUTTERSTOCK.COM

Élevage de rennes dans la région d'Inari.

CENTRE CULTUREL SAJOS ★

Saamelaiskulttuurikeskus Sajos
✆ +358 10 839 3168
www.sajos.fi
Ouvert du lundi au vendredi de 9h à 16h.

Ce beau centre culturel, habillé de bois et de verre, abrite notamment le parlement des Samis. Créé en 1996, il a pour mission de prévoir et d'exécuter l'autonomie des Samis en tant que peuple aborigène en matière de culture et de langue. Il est composé de 21 membres élus tous les 4 ans. La Norvège et la Suède ont leur parlement Sami depuis 1989 et 1993. Un conseil avec les 3 parlements fonctionne depuis 2000. Chouette cafétéria sur place pour une pause gourmande ainsi qu'une jolie boutique artisanale et des expositions photos ou concerts régulièrement organisés.

INARIN POROFARMI - FERME DE RENNES ★

Kittiläntie 1445
✆ +358 50 066 6444
www.reindeerfarm.fi
Activités possibles toute l'année, sur réservation.

Cette attraction « touristique » permet de découvrir la culture sâme et d'approcher des rennes de très près. En effet, les visiteurs sont emmenés dans un enclos où vivent plusieurs rennes en liberté avec la possibilité de les nourrir et de les toucher. Explications sur l'élevage des rennes, puis démonstration de lancer de lasso, et découverte des traditions sâmes devant un thé ou café et interprétation de chants traditionnels. Boutique sur place.

LAKE INARI CRUISE ★

✆ +358 40 179 6069
www.visitinari.fi
Adulte 24 € et enfant 16 €. Tickets à acheter directement sur le bateau ou auprès de Inari Event ou Lake & Snow Inari.

Long de 100 km, le lac Inari est le troisième de Finlande par sa taille (1 043 km²) et le second par sa profondeur (92 m). Il est constellé d'une myriade d'îles (plus de 3 000). Par beau temps, le bateau vous conduit sur l'île sacrée des Sâmes : l'Ukonsaari (sanctuaire depuis près d'un millénaire). En cas de mauvais temps, on contourne simplement l'île. Des restes de bois de rennes immolés évoquent les rites divinatoires et votifs pratiqués par ces anciens peuples nomades. Un bref arrêt de 20 minutes permet de grimper au sommet.

SIIDA - MUSÉE SAMI ET CENTRE DE LA NATURE ★★

Inarintie 46 ✆ +358 40 089 8212
www.siida.fi
Ouvert du 1er juin à fin sept, lundi au samedi de 10h-17h, d'octobre à fin avril 7j/7 de 9h-17h. Adulte : 10 €.

Ce vaste complexe très moderne (dont le nom signifie « village sami ») qui accueille plus d'un million de personnes par an propose un panorama clair et complet sur l'univers sâme. Au travers de cinq expositions, vous découvrirez tout ce qui caractérise la communauté sâme à travers les différentes salles d'expositions temporaires et permanentes que le musée abrite.

On y découvre notamment des exemples d'art et d'artisanat qui en disent long sur la poésie de ces peuples longtemps marginalisés par les pays nordiques, ainsi qu'une rétrospective historique, ou encore des informations sur leurs modes de vie (avec notamment une évolution sur les modes de transport du renne au scooter des neiges en passant par la trottinette !) et leurs traditions au niveau des habits, des campements et de la nourriture. La faune et la flore ne sont pas oubliées avec une mise en scène des changements sur les huit saisons de l'année, photos plus ou moins lumineuses selon la saison et reconstitution d'habitats à l'appui.

En été, le musée en plein air donne également bien la mesure de l'habitat sâme sur ses sept hectares. Un très beau musée, pédagogique et accessible à tous - et notamment aux enfants, que plus de 800 000 personnes sont déjà venues visiter depuis son ouverture.

Pour compléter, de nombreux événements sont organisés tout au long de l'année, n'hésitez pas à vous renseigner sur place ou via l'agenda en ligne sur leur site Internet. Musée passionnant et incontournable !

VISIT INARI

Inarintie 38
✆ +358 40 179 6069
www.visitinari.fi
Ouvert du lundi au vendredi de 9h30 à 15h. Horaires élargis en été.

Ce tour opérateur fiable et de qualité vous propose tous les grands classiques de la Laponie. Et on peut même les modeler à la carte sur demande si on préfère. Vous pouvez acheter vos billets pour le Siida, louer un canoë, réserver une sortie de pêche sur glace, une sortie nocturne en ski de fond ou en motoneige pour voir les aurores boréales, une sortie en traîneau de huskies, une visite d'une ferme de rennes avec démonstration d'artisanat, un cours de cuisine lapone, une balade à cheval, etc... Bref, pas le temps de s'ennuyer !

LAPLAND REINDEER EXPERIENCE OY

Inarintie 37-47
✆ +358 44 286 4000
Le bureau de Jussi - une petite cabane en bois au bord du lac est non loin de l'hôtel Inari. Tarifs variables.

Jussi est un guide local expérimenté et sympathique qui apprécie particulièrement de réaliser des expériences sur mesure pour ses clients. Un petit aperçu des activités proposées : pêche blanche, randonnée, observation d'aurores boréales et prises de vue photo, charter privé sur le lac d'Inari vers des îles ou pour pêcher... Jussi loue aussi une petite cabane en plein centre-ville afin d'observer les aurores boréales et dans laquelle il vous accueille aussi en été.

PIKE RIDER

✆ +358 456 417 874
Ouvert toute l'année. Activités à partir de 100 € / personne.

Esther est la réponse à vos envies loin du tourisme de masse ! Installée depuis 2015, cette jeune Française a pour ambition d'essayer de recréer avec vous cette magie des rencontres et de la nature mais aussi de partager sa façon de vivre. Partez alors à l'aventure en petit groupe en intérieur ou en extérieur en vous essayant à diverses activités comme le chien de traîneaux. Vous ressortiez d'ici avec l'impression d'être venu rendre visite à Esther, une amie de longue date, et non d'avoir suivi un simple guide. Une expérience authentique inoubliable.

CAMPING URUNIEMI €

Uruniementie
✆ +358 50 371 8826
www.uruniemi.fi
Camping 16 € l'emplacement pour une tente. Chambre dès 25 €. Location de chalets toute l'année dès 30 € pour 2.

À deux kilomètres du village d'Inari, ce camping est situé sur les bords du magnifique lac. Une cinquantaine de personnes peuvent être accueillies entre les chambres et les bungalows. Cuisine, sauna et cheminée pour les bungalows les plus confortables (disponibles toute l'année). L'été, on peut aussi y planter sa tente, ou garer sa caravane toute l'année. Cuisine et salles de bains communes sont dans le building principal et on peut aussi louer un sauna. Camping ouvert de début juin à mi-septembre en moyenne. Location de bateaux, canoës et vélos.

FINLANDE

HOLIDAY VILLAGE INARI €

Inarintie 26
✆ +358 40 179 6069
www.visitinari.fi
En hiver dès 138 € le chalet pour 2 personnes.

Ce vaste centre de vacances est convivial et animé. Idéalement situé près du lac et facile d'accès, il attire les randonneurs et les visiteurs de passage. Le sauna au bord du lac permet de se jeter à l'eau pour se rafraîchir. Café ouvert de début juin à fin septembre pour le petit déjeuner. Holiday Village a aussi son agence d'activités. Tapani, qui connaît la région comme sa poche, vous propose des croisières sur le lac, des sorties pêche, des balades en quad, des safaris en motoneige ou des sorties pêche sous la glace, location de vélos, de canoë et de kayak.

INARI AURORA RESORT €€

Inarintie 38 ✆ +358 40 179 6069
www.visitinari.fi
Chambre simple 98 à 116 €, chambre simple 100 €, double 115 € à 132 €. Appartement à partir de 130 €.

Achevé en mars 2014, cet hôtel flambant neuf propose de très belles chambres et appartements en plein cœur du village d'Inari. S'il ne paye pas de mine, l'intérieur lui, est superbe. Tous les équipements sont récents et confortables. On profitera du sauna privé dans chaque chambre, ou encore des écrans plats. Le plus beau reste tout de même la vue sur le lac Inari. Sa position centrale et dominante sur le lac, mais aussi son standing, en font une adresse prisée qu'il ne faudra pas hésiter à réserver à l'avance, surtout si vous prévoyez de voyager en hiver.

YOUTH HOLIDAY CENTRE VASATOKKA €

Angelintie 696
www.vasatokka.fi
Dès 90 € / nuit l'été, dès 125 € / nuit l'hiver.

Le Youth Center Vasatokka est réputé pour son bon rapport qualité-prix dans la région, en plus de se situer dans un cadre magnifique. Les collines arctiques, les rivières magiques et les eaux cristallines, agrémentées du style de vie décontracté de la région, vous laisseront un souvenir impérissable. L'hébergement est constitué de cabanes, de dortoirs dans une auberge de jeunesse, de 5 chalets. Les installations communes comprennent une cuisine, des toilettes, des douches et un salon.

LAKE INARI CABINS €€

Sarviniementie 114
✆ +358 40 7378181
www.lakeinari.com
A 1 km du village d'Inari (possibilité de venir vous chercher). Dès 240 € pour deux personnes pour une nuit en cabine.

Expérience exceptionnelle sur le lac glacé d'Inari où une motoneige vient vous déposer le soir pour dormir à la belle étoile dans une petite cabine vitrée qui vous permet d'observer les aurores boréales... Tout simplement magique. Chaque cabine dispose du chauffage, des lumières, d'un lit double, de toilettes et d'un réseau wifi. Au petit matin, l'équipe revient vous chercher pour vous emmener directement au petit déjeuner. Au camp de base dans le bâtiment principal, des douches, des toilettes, une cuisine et un salon communs sont disponibles.

HOTELLI INARI €€

Inarintie 40
✆ +358 16 671 026
www.hotelliinari.fi
Dès 125 € la chambre double. Petit déjeuner buffet inclus.

Un hôtel fonctionnel en plein centre du village avec superbe vue sur le lac grâce aux grandes baies vitrées. Les chambres sont modernes et bien équipées (TV, salle de bains). Il est aussi possible de réserver deux appartements, avec salon, cheminée, cuisine et balcon avec vue sur le lac. Certains disposent même de leur propre sauna. Au bar de l'hôtel, les amateurs de billard seront comblés. Quant au restaurant, vous pouvez y aller les yeux fermés, il est très bon ! Possibilité de réserver des excursions : pêche, motoneige, vélo...

TRADITION HOTEL KULTAHOVI €€

Saarikoskentie 2
✆ +358 16 511 7100
www.hotelkultahovi.fi
Dès 110 € la chambre double. Demi-pension possible.

Un hôtel de 29 chambres fonctionnelles. Petit déjeuner avec vue très sympa sur la nature environnante : les écureuils et les oiseaux s'en donnent à cœur joie le long de la rivière Juutua et de ses rapides. Un bâtiment plus récent dispose de 16 chambres décorées avec soin, disposant d'un balcon et d'un sauna. L'établissement abrite par ailleurs un bar autour d'une agréable cheminée et Aanar, le meilleur restaurant de la ville tenu par un talentueux chef français.

FINLANDE

KAAMANEN

Depuis Inari, la route E75-4 rejoint Kaamanen à 25 km. À ce niveau, la route 971 gagne l'extrême est de la Laponie. Sevettijärvi constitue l'une des dernières communes finlandaises avant la frontière norvégienne. À la fin de la Première Guerre mondiale, des Sames russes, venus de la presqu'île de Kola, en Russie, y ont établi leur nouveau territoire. Pour les amateurs de pêche et de nature vraiment sauvage, suivre le sentier de 60 km jusqu'à Pulmankijärvi (à proximité de la frontière norvégienne). Les adeptes du canoë – expérimentés – s'engageront sur la boucle de Sevettijärvi. Tout autour du village se trouvent de magnifiques coins de nature.

LEMMENJOKI ★★

Lemmenjoki se situe aux portes du parc naturel, le plus grand de Finlande (2 850 km²) où, au milieu de cette nature grandiose, le fleuve Lemmenjoki appelé également le « fleuve de l'Amour » déverse ses eaux. Le parc s'ouvre sur de grandes étendues marécageuses foisonnantes et sur ce sol de Laponie, parsemé de moraines, qui recèle suffisamment d'or pour attirer les prospecteurs d'or depuis 1945 ! C'est sur le fleuve Lemmenjoki que se tient chaque année une compétition internationale d'orpaillage. Dans le nord-ouest de la Laponie, la végétation se raréfie et se mue en toundra. Seules les hautes montagnes accompagnent le voyageur jusqu'à la Norvège.

KAMMIGALLERIA ★★

Lemmenjoentie 650 A
✆ +358 40 74 3763
www.kammigalleria.fi

Ouvert du 1er juin au 30 septembre du mardi au samedi de 12h à 18h. Le reste de l'année sur rendez-vous.

Cette boutique d'artisanat sâme de qualité est idéalement située sur les rives du lac Kuivajärvi. Dans un chalet hexagonal situé au cœur de la ferme de rennes se trouve la galerie d'art dans laquelle sont exposées des créations faites main, travaillées à partir des bois de rennes, de la corne, du cuir, de la laine… On y trouve notamment un vaste choix de bijoux traditionnels. En hiver, la galerie est ouverte sur demande. Les propriétaires organisent également des visites du village, ou des activités diverses dans les environs, guidées par les partenaires locaux.

PARC NATIONAL DE LEMMENJOKI ★★

✆ +358 20 639 7740
www.nationalparks.fi

Centre des visiteurs ouvert de mi-juin à fin septembre, tous les jours de 9h à 17h.

C'est le plus grand parc national de Finlande. On y trouve 60 km de randonnées balisées. Les falaises de Viipus constituent l'attraction la plus impressionnante du parc, elles tombent à pic d'une hauteur de 450 m dans la rivière.

- **Tours en bateau le long de la rivière.** Durée 3h. Possibilité de seulement un aller, si on veut randonnée après.
- **Chercheur d'or.** Renseignements auprès de l'Atelier Kaija ou Ahkuntupa. Des mines d'or sont exploitées par quelques chercheurs assidus.

AHKUNTUPA €

✆ +358 16 673 435
www.ahkuntupa.fi

Chalet pour 2 ou 4 pers : de 60 € à 80 € la nuit et de 350 € à 450 € la semaine. Chambres de 30 € à 50 € la nuit.

Les hébergements sont fonctionnels et propres et peuvent accueillir de deux à quatre personnes. À l'intérieur, on trouve une petite cuisine avec kitchenette et frigo. Cependant douche et toilettes sont dans un bâtiment extérieur. C'est l'idéal pour se ravitailler, se détendre, profiter de la vaste terrasse avant ou après une randonnée. En plus, Ahkuntupa propose des excursions (tours de bateaux, pêche…) et location de canoës ou de barques. Petit café restaurant sur place, avec une grande table en extérieur pour les beaux jours.

HÔTEL KORPIKARTANO €€

Meneskartanontie 71
✆ +358 40 777 4339
www.korpikartano.fi

Chambre simple dès 75 € et double dès 95 €.

Quelques kilomètres avant d'arriver à Lemmenjoki, se trouve un charmant hôtel en bordure de lac, légèrement en retrait de la route. Des petits appartements pour deux personnes, des chambres, dont une dizaine avec une superbe vue sur le lac (attention c'est aussi les plus chères)… Les chambres sont toutes simples, mais bien confortables. Le prix inclut le petit déjeuner et le sauna. L'accueil est charmant et le lieu de toute beauté. Restaurant avec des produits locaux, sur place, qui propose un menu uniquement végétarien chaque jeudi.

UTSJOKI ★

Utsjoki, l'une des ultimes étapes au nord-est de la Laponie à la frontière norvégienne, est bordée par le bleu soyeux des lacs. Paysage énigmatique bien significatif d'un univers aux confins de la Finlande. Ici, le kaamos (la nuit polaire), s'étire entre fin novembre et mi-janvier. Le soleil de minuit prend sa revanche de fin mai à fin juillet. Ici, 1 450 habitants et 20 000 rennes ont élu domicile sur les rives du fleuve Tenojoki, qui, côté norvégien, se perd dans l'océan glacial Arctique. Un festival est d'ailleurs célébré chaque année au mois de juillet. On y accède en bus ou en taxi (www.ivalontaksit.com) depuis Ivalo, Inari ou Rovaniemi.

PORONPURIJAT - FERME DE RENNES ★

Ellintie 25

✆ +358 400 948 210

Randonnée d'une journée avec des rennes dès 190 € par personne. Randonnées de plusieurs jours possibles.

Petteri, éleveur depuis 5 générations, vous accueillera chaleureusement dans sa ferme et vous expliquera toutes les caractéristiques de cet animal. L'hiver, il vous propose des safaris en traîneaux de rennes et l'été, des randonnées sur un ou plusieurs jours avec des rennes qui porteront votre sac. Si vous avez de la chance, vous pourrez assister au traditionnel comptage : tous les éleveurs de la région se rassemblent à l'automne et à la mi-mars pour compter et marquer leur troupeau.

KEVO STRICT NATURE RESERVE ★★

Kevo Strict Nature Reserve

✆ +358 206 39 7792

www.nationalparks.fi

Centre des visiteurs ouvert seulement l'été, en semaine de 10h à 17h, le samedi de 10h à 14h.

Ce parc de 1 530 km² mérite le détour pour parcourir une partie de son « grand canyon », long de 40 km et profond de 80 m. Il constitue la plus grande attraction naturelle de Laponie du Nord. Il faut le visiter par le nord, près de l'étroite rivière Kevojoki, afin de profiter du plus beau panorama de Kevo. De nombreux chemins de randonnée sont balisés pour explorer le parc et la région. On ne manquera pas d'aller jeter un œil aux chutes de Fiellu de 26 mètres.

HOLIDAY VILLAGE VALLE €€

Ellintie 25

✆ +358 400 948 210

www.holidayvillagevalle.fi

Chambre double dès 102 €, cottage dès 140 €.

Ces chalets authentiques sont situés le long de la rivière Teno, qui fait office de frontière avec la Norvège. Ils sont très bien agencés. L'établissement a ouvert une partie hôtel dans un bâtiment en bois (12 chambres double) moderne et très confortable. Attention, l'été les places sont chères alors réservez en avance. Le site est en effet exceptionnel pour les amateurs de pêche, d'escalade, de vélo, de canoë, etc. L'hiver, les possibilités d'activités sont tout aussi nombreuses. Sans oublier que le site est idéal pour tenter de voir des aurores boréales !

Kevo Strict Nature Reserve.

RUSSIE

On ne pense pas toujours à la Russie lorsque l'on imagine la Laponie. Et pourtant. La péninsule de Kola est à compter parmi les régions lapones. Située au nord de la Russie occidentale, elle est entourée à l'ouest par la Finlande, au nord par la mer de Barents et par la mer Blanche à l'est et au sud. Sa superficie est d'environ 100 000 km², et Mourmansk en est le chef-lieu. La presqu'île de Kola est une terre fascinante de toundra, de lacs et de forêts où la température est la plupart du temps en dessous de zéro. Cependant, l'été est propice aux randonnées et à d'autres activités de plein air comme la pêche et le canoë, et l'hiver se prête particulièrement au ski (de piste comme de fond) et aux randonnées en raquettes. L'économie de la région repose principalement sur la pêche, les échanges maritimes et la métallurgie.

Russie
Titovka
Ura-Guba
Chan-
Ruchey
Snezhnogorsk
Retinsk
Nyal
Kilp'yavr
Mezhdurech'e
MOURMANSK
Pyayve
Oktyabr'skiy Okrug
Pervomayskiy
Okrug
KOLA
Tuloma
Murmashi
Yurkino St
Shonguy
Magnetity
Tulomskiy
Zakaznik
Loparskaya
Verkhnetulomskiy
Kitsa
Peschaniy
Kutskol'
27-y
Kilometr
Rizhguba
Khibiny Zh. D.
Stantsiya
Yona
Enskiy
Kovdor
Upoloksha
Leypi
Rikolatva
Kuropta

Zapadniy Kil'din
Polyarniy
Teriberka
Dal'nie Zelentsy
everomorsk
Shchukozero
Severomorsk-3
Tumanniy
Serebryanskiy
Bol'shoe Ramozero
Protoki
el'niy Bor
Lovozero
Revda
Il'ma
Koashva
KIROVSK
Rudnik Vostochniy
PATITY
Titan
Rechnoy
23 KM

PAGES

●● PÉNINSULE DE KOLA

Située dans sa quasi-totalité au nord du cercle polaire arctique, cette région connaît des hivers rigoureux et des étés frais, et est entièrement recouverte de neige d'octobre à mai. Le climat du littoral nord est cependant quelque peu tempéré par le Gulf Stream. Malheureusement, le paysage est plutôt morne. La péninsule est également une ancienne zone de stockage des déchets radioactifs de l'ex-URSS, ce qui en fait l'une des régions les plus contaminées d'Europe.

MOURMANSK (МУРМАНСК) ★

Mourmansk est probablement l'une des villes les plus étranges de Russie, et l'une des plus agréables. Ce port militaire arctique à une journée de train de Saint-Pétersbourg semble figé dans le temps et la brume, c'est une terre d'explorateurs.

RUSSIE

© MEDVEDKOV - ISTOCKPHOTO.COM

Vue sur Mourmansk.

MOURMANSK (МУРМАНСК) ★

Avec ses 305 000 habitants, Mourmansk est la plus grande ville au nord du cercle polaire arctique. Ce n'est pas à proprement parler une jolie ville, mais il y fait bon vivre, et c'est une base utile pour explorer la région de Kola. On y croise des scientifiques, des pêcheurs, des voyageurs des confins, et pas mal de musiciens : Mourmansk est animée avec beaucoup de possibilités de sorties et d'excellents musées. Avec son ambiance incroyable de ville du bout du monde, on y croirait le temps suspendu. D'une importance stratégique capitale en raison de son port libre de glaces, Mourmansk a été détruite par la Luftwaffe en 1942. La résistance héroïque de ses habitants lui a valu le titre de « ville-héroïne » (Gorod-Geroï).

Transports

- **L'aéroport** de Mourmansk est relié à Moscou, Saint-Pétersbourg, Arkhangelsk et Tromsø, entre autres. Le bus 106 fait la liaison avec le centre-ville. Attention cependant à la météo : il est fréquent que des vols soient reportés ou annulés, voire subissent quelques avaries.
- **La gare ferroviaire** est située en plein centre-ville. Des trains partent pour Moscou (2 trains/j), Saint-Pétersbourg (24h de trajet), Vologda ou encore Apatity et Kem sur la même ligne.
- **Depuis la gare routière**, les bus desservent en priorité les petites villes de la région : Kirovsk (4h30), Monchegorsk (2h30), Kandalakcha (5h).

LAC SEMIONOVSKOÏE

Accès par l'arrêt Semionovskoïe Ozero en prenant le bus 10 depuis la rue Poliarnye Zori ou le trolleybus 3 depuis l'avenue Lénine ou 4 depuis la rue Kominterna, en direction du Nord.
Espace libre d'accès.

A un quart d'heure du centre, ce lac surplombe Mourmansk et offre un superbe panorama sur la ville et le port. Vous verrez dans le parc à proximité du lac un mémorial et une gigantesque statue de béton représentant un soldat de la Seconde Guerre mondiale ; on l'appelle « Aliocha » et elle veille sur Mourmansk. La balade entre les rochers depuis la route principale jusqu'à la statue est à ne pas manquer, pour s'imprégner un peu de la nature arctique même en restant en ville !

MUSÉE RÉGIONAL

1A Ulitsa Pavlova
www.mokm51.ru
Ouvert de 11h à 18h, fermé les jeudi et vendredi. Entrée : 150 RUB.

On trouve dans les 17 salles de cet impressionnant musée une exposition sur la faune et la flore locales, de la Mer Blanche à celle de Barents. Puis une partie intéressante consacrée aux expéditions nordiques, à la fondation de Mourmansk et une exposition d'armes et de photos de héros locaux. Enfin, une importante section du musée, le plus ancien de la région, présente le mode de vie des Sami.

PARK INN POLYARNYE ZORI €€

Knipovitcha 17
✆ +7 8152 28 95 00
www.parkinn.ru/hotel-murmansk
Chambre simple à partir de 4 800 RUB, double à partir de 6 200 RUB, et luxe à partir de 9 700 RUB. Accessible PMR.

L'hôtel Polyarnye Zori propose une gamme complète de chambres allant de la simple à la suite avec sauna privé. Le personnel est anglophone et très aimable, habitué à la clientèle étrangère. C'est le lieu de rendez-vous des hommes d'affaires européens et russes et des baroudeurs norvégiens, et on y trouve tous les services qu'un grand hôtel peut proposer. L'ambiance ville-monde dans cette ville du bout du monde détonne, on s'y croirait presque dans un film d'espionnage !

MERIDIAN CONGRESS HOTEL €€€

5-23 Vorovskogo Ulitsa
✆ +7 8152 288 800
www.meridian-hotel.ru
Compter 5 300 RUB la chambre double et à partir de 7 000 RUB pour les suites.

C'est l'un des hôtels les mieux situés de la ville, sur la place centrale et à proximité de la gare. Le Meridian surplombe Mourmansk et les étages les plus élevés profitent d'un superbe panorama. Il offre de luxueuses chambres bien équipées dont certaines avec un joli thème Arctique, et de nombreuses prestations : accès Internet, bowling, restaurant et bar-karaoké, salles de réception et de banquet. L'hôtel émet également des invitations pour le visa.

CAFE KHITTA €

20 Ul. Kominterna

Ouvert de 10h à minuit.

Juste à côté de la gare, l'extérieur de ce petit café sans prétention au rez-de-chaussée d'un immeuble soviétique décati ne paye pas de mine. C'est un secret encore bien gardé de Mourmansk. Une fois passé la porte, on se croirait dans une cabane de chasse, une vraie : les murs sont en lambris, le mobilier en bois brut, les tables sont recouvertes de vieilles nappes et il y a des trophées de chasse accrochés un peu partout. Pour presque rien, on y mange copieusement de très bons plats locaux et russes, arrosés d'une bonne bière. Comme à la maison !

TUNDRA GRILL&BAR €€

49 Polyarnyye Zori Ul.

Compter au moins 1 000 RUB.

Les restaurants situés dans des centres commerciaux inspirent rarement confiance aux étrangers, mais on peut se rendre au Tundra les yeux fermés : c'est une des meilleures tables de la ville. Dans un cadre moderne et soigné, la carte propose de nombreux produits du Grand Nord russe revisités pour plaire aux palais plus exigeants des touristes et de la jeunesse de Mourmansk. On trouve énormément de plats à base de poissons et fruits de mer pêchés localement, et, toundra oblige, de viande de renne (que l'on va même jusqu'à servir séchée, sur une pizza) !

CAFE YOUNOST €

86 Lenina Prospekt

Ouvert tous les jours de 8h30 à 20h.

Un joli café comportant une partie stolovaya (cantine) pour un repas rapide, et une partie café-pâtisserie, pour les petits creux de l'après-midi. Le Younost est une institution locale qui ne désemplit pas : les pâtisseries sont délicieuses, les mélanges de thés très élaborés. L'endroit a quelque chose d'intemporel, comme les chignons des dames derrière la caisse. Prenez une des tables à côté de la vitre pour profiter de ce chic soviétique confortablement et bien au chaud.

DECANTE €€€

Sofi Perovskoï Ul. 18

✆ +7 815 245 79 45

Ouvert tous les jours de midi à minuit.

Restaurant couru des locaux fortunés. La déco est kitsch mais les prestations sont globalement au rendez-vous. Grand choix de vins. Très «nouveau russe». Clairement un endroit à visiter si vous souhaitez découvrir une autre dimension de la culture russe locale ! Décors, clientèle et menu surprenant. On y découvrir des spécialités russes et une cuisine plus européenne. Les prix eux aussi, sont surprenants ! Mais dans l'ensemble les lieux valent le détour, si ce n'est pour explorer Mourmansk et la Laponie sous de toutes nouvelles coutures.

TSARSKAÏA OKHOTA €€

Kolskyi pr. 86

✆ +7 815 225 52 24

krugka.ru/carskaya_ohota

Ouvert tous les jours de midi à minuit. Compter 1 500 RUB pour un repas copieux complet.

Ambiance forestière dans ce restaurant chic dont le nom signifie «la chasse impériale». La cuisine n'en est pas moins très raffinée et originale, et la décoration des assiettes très soignée. La carte est très longue : bon choix de viandes et poissons, et spécialités du Grand Nord sont au menu. C'est le meilleur restaurant de la ville, il est donc préférable de réserver avant de s'y rendre ! Seul bémol, il est assez excentré : il faudra prendre le trolley en journée ou le taxi le soir.

PIVNOÏ ZABOÏ

19 Poliarnye Zori Ulitsa

Ouvert de 12h à 2h en semaine et jusqu'à 5h les samedis et dimanches.

Un très bon bar à bières, chaleureux, dans un sous-sol sombre et rugueux de Mourmansk. On se croirait (presque) revenu au temps de la guerre, quand les habitant ont dû se mettre à l'abri des bombardements. L'ambiance est jeune mais pas trop, il y a de très bonnes bières à la pression et des soirées de musique live tous les week-ends. Pour bien profiter de cette ambiance un peu punk typique de Mourmansk, il faut goûter à la Piligrim, une excellente bière produite localement !

KOLA (КОЛА)

Kola (10135 habitants) est une petite ville à 30 minutes au sud de Mourmansk. On y accède par les bus ou marshroutkas n° 106, 109 et 110. Au début du XIXe siècle, Kola était la première ville de la presqu'île. Catherine II décida qu'elle méritait un lieu de culte digne de ce nom et finança la construction de la cathédrale de l'Annonciation, inaugurée en 1807 ; c'était alors le seul bâtiment en pierre de toute la région. Outre son étonnante coupole, cette église renferme un trésor : il s'agit d'une grande croix en bois datant du XVIIe siècle. Elle avait été érigée sur le port et les marins se prosternaient devant elle avant chaque départ en mer.

Eglise en bois orthodoxe, dans la ville d'Apatity.

APATITY (АПАТИТЫ)

Apatity et ses 58 000 habitants se trouvent à 185 km au sud de Mourmansk, au bord du lac Imandra. La ville tire son nom de l'apatite, minéral utilisé dans l'industrie chimique et dont les gisements les plus importants au monde se trouvent sur la presqu'île de Kola. Apatity a donc été créée pour accueillir les usines où est acheminée l'apatite depuis les mines de Kirovsk. L'intérêt de la ville est donc d'abord d'ordre géologique, puisqu'elle abrite plusieurs musées et instituts de recherche sur les minéraux. En venant de Mourmansk, la route qui serpente à travers les forêts et les collines est magnifique – abstraction faite des zones ravagées par les rejets acides de l'ancien combinat de nickel de Montchegorsk.

Transports

- **L'aéroport Khibiny**, à une demi-heure du centre-ville, reçoit des vols quotidiens de Moscou, Saint-Pétersbourg et Tcherepovets.
- **Train.** Apatity est située sur la ligne qui relie Mourmansk au sud, vers Saint-Pétersbourg et Moscou. Depuis Mourmansk, 3 trains par jour s'y arrêtent ; le trajet dure entre 3 heures 30 et 4 heures.
- **Bus**. Tous les jours, 6 bus depuis Mourmansk (à partir de 250 RUB, 4 heures). Les bus ou marshroutkas 101 et 135 (30 min) desservent aussi Kirovsk non loin de là.

MUSÉE DE GÉOLOGIE ET MINÉRALOGIE

14 Fersmana ulitsa
✆ +7 155 579 739
Du lundi au vendredi de 9h à 17h. Attention, le musée ne se visite que sur RV (par mail ou téléphone).

Fondé en 1930, le musée de l'Institut géologique du centre local de l'Académie des Sciences présente près de 10 000 échantillons de minéraux provenant de la région, en particulier des montagnes de Khibiny. La collection est d'une richesse sans pareille et vaut vraiment le détour. On comprend pourquoi la péninsule de Kola et la ville d'Apatity sont des hauts lieux d'activités scientifiques et extractives : le sol y est plus riche que partout ailleurs en Russie.

MUSÉE DE L'EXPLORATION DU GRAND NORD RUSSE

40a Fersmana Ulitsa
Ouvert du lundi au vendredi de 9h à 17h.

Le nom scientifique complet de ce grand musée est «Musée de l'Histoire de l'étude et de l'incorporation de la partie européenne du Grand Nord russe». Ses différentes expositions présentent donc principalement les différentes vagues de colonisation et d'exploration qui ont mené à l'établissement d'une souveraineté russe sur les côtes arctiques. Les salles consacrées à l'histoire des Sâmes indigènes et celle des premiers colons russes Pomors sont à ne pas manquer !

HOTEL AMETIST €

3 Lenina Ulitsa
www.kolaklub.com/ametist/
Compter à partir de 1 600 RUB la chambre double.

A part quelques appartements à louer, l'hôtel Ametist est la seule adresse d'Apatity pour se loger. C'est un hôtel correct, qui a été refait récemment. La déco et la qualité de la literie laissent parfois un peu à désirer, mais on y est à l'aise. Vous ne pourrez pas manquer ce bâtiment à l'architecture typiquement soviétique situé sur la place centrale. Situé dans l'hôtel, le *traktir* (l'ancien nom des tavernes russes) Sto Druzey (100 amis) sert de bons petits déjeuners.

CAFE ACADEMIA €

Zinovieva Ul. 14a
Ouvert tous les jours de midi à minuit.

Un café chic et confortable, aux murs couverts de livres à la mode des *library bars* et autres *biblioteka kafe* qui fleurissent partout en Russie et sont très courus des jeunes générations branchées, surtout dans les petites villes. La nourriture est bonne et l'ambiance agréable, avec des concerts réguliers le soir. Les différentes formules de *biznes-lantch* (business-lunch !) permettent de déjeuner à peu de frais tout en s'assurant d'une certaine qualité !

CAFE KHVOROST €€

Kosmonavtov 8
www.cafehvorost.ru
Tous les jours de 12h à 00h. 1 000 RUB max. par personne pour un repas complet avec boissons.

Ce joli café à la déco champêtre et colorée est sans doute la meilleure adresse de la ville lorsque vient l'heure de se mettre à table. On peut y commander des plats locaux et russes, mais aussi de bons plats de viande et quelques spécialités italiennes. Le tout est très raffiné et présenté dans des assiettes soignées. Les desserts sont superbes et la carte des cocktails est impressionnante. Mais attention, on peut parfois attendre longtemps entre les plats.

KIROVSK (КИРОВСК)

Située en plein milieu des monts Khibiny, la petite ville de Kirovsk (27 700 habitants) doit son existence, comme Apatity, à l'exploitation des gisements d'apatite. Réputée pour son jardin botanique polaire, c'est également la principale station de ski de la presqu'île de Kola. Elle offre de très beaux points de vue sur les montagnes et le lac qui la bordent. Car les Khibiny sont le meilleur endroit du nord de la Russie pour pratiquer les sports d'hiver : la saison est exceptionnellement longue (de novembre à juin) et les tarifs relativement bas. On trouve, dans la ville même de Kirovsk, un mikro-raïon (quartier résidentiel soviétique) qui a sa propre montagne (le Koukisvoumtchorr) et ses propres remontées mécaniques !

Transports

Kirovsk est à une demi-heure d'Apatity, sur la route du sud en venant de Mourmansk. La gare est depuis longtemps désaffectée ; on peut donc s'y rendre en bus depuis Mourmansk (4 fois par jour, 4 heures 30 de trajet, 250 RUB) ou en avion jusqu'à l'aéroport Khibiny (voir « Apatity »), ou encore en marshroutka depuis Apatity, qui elle est desservie par le train.

HOTEL KHIBINY €

Leningradskaïa 25
Compter à partir de 4 000 RUB la chambre double.

Cet hôtel est habitué à la clientèle étrangère, car beaucoup de Scandinaves viennent ici pratiquer les sports d'hiver. Il a le double avantage d'offrir un très beau panorama sur les monts Khibiny et de se trouver quasiment au pied des pistes. Il assure également la location de skis. Si la déco est assez sommaire, les lieux restent confortables et l'on y prend un petit déjeuner très copieux. L'hôtel dispose aussi d'un sauna agréable, d'un grand restaurant et d'une salle de billard.

ORGANISER SON SÉJOUR

La plupart des visiteurs se rendent et se déplacent en Laponie en avion. Rien d'étonnant, car au-delà du cercle polaire, rares sont les lignes de train ou de bus. Les axes routiers quant à eux sont quelquefois le meilleur moyen de découvrir les quatre pays sur lesquels s'étend la Laponie, d'autant qu'ils restent praticables toute l'année. Faut-il encore avoir le temps de parcourir les distances parfois interminables qui séparent villes et village. Malgré un tourisme très développé, certaines régions sont extrêmement prisées et les infrastructures restent limitées. Il est impératif de bien planifier son séjour, surtout en hiver lorsque les températures rendent le camping impossible. Enfin, la Laponie a de nombreuses activités à offrir, que vous partiez à l'aventure ou via une agence de voyage.

ARGENT

L'argent liquide vous encombrera plus qu'autre chose car la carte bancaire est acceptée dans la grande majorité des cas (sauf en Russie). Il est toujours bon d'avoir quelques billets sur soi, mais ne retirez pas de trop grosses sommes car vous ne trouverez nulle part où les dépenser.

Finlande. Depuis 2002, la Finlande est passée à l'euro. Petite précision, les pièces de 1 et 2 centimes d'euros n'ont pas cours dans le pays. Les prix sont donc systématiquement arrondis. Exemple : un plein d'essence à 39,99 € vous revient en fait à 40 €. À l'inverse, pour 39,96 € vous réglez 39,95 €. Juste une question d'habitude.

Norvège. La devise norvégienne est la couronne. La couronne s'écrit en abrégé NOK. À savoir : l'argent liquide peut également s'obtenir chez les commerçants. Lors d'un achat, il est possible de demander le retrait de quelques centaines de couronnes en liquide en supplément (le signaler assez tôt à la caissière) afin de limiter les commissions dues lors d'un achat avec une carte bancaire. Cela s'explique, car l'utilisation de sa carte bancaire au distributeur de billets ou chez un commerçant entraîne des commissions plutôt importantes (en moyenne 0,50 € pour les locaux). Il s'agit donc de faire d'une pierre deux coups.

Suède. L'unité monétaire est la couronne, divisée en 100 öre. La couronne s'écrit en abrégé SEK. Les billets de banque sont de 20, 50, 100 ou 500 couronnes. Les pièces de monnaie sont de 50 öre, 1 couronne, 5 couronnes ou 10 couronnes ; ces dernières sont à l'effigie du roi ou gravées de la couronne royale. Il est possible de retirer de l'argent liquide à la caisse dans les supermarchés.

Russie. L'unité monétaire est le rouble (RUB), subdivisé en 100 kopecks. Les coupures sont de : 5 000, 1 000, 500, 100, 50 et 10 roubles pour les billets ; 10 (rares), 5, 2 et 1 rouble et 50, 10, 5, 2 et 1 kopeck pour les pièces. L'époque du dollar roi est désormais révolue : vous pouvez changer des euros sans problème, ils sont parfaitement rentrés dans les mœurs.

Taux de change. En février 2021 :
1 NOK = 0,09 € ; 1 € = 10,23 NOK.
1 SEK = 0,098 € ; 1 € = 10,18 SEK.
1 RUB = 0,0112 € ; 1 € = 88,96 RUB.

BUDGET / BONS PLANS

Coût de la vie. D'un point de vue global, la vie en Laponie est plus chère qu'en France. La destination n'est donc pas particulièrement économique. En Suède, en Norvège et en Finlande, il est possible de camper partout dans la nature, sauf dans certains parcs, ce qui peut permettre d'alléger un peu le budget en été.

© ROMANBABAKIN - ISTOCKPHOTO.COM

Boutique de souvenirs sâmes.

L'ASSURANCE VOYAGE, LE BON RÉFLEXE POUR PARTIR L'ESPRIT TRANQUILLE

avec **CATHERINE DIBOUES**, responsable du marché voyage, loisir et mobilités chez Allianz Travel

En cas d'annulation de voyage, peut-on bénéficier d'un remboursement des frais engagés ?

L'assurance voyage propose une indemnisation lorsque l'on doit abandonner son projet de séjour pour une raison indépendante de sa volonté. Contrairement aux idées reçues, les assurances liées aux cartes bancaires ne proposent pas toutes une assurance annulation.

Que se passe-t-il en cas de retard de vol ?

Avec l'assurance voyage Allianz Travel, les frais supplémentaires liés à l'attente sont pris en charge, à partir de 2h de retard. Il peut s'agir des frais de restauration, de transport lors d'un changement d'aéroport ou d'une éventuelle nuit d'hôtel.

L'assurance voyage couvre-t-elle la perte ou le dommage des bagages ?

Allianz Travel indemnise les voyageurs en cas de bagages endommagés ou perdus par la compagnie aérienne. Cela comprend l'indemnisation du bagage et son contenu.

Quelles sont les destinations couvertes par votre zoning Europe svp ? Est-ce uniquement l'UE ou l'ensemble du continent européen ?

Les pays européens ont des accords avec l'administration française. Avant de partir, il faut demander la carte européenne d'assurance maladie. La sécurité sociale et la mutuelle prennent alors en charge les frais médicaux, selon leurs barèmes. Les frais médicaux étant majoritairement plus élevés qu'en France, l'assurance voyage permet de se voir remboursé du reste à charge.

En cas de souci de santé sur place, que faut-il faire ?

En cas de doute ou pour des symptômes légers, nous proposons un service de téléconsultation médicale, par téléphone et en visio, qui permet d'être conseillé et orienté par un professionnel ainsi que d'obtenir une ordonnance si besoin. Pour une situation plus grave, il est nécessaire d'appeler les urgences locales, dont les numéros sont disponibles sur notre application mobile. Une fois à l'hôpital et dans un état stable, on appelle Allianz Travel pour déclencher les procédures de prises en charge. Notre centre d'assistance fonctionne 24h/24, 7j/7.

Norvège : Le budget moyen pour visiter la Norvège se situe aux alentours de 1 700 NOK (220 €) par jour et par personne en cas de logement à l'hôtel, et 700 NOK (90 €) en cas de séjour en camping-car. Ce budget demeure dépendant des activités effectuées.
Suède : Le budget moyen tourne autour de 1 500 SEK (160 €) par jour et par personne. En Suède, le coût de la vie est la plupart du temps identique aux grandes villes françaises.
Finlande : Pour l'hébergement : entre 50 et 100 €. Pour les repas : compter entre 15 et 30 €.
Russie : Incluant la nourriture, le logement, les transports et la visite par jour, un petit budget sera de 2 000 RUB, un budget moyen de 4 000 RUB et un budget confortable de 10 000 RUB.

Banques et change. En Laponie, les distributeurs comme les banques sont assez rares. Pensez à retirer avant de quitter une ville.
Finlande. Les banques ouvrent du lundi au vendredi de 9h15 à 16h15 et ferment le samedi.
Norvège. L'argent peut principalement être retiré dans les distributeurs de billets. Les banques sont ouvertes entre 9h à 15h sans interruption. Si vous vous y rendez, pensez à prendre un ticket à la borne et à faire la queue.
Suède. Les banques sont ouvertes du lundi au vendredi de 9h30 à 15h en moyenne. Là aussi, pensez à prendre un ticket et à faire la queue si vous vous rendez à la banque.
Russie. Vous pouvez changer de l'argent dans toutes les villes et les endroits touristiques, à la banque ou dans des *obmen valiouty*, sortes de guichets affichant les taux avec des pancartes démesurées. Vous pouvez aussi retirer des roubles aux guichets automatiques contre une commission de 3 % environ.

Carte bancaire.
• La Finlande étant un pays de la zone Euro, vous pouvez y effectuer vos retraits et paiements par carte bancaire (Visa, MasterCard, etc.) comme vous le feriez en France. Tous vos paiements par carte sont gratuits et vos retraits sont soumis aux mêmes conditions tarifaires que ceux effectués en France.
• En Suède, Norvège et Russie, l'euro n'étant pas la monnaie du pays, une commission est retenue à chaque retrait. Les frais de retrait varient selon les banques et se composent en général d'un frais fixe d'en moyenne 3 € et d'une commission entre 2 et 3 % du montant retiré. Certaines banques ont des partenariats avec des banques étrangères ou vous font bénéficier de leur réseau et vous proposent des frais avantageux ou même la gratuité des retraits. Renseignez-vous auprès de votre conseiller bancaire. Notez également que certains distributeurs peuvent appliquer une commission, auquel cas celle-ci sera mentionnée lors du retrait.

• D'autre part, hors zone Euro, les paiements par carte bancaire sont soumis à des frais bancaires. En fonction des banques, s'appliquent par transaction : un frais fixe entre 0 et 1,20 € par paiement, auquel s'ajoutent de 2 à 3 % du montant payé par carte bancaire. Le coût de l'opération est donc globalement moins élevé que les retraits à l'étranger. Renseignez-vous auprès de votre conseiller bancaire.

• En cas de perte ou de vol de votre carte à l'étranger, votre banque vous proposera des solutions adéquates pour que vous poursuiviez votre séjour en toute quiétude. Pour cela, pensez à noter avant de partir le numéro d'assistance indiqué au dos de votre carte bancaire ou disponible sur Internet. Ce service est accessible 7j/7 et 24h/24. En cas d'opposition, celle-ci est immédiate et confirmée dès lors que vous pouvez fournir votre numéro de carte bancaire. Sinon, l'opposition est enregistrée mais vous devez confirmer l'annulation à votre banque par fax ou lettre recommandée.

• Conseils avant départ. Pensez à prévenir votre conseiller bancaire de votre voyage. Il pourra vérifier avec vous la limitation de votre plafond de paiement et de retrait. Si besoin, demandez une autorisation exceptionnelle de relèvement de ce plafond.

Transfert d'argent. Avec ce système, on peut envoyer et recevoir de l'argent de n'importe où dans le monde en quelques minutes. Le principe est simple : un de vos proches se rend dans un point MoneyGram® ou Western Union® (poste, banque, station-service, épicerie...), il donne votre nom et verse une somme à son interlocuteur. De votre côté de la planète, vous vous rendez dans un point de la même filiale. Sur simple présentation d'une pièce d'identité avec photo et la référence du transfert, on vous remettra aussitôt l'argent.

Pourboires, marchandage et taxes. Dans les hôtels, les restaurants et les cafés, le service est compris. Il n'est donc pas nécessaire de donner un pourboire. Naturellement, il est bien vu d'arrondir la note au-dessus, mais là encore, à vous de juger selon le service reçu. Les chauffeurs de taxi peuvent s'attendre à recevoir un pourboire (10 %), mais rarement avec une clientèle jeune.

PASSEPORT ET VISAS

La Finlande, la Norvège et la Suède font partie de l'espace Schengen, il n'y a donc pas de formalités à accomplir pour y entrer, si vous êtes ressortissant européen. Seuls un passeport ou une carte d'identité valides sont nécessaires. En ce qui concerne la Russie, il vous faut un visa pour y entrer. Le visa touriste peut être obtenu en 4 jours, mais il faut pour cela faire une demande en ligne sur le site de l'ambassade de Russie et fournir plusieurs pièces justificatives, notamment une invitation sur le territoire russe (émanant généralement d'une agence de voyage) certifiant que votre séjour est intégra-

© ENCRIER - ISTOCKPHOTO.COM

lement payé et que vous disposez d'une assurance voyage. Attention aux conditions d'entrée pour vos animaux de compagnie. Renseignez-vous avant votre départ pour savoir comment ils pourront vous accompagner.

PERMIS DE CONDUIRE

Le permis de conduire français est valable dans les quatre pays. N'oubliez pas votre carte grise si vous êtes au volant de votre véhicule.

SANTÉ

Pensez à voyager avec votre carte d'assurance européenne, votre couverture sociale à l'étranger. Conseils : Pour recevoir des conseils avant votre voyage, n'hésitez pas à consulter votre médecin. Vous pouvez aussi vous adresser à la société de médecine des voyages du centre médical de l'Institut Pasteur au ✆ 01 45 68 80 88 (www.pasteur.fr/fr/sante/centre-medical) ou vous rendre sur le site du ministère des Affaires étrangères à la rubrique « Conseils aux voyageurs » (www.diplomatie.gouv.fr/voyageurs).

▶ **Trousse à pharmacie :** Il est prudent d'emmener les médicaments de première nécessité. La trousse parfaite du petit voyageur devra au minimum se composer de Doliprane® pour les maux de tête et fièvre, un antidiarrhéique tel que l'Imodium®, un désinfectant intestinal tel qu'Ercéfuryl®, un antiseptique cutané, une pommade anti-moustique de type Insect'Ecran®, des crèmes pour soigner les coups de soleil et brûlures, telles que Madécassol® ou Biafine®.

SÉCURITÉ

La Scandinavie est connue pour son faible taux de criminalité. Il n'apparaît pas nécessaire de prendre de mesure de sécurité particulière pour se promener dans la rue où dans n'importe quel autre endroit. Le seul danger éventuel tient plus à l'omniprésence de la nature. Prudence élémentaire donc lors d'une randonnée en zone désertique. Avertissez les points d'information de votre passage en signant les registres touristiques. La neige peut tomber dès octobre.

DÉCALAGE HORAIRE

L'heure en Finlande est en avance de 2 heures sur l'heure du méridien de Greenwich (GMT). Quand il est midi à Paris, il est donc 13h à Helsinki. Le système d'heure d'été et heure d'hiver est également en vigueur dans le pays. Pas de décalage horaire avec la Norvège et la Suède. La Suède a adopté l'heure d'été au même titre que l'ensemble des pays de l'Union européenne.

LANGUES PARLÉES

On parle plusieurs langues dans ce grand territoire qu'est la Laponie, mais l'anglais reste la langue commune à tous, notamment dans les trois pays scandinaves. Il vous sera très facile de vous débrouiller si vous ne maîtrisez pas cette langue. Le norvégien et le suédois appartiennent aux langues germanophones. Le finnois n'est en revanche pas une langue indo-européenne, mais une langue ouralienne, tout comme le sâme. Le russe, enfin, est une langue indo-européenne, appartenant au groupe des langues slaves. Il existe différents moyens d'apprendre quelques bases de la langue et l'offre pour l'auto-apprentissage peut se faire sur différents supports : CD, DVD, cahiers d'exercices ou même directement sur Internet.

COMMUNIQUER

Réseau mobile et Internet. Même en Laponie la couverture réseau et Internet reste excellente autour des villes et villages. Elle est existante le long des grands axes, mais ne comptez pas dessus si vous vous aventurez dans les parcs nationaux ou en dehors des zones habitées. Soyez extrêmement prudents si vous vous aventurez dans des lieux sans couverture téléphonique ni Internet et prévenez toujours quelqu'un de votre départ.

ELECTRICITÉ ET MESURES

Les prises électriques sont les mêmes qu'en France, ainsi que le voltage/ampérage, aucun adaptateur ne doit être prévu. Il en va de même pour les poids et mesures (système métrique). Cependant, en Norvège et Suède, l'emploi du mil pour une distance ne doit pas être mélangé avec le mile britannique. 10 km représente 1 mil.

BAGAGES

▶ **Pour l'été,** court et chaud, emportez des vêtements légers et longs contre les moustiques notamment. Le matin et le soir restent frais. Tricot, veste ou blouson chaud recommandés. Ne prenez aucun anti-moustiques, les produits sur place sont mieux adaptés. Un masque pour dormir est plus que recommandé en été, la lumière étant omniprésente.

Pour l'hiver, un équipement complet est indispensable : 2 épaisseurs de pulls, des sous-couches en laine (idéalement mérinos), des grosses chaussettes (en laine également), un manteau imperméable et coupe-vent (pour les côtes), etc.

Pour les randonneurs. La Laponie est propices aux randonnées, petites comme grandes, d'une heure ou d'une semaine. De nombreux sentiers sont balisés, été comme hiver, et des cartes sont disponibles dans les offices de tourisme. Avant de se lancer à travers les vastes étendues vides, quelques préparatifs essentiels s'imposent. Tout d'abord, le climat rude et parfois capricieux nécessite des vêtements chauds, quelle que soit la saison, imperméables et de bonnes chaussures de randonnée. Dans un sac à dos, prévoir obligatoirement carte et boussole, de la nourriture et une trousse de premiers soins. En été, évitez le short et le tee-shirt et préférez les vêtements longs à cause des moustiques, présents surtout en juin et juillet. En montagne, il existe des réseaux de refuges. Certains sont habités en permanence par des gardiens qui connaissent parfaitement les environs. Les refuges se trouvent toujours le long des sentiers balisés et à des distances que l'on couvre en une journée de marche. Les refuges non gardés sont généralement eux aussi équipés pour pouvoir passer une nuit et cuisiner. Pour les amateurs, un ou deux guides nature vous aideront à identifier les plantes (comme par exemple la Drosera, une plante carnivore mangeuse d'insectes, la petite Linné boréale rose au parfum d'amande ou encore les orchidées), les oiseaux et les animaux. Emportez enfin une paire de jumelles et éventuellement une canne à pêche selon les coins où vous allez. Rappelons que fin août et septembre constituent la meilleure saison pour la randonnée par rapport aux moustiques qui ont enfin déserté les lieux.

S'Y RENDRE

Se rendre en Laponie s'avère assez simple. Les distances sont telles, que de nombreux aéroports ont été ouverts afin de faciliter la vie des touristes, mais aussi des locaux. On privilégie souvent même l'avion pour se déplacer entre grandes villes, et entre pays. Tous les vols vers les aéroports de Laponie nécessitent une escale dans une grande ville : Oslo, Stockholm, Helsinki ou Rovaniemi, Saint-Pétersbourg... Chaque aéroport a sa navette qui vous permettra de rejoindre facilement la ville la plus proche, ou les villages alentour. Bon à savoir : on peut se rendre en Laponie en train depuis la France. Le temps de trajet est certes plus long, mais le Slow Travel permet de découvrir de nombreuses choses en chemin ! En revanche, le train ne va pas plus haut que Bodø en Norvège, Kiruna en Suède, et Kolari en Finlande. Il existe toutefois une ligne qui relie Kiruna à Narvik en Norvège, via Abisko.

AIR FRANCE

✆ 09 69 39 36 54
www.airfrance.fr
Réservations en ligne ou par téléphone, tous les jours de 6h30 à 22h.

Toute l'année, la compagnie nationale propose de nombreux vols quotidiens vers les trois pays. En partenariat avec Finnair, Air France propose des vols quotidiens de **Paris à Helsinki**. Comptez environ 3h de vol. La compagnie propose également trois vols quotidiens et directs en direction du très bel aéroport de **Stockholm-Arlanda.** Comptez 2 heures 30 min de voyage. Elle programme deux vols quotidiens tous les jours de la semaine au départ **de Paris-CDG vers Oslo.** Départs à 9h20 et 21h pour des arrivées respectives à 11h40 et 23h30.

SAS [SCANDINAVIAN AIRLINES SYSTEM]

✆ 0 825 325 335
www.flysas.com

SAS propose plusieurs vols directs par semaine pour rejoindre **Oslo** depuis Paris-CDG. Vous trouverez également trois vols quotidiens avec escale. La compagnie prévoit également plusieurs vols par jour, dont 1 à 2 directs [2 heures 30 min de vol] vers **Stockholm**. Départs des vols directs à 10h40 et 19h25. SAS ne propose plus de vols directs hebdomadaires de Paris à **Helsinki**, mais des vols quotidiens faisant escale à Stockholm ou Copenhague. Pensez à regarder les tarifs jeunes.

FINNAIR

✆ 0 821 025 111
www.finnair.com

Finnair propose des vols quotidiens de Paris à Helsinki. D'autres villes finlandaises sont aussi desservies *via* Helsinki. Départs d'autres villes de province possibles, mais avec escales. Pour les vols domestiques, Finnair dessert régulièrement la ville de Rovaniemi, surtout en haute saison en décembre pour aller à la rencontre du père Noël. Les villes les plus au nord, Ivalo et Kittilä, sont desservies par la même compagnie aérienne tous les jours. En provenance de France, la correspondance pour ces trois villes se fait à Helsinki.

HURTIGRUTEN

2, rue de la Roquette - **PARIS** [11e]
✆ 01 84 88 02 21
www.hurtigruten.fr
Renseignements et réservations par téléphone. Ouvert du lundi au vendredi de 9h à 18h30 et le samedi de 9h30 à 17h.

Hurtigruten est l'express côtier norvégien de référence et propose des départs quotidiens de Bergen à Kirkenes, au total 34 escales le long de la côte durant toute l'année. Les bateaux sont confortables, les formules de croisières variées ; 6, 7 ou 12 jours [par exemple Bergen/Kirkenes/Bergen], en demi-pension ou en pension complète, avec ou sans excursions. Il est également possible de prendre l'express côtier pour se déplacer d'un port à un autre [réservation à l'avance]. Assurément l'une des plus belles façons de découvrir la Norvège !

SÉJOURS ET CIRCUITS

Répartie sur quatre pays, les possibilités sont infinies et il est très facile de se sentir débordé par la profusion d'activités et d'expériences proposées, de lieux à ne pas manquer, et de chemins à emprunter. Rien de mieux que de passer par une agence, qui saura vous proposer une sélection d'incontournables dans chaque pays, ou vous assembler un séjour sur mesure en fonction de vos envies. Qu'il s'agisse de simples réservations d'activités ou d'un voyage tout inclus, l'offre est large et variée, en toutes saisons ! Pensez tout de même à vous y prendre l'avance. La Laponie saura contenter les plus sportifs comme les assoiffés de culture, voire même les plus petits. N'oublions par qu'il s'agit du pays du Père Noël ! Les offices de tourisme en ligne et sur place font sans doute partie de vos meilleurs alliés pour vous aider à choisir au mieux le séjour qui vous correspond. C'est aussi un excellent moyen de s'évader avant le départ.

66° NORD

36-37, quai Arloing - **LYON** (9e)
✆ 04 27 18 61 20
www.66nord.com
Ouvert du lundi au vendredi de 9h à 13h et de 14h à 18h.

Créée en 1998, l'agence spécialiste des terres polaires est à la fois réceptif et tour-opérateur. Grâce à son équipe de professionnels passionnés par la nature, 66° Nord vous fera découvrir le véritable visage des terres polaires ! L'agence propose des voyages en individuel et sur mesure ou des voyages accompagnés en petits groupes. De nombreux circuits sont proposés en Laponie, que ce soit en Norvège, Suède ou Finlande. Chasse aux aurores boréales en Norvège, randonnées aux Lofoten ou en parcourant le Kungsleden, ski de fond en Finlande : le choix est vaste !

ALMA VOYAGES

573, route de Toulouse
VILLENAVE-D'ORNON
✆ 05 56 87 58 46
www.alma-voyages.com
Ouvert du lundi au vendredi de 8h à 19h et le samedi de 9h à 18h.

Chez *Alma Voyages*, les conseillers connaissent parfaitement les destinations proposées et chaque client est d'ailleurs suivi par un agent attitré ! Une large offre de voyages, avec l'émission de devis pour les voyages sur mesure, vous sera alors proposée. *Alma Voyages* pratique les meilleurs prix du marché et travaille avec *Kuoni, Beachcombers, Jet Tour, Marmara, Look Voyages*... Si vous trouvez moins cher ailleurs, l'agence s'alignera sur ce tarif et vous bénéficierez en plus, d'un bon d'achat de 30 euros sur le prochain voyage. Catalogue sur le site Internet.

AMPLITUDES

60, rue Sainte-Anne - **PARIS** (2e)
✆ 01 44 50 18 58
www.amplitudes.com
Ouvert du lundi au vendredi de 10h à 19h et le samedi jusqu'à 18h. Contact clients agence de Toulouse (second numéro).

Spécialiste des voyages sur mesure, en solo, en couple ou en groupe, des voyages en famille et des circuits privatifs depuis près de 30 ans, l'agence de voyages toulousaine Amplitudes et son antenne parisienne proposent des formules adaptées avec comme ligne directrice : « hors des sentiers battus ». L'agence propose un voyage en « pays sami » en Suède, un « safari polaire » en Finlande, un voyage « aurores boréales, hôtel de glace et flocons lapons » en Norvège ainsi que leur voyage coup de cœur, « nid d'amour lapon » en Suède.

ANAPIA VOYAGES

✆ 04 42 54 21 52
www.anapiavoyages.fr
Ouvert du lundi au vendredi de 10h à 20h.

Anapia voyages, basée à Aix-en-Provence et Saint-Jean-de-Luz, a été créée par Sylvia, une Péruvienne vivant depuis plus de trente ans en France. La richesse de ses programmes, à dominante culture et nature, s'appuie sur l'expérience de ses collaborateurs, notamment en Amérique latine, mais aussi en Asie et en Afrique. Le plus d'Anapia voyages ? Du cousu main, qui commence par une écoute attentive de vos désirs et le suivi précis de votre voyage, le mélange de sites incontournables et de lieux improbables ; bref un carnet de voyage sur mesure guidé par vos envies !

AVENTURE ARCTIQUE

31, route de Sauviolle
FRONTENAC
✆ +33 6 58 39 56 81
www.aventurearctique.com

Sigrid et Jean-Marc proposent du tourisme d'aventure en petits groupes de 7 personnes. Avec leur équipe de guides polaires français, ils vous accompagneront pour les activités de traîneau, raquettes et randonnées nordiques. En Finlande, il y a différentes formules au départ de Nellim, un petit village de 200 habitants à l'est d'Ivalo, le long de la frontière russe. Les parcours en motoneige seront menés par les guides finlandais. A vous les frissons de l'aventure ! Découvrez sinon leur « Raid ski des 3 pays lapons », ou encore le « Raid ski sur la Kungsleden ».

CERCLE DES VOYAGES

31, avenue de l'Opéra - **PARIS** (1er)
✆ 01 40 15 15 11
www.cercledesvoyages.com
Ouvert du lundi au vendredi de 9h à 20h et le samedi de 10h à 18h30.

Les conseillers du Cercle des Vacances sont des spécialistes qui partageront avec vous leurs conseils et leurs petits secrets pour faire de votre voyage une expérience inoubliable et personnalisée. Confiez-leur vos habitudes de voyages, les différentes régions que vous souhaitez découvrir et élaborez ensemble un voyage sur mesure, qui vous ressemble. Découvrez leur séjour « Stockholm et la Laponie suédoise » de 7 jours et 6 nuits, qui comprend notamment une possibilité d'hébergement à l'Ice Hotel. Optez sinon pour des « Sensations fortes au cercle polaire ».

COMPTOIR DES VOYAGES

2-18, rue Saint-Victor - **PARIS** (5e)
✆ 01 53 10 30 15
www.comptoir.fr
Ouvert du lundi au samedi de 14h30 à 18h. Conseillers disponibles dès 10h par téléphone.

Comptoir des Voyages a comme concept de vendre une destination animée par de vrais spécialistes originaires ou ayant vécu dans le pays. Bon à savoir : depuis 2018, l'enseigne a lancé un programme 100 % carbone neutre, en compensant l'intégralité des émissions de CO_2 des voyages au profit de programmes de reforestation. L'agence propose pas moins de 17 voyages en Laponie ! Que ce soit un séjour « Sur la trace des ours bruns », ou bien pour fêter « Noël à Rovaniemi », ou encore « sous les aurores boréales de Luosto », vous serez sûrs de trouver votre bonheur.

EXPLORA PROJECT

2, Avenue de Genève
ANNECY
explora-project.com
Agence en ligne, consulter le site Internet. Service client du lundi au vendredi de 9h à 18h.

Explora Project, c'est l'agence des nouveaux explorateurs ! Cette startup annécienne composée d'une trentaine de passionnés est spécialisée dans le voyage d'aventure durable. Leur catalogue d'expédition en Laponie s'étend du niveau 1, le plus accessible, au niveau 5, pour les aventuriers en quête de challenge ! Leur expertise et leur engagement les placent au premier rang des acteurs du tourisme durable. C'est aussi la première agence de voyage à mission de France. Traîneau à chiens, itinérance en kite-ski, kayak de mer, bivouac : Explora a ce qu'il vous faut !

GRAND ANGLE

52, rue du Tortolon
AUTRANS-MÉAUDRE EN VERCORS
✆ 04 76 95 23 00
www.grandangle.fr
Du lundi au vendredi de 9h à 12h et de 14h à 17h.

Spécialiste de la randonnée, du trek et du raid, Grand Angle propose toutes sortes de randonnées. En Finlande, il organise plusieurs voyages à ski de fond, libres ou encadrés (que ce soit à Kiilopää, à Ylläshumina, à Felltrek, ou plutôt dans la direction du Cap Nord et de la Laponie finlandaise)... Sportifs et amoureux de la neige peuvent aussi choisir l'option d'un voyage en raquettes, notamment à Felltrek. Ou opterez-vous plutôt pour un séjour multi-activités ou un séjour libre en Laponie à simplement se balader, profiter et faire un peu de vélo ?

GRAND NORD - GRAND LARGE

30, rue Saint-Augustin
PARIS (2e)
✆ 01 40 46 05 14
www.gngl.com
Ouvert du lundi au samedi de 10h à 18h.

Avec un catalogue de plus de 300 destinations polaires, Grand Nord/Grand Large compte parmi les quelques agences spécialistes des régions arctiques et antarctiques. Balades, tourisme à partir d'un minibus, motoneige, conduite d'attelage, voile, rando en kayak et à pied, voyages d'observation, en train ou liberté, location de voitures... L'agence programme 14 voyages à thème vers la Suède (la découverte des aurores boréales, de la piste royale, spécialement pour la photographie...). Découvrez également de nombreux voyages vers la Norvège, notamment les Lofoten.

KONTIKI

37 Boulevard de Grancy
✆ +41 22 389 70 80
www.kontiki.ch/fr
Ouvert du lundi au vendredi de 9h à 17h30. Ouvert le samedi de janvier à juin, de 9h à 12h, uniquement sur rendez-vous.

Kontiki-Saga Voyages SA est l'organisateur suisse de voyages le plus connu pour la Suède, la Norvège et la Finlande. Plusieurs voyages combinent la Norvège à la Suède et à la Finlande, comme le circuit accompagné de quinze jours avec le cap Nord et les Lofoten ou un itinéraire à faire en voiture, de la Laponie finlandaise au cap Nord en revenant par la Suède. Un autre voyage permet de découvrir le Grand Nord en voiture de location, en bateau de croisière et en train (Stockholm en avion, Helsinki en ferry, Kirkenes en voiture, Oslo en train).

NOMADE AVENTURE

40, rue de la Montagne-Sainte-Geneviève
PARIS
(5e) ✆ 01 46 33 71 71
www.nomade-aventure.com
Ouvert du lundi au samedi de 9h30 à 18h30. Circuits sur mesure. Activités.

Nomade Aventure, comme son nom l'indique doublement, est une agence qui vous change de vos habitudes sédentaires. Avec ses voyages placés sous le thème de la nature, de la culture et de la rencontre, elle vous propulse vers de nouvelles aventures. Loin des meutes de touristes, vous mettrez à profit les bonnes connaissances des agents sur la région en profitant de circuits originaux. L'agence propose plusieurs voyages en Laponie norvégienne et finlandaise, avec au programme, entre autres, le Cap Nord, le ski nordique ou la piste des loups.

NORD ESPACES

35, rue de la Tombe-Issoire
PARIS (14e)
✆ 01 45 65 00 00
www.nord-espaces.com
Informations et prises de contact en ligne.

Nord Espaces, spécialiste des pays nordiques depuis 1993, se distingue par son esprit club et son équipe multiculturelle. Nord Espace propose des séjours découverte de 4 à 8 jours, mais aussi des voyages à la carte selon vos envies avec logement en chalet et igloo. De nombreuses activités parmi lesquelles safari en motoneige, raquettes, traîneaux à chiens et rennes, ski de fond, conduite sur glace et de nombreuses thématiques, comme « La chasse aux aurores boréales », « Couleurs huskies », « Raid combiné 3 Laponie », « Féerie en Laponie », etc.

NORTOURS

5, rue Thorel
PARIS (2e)
✆ 01 71 18 30 35
www.nortours.fr
Du lundi au vendredi de 9h30 à 18h.

Nortours, spécialiste des pays nordiques, des Pays baltes et de la Russie, propose plusieurs excursions et courts séjours à destination de la Laponie. Le choix est vaste : entre chasse aux aurores boréales, séjour aux Lofoten, safari de baleines à Kvaløya, une nuit au village du Père Noël, des nuitées à l'hôtel de glace, vous serez sûrs de réaliser votre rêve lapon. L'agence organise également des séjours à la carte, des circuits accompagnés en Suède ou des autotours. Motoneige, skis, traîneau, tous les grands classiques sont au programme.

SCANDITOURS

54-56, avenue Bosquet
PARIS (7e)
✆ 01 55 87 82 05
www.scanditours.fr
Ouvert du lundi au vendredi de 10h à 18h.

Scanditours, numéro 1 en France sur les pays nordiques, propose toujours de nouveaux itinéraires, accompagnés ou en toute liberté. L'offre est donc assez complète. En Norvège, direction Tromsø, le cap Nord et les îles Lofoten. L'agence propose également de nombreux séjours en Laponie finlandaise. Côté circuits, optez pour l'« Échappée boréale » qui vous emmène en Laponie suédoise ; ou encore « Évasion norvégienne » qui initie à la culture sâme. Enfin, avec le circuit « Féeries de Norvège du Nord », découvrez une ferme de rennes et les aurores boréales.

VOYAGEURS DU MONDE

55, rue Sainte-Anne - **PARIS** (2e)
✆ 01 84 17 46 76
www.voyageursdumonde.fr
Du lundi au samedi 9h30-19h. Agences dans toutes les grandes villes de France, à Bruxelles, Genève, Montréal et Québec.

Juste 1 800 m² consacrés aux voyages ! Depuis plus de trente ans, Voyageurs du Monde construit pour vous un univers totalement dédié au voyage sur mesure et en individuel, grâce aux conseils pointus transmis par des spécialistes qualifiés sur leur destination de cœur ou d'origine. Vous bénéficiez de leur aide pour la préparation du voyage mais aussi durant toute la durée du voyage sur place. Bon à savoir : l'agence est 100 % carbone neutre. Le catalogue comprend bien entendu des circuits et des voyages à la carte en Laponie.

LASTMINUTE

✆ 08 92 58 61 32

www.lastminute.com

Des vols secs à prix négociés, dégriffés ou publics sont disponibles sur Lastminute, agence de voyage en ligne. créée il y a plus de 20 ans. On y trouve également des week-ends, des séjours, de la location de voiture... Mais surtout, Lastminute est le spécialiste des offres de dernière minute permettant ainsi aux vacanciers de voyager à petits prix sans avoir à s'y prendre plusieurs semaines à l'avance. Que ce soit pour un week-end ou une semaine, une croisière ou simplement un vol, des promos sont proposées et renouvelées très régulièrement.

OPODO

✆ 01 70 91 75 75

www.opodo.fr

Centre d'appel ouvert du lundi au vendredi de 9h à 18h et le samedi et dimanche de 9h à 14h.

Pour préparer votre voyage, cette agence vous permet de réserver au meilleur prix des vols de plus de 600 compagnies aériennes, des chambres d'hôtels parmi plus de 1,7 millions d'établissements et des locations de voitures partout dans le monde. Vous pouvez également y trouver des locations saisonnières ou des milliers de séjours tout prêts ou sur mesure. De nombreuses offres de dernière minute sont proposées sur le site, de l'Amérique latine à l'Asie, en passant par l'Afrique et l'Océan Indien. Opodo dispose également de différentes options d'assistance.

PROMOVACANCES

✆ 08 99 23 00 16

www.promovacances.com

Promovacances est une agence de voyage en ligne qui propose de nombreux séjours touristiques, des week-ends, ainsi qu'un très large choix de billets d'avion à tarifs négociés sur vols charters et réguliers, des locations, des hôtels à prix réduits. En plus de cette importante offre, n'hésitez pas à guetter en ligne des promotions de dernière minute et les bons plans du jour. Enfin, des informations pratiques sont à consulter en ligne pour préparer votre voyage : santé, formalités, aéroports, voyagistes, compagnies aériennes.

SAFARTICA

Ylläsjärventie 160

YLLÄSJÄRVI

✆ +358 40 502 6458

www.safartica.com

Prestataire privé situé au pied du lac Ylläs ; un bureau ici ainsi qu'à Rovaniemi.

Jean-Philippe (Français vivant en Laponie), propose diverses activités plus ou moins sportives dans la région, tout au long de l'année. L'été, ils font la part belle aux randonnées à travers le parc naturel pour découvrir le soleil de minuit, à pied, à vélo ou en canoë. Ils font aussi partie des rares à proposer des randonnées longues de plusieurs jours pour traverser le parc national jusqu'au nord. L'hiver, les neiges offrent encore plus de possibilités : safaris en motoneige, avec des chiens de traîneau, des rennes et là encore sur plusieurs jours. Unique !

TAXARI TRAVEL AGENCY

Kauppakatu 29 - **KEMI**

✆ +358 40 72 20 595

www.taxari.com

Compter à partir de 195 € pour 3h de chiens de traîneau, à partir de 230 € pour 3h30 de motoneige.

Cette agence de voyage propose plusieurs activités tout au long de l'année : safaris avec chiens de traîneaux, rennes, randonnées en motoneige, raquettes, pêche sous la glace, sauna à fumée... On peut aussi réserver ici les excursions sur les bateaux brise-glaces : le Polar Explorer et le Sampo Arctic. En été, on part plutôt sur des activités comme le canoë, le rafting, la pêche ou encore des cours de cuisine laponne ! L'agence propose des nombreuses activités aussi au départ de Tornio ou Rovaniemi. Très bon accueil et équipe de bons conseils.

BILLETSDISCOUNT

✆ 01 40 15 15 12

www.billetsdiscount.com

Le site Internet permet de comparer les tarifs de vol de nombreuses compagnies à destination de tous les continents. Outre la page principale avec la recherche générale, des onglets spécifiques (Antilles, océan Indien, Océanie, Afrique, Amérique du Nord et Asie) permettent de cibler davantage les recherches. À noter qu'un bagage supplémentaire en soute de 23 kg est inclus dans le prix du billet. Il est possible de payer son billet d'avion en 4 fois contre une somme modique. Un service pour les enfants non accompagnés (de 4 à 12 ans) est également proposé.

EASY ALIBA BUY

www.alibabuy.com

Easy Aliba Buy est un site comparateur de prix de voyages permettant aux internautes d'avoir une vue d'ensemble sur les diverses offres de séjours proposées par des partenaires selon plusieurs critères (comme le nombre de nuits, les catégories d'hôtel, l'ordre de prix...). Les internautes souhaitant avoir plus d'informations ou réserver un produit sont ensuite mis en relation avec le site du partenaire commercialisant la prestation. Sur ce site, vous trouverez un choix de billets d'avion, d'hôtels et de circuits et séjours variés.

EASYVOYAGE

✆ 08 99 19 98 79

www.easyvoyage.com

Le concept peut se résumer en trois mots : s'informer, comparer et réserver. Des infos pratiques sur plusieurs destinations en ligne (saisonnalité, visa, agenda...) vous permettent de penser plus efficacement votre voyage. Après avoir choisi votre destination selon votre profil (famille, budget...), le site vous offre la possibilité d'interroger plusieurs sites à la fois concernant les vols, les séjours ou les circuits. Grâce à ce moteur performant, vous pouvez réserver directement sur plusieurs bases de réservation (Lastminute, Go Voyages et bien d'autres).

JETCOST

www.jetcost.com

Jetcost compare les prix des billets d'avion et trouve le vol le moins cher parmi les offres et les promotions des compagnies aériennes régulières et *low cost*. Le site est également un comparateur d'hébergements, de loueurs d'automobiles et de séjours, circuits et croisières. L'interface du site Internet est très simple d'utilisation. Après avoir lancé la recherche, on peut affiner les résultats en fonction de ses choix afin de trouver le vol le plus intéressant, la durée du trajet, les éventuelles escales ou encore l'aéroport d'arrivée.

LILIGO

www.liligo.com

Un des leaders et des pionniers de la formule. Liligo interroge agences de voyages, compagnies aériennes (régulières et low cost), trains (TGV, Eurostar...), loueurs de voitures, mais aussi 250 000 hôtels à travers le monde pour proposer les offres les plus intéressantes en temps réel. Les prix incluent les frais de dossier, d'agence... Une fois la recherche établie et l'offre sélectionnée par l'utilisateur, le comparateur le met directement en relation avec le site marchand. Quelques astuces sont délivrées en ligne pour bénéficier des offres les plus intéressantes.

QUOTATRIP

www.quotatrip.com

QuotaTrip est une nouvelle plateforme de réservation de voyage en ligne qui met en relation des voyageurs à la recherche d'expériences authentiques et uniques et des agences de voyages locales sélectionnées pour leurs compétences et leur sérieux. Le réseau de QuotaTrip couvre près de 200 destinations du monde entier. Le but de ce rapprochement est simple : proposer un séjour entièrement personnalisé aux utilisateurs. QuotaTrip promet ainsi l'assurance d'un voyage serein, sur mesure, sans intermédiaires et sans frais supplémentaires.

VIVANODA.FR

www.vivanoda.fr

Vivanoda.fr est un site français indépendant permettant en un clic de comparer et combiner plusieurs modes de transport (avion, train, autocar, ferry et covoiturage) entre deux villes. Vivanoda est né d'un constat simple : quel voyageur arrive à s'y retrouver dans les différents moyens de transports qui s'offrent à lui pour rejoindre la destination de son choix ? La recherche sur Internet de ces informations se révèle en effet souvent très fastidieuse... Grâce à ce site, fini les nuits blanches et bonjour les voyages à moindre coût.

INTERVIEW

LE VOYAGE-SUR-MESURE

AVEC STEVEN LE CHEVALIER ET MATHIEU VALLY DE QUOTATRIP

Quel est le concept de l'agence QuotaTrip ?

Quotatrip est la première plateforme de mise en relation entre voyageurs et agences locales. Grâce à elle, les voyageurs peuvent enfin échanger en direct avec des agences qui sont sur place et concevoir un voyage unique, au meilleur prix et 100% personnalisé.

Pourquoi voyager avec des agences locales ?

À l'inverse des agences traditionnelles, les agences locales sont des expertes de la destination choisie. Ce sont aussi les mieux placées pour concevoir des séjours qui sortent des sentiers battus. Elles sont ainsi en mesure de répondre à l'ensemble des envies, le voyageur rentre dans l'univers de l'équi-tourisme = le tourisme sans intermédiaire.

Quels sont les autres avantages pour les voyageurs ?

Il y a une multitude d'avantages. Cela permet notamment de ne pas voyager comme tout le monde, d'organiser de manière simple et rapide un séjour sur mesure et au meilleur prix. Fini les mauvaises surprises, les voyageurs posent toutes les questions qu'ils souhaitent et bénéficient d'un accompagnement sur mesure, de la conception du projet jusqu'à sa réalisation en toute sécurité car les agences référencées sont sélectionnées et recommandées par les journalistes des guides du Petitfute en toute impartialité.

Les démarches sont-elle simples à effectuer ?

Les sites de voyage en ligne font perdre beaucoup de temps aux internautes sans pour autant répondre entièrement à leurs désirs. QuotaTrip propose un formulaire simple et rapide qui permet de décrire les souhaits, les envies et les besoins. L'internaute reçoit aussitôt gratuitement et sans engagement les offres de trois ou quatre agences locales avec qui il peut ensuite échanger afin de personnaliser son projet grâce à la messagerie mise en place.

Quelles sont les destinations proposées ?

Notre plateforme propose plus de 21 000 projets de voyage sur plus de 100 destinations à travers le monde. De l'Amérique latine en passant par l'Asie et l'Afrique, nos mille agences partenaires sont là pour répondre à vos projets de voyage.

Décrivez votre projet de voyage. Échangez en direct avec les agences locales et partez au meilleur prix.

***Plus d'informations** : quotatrip.com*

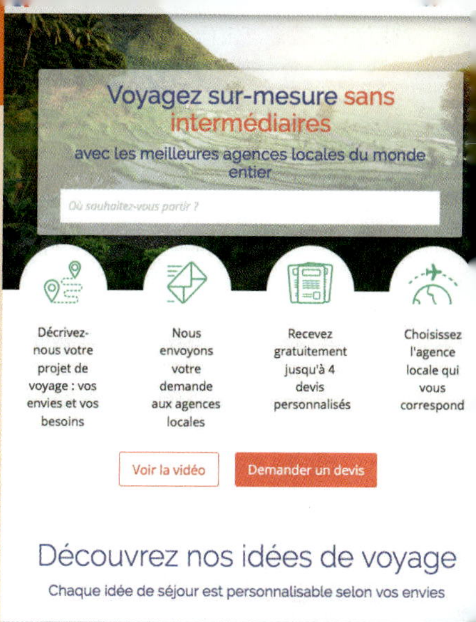

© D.R

© D.R

© D.R

SE LOGER

La Laponie ne manque pas d'idées en termes d'hébergements insolites et typiques, mais les places sont limitées et l'hébergement comme le reste, est cher. La qualité en revanche est quasi systématiquement au rendez-vous. Bien que simples, même les hébergements les plus accessibles sont propres et fonctionnels. La première règle est de s'y prendre à l'avance, surtout en hiver. Les hébergements les plus accessibles restent les campings, qui, pour beaucoup, proposent également des chalets à la location, parfois même aussi en hiver. Viennent ensuite les auberges de jeunesse, qui sont toutefois assez rares en dehors des villes principales. Pour ceux qui souhaitent confort, extravagance ou les deux, l'offre est bien là. Nombre d'établissements de haut standing proposent des nuits insolites en cabane perchée ou au bord de l'eau, en *lavvu*, en *rorbu*, en hôtel de glace, sur un bateau, en glamping sur une île... et tant d'autres !

COUCHSURFING €€

www.couchsurfing.com

Plateforme internet pour séjourner chez l'habitant. Tarif d'adhésion : 15€ environ.

Couchsurfing est le service d'hébergement gratuit en ligne regroupant le plus d'adhérents. Il suffit de s'inscrire pour accéder aux profils des locaux ou faire sa demande d'hébergement pour quelques jours voire quelques mois. En échange, vous pouvez par exemple inviter votre hôte à manger, lui offrir quelque chose de votre pays ou bien l'accueillir chez vous. Le site Internet met en place des systèmes de contrôle : notation des membres, numéro de passeport exigé à l'inscription, etc. Les participants ont accès à des hébergements volontaires dans plus de 200 pays.

VAOLO

✆ +1 418 317 6466

www.vaolo.com

Plateforme internet locations.

VAOLO est une plateforme de réservation en ligne d'hébergements durables et responsables mise en place par l'ONG québécoise de tourisme durable Village Monde. Ce récent site collaboratif permet de découvrir des villages hors des sentiers battus, des communautés éloignées des circuits touristiques de masse et d'aller loger chez eux, sans aucun intermédiaire. Une bonne façon de faire des rencontres authentiques ! On vous le conseille notamment pour une découverte de la face cachée de l'Anneau d'Or, avec ses habitants de la campagne russe.

HOME EXCHANGE €€

www.homeexchange.fr

Abonnement annuel 130 €.

Et si vous échangiez votre maison avec d'autres pour partir en vacances ? HomeExchange est une plateforme d'échange de maisons et d'appartements entre particuliers. L'idée : un site Internet pour échanger son logement (studio, appartement, villa…) moyennant un abonnement annuel à l'agence en ligne, qui se charge de la présentation du bien et de la mise en contact des intéressés. Un excellent moyen de faire des économies pour partir en vacances et économiser ainsi les frais d'hébergement sur place. Le choix est large avec plus de 400 000 offres dans 159 pays.

WORKAWAY €€

www.workaway.info

Ici, le système est simple : être nourri et logé en échange d'un travail. Des fermes, des maisons à retaper, ou plus simplement des vendanges ou cueillettes… Une expérience unique en son genre où l'on ne paye pas son hébergement avec de l'argent mais en rendant des services. Ce mode de logement alternatif, s'il n'est pas de tout repos, est de plus en plus populaire. Lors de notre dernière visite, des hôtes proposaient le gîte et parfois le couvert, majoritairement en échange de la pratique de l'anglais avec eux... Un bon deal !

SE DÉPLACER

Malgré les distances, se déplacer en Laponie s'avère assez simple. Si l'avion est privilégié entre grandes villes ou même entre pays, les réseaux de transports en commun locaux sont bien développés. Chaque aéroport a sa navette, et chaque ville se donne les moyens de faire découvrir les alentours en train, bus ou ferry. Sur la côte norvégienne, l'Hurtigruten permet de se rendre de village en village ou d'effectuer des croisières plus longues. Pour ceux qui préfèrent la voie terrestre, elle permet l'accès à des coins encore plus isolés et moins touristiques, d'autant que certaines routes sont tout bonnement à couper le souffle. Il s'agit d'être prudent et prévoyant, surtout en hiver sur les routes gelées, dans les zones non peuplées. La Laponie dans son ensemble se prête au cyclotourisme en été, et pour les plus courageux, l'EuroVélo 1 part du Cap Nord et longe toute la côte norvégienne pour rejoindre... le sud du Portugal !

AÉROPORT D'HELSINKI-VANTAA

Aéroport d'Helsinki-Vantaa
HELSINKI
✆ +358 2 001 4636
www.finavia.fi/en/helsinki-airport
Ouvert 24h sur 24.

L'aéroport, à 19 km du centre-ville, est une plateforme aéroportuaire à taille humaine avec deux terminaux qui se jouxtent. Vous en serez très rapidement sorti, bagages en main, prêt à affronter le grand froid ou le jour sans fin. Bonne nouvelle : le wifi est entièrement gratuit dans l'aéroport. Service de parking 24h/24. Un office de tourisme est ouvert 7j/7 de 10h à 20h (mai-septembre) et du lundi au samedi de 10h à 18h et le dimanche de 12h à 18h (octobre à avril).

AÉROPORT DE BROMMA

Bromma Stockholm Airport - **STOCKHOLM**
✆ +46 10 109 40 00
www.swedavia.se/bromma
Le terminal est ouvert du lundi au vendredi, de 5h à 22h, le samedi de 7h30 à 17h et le dimanche de 10h30 à 22h.

L'aéroport de Bromma Stockholm est l'un des plus grands aéroports suédois en volume de passagers. Il est situé à seulement 9 km du centre-ville de Stockholm. L'aéroport est principalement destiné aux vols domestiques (vers Göteborg, Visby), mais il assure également quelques liaisons internationales (vers la Belgique et le Royaume-Uni notamment avec les compagnies Brussels Airlines, British Airways). Navettes jusqu'à Stockholm Central (www.flygbussarna.se) : 75 SEK l'aller et 150 SEK l'aller-retour pour un adulte de plus de 26 ans.

AÉROPORT DE STOCKHOLM-ARLANDA

190 45 Stockholm-Arlanda - **STOCKHOLM**
✆ +46 10 109 10 00
www.swedavia.com/arlanda
C'est l'aéroport principal de la capitale, avec 4 terminaux et de nombreux commerces.

L'aéroport international de Stockholm, Arlanda est le plus grand aéroport de Suède et constitue un carrefour important pour la région de Stockholm et toute la Scandinavie, grâce à des vols vers 181 destinations. À la sortie, des navettes vous conduisent dans le centre de Stockholm : jeunes/adultes, aller de à 99 SEK, aller-retour à 198 SEK. Si vous êtes pressé, le train Arlanda Express vous conduit au centre de Stockholm en 20 minutes pour 295 SEK (570 SEK aller-retour).

AÉROPORT DE STOCKHOLM-SKAVSTA

Stockholm Skavsta Airport AB
STOCKHOLM
✆ +46 155 28 04 00
www.skavsta.se/en
L'aéroport est situé à une centaine de kilomètres de Stockholm.

C'est l'aéroport des compagnie lowcost par excellence, donc si vous choisissez Ryanair ou WIzz Air vous y atterrirez pour sûr ! Il est assez éloigné de la ville, il faut donc compter environ 1h10 pour rejoindre le centre-ville. Des navettes relient l'aéroport à City Terminalen Stockholm, situé à côté de la gare centrale, au centre-ville. Jeunes et adultes : aller de 119 à 139 SEK, aller-retour de 238 à 278 SEK. Les prix sont plus intéressants si l'on achète ses billets sur Internet.

FINNAIR

✆ 0 821 025 111
www.finnair.com

Finnair propose des vols quotidiens de Paris à Helsinki. D'autres villes finlandaises sont aussi desservies *via* Helsinki. Départs d'autres villes de province possibles, mais avec escales. Pour les vols domestiques, Finnair dessert régulièrement la ville de Rovaniemi, surtout en haute saison en décembre pour aller à la rencontre du père Noël. Les villes les plus au nord, Ivalo et Kittilä, sont desservies par la même compagnie aérienne tous les jours. En provenance de France, la correspondance pour ces trois villes se fait à Helsinki.

GARE FERROVIAIRE

Rautatientori
HELSINKI
✆ +358 6 004 1900
www.vr.fi

La gare est ouverte tous les jours 24h/24. Consignes accessibles de 5.20 à 23h.

En plein centre-ville, la superbe gare avec sa magnifique façade est un fleuron de l'Art nouveau finlandais. Départs quotidiens pour tout le pays jusqu'en Laponie, mais aussi pour l'Europe et la Russie (Saint-Pétersbourg et Moscou). Saviez-vous que l'écartement des rails en Finlande était adapté à la Russie et non à l'Europe ? (D'ailleurs, on vous conseille de visionner le court documentaire «89 mm from Europe» de Marcel Lozinski.) C'est en partie ce qui explique pourquoi il n'y a pas de liaisons directes en train pour la Suède.

WIDERØE

Vollsveien, 6
✆ +47 81 00 12 00
www.wideroe.no

Consulter le site pour les différentes destinations et les liaisons saisonnières.

Compagnie régionale norvégienne créée en 1934. Elle dessert 42 destinations dans plusieurs pays : Norvège, Suède, Danemark, Royaume-Uni, Allemagne. Elle opère de nombreux vols internes, dont tous ceux vers les aéroports du nord du pays. Elle relie, au départ de Tromsø et/ou entre elles, les villes de : Kirkenes, Vadsø, Vardø, Batsfjord, Berlevag, Mehamn, Honningsvåg, Hammerfest, Hasvi, Lakselv, Alta, Sørkjosen, Andenes, Storkmarknes, Svolvær, Harstad/Narvik, Leknes, Bodø, Rost. Elle opère les vols au départ de Trondheim, Bergen vers Tromsø.

SJ

10 Vasagatan
STOCKHOLM
www.sj.se

Les tarifs varient selon le jour, l'heure et la destination. Le mieux est de réserver à l'avance sur le site.

SJ est la compagnie ferroviaire nationale. 160 gares en Suède sont desservies par cette compagnie chaque jour, mais il est aussi possible de se rendre à Oslo, Narvik et Copenhague. Les trains sont très confortables, rapides et propres, et les paysages que l'on traverse à leur bord sont parfois à couper le souffle. C'est de loin la meilleure option pour se déplacer à l'intérieur du pays. Au niveau des prix, les tarifs sont abordables (surtout si on s'y prend à l'avance) et des réductions existent pour les jeunes, les étudiants et les seniors.

HURTIGRUTEN

2, rue de la Roquette - **PARIS** (11e)
✆ 01 84 88 02 21
www.hurtigruten.fr

Renseignements et réservations par téléphone. Ouvert du lundi au vendredi de 9h à 18h30 et le samedi de 9h30 à 17h.

Hurtigruten est l'express côtier norvégien de référence et propose des départs quotidiens de Bergen à Kirkenes, au total 34 escales le long de la côte durant toute l'année. Les bateaux sont confortables, les formules de croisières variées ; 6, 7 ou 12 jours (par exemple Bergen/Kirkenes/Bergen), en demi-pension ou en pension complète, avec ou sans excursions. Il est également possible de prendre l'express côtier pour se déplacer d'un port à un autre (réservation à l'avance). Assurément l'une des plus belles façons de découvrir la Norvège !

VR - COMPAGNIE DES CHEMINS DE FER FINLANDAIS

HELSINKI
✆ +358 6 004 1902
www.vr.fi

Guichet à la gare : lundi au samedi 7h-20h30 et dimanche 8h30-20h30.

Comme son nom l'indique, c'est la compagnie des chemins de fer de toute la Finlande. Sur le site Internet, vous pouvez connaître les itinéraires et routes du réseau ferroviaire, les horaires, les tarifs... Vous pouvez également réserver votre ticket. Attention, tout changement est payant. Une autre possibilité sinon pour réserver vos billets de train soit par téléphone tous les jours de 7h à 22h ou soit directement à la gare aux distributeurs et guichets.

S'INFORMER

La Laponie est un endroit où la vie est dictée par la nature. En grande partie inhabitée, et soumise à un climat extrêmement rude en hiver, mieux être bien informé avant une visite en terre polaire. Les associations du tourisme norvégienne et suédoise mettent à disposition informations et conseils pertinents via des articles ou autres supports en ligne permettant de se préparer au mieux : comment se vêtir en hiver, quoi prendre avec soi en randonnée, quels sont les bons réflexes en nature, comment se protéger des moustiques... Les sites des offices de tourisme sont également des mines d'or pour les curieux ! Ils couvrent tout ce qu'il y a à savoir sur la destination : hébergements, activités, temps forts, idées de séjours... c'est un premier pas dans la culture du pays et un outil indispensable pour planifier son séjour. Ils sont aussi là pour répondre à vos interrogations et vous conseiller.

ARTIC LIFESTYLE

Koskikatu 6
ROVANIEMI
✆ +358 50 343 9100
www.arcticlifestyle.fi
Ouvert toute l'année. Voir site pour le détail des expéditions par saisons et tarifs.

Voilà une agence (très) sérieuse, à taille humaine et où on vous reçoit avec le sourire ! Et même en français si vous croisez Elodie à l'accueil. En hiver, ce sont évidemment les activités neige qui sont au programme avec des randonnées de motoneige en tout genre, y compris la nuit pour partir à la recherche des aurores boréales, des balades en traîneau à huskies, des visites de fermes de rennes, des sessions de pêche sous la glace, etc. En été, place aux randonnées rafting et jet-ski ou aux sessions de paintball. Aussi bar, restaurant, hébergement.

LAPLAND SAFARIS

Koskikatu 1 - **ROVANIEMI**
✆ +358 16 3311 200
www.laplandsafaris.fi
Tours dans toute la Laponie, en toutes saisons. Consulter le site pour activités, tarifs et destinations.

Lapland Safaris vous propose des excursions aussi bien en hiver qu´en été pour enrichir votre séjour et vous divertir. En hiver, balade en motoneige, traîneau tiré par un renne ou des chiens huskies, pêche au trou, dîner et nuit en igloo... En été, croisière en barque traditionnelle, visite d'un élevage de rennes et nombreuses activités à faire en complète autonomie. Grâce à son réseau de prestataires, l'agence propose des séjours dans toute la Laponie. Attention toutefois, on est ici sur du tourisme de groupes et vous serez souvent avec des groupes imposants.

SAFARTICA

Koskikatu 9 - **ROVANIEMI**
✆ +358 16 311 485
www.safartica.com
De 69 € à 162 € l'activité, à réserver par internet ou directement à l'agence.

Une agence à la fois professionnelle et à taille humaine. Ici, vous ne serez pas noyé dans des groupes de touristes. Vous aurez l'embarras du choix côté excursions : sortie nocturne en motoneige à la découverte des aurores boréales, circuit magique en chiens de traîneau, randonnée en raquettes sur les hauteurs de Rovaniemi, sorties en ski de fond... L'été, vous pourrez descendre une rivière en rafting, et bien plus encore ! En plus, les guides viennent vous chercher et vous ramènent à votre logement, et les tenues vous sont fournies en hiver de la tête aux pieds !

CARNETS DE VOYAGE

36, Boulevard de la Bastille
PARIS (12e)
phoenix-publications.com
Trimestriel consacré à des destinations de voyage avec des focus dédiés à la découverte des régions.

Trimestriel consacré à des destinations de voyage avec des focus dédiés à la découverte des régions, *Carnets de Voyage*, le magazine des voyages réussis. Tous les 3 mois, la revue vous invite à découvrir à travers ses reportages le meilleur des destinations. Grande ou petite escapade à la découverte d'une ville, d'une région, en France, en Europe ou dans le monde à travers des reportages photo uniques complétés de conseils pratiques et de bonnes adresses pour nous faciliter le voyage avec enfin, un agenda des rendez-vous à ne pas manquer.

Les ressortissants de l'UE et de l'EEE ainsi que leur famille n'ont plus besoin de permis de séjour pour rester en Suède au-delà de trois mois. Pour un séjour au-delà de trois mois il faut pouvoir justifier d'un droit de résidence, uppehållsrätt. Il est automatique pour les membres de l'Union européenne dès lors qu'ils travaillent, étudient ou peuvent justifier des moyens suffisants pour subvenir à leur besoins. Inutile de se déclarer auprès des services de migration, par contre pour un séjour de plus d'un an il faut s'enregistrer en tant que résident et faire la demande d'un numéro d'identification personnel, *personnummer*, auprès du service de l'État civil, de la résidence et des impôts, Skatteverket. Avec ce numéro vous pourrez entamer les démarches pour ouvrir un compte et bénéficier de la sécurité sociale suédoise. Seule Handelsbanken permet d'ouvrir un compte sans numéro d'identification personnel et sans contrat de travail.

ACTION CONTRE LA FAIM

14, boulevard de Douaumont
PARIS (17e)
✆ 01 70 84 70 70
www.actioncontrelafaim.org/
Par téléphone de 9h à 13h et de 14h à 18h.

ONG internationale spécialisée dans la lutte contre la faim dans le monde, active dans les domaines de la nutrition, santé, sécurité alimentaire, de l'eau, de l'assainissement. L'association intervient dans des situations de crise. Le but étant de rendre les populations autonomes d'un point de vue de la nutrition, en apportant une aide concrète et en formant les intervenants locaux qui prendront le relais. Ses missions de volontariat durent de trois mois à un an en Afrique, Asie, Amérique, Europe centrale, dans le Caucase, au Moyen-Orient et dans les Caraïbes.

AGENCE POUR L'ENSEIGNEMENT FRANÇAIS À L'ÉTRANGER

23, place de Catalogne
PARIS (14e)
✆ 01 53 69 30 90
www.aefe.fr

Cette agence, sous tutelle du ministère des Affaires étrangères, anime et gère un réseau de près de 500 établissements d'enseignement français à l'étranger, dans près de 140 pays. 370 000 élèves, dont 40 % de Français, fréquentent ces établissements. Offres d'emploi à l'international pour les titulaires de la fonction publique (Education nationale principalement) et informations sur la politique pédagogique, la scolarité et l'orientation émaillent le site Internet de cet organisme.

CIDJ

www.cidj.com

Le Centre d'Information et de Documentation Jeunesse a été créé en 1969, sous la tutelle du ministère de la Jeunesse et des Sports. Le site Internet est bien fait et très complet. La rubrique « Partir à l'étranger » fournit des informations pratiques aux jeunes qui ont pour projet d'aller vivre à l'étranger. Il y a une rubrique spécifique dédiée à chacun des thèmes suivants : travail, étude, stage, volontariat international et séjours linguistiques. Pour vous aider dans vos démarches, vous pouvez avoir un entretien gratuit avec un conseiller du CIDJ.

ÉDUCATION NATIONALE

www.education.gouv.fr
Modalités sur www.france.diplomatie.fr/mfi.

Vous êtes enseignant ou fonctionnaire d'État, vous souhaitez travailler à l'étranger ? Consultez le site du ministère de l'Éducation nationale, il informe sur les conditions de mobilité dans le monde. Cette initiative peut s'inscrire dans un parcours professionnel. Elle permet d'exercer son métier dans des conditions spécifiques, ou un autre métier et diversifier ainsi son expérience en enrichissant ses compétences. Les personnels d'encadrement peuvent aussi postuler dans des organismes internationaux ou de l'Union européenne.

MINISTÈRE DES AFFAIRES ÉTRANGÈRES

www.diplomatie.gouv.fr

Il est bon d'y jeter un œil avant votre départ pour connaître les formalités de départ et y glaner de bons conseils. Dans la rubrique « Services aux citoyens » vous trouverez un guide de l'expatriation, les démarches à effectuer, les modalités de demandes de documents officiels. Les informations mises à disposition dans l'espace politique, économie et socio-culturel, sont fort utiles pour les personnes qui s'intéressent aux enjeux et réalités du pays.

CAPCAMPUS

www.capcampus.com

CapCampus fut l'un des premiers portails étudiants français en ligne. Dans la rubrique dédiée aux stages et aux premiers emplois, vous trouverez aussi des offres pour l'étranger, classées par pays. Celles pour les Etats-Unis ne sont pas très nombreuses, le mieux est de consulter le site régulièrement pour ne pas passer à côtés des offres intéressantes. Le site est également utile pour se familiariser avec la vie aux Etats-Unis, car il propose également toutes les informations pratiques pour bien préparer son départ et son séjour à l'étranger.

WEP FRANCE

95, avenue Ledru Rollin
PARIS (12e)
✆ 01 48 06 26 26
www.wep.fr

WEP propose plus de 50 projets éducatifs et séjours linguistiques dans une trentaine de pays pour une durée allant de une semaine à 18 mois. Quel que soit votre projet d'études ou de volontariat à l'étranger, vous trouverez sur le site de WEP une rubrique qui y sera consacrée : étudier au lycée, dans une université, partir en séjour linguistique, faire une expérience professionnelle dans le cadre d'un stage ou vivre en immersion dans une famille. Possibilité également de planifier des programmes combinés (études et projet humanitaire par exemple).

CLUB TELI

Les Clarets
SAINT-PIERRE-D'ENTREMONT
✆ 04 79 85 24 63
www.teli.asso.fr

Le Club Teli est une association d'aide à la mobilité internationale créée voici bientôt 30 ans, forte de 4 000 adhérents en France et dans 65 pays. Si vous souhaitez séjourner à l'étranger, quel que soit votre projet, vous trouverez par le biais de ce club des infos et des offres de stages, de jobs d'été et de travail pour francophones. Si vous avez besoin d'aide pour envoyer des candidatures, le Club peut vous aider à mettre votre CV aux normes du pays où vous souhaitez partir. Pour bénéficier de ces aides et informations, il faut adhérer.

BUSINESS FRANCE

77, Boulevard Saint-Jacques
PARIS (14e)
✆ 01 40 73 30 00

L'Agence pour le développement international des entreprises françaises travaille en étroite collaboration avec les missions économiques. Le site Internet recense toutes les actions menées, les ouvrages publiés, les événements programmés et renvoie sur la page du Volontariat International en Entreprise (VIE). Fondée en 2015, cette structure est née de la fusion entre Ubifrance et l'Agence française pour les investissements internationaux. Elle est affiliée au Ministère de l'Europe et des Affaires étrangères et au Ministère de l'Économie et des Finances.

VIE - VOLONTARIAT INTERNATIONAL EN ENTREPRISE

www.civiweb.com

Si vous avez entre 18 et 28 ans et êtes ressortissant de l'Espace économique européen, vous pouvez partir en volontariat international en entreprise (VIE) ou en administration (VIA). Il s'agit d'un contrat de 6 à 24 mois rémunéré (avec un renouvellement de 24 mois possible) et placé sous la tutelle de l'ambassade de France. Tous les secteurs et métiers sont concernés et vous bénéficiez d'un statut public protecteur. Offres à consulter sur le site Internet.

INDEX

E

F

G

H

I

J

EDITION

Directeurs de collection et auteurs : Dominique AUZIAS et Jean-Paul LABOURDETTE

Auteurs : Anaïs EYRAUD, Romain RISSO, Juliette COURTOIS, Amandine GLEVAREC, Sylvie DEL COTTO, Baptiste THARREAU, Priscilla PARARD, Mathias DESHOURS, Corentin LAPLANCHE-TSUTSUI, Manon LIDUENA, Marion SEURY, Emmanuelle BLUMAN, Jean-Paul LABOURDETTE, Dominique AUZIAS et alter

Directeur Editorial : Stéphan SZEREMETA

Rédaction Monde : Laure CHATAIGNON, Morgane VESLIN, Pierre-Yves SOUCHET, Natalia COLLIER

Rédaction France : Briséis CREAC'H-MENUT, Tony DE SOUSA, Mélanie COTTARD, Audrey VEDOVOTTO

FABRICATION

Maquette et Montage : Romain AUDREN, Julie BORDES, Delphine PAGANO

Iconographie et Cartographie : Anne DIOT, Julien DOUCET

WEB ET NUMERIQUE

Directeur Web : Louis GENEAU de LAMARLIERE

Développeurs : Guillaume BARBET, Adeline CAUX et Roland SPOUTIL

Intégrateur Web : Mickael LATTES, Antoine DION

Webdesigner : Caroline LAFFAITEUR

Community Traffic Manager : Alice BARBIER, Mariana BURLAMAQUI et Noémie LE SAUX

DIRECTION COMMERCIALE

Directeur commercial : Guillaume VORBURGER

Coordinatrice des Régies commerciales : Manon GUERIN

Account Manager Marketplace : Leila ROUGEOT assistée de Lola FAVRE-MOT

Responsable Régies locales : Michel GRANSEIGNE

Responsables Développement régie inter : Jean-Marc FARAGUET et Guillaume LABOUREUR

Chefs de Publicité Régie internationale : Camille ESMIEU

Chefs de Publicité Régie nationale : Caroline AUBRY, François BRIANCON-MARJOLLET, Perrine DE CARNE MARCEIN, Yannick LE MARRE,

DIFFUSION ET PROMOTION

Directrice des Ventes : Bénédicte MOULET assistée d'Aissatou DIOP

Responsable des ventes : Jean-Pierre GHEZ assisté de Nelly BRION

Relations Presse-Partenariats : Jean-Mary MARCHAL

ADMINISTRATION

Président : Jean-Paul LABOURDETTE

Directrice des Ressources Humaines : Dina BOURDEAU assistée de Sandra DOS REIS et Eva BAELEN

Directrice Administrative et Financière : Valérie DECOTTIGNIES

Comptabilité : Guillaume PETIT, Aminata BAGAYOKO, Jeannine DEMIRDJIAN

Recouvrement : Fabien BONNAN assisté de Sandra BRIJLALL

Responsable informatique : Elie NZUZI-LEBA

PETIT FUTÉ LAPONIE

LES NOUVELLES EDITIONS DE L'UNIVERSITE
18, rue des Volontaires - 75015 Paris.
© 01 53 69 70 00 - Fax 01 42 73 15 24
Internet : www.petitfute.com
SAS au capital de 1 000 000 € - RC PARIS B 309 769 966
Couverture : Chiens de traineau en Laponie finlandaise © Roman Babakin - Shutterstock.com
Impression : CORLET IMPRIMEUR - 14110 Condé-en-Normandie
Achevé d'imprimer : décembre 2021
Dépôt légal : 22/01/2022
ISBN : 9782305038575

Pour nous contacter par email, indiquez le nom de famille en minuscule suivi de @petitfute.com
Pour le courrier des lecteurs : info@petitfute.com

IMPRIMÉ EN FRANCE